河北省非物质文化遗产研究基地——石家庄学院市级科研平台资助项目

河北省社会科学发展研究课题"民俗类非物质文化遗产保护传承机制研究"成果,项目编号 2014030506

环境与民俗

武安传统物质生产研究

赵九洲 宋倩 著

中国社会科学出版社

图书在版编目(CIP)数据

环境与民俗：武安传统物质生产研究/赵九洲，宋倩著.—北京：
中国社会科学出版社，2016.8
ISBN 978 – 7 – 5161 – 8300 – 7

Ⅰ.①环… Ⅱ.①赵…②宋… Ⅲ.①民俗学—研究—
武安市 Ⅳ.①K892.422.4

中国版本图书馆 CIP 数据核字(2016)第 124048 号

出 版 人	赵剑英	
责任编辑	吴丽平	
责任校对	刘 娟	
责任印制	李寡寡	

出 版	中国社会科学出版社	
社 址	北京鼓楼西大街甲 158 号	
邮 编	100720	
网 址	http://www.csspw.cn	
发 行 部	010 – 84083685	
门 市 部	010 – 84029450	
经 销	新华书店及其他书店	

印 刷	北京君升印刷有限公司	
装 订	廊坊市广阳区广增装订厂	
版 次	2016 年 8 月第 1 版	
印 次	2016 年 8 月第 1 次印刷	

开 本	710×1000 1/16	
印 张	18.75	
字 数	316 千字	
定 价	68.00 元	

序

　　猴年春节前九洲寄来一部书稿，命为作序。我始觉讶异，继而欣喜！讶异者，是原以为他这几年都在修改和分篇发表博士论文，不意他还完成了另外一项重要工作；欣喜者，是他毕业离校之后安家置业从零起步，定有诸多困难，犹能沉潜下来孜孜治学，并不断推出新作。

　　执教几十年，我越来越意识到好学生并不是自己教出来的，而是由于他们自身聪慧加勤勉。但是将赵九洲这位物理系学生"改造"成为一名环境史学者，我私下还是不免有些得意，作为他的硕士、博士生导师，我当年对他"先擒后纵"似乎是符合"因材施教"精神的。他从南开物理学院毕业后转攻历史学，意志坚定，兴趣浓厚，但毕竟缺少专业训练。我效仿业师缪启愉先生教我的做法迫其先下笨功，硕士论文辑佚、考辨早已失传的《范子计然》，一则能够打好史料基础，二来可以修炼读书心性。进入博士生阶段时九洲已是心猿初伏，有了良好的文献功底，因此我便放任甚至鼓励他天马行空自由求索，自证自悟，主动寻找合适的方向，只是建议他注意发挥自己的物理学特长，不要浪费先前所学。最终，他以"古代华北燃料变迁"为题完成了一篇厚实且颇具"专业技术含量"的环境史博士论文，其延伸性课题亦顺利获得了国家社科基金项目资助。最近几年所发表的论文证明，他较好地发挥了专长，正逐渐形成属于自己的风格。

　　大多数青年学人在走出校门后"扬名立万"前都不得不承担一些偏离个人兴趣和主攻方向较远甚或两不相干的编写任务（其实这些也是拓展领域和开阔思路的必要锻炼），因为兴趣不浓，态度常不免消极，成果亦往往粗糙少趣。我猜想九洲写这本《环境与民俗：武安传统物质生产研究》大概也是单位领导分派的任务，乍看书名亦似与其以往所学、如今主攻的环境史不大搭界，所以开始我并不属意。浏览一番之后发现：九洲原来是乐滋滋和很认真地完成了这一"差事"，字里行间并无半点烦恼，相反却多有"成功""发现"的愉悦。受他感染，我亦心生欢喜，赞言几句以表随喜之意。

该书全面讲述了河北省武安市的物质生产习俗，那里是作者的家乡，自然如鱼得水，感受真切。提到武安，我们自然首先想到磁山文化遗址，它作为中国新石器早期文化的重要代表和农业起源的可靠证据被写入了众多历史论著，历史学和考古学家对这个地方并不陌生。但专讲武安一县物质生产习俗的这本新书，仍有可能像大多数地方风俗史志一样被忽视和埋没，如果那样是很可惜的。我觉得不论从地方风俗史、物质生活史、社会生活史还是从文化遗产保护研究角度来看，这本书都值得一读。这样说并不单纯出于"护犊"之情，而是因为其中不少叙说确有新意，并非简单罗列一堆民俗事象。完成这样一本书，需要具备博杂的多学科知识储备、厚实的历史文献和口述史资料基础，以及浓厚的民间文化兴趣与浓重的乡土情感，九洲已经具备了这些方面的良好素养。作为其多年的学术对话者，我感到他毕业之后这几年依然勤勉多思，进步显著，由衷为之高兴。

仅从环境史角度而言，该书也有不少值得肯定之处。作者基于丰富的传世文献、民间歌谣和口述史资料，讲述了发生于物质生产领域人与自然（特别是动、植物）之间众多鲜活的故事，以及它们背后的地方知识、生态观念和自然情感，并借鉴和运用农学、生物学、历史人类学和社会史理论知识，对武安人民与武安风物彼此交融的常态情形和民俗表现进行了不少具有新意的解说，他的思想最终归结到环境史学根本命题——人与自然关系，这种关系在武安一县之境就具有相当复杂多样的丰富历史表现。作者近年一直提倡"微观环境史"研究，我虽心里认同一直却未予评赞，阅读本书之后我才断定他并非因为刻意求新而提出一个悬空式的设想，而是基于自己踏实、具体的研究实践。值得称赞的是，他在承担一个与自身研究兴趣有所偏离的任务时既没有消极应付，也没有因此动摇研究环境史的志向，而是"咬定青山不放松"，积极、大胆地探索新路，把民俗与环境有机结合起来，放在一县之域这个较小的地理空间进行更深入、细致的考察，这使得本书不仅与一般地方风俗史志相比"别开生面"，比起时嫌空疏和大而无当的宏观环境史论说亦更显丰满、实在。中国拥有3000多个县级政区，该书所讲述的武安只是其中很少的一块。但我相信：朝着这个方向继续摸索，九洲还将取得更多、更好的成果；而倘若对全国多数甚至所有县份都有学者进行此类具体努力，中国环境史研究的局面定能全面改观。

是所期盼！

王利华

2016 年 3 月 7 日凌晨于天津南八里台空如新斋

自　序

本书讲述的是关于武安传统物质生产习俗的故事。

本书的撰写虽起于 2015 年的下半年，而资料的搜集与整理却要早到七八年前，而追溯最早的因缘，则远在 1991 年。笔者时年十岁，第一次从邻居家借来了一套三本的《中国民间文学集成·邯郸市故事卷》和一套两本的《中国民间文学集成·武安民间故事卷》，如饥似渴地反复看了多遍以后，深入探究家乡历史文化的想法已然萌生出来。此后斗转星移，自己一直在为学业而忙碌，高中学了理科，进入大学又学了四年物理，无暇深入探究历史文化。直到读研时选择了自己心爱的历史学科，才重又开始考虑研究家乡文化的问题。博士毕业后，偶然的机会又在网上觅得了多年以前看过的两套书，重温之后，爱不释手。适逢所在学校建立河北省非物质文化遗产研究基地并全力推动民俗文化研究工作，笔者便产生了撰书研究武安民俗的念头，于是方有本书之写作与出版。

本书的空间范围限定在了武安市境内，但立意却并非就武安来论武安，意在以武安为一扇窗口，窥探更大时空尺度上的传统社会物质生产之风貌。笔者一直在努力尝试开展微观史学——特别是微观环境史学的研究，而本书则是一项重要的尝试。但微观史学不是为了微观而微观，所探究的问题虽然细小，而问题之外的观照却是极为宏大的。通过微观的考量，更好地体认宏观的事项，这是本书的核心理念。本书细致梳理了武安一隅之地的物质生产风貌，但用意却在于以此为基础，更好地理解华北乃至整个北方地区的物质生产格局与社会特质。

本书主要围绕物质生产民俗展开，却并不仅仅着眼于民俗问题。物质生产是所有文化事项中与自然关系最为密切的部分，笔者尝试将一直在从事的环境史研究理念融入其中，尝试透过物质生产来审视武安历史上的人与自然之关系。武安物质生产的历史，最早可以追溯到 7400 年以前的磁山文化时代。在漫长的历史发展过程中，如何利用自然、顺从自然、调和自然一直都是人们在发展物质生产时所要解决的核心命题。要从自然界中获取我们的生产、生活资料，还要维系人与自然之间的平衡，先辈们总结出了一整套行之有效的理念与方法，虽然也催生了一系列的环境问题，却还是在相当大的程度上保证了物质生产的可持续发展。系统总结传统经验，有助于我们更好解决当代经济发展中所面临的诸多困境。

本书关注的空间范围虽小，时间尺度却达数千年，涉及事项也较为庞杂，所以碎片化、空泛化的缺陷在所难免。同时，还原历史事实的过程中，材料的堆砌罗列痕迹较重，而分析却还不够。但书中的故事若能给读者带来些许别样的感受，笔者将倍感欣慰。

笔者在行文中，虽然时时以客观、公正、理性作为约束自己的标准，但还是带有过分强烈的乡土情结，也不可避免地洋溢着对传统智慧的崇敬之情。这样的倾向主要是笔者刻意凸显出来的，正像美国学者柯文所指出的那样，出于知识的和社会的原因，中国的知识分子和政治精英内心里是鄙视大众文化的，时至今日，依旧如此。笔者要极力使自己走出这样的认识误区，给民间文化以应有的尊重。但是，笔者同时清醒地认识到，上述倾向也充分反映了学者研究家乡历史文化的难处：有了"我者"的切身感触与深刻认识，却少了"他者"的理智与冷峻。个中难处，还请读者体谅。

本书主要部分由赵九洲完成，宋倩协助完成了前期材料整理与后期校对润色工作并撰写了部分章节内容。

赵九洲

目　录

引　言

　　历史学者与社会大众的关注重点多在宏观历史，对较大时空尺度的历史事件、历史人物与历史进程进行持续的关注和深入的探讨，而对微观历史的研究则相对比较薄弱。尤为发人深思的是，很多学者孜孜不倦地探究全局性的历史，可对自己家乡的县域历史却缺乏深入研究。其实，县域历史文化的重要性从来都不曾为人所忽视，古代的政区、职官设定中，县级都是极为重要的一环，而古人修地方志，县志更是最重要的组成部分。在当代的国家发展战略中，县级依旧占有十分重要的地位①。但是，就目前的情况来看，县域历史文化相关研究仍非常薄弱，纵有关注也多是整体的、宏观的，个案性的县域历史文化研究仍非常缺乏②。

　　20 世纪 70 年代之前，以布罗代尔为代表的总体史观占据世界史学的主流，国内的唯物史学也与这一潮流相契合，黄仁宇提出的"大历史观"也对国内学界产生了一定的影响。但是，70 年代之后，西方史学界已然开始批判和反思总体史观，进而兴起了微观史学。微观史学关注的重点不再是宏观视角与长时段机制，而是将"研究的视线投向了历史中特定的

① 如中共中央党校在 2014 年 11 月 14 日至 2015 年 1 月 15 日举办了中共中央党校第一期县委书记研修班，而习近平总书记还在 1 月 12 日与 200 多名学员举行座谈会，他指出："在我们党的组织结构和国家政权结构中，县一级处在承上启下的关键环节，是发展经济、保障民生、维护稳定、促进国家长治久安的重要基础。"（新华社 2015 年 1 月 12 日通稿）在习近平的执政理念中，县域占有极为重要的地位，早在 1990 年，他就指出："如果把国家喻为一张网，全国 3000 多个县就像这张网上的纽结。'纽结'松动，国家政局就会发生动荡；'纽结'牢靠，国家政局就稳定。国家的政令、法令无不通过县得到具体贯彻落实。因此，从整体与局部的关系看，县一级工作好坏，关系国家的兴衰安危。"（见习近平《从政杂谈》，载氏著《摆脱贫困》，福建人民出版社 1992 年版，第 24 页。）可见，大力推进县域历史文化研究，既有较高的学术意义，又有着较大的现实意义。

② 陈文胜：《中国县域发展的基本特征与历史演进》，《中国发展观察》2014 年第 6 期，第 30—31 页。

时间和空间内的个人和群体"①，这样的研究成果"虽只是一个局部的现象，但这个看似孤立的现象却可以为深入研究整体结构提供帮助"②，所以从时空尺度的角度来看，深入发掘较小区域的历史也就有了独特的价值。

约略与微观史学兴起的时间相当，20世纪70年代在美国还兴起了另一个史学流派，那就是环境史学。环境史学在90年代传入国内，随着环境问题的不断加剧，环境史学也不断壮大，至2010年代已逐渐成为显学③。环境史学将过往历史研究中往往被忽视的自然纳入自己的阐释体系，以"人类回归自然，自然进入历史"为自己主要旨归④。但多数环境史研究仍是宏观史学，关注重点是大尺度与长时段的人与自然之交互关系，全球史、国别史、大区域史等论著层出不穷，而较小区域的研究还非常薄弱⑤。

笔者有意将微观史学与环境史的理念相结合，采用历史人类学与民俗学的理念与方法，通过观察县域的民俗文化来审视人与自然之互动。笔者又进一步将研究对象的空间界定在自己的家乡武安，笔者打算开展一系列的研究，本书将主要围绕物质生产民俗展开，细致梳理历史上武安民众在物质生产中与自然环境的交互关系。未来还将进一步深入到物质生活、社会关系、岁时节日、精神信仰、民间文学等领域。

选择武安作为研究对象，主要出于以下几点考虑：

其一，笔者生于斯长于斯，对于武安的环境特质与民俗文化有较多的切身体会，占有文献资料相对较为容易，同时开展田野调查与搜集口述史资料也较为便利。人类学虽特别强调"他者"的视角，认为通过观察、发现和了解"他者"，来更好地了解人类自身与社会，是最可取的研究路

---

① 周兵：《微观史学与新文化史》，《学术研究》2006年第6期，第91页。

② 陈启能：《略论微观史学》，《史学理论研究》2002年第1期，第22页。

③ 关于环境史兴起的过程可参看包茂红《环境史：历史、理论和方法》，《史学理论研究》2000年第4期；高国荣《什么是环境史》，《郑州大学学报》2005年第1期。另外两人还有多篇相关文章，不再一一列举。

④ 李根蟠：《环境史视野与经济史研究——以农史为中心的思考》，《南开学报》2006年第2期，第2—3页。

⑤ ［美］J.唐纳德·休斯：《什么是环境史》，梅雪芹译，北京大学出版社2009年版。该书第四章"地区、国别和地方环境史"和第五章"全球环境史"有对世界范围内的环境史研究现状的梳理，读者可参看。关于该书的介绍与评析可参看拙作《试评〈什么是环境史〉——兼谈中国环境史研究的若干问题》，《中国农史》2010年第4期。

径。但倘若能打通"他者"与"我者"的界限，既有多年浸淫其中而带来的对区域文化的切身体会，又能置身事外进行客观的审视与评判，研究的结果无疑会更鲜活生动，也更深刻厚重①。

其二，武安在晚近时期——特别是 1949 年后——经济发展迅猛，相应的环境变化也非常剧烈，传统文化所遭受的冲击也极为巨大。随着经济社会的发展，传统的物质生产发生的变动尤为剧烈。以之为研究对象，就找到了一个比较适当的窗口来审视人与自然关系的协调、冲突与震荡，借以窥探全局性的环境问题。

其三，武安位于太行山隆起与华北平原沉降的接触部，地貌特征兼具山地、丘陵、盆地三种类型，海拔变化明显，生物资源较为丰富，洺河横贯全境，支流众多。所以，武安虽只是一县之域，但生态环境也颇为复杂，人与自然关系的方方面面也在这里得到了淋漓尽致的展现。深入探究，也将为我们开展更大区域的环境史研究提供有益的参考和必要的背景材料。

本书论述的时间范围，起自上古，下至晚近。因县域在明以前所存留的史料极为有限，故而一如多数历史著作，叙述时不得不略远详近。

近年来研究武安的论文颇多，笔者在中国知网上以武安为篇名关键词进行检索共得 1700 余条检索结果，去掉一般的广告与宣传文章，再过滤掉与武安同名的其他地域，并考虑到中国知网检索时的文献重复现象，总的文献数量也在 1000 篇以上，其中仅硕士论文即多达 40 篇②。另外，据笔者搜集整理，各种专著的数量当也在百部以上，现有的研究成果涉及的学科有经济学、生态学、生物学、地理学、艺术学、人类学、语言学、民俗学、社会学、历史学等，研究的领域除了民俗与历史文化外还有经济发展与产业布局问题、生态环境破坏与保护问题、乡村建设问题、景区建设问题、动植物资源问题、方言问题等。但真正全方位探究武安物质生产文化的论著尚不多见，深入解构武安历史上的人与自然关系者更为罕见。

---

①　关于人类学的"他者"视角问题，可参看户晓辉《自我与他者——文化人类学的新视野》，《广西民族学院学报》2000 年第 2 期；王铭铭《他者的意义——论现代人类学的"后现代性"》，《广西民族学院学报》2000 年第 2 期；黄建波《作为"他者"研究的人类学》，《广西民族研究》2002 年第 4 期；章立明《他者的人类学及其本土化探讨》，《学术探索》2003 年第 8 期。余不尽举。

②　还有其他以武安命名的地名，参见第一章第一节的相关表述。

笔者有意在相关领域做些努力。本书将细致勾勒传统时代武安物质生产的大致格局，尽力还原农耕、采集、狩猎、畜牧与手工业等生产部门的本来面目。我们将采取同情史观的视角，客观审视武安先民发展物质生产过程中与自然打交道的经验与教训，绝不居高临下地将其贬斥为"愚昧落后"。同时，我们也将尽力客观分析1949年后物质生产发展的得与失，既不一味唱赞歌，也不用"环境原教旨主义"的立场来一味贬斥。我们希望武安未来能在传统与现代间寻求平衡，汲取有益的传统经验，推动现代生产有序、高效、绿色发展。

笔者有必要指出的是，在本书中我们引用了一些非学术著作，这是因为它们往往出自乡土文化爱好者之手，著作包含了丰富的历史文化信息与可用的材料，有助于我们更好理解相关问题。另外，笔者大量使用了民间传说故事，关于其合理性，笔者在引用时将进行分析。要开展县域历史文化研究，必须扩大资料搜寻范围，倘若仅盯着学术著作，便会有"无米之炊"的感慨。其实，材料从来都不缺乏，关键在于能否发现，是否善于运用。

第一章　武安历史文化与
自然环境概述

　　民俗，又称民间风俗，是在一个国家或民族中，由社会大众所创造、享用、传承和发展的生活文化①。民俗用于维系正常的生产、生活，是一定的历史文化与自然环境的产物。

　　本书重点研究武安的物质生产民俗，而物质生产民俗与具体地域的历史文化发展脉络及自然环境特质密切相关。所以，在切入具体的物质生产文化之前，有必要对武安的历史文化与自然环境做一大致的介绍，为后文的具体介绍提供必要的背景知识和时空框架。

第一节　武安行政区划沿革

　　笔者将在本节详细分析武安沿革，主要基于以下几点考虑：其一，人文环境会深刻地影响人们的观念与行为方式，民俗事项不能脱离其生存的文化环境②。而行政区划是极为重要的文化环境，梳理行政区划沿革，有助于我们更好地理解武安的物质生产民俗的发展脉络，并了解行政区划对物质生产民俗的全方位影响。

　　其二，后文介绍具体民俗事项时，会涉及大量的具体地名，若不对武安的具体行政沿革做一全面介绍，读者理解相关问题时将会面临较大困难。梳理行政沿革，以小见大，通过透视武安行政区划之变动，读者将更好地理解武安乃至更广阔区域内自古以来——特别是晚清以降——地方社会剧烈变动的大致状况。

---

　　①　钟敬文主编：《民俗学概论》（第二版），高等教育出版社 2010 年版，第 32 页。
　　②　王娟编著：《民俗学概论》，北京大学出版社 2002 年版，第 21 页。

其三，本书读者可能有相当部分的武安人，通过阅读本部分将更好地理解乡土行政区划之演变。

一 区位

武安处于河北省的西南部，太行山东麓，为邯郸市代管县级市，总面积 1811 平方公里。东西长 55.5 公里，经度范围介于东经 113°45′至 114°22′间。南北长 60.5 公里，维度介于北纬 36°28′至 37°01′间。周围与 8 个县、市、区接壤，北以摩天岭、老爷山、令公垴、梅龟寨、皇母山为界，与邢台县、沙河市相邻；南以鼓山、天井寨山、南大垴为界，与磁县、峰峰矿区相邻；东以紫金山为界，与邯郸县、永年县相邻；西以青阳山、万寿山、十八盘山、青崖寨为界，与涉县、山西左权县相邻。

治所武安镇，位于全境中部偏东，至北部县界约 50 里，南至县界约 50 里，东至县界约 60 里，西至县界约 130 里。距离邯郸火车站约 26.5 公里，距离石家庄 150 公里，距离北京 400 公里[①]。

二 隶属沿革

上古时期，武安属冀州。商代后期为畿辅之地。周灭商，三分商畿辅地区为邶、鄘、卫三国，武安属邶。周公平三监之乱后，封康叔于卫，武安为卫之辖境。春秋，武安区域复为晋国疆域。三家分晋，武安为赵国城邑。秦赵相争，武安常为争夺的重要区域[②]。

秦统一天下后，武安属邯郸郡。西汉建立后，初设武安县，隶属魏郡。王莽篡汉，改武安为桓安，改魏郡为魏城，归属不变[③]。东汉建立后，武安、魏郡复旧名，归属不变。

三国、西晋时期，武安属司州广平郡。十六国、北魏时期，政区变化

---

① 以上论述主要参照了武安市地方志编纂委员编《武安县志》卷 3《地理志》，中国广播电视出版社 1990 年版，第 38 页；民国《武安县志》卷 2《地理志》，参见张午时、张茂生、李栓庆校注《武安县志校注》，武安历史文化研究会内部印行本 2009 年版，第 618—619 页。

② 春秋以前之归属，参考了谭其骧主编《中国历史地图集》第 1 册《原始社会·夏·商·西周·春秋·战国时期》，中国地图出版社 1982 年版，第 13—14、17—18、24—25、37—38 页。

③ 地名志误为"桓安"，有误。见河北省武安县地名办公室编《武安县地名志》，内部印行本 1984 年版，第 17 页。王莽改武安为桓安事，见（东汉）班固《汉书》卷 28 上《地理志上》，中华书局 1962 年版，第 1574 页。

纷纭，大致沿晋制属广平郡。东魏时期，属司州魏尹①。北齐属司州清都尹，隋开皇中属洺州，大业中属武安郡②。

唐代前期，武安属于河北道，唐代中期以后及五代曾长期属泽潞节度使，故李吉甫将武安归于河东道③。属州多有变化。唐武德元年（618），武安自洺州划归紫州，武德四年复归洺州，永泰元年（765）自洺州划归磁州。天佑三年（906），磁州改名惠州，武安属惠州④。后梁贞明二年（926）又改惠州为慈州，武安归属不变。宋属河北西路慈州，政和三年（1113）后改慈为磁州，武安仍属之⑤。

宋以后直至清雍正四年（1726），武安均属磁州。金代磁州属河北西路，元初与元末都曾短暂将武安并入邯郸县，旋又复置。元代磁州属中书省，所属路则多有变动，后稳定为广平路⑥。

明洪武元年（1368），重建武安县，属磁州，州属北平行省广平府磁州。洪武二年，磁州划归河南行省彰德府，武安仍属磁州。洪武九年，河南行省改为河南承宣布政使司，习称河南省。清初直接称河南省，其余未改。雍正四年，磁州划归直隶广平府，武安直属河南彰德府，延至清末。

民国元年（1912），废府改道，武安属河南省河北道。民国十三年，废道，武安直属河南省政府。民国二十一年，设立第三区行政督察专员公署，武安归其管辖。抗战时期，先后成立过武西县、磁武县、武东县等，先后归晋冀鲁豫边区政府太行区办事处第五专署、第六专署管辖，而武安东部则为敌占区。

1946年，武安恢复原建置，隶属晋冀鲁豫边区政府太行行署，先后隶属第三专署、第五专署、第六专署。1948年9月1日，华北人民政府成立，边区政府撤销，武安属华北人民政府太行行署第六专署。1949年8

①　（北齐）魏收：《魏书》卷106上《地形志上》，中华书局1974年版，第2456页。

②　（唐）魏徵：《隋书》卷25《地理志中》，中华书局1973年版，第855页。

③　（唐）李吉甫：《元和郡县图志》卷15《河东道四》，中华书局1983年版，第436页。

④　（宋）欧阳修、宋祁：《新唐书》卷39《地理志三》，中华书局1975年版，第1013页。

⑤　（宋）薛居正：《旧五代史》卷150《郡县志》，中华书局1976年版，第2016页；（宋）欧阳修：《新五代史》卷60《职方考》，中华书局1974年版，第740页；（元）脱脱：《宋史》卷86《地理志二》，中华书局1977年版，第2129页；（清）顾祖禹：《读史方舆纪要》卷49《河南四》，中华书局2005年版，第2332页。

⑥　康熙《磁州志》卷3《沿革》，康熙刻本，第2页；民国《磁县县志》第1章"疆域"第1节"沿革"，载《中国方志丛书·华北部分》第167号，成文出版社1968年版，第29—30页。

月 1 日，太行行署撤销，武安划归河北省，由邯郸地区管辖。

1958 年 12 月 20 日，武安西部五个公社并入涉县，东部五个公社和邯郸市的部分村庄合并成立武安矿区，由邯郸市管辖。

1961 年 5 月 15 日，武安矿区被撤销，武安原建置得以恢复，由邯郸地区管辖。1986 年 4 月 5 日，武安县划归邯郸市管辖。1988 年 10 月 6 日，武安县改为县级市，由邯郸市代管。1993 年，邯郸地区与邯郸市合并为邯郸市后，武安市仍由邯郸市代管①。

三 县域沿革

春秋战国，武安为较重要的城邑。始置县于西汉，其辖境远较现代为大，除了今武安市大部分地区外，可能还包括了今涉县东南部、磁县西部和峰峰矿区的大部②。不过武安之北境却曾向北扩展，在口上村下辖老安庄自然村，曾发现有汉代摩崖石刻，上题"赵国易阳界石"，《元和郡县图志》称："（临洺县）本汉易阳县地……北滨洺水，因以为名。"③《太平寰宇记》引《水经》称："洺水出易阳县西山。"④ 洺水又称易水，易阳县显然就是因在洺水之北而得名，所以今北洺河或即汉代易阳县与武安县的分界线，据孙继民考证，最早的易阳县治所可能在今武安邑城镇⑤。武安北境向北推进到现在的武安、沙河交界处，或在北魏时期。

汉以后武安县域分合变化极为频繁，先后设置过临水县、滏阳县、交漳县、阳邑县等，不少区域从武安县划出。其中阳邑县成立于隋开皇十年（590），大业年间重又并入武安。此后辖境至民国而无特别重大的变化。明清至民国，武安全县实测面积为 7860 平方公里，折合 1965 平方公里。

1949 年前后，有若干变化。最大的变动是部分区域在武安与峰峰矿区、山西左权、涉县之间的交割变动。

① 民国及新中国成立后武安行政归属情况，参见河北省武安县地名办公室编《武安县地名志》，内部印行本 1984 年版，第 19—20 页；武安市地方志编纂委员编《武安县志》卷 2《大事记》，1990 年，第 33 页。

② 康熙《磁州志》卷 3《沿革》，康熙刻本，第 2 页。

③ （唐）李吉甫：《元和郡县图志》卷 15《河东道四》，第 433 页。

④ （宋）乐史：《太平寰宇记》卷 56《河北道·五磁州》，中华书局 2007 年版，第 1163 页。

⑤ 孙继民：《汉代武安县的北界与东南界》，《邯郸职业技术学院学报》2004 年第 4 期，第 14—15 页。

（一）武安与峰峰之间的交割

1950 年 11 月，武安南部的 26 个自然村被划归峰峰矿区，分别是和村、八特、东苑城、北岗头、金村、集贤、柏泗、刘岗西、李岗西、大沟港、东庄、何家庄、曹家庄、杜家庄、南岗头、薛村、磁山、东孔璧、西孔璧、中孔璧、花富村、西苑城、仙庄、念头、胡峪、流泉。胡峪和流泉于 1954 年划回。1958 年 12 月 20 日，磁山、东孔璧、西孔璧、中孔璧、花富村 5 村划回，同时又划出白马寺、小山峧、山神庙、椿树岭、拐头山、大门沟、黄儿庄、大淑村、小淑村、北大社、邵庄、云台、白沙、南正峪、北正峪、寺后坡、董二庄、彦亭、流泉 19 个自然村划归峰峰矿区。1965 年 2 月 6 日，又将仙庄、念头、西苑城、大淑村、小淑村、流泉、董二庄、北大社、前正峪、北正峪、窑岭沟、白沙、邵庄、白马寺、云台、南正峪 16 个自然村划回①。总计实际划入峰峰矿区的村镇有和村、八特、东苑城、北岗头、金村、集贤、柏泗、刘岗西、李岗西、大沟港、东庄、何家庄、曹家庄、杜家庄、南岗头、薛村、小山峧、山神庙、椿树岭、拐头山、大门沟、黄儿庄、寺后坡、彦亭 24 个自然村。

（二）武安与山西左权县之间的交割

1955 年 2 月 10 日，山西省左权县梁沟乡整体划入武安县，包括 14 个自然村，分别是梁沟、梁沟门、董家沟、凸小沟、北沟、大康铺、荒庄、后阳坡、前阳坡、张西沟、大红渠、北桃园、南桃园、寨峧。

（三）武安与涉县之间的交割

考之民国武安县志，青塔村本为武安辖境，相关记载如下：

> 青塔村在县西鄙，为洺河支流青塔川之源。全村八十余户，中穿小河，河之东在东山麓者，六十户，属武安。河之西在西山麓者，属黎城。住民武氏居其大半，余为李、王、姜三姓。地居边境，有集市。惟村址在山河交错中，夏间山洪暴发，人畜庐舍，时遭不测，地势然也……东至万谷城界四里，南至涉县纱帽山二里，西以河沟界黎城青塔，北至馆陶北川西涧沟五里，距城九十里。②

---

① 县志记载 1965 年回拨村庄时，称有 14 个自然村，而前正峪、北正峪、窑岭沟合称为北三乡，今独立计算，则为 16 个自然村。参见武安市地方志编纂委员会编《武安县志》卷 3《地理志》，第 39 页。

② 民国《武安县志》附志卷 2《区村镇分述（下）》，见《武安县志校注》，第 1162 页。

该村何时划归涉县，县志未明确记载，当是在 1949 年前，应该在抗战后期到解放战争时期。考涉县行政区划之变化，有 1946 年偏城县并入涉县之举，偏城原属山西黎城县，青塔之入涉或亦在这一年。

1957 年 11 月 6 日，武安西部山区的长亭、万谷城、马渠水 3 个自然村划归涉县。1958 年 12 月 20 日，武安西部的贺进、阳邑、活水、徘徊、马家庄 5 个大公社被划入涉县，建置相当于今天的贺进、贺赵、阳邑、馆陶、活水、徘徊、冶陶、石洞、马家庄、磁山镇（原崔炉乡部分）10 个乡镇。1960 年 3 月 30 日，活水、贺进两个大公社划回。1961 年 5 月 15 日，阳邑、徘徊、马家庄 3 个大公社和长亭、万谷城、马渠水一同划回。

（四）武安与邯郸市之交割

1957 年 11 月 6 日，矿山镇 11 个自然村划入了邯郸市。1958 年 12 月 20 日，成立武安矿区，除了前述 5 个大公社划归涉县外，其余寺庄、城关、午汲、伯延、大同 5 个大公社均归武安矿区管辖，此外还接管了矿山镇 11 个自然村和邯郸拨来的 26 个自然村。另有部分村庄在武安与峰峰矿区间交割，已见前文。1961 年 5 月 15 日，撤销武安矿区，恢复武安县原建置，原属邯郸的 26 个自然村回归原建置①。

1965 年 2 月 6 日以后，武安辖境再未变化。

1965 年之后稳定下来的辖境面积 1811 平方公里，较之民国减少了 154 平方公里。较之汉晋，缩减程度更大。

四　行政区划沿革

明代以前武安的行政区划无从查考，明代城中有四坊，分别是县治前的正本坊，县治南的承流坊，县治东的宾阳坊，县治西的顺令坊。但这四坊至嘉靖时已废止。县境共有 34 里。东乡 4 里，分别是在坊里、青化里、紫泉里、靳固里；西乡 12 里，分别是西关里、柏林里、崇义里、阳邑里、丛井里、百官里、下庄里、柏树里、各村里、石门里、沙窝里、故亦里；南乡 13 里，分别是和村里、姚庄里、洛阳里、洺远里、伯延里、小张里、

———————

① 上述分析主要依据武安市地方志编纂委员编《武安县志》卷 3《地理志》，第 39 页；河北省武安县地名办公室编《武安县地名志》，内部印行本 1984 年版，第 20—24 页。按，由左权划归武安的自然村中有大红渠，1990 年县志误写为大红梁。

野河里、流泉里、丁村里、郝家庄里、苑城里、疏村里、孔壁里。北乡5里，分别是儒教里、营井里、胡累里、得义里、土栈里①。

清代康熙年间至乾隆年间武安共有34里，但县志脱漏颇多，康熙间可考者有27里，乾隆间34里记载较全，但部分里名迷漫不可靠，里名较明代稍有变化，整体变化不大。②

晚清有较大变化，先调整成4乡30里。后4乡改为10区，分别是恭区谦贞乡，驻午汲；宽区大有乡，驻崇义；信区中孚乡，驻继城；敏区鼎新乡，驻阳邑；惠区萃泽乡，驻徘徊；仁区恒春乡，驻和村；义区复合乡，驻伯延；礼区予森乡，驻清化；智区丰享乡，驻邑城；中区称城区，驻城关。

民国初年沿袭晚清制度，仍为10区。民国十九年（1930）推行地方自治，只是将各区的旧名修改了，标以序号，中区改为一区，其余恭、义、礼、智、宽、信、敏、惠、仁分别为二区、三区、四区、五区、六区、七区、八区、九区、十区，区政府驻地不变。全县乡镇总数为322个。

民国二十五年，10区并为四区，一区、二区、三区合并为第一区，驻城关；四区、五区合并为第二区，驻大屯（今大同）；六区、七区及八区一部合并为第三区，驻继城；八区一部及九区、十区合并为第四区，驻徘徊。全县实行联保制，共88联保，638保。

抗战时期，武安地区分为抗日根据地和敌占区。抗日根据地有三县，分别是：西部的武西县，驻阳邑、柏林，下辖七区；东部的武东办事处（1944年成立武东县），先驻南盆水，后驻上焦寺，下辖四区；南部的磁武县，驻磁县贾壁，共有九区，其中四、五、七、八、九区位于武安境内。敌占区仍称武安县，推行保甲制，共有18个联保，262保，2688甲。

抗战胜利后，武安全境成为解放区。1945年9月，以老区为武西县，以新解放区为武安县。1946年9月，武西县并入武安县。此后武安共分十一区，自第一区至第十一区的驻地分别是：城关、清化、伯延、迁城、云驾岭、活水（后迁贺进）、阳邑、午汲、冶陶、和村、马家庄（后迁

----

① 嘉靖《武安县志》卷2《建置志·坊乡》，见《武安县志校注》，第16—17页。顾祖禹却指出有35里，恐有误，见氏著《读史方舆纪要》卷49《河南四》，第2334页。

② 康熙《武安县志》卷4《疆域·沿革》，乾隆《武安县志》卷3《疆域·里社》，分见《武安县志校注》，第115—116、334—336页。

茶口）。

新中国成立至 1950 年仍为原建置，和村、八特等村庄划入峰峰后，又作了调整，仍分十一区，一至十一区的驻地分别为城关、骈山（后迁清化）、伯延、迁城、下焦寺、贺进、阳邑、午汲、茶口（后迁徘徊）、活水、馆陶。

1953 年 5 月至 1956 年 7 月，全县分 1 镇、11 区，1 镇为城关镇，驻城关。一至十一区的驻地分别为午汲、伯延、清化、迁城、小汪、贺进、阳邑、徘徊、茶口、活水、管陶。镇、区下辖 110 个乡，不再一一备述。

1956 年 7 月 25 日，武安撤销 11 个区，保留 1 个镇，合并原来的 110 个乡为 44 个乡，分别是午汲、大贺庄、崇义、西营井、西土山、伯延、淑村、东竹昌、骈山、清化、北安乐、大同、赵店、邑城、西通乐、西寺庄、上焦寺、矿山、东梁庄、杨庄、贺进、阳邑、长亭、百官、东井、徘徊、茶口、冶陶、琅矿、崔炉、神南峪、刘家庄、马家庄、西峧、庙上、活水、陈家坪、马店头、阳鄄、列江、梁沟、柏草坪、管陶、小冶陶。在西部山区设立阳邑、徘徊、贺进三个办事处。后部分乡有所合并，共有 37 个乡镇。

1958 年 8 月 31 日，全县成立了 10 个人民公社，分别是城关、午汲、伯延、大同、西寺庄、贺进、活水、阳邑、徘徊、马家庄。1958 年 12 月 20 日，邯郸市拨来的若干村庄与武安部分村庄一起成立了康二城公社，连同城关、午汲、矿山、伯延、大同一起成立了武安矿区。1960 年 6 月 1 日，贺进、活水两公社又划入了武安矿区。1961 年 5 月，恢复武安县建置，共有 11 个人民公社。

1961 年 6 月，分建公社，11 个大公社分为 43 个公社。与 1956 年相比，城关成为公社外，还增加了 13 个，分别是康二城、贺赵、野河、庄晏、粟山、上团城、翟家庄、宋二庄、下白石、磁山、石洞、北安庄、柳家河；少了 15 个，分别是大贺庄、西营井、淑村、东竹昌、东梁庄、杨庄、长亭、东井、茶口、琅矿、神南峪、陈家坪、梁沟、柏草坪、小冶陶。

自 1962 年 4 月起，全县设立 8 个区公所[①]。城关区，辖 5 个公社：宋二庄、清化、骈山、康二城、城关。

---

① 人们习惯称区为"片"。后来改称办事处后，人们仍常称为"片"。

伯延区，辖 5 个公社：伯延、庄晏、北安庄、粟山①、野河。

午汲区，辖 5 个公社：午汲、下白石、崇义、上团城、磁山。

大同区，辖 5 个公社：大同、北安乐、赵店、邑城、西通乐。

矿山区，辖 4 个公社：矿山、西土山、上焦寺、西寺庄。

贺进区，辖 7 个公社：贺进、贺赵、翟家庄、活水、马店头、庙上、阳邺。

阳邑区，辖 5 个公社：阳邑、柳家河、石洞、管陶、列江。

徘徊区，辖 7 个公社：徘徊、冶陶、百官、西峧、崔炉、刘家庄、马家庄。

1965 年 2 月 6 日，淑村等 11 个村庄自峰峰划回，成立淑村公社，属于伯延区。武安共辖 44 个公社。

1969 年春，撤销 8 个区公所，县直接统管 44 个公社。1972 年后，原 8 个区驻地中阳邑、贺进、徘徊设工委，其余 5 处先设联络组，后设办事处。名称有变化，但实际行政职能及管辖区域与原来相同。

1977 年 4 月，北安庄、粟山两个公社合并为北安庄公社，全县 3 个工委，5 个办事处，43 个公社。②

1984 年 4 月，改建 43 个公社为 43 个乡镇（其中城关公社改为城关镇）。1984 年 5 月，淑村、徘徊、伯延、午汲、大同、冶陶、邑城、康二城、矿山、贺进、阳邑、磁山 12 个乡改建为镇，全县共 30 个乡，13 个镇。

1988 年底，武安共有 8 个办事处，13 个镇，30 个乡，502 个行政村，672 个自然村。③

1996 年，武安撤区并乡，共保留 13 个镇，9 个乡，行政村仍为 502 个。其中宋二庄乡并入城关镇，更名为武安镇。野河乡并入淑村镇，西峧乡并入徘徊镇，庄晏乡并入伯延镇，下白石乡并入午汲镇，西通乐乡并入大同镇，赵店乡并入邑城镇，清化乡并入康二城镇，上焦寺乡并入矿山镇，翟家庄乡并入贺进镇，柳家河乡并入阳邑镇，崔炉乡并入磁山镇，列

---

① 方言中将粟山的"粟"读为 [xǔ]。

② 以上论述主要参考河北省武安县地名办公室编《武安县地名志》，第 30—38 页。但淑村乡之设立，该书并未记载，主要依据武安市地方志编纂委员编《武安县志》卷 3《地理志》，第 47 页。

③ 武安市地方志编纂委员编：《武安县志》卷 3《地理志》，第 47 页。

江乡并入管陶乡，马店头乡、庙上乡、阳鄄乡并入活水乡，崇义乡并入上团城乡，骈山乡并入西土山乡，贺赵乡并入西寺庄乡，百官乡并入石洞乡，刘家庄乡并入马家庄乡。北安庄乡、北安乐乡则保留原建置与辖区。共减少了 21 个乡。

五　县治沿革

武安早在春秋时期即为较重要的城邑，治所在今冶陶镇固镇村①。始建城年代或可远推至殷商晚期。据刘北方等人的推测，其时"洺水常流，太行山林密草丰，适宜祖先农耕、渔猎生活"②。战国时期，纵横纷争，武安为重要战略要地。秦赵瘀与之战，秦军即兵临武安城下。关于战国武安县治所在地，顾祖禹考证后指出：

> 武安城，故城在县西南五十里。战国时赵邑。秦纪："昭王三十六年赵奢救瘀与，秦军军武安西，鼓噪勒兵，武安瓦屋皆振。"又"四十八年王龁伐赵，取武安、皮牢。"皮牢盖与武安相近，汉因置武安县，后移置今治。③

秦昭王三十六年（前 271）无攻赵事，瘀与之战发生在昭王三十八年，《史记·秦本纪》不载秦军驻军武安西之事而载王龁攻拔武安之事，驻军武安之事见于《史记·廉颇蔺相如列传》，但为"屋瓦尽振"。④

汉高祖刘邦设武安县后，县治仍在固镇，此后延至北齐、北周而未

---

①　关于武安治所是否曾在固镇，学界自古至今皆有争议，《武安县地名志》中即认为县治一直在今址，见该书第 39 页。又李吉甫与乐史均称："武安故城，在县西南五里。"两人所指，似为店子古城。见（唐）李吉甫《元和郡县图志》卷 15《河东道四》，第 436 页；（宋）乐史著《太平寰宇记》卷 56《河北道五·磁州》，王文楚等点校，第 1162 页。详细情况笔者将另文探讨，此处采取隋以前治所在固镇的观点。

②　刘北方主编：《固镇村志》第 3 编《固镇村史沿革》，中国社会出版社 2003 年版，第 25 页。

③　（清）顾祖禹：《读史方舆纪要》卷 49《河南四》，第 2334 页。

④　（西汉）司马迁：《史记》卷 5《秦本纪》，中华书局 1959 年版，第 213—214 页；卷 81《廉颇蔺相如列传》，第 2445 页。详考史籍，顾祖禹之说当依据《资治通鉴》，但《资治通鉴》亦称"屋瓦尽振"，且该书秦纪起于秦昭襄王五十二年，顾氏称秦纪不确。《资治通鉴》将瘀与之战系于周赧王四十五年（前 270），与史记略有差异，孰是孰非，有待进一步考证。参见（宋）司马光《资治通鉴》卷 5《周纪五》，中华书局 1956 年版，第 155—156 页。

改。至隋开皇年间，县治东移至今址，但具体迁移时间无考①。顾祖禹也只是指出，"隋大业初群盗张金称陷武安，即今县矣"②。详考县治变化脉络，最有可能的是两个时间点，其一为北周大象二年（580），其二为隋开皇十年（590）。

杨坚历来对地方多有防范，江东王气之说由来已久，故而灭陈后彻底荡平了建康城邑，犁地三尺以镇王气，史称"平陈，诏并平荡耕垦，更于石头城置蒋州"。③ 观览天下州县时，还会别出心裁地改动自己认为不合理的地名。"十八年，文帝因览奏状，见东燕县名，因曰：'今天下一统，何东燕之有？'遂改为胙城，属滑州。"④ 早在其篡周建隋之前的大象二年，尉迟迥据邺城而起兵讨伐杨坚，河北群起响应，显示出了邺城及其周边区域在河北地区的巨大号召力。这更让杨坚担心不已，故而一俟战乱平息，立即着手整顿，先是彻底焚毁邺城，南迁相州于安阳，以防河北再次出现分裂割据势力。接着，他又进一步弱化相州，析置毛、魏二州。史载："移相州于安阳，其邺城邑居皆毁废之。分相州阳平郡置毛州，昌黎郡置魏州。"⑤

武安西控滏口陉，历来为兵家要地。据顾祖禹考证，东晋太和六年（350），后赵大将张沈据滏口以抗冉闵。东晋太元十九年（394），后燕慕容垂讨伐西燕，大军从滏口西进。北魏建义元年（528），尔朱荣东出滏口讨平葛荣。北魏永安三年（530），高欢得以就食山东，自晋阳入滏口。北魏大昌元年（532），高欢自滏口而西进讨伐尔朱兆。北周建德五年（577），北周军攻克晋阳后，齐后主派尉世辨窥探周军情势，尉世辨便出滏口登高阜观望。滏口为武安之险地，亦为取邺所必据之地⑥。杨坚毁弃邺城，或许也当对控扼险地的武安进行调整，或许将武安从县治较为险固的固镇东移至较为平坦易于控制的东部就在平邺之后不久进行。

另外有可能的时间节点是灭陈之后。天下一统，杨坚重新调整全国行政区划，夷平险阻，割大为小，一系列举措均在开皇十年推出，是年置磁

① 武安市地方志编纂委员编：《武安县志》卷3《地理志》，第43页。

② （清）顾祖禹：《读史方舆纪要》卷49《河南四》，第2334页。

③ （唐）魏徵：《隋书》，第876页。

④ （宋）乐史：《太平寰宇记》卷56《河北道五·磁州》，王文楚等点校，第163—164页。

⑤ （唐）令狐德棻：《周书》，中华书局1971年版，第133页。关于邺城的兴衰问题，还可参看拙著《魏州（大名）兴衰初探》，《河北工程大学学报》（社会科学版）2010年第3期。

⑥ （清）顾祖禹：《读史方舆纪要》卷49《河南四》，第2335页。

州，该州辖境原本为武安辖地①。又分置交漳县、阳邑县，将武安西部、南部大部分区域割出，弱化武安的意图非常明显②。大业元年（605），阳邑县撤销，重又并入武安。县治东移，可能也发生在开皇十年。西部、南部划出后，治所东移是合乎逻辑的选择。

县城移至今址后，再未迁移。始建砖城于明嘉靖二十三年（1554），又于崇祯七年（1634）修筑了外城。民国时期，城墙与古建筑逐步遭到破坏。1949 年以后随着城市发展，古城遗迹进一步减少③。

除河北武安市武安镇外，全国其他区域还有三个武安镇，分别是湖北南漳县武安镇、福建长泰县武安镇、山东郓城县武安镇。另外历史上有两个武安州，唐武则天时，置武安州于今越南海防；自辽至元，置武安州于今内蒙古自治区赤峰市敖汉旗丰收乡白塔子村。另有两个武安郡，南朝梁曾置武安郡于寿春，隋大业年间曾改洺州为武安郡。④ 此外，江西省上饶市玉山县还有武安山。

第二节　武安自然环境概况

所有民俗事项都呈现出强烈的地域特色，不同区域的不同自然环境状况深刻地影响了民俗事项的风貌。换言之，所有的民俗文化，都是其所处的生态环境的产物。对于物质生产而言，这样的特点尤为明显，其中蕴含了大量的人类认识自然、利用自然、与自然和谐相处的智慧⑤。后文将研究的武安的农耕、采集、狩猎、畜牧、商业、手工业民俗，无不打上了武安独特自然环境的烙印。所以要探究武安的物质生产民俗，势必要对武安的自然环境做深度剖析。本节将简单介绍武安的地形、山脉、河流与气候特征，为后文研究张本。

---

① 康熙《磁州志》卷 3《沿革》，康熙刻本，第 2—3 页；（清）顾祖禹：《读史方舆纪要》卷 49《河南四》，第 2332 页。

② 武安市地方志编纂委员编：《武安县志》卷 3《地理志》，第 38 页。

③ 武安城墙与古建筑的详细情形，笔者将在未来探究武安建筑时再深入剖析，本书不赘。

④ 但郡治仍在永年，何以用"武安"名郡，不得而知，留待他日详考。

⑤ 苑利、顾军：《非物质文化遗产学》第 11 章"生产知识与技能类遗产的基本范畴、普查申报要点及其开发与活用"，高等教育出版社 2008 年版，第 145 页。

一　地形

武安市境四面环山，东北部有缺口，则为洺河之出口。全境西北部海拔多在 1000 米以上，山势陡峻，蔚为壮观。西部、西南亦群山耸峙，较之西北略低，一般在 1000 米以下，亦称山乡。南部鼓山分割武安、磁县、峰峰，为重要屏障。东部紫金山纵贯边境，亦称形胜。中部地区虽间有丘陵，但起伏平缓，有局部平原，为间山盆地，不少区域海拔在 80 米左右。大致而言，主要地形分中低山、低山丘陵、盆地三大类型。

（一）中低山

主要分布市境西部和西北部，约相当于今活水、馆陶两乡，海拔在 600 米至 1898 米间，占全市总面积的 29.7%。又分为中切割中山和浅切割中山两种亚型。

其中中切割中山占总面积的 15.4%，海拔高度 1000—1898 米，山体岩层自上至下依次为石灰岩、紫色页岩、石英砂岩。主要分布于馆陶乡、活水乡。

浅切割中山占总面积的 14.3%，山体岩层为石灰岩和砂岩。主要分布于管陶乡、阳邑镇、贺进镇、西寺庄乡。

（二）低山丘陵

主要分布在市境西部、西南部、南部、东南部和中部的部分区域，海拔 300 米至 930 米，占全市总面积的 45%。又可分为三种亚型。

中切割低山占总面积的 11%，海拔 500—930 米，岩层为石灰岩和凝灰岩，局部有黄土堆积。分布地区包括马家庄乡的全部、原西峧乡（并入徘徊镇）、原崔炉乡（并入磁山镇）、冶陶镇的南部地区。

浅切割低山占总面积的 13.9%，岩层以石灰岩为主，间或有少量闪长岩和片麻岩，有大面积的黄土分布。分布于石洞乡、西寺庄乡、矿山镇，此外还有伯延镇、淑村镇靠近鼓山的区域。

丘陵占总面积的 20.1%，海拔 300—500 米，岩层为石灰岩、砂页岩、泥质页岩、泥质灰岩、花岗岩等。主要分布于磁山镇、徘徊镇、康二城镇、淑村镇、午汲镇、西寺庄乡、西土山乡、邑城镇、大同镇等。

（三）盆地

主要分布于中部区域，占总面积的 25.3%，海拔 100—200 米。主要包括武安镇、西土山乡、康二城镇、北安乐乡、邑城镇、大同镇、上团城乡、午汲镇、北安庄乡、伯延镇①。

二　山脉

武安境内的山脉均为太行山余脉，西北部武安与山西左权分界处的摩天岭为县境所有山脉的发端，自其向东南延伸，共有五组山脉，分别是小摩天岭山脉、老爷山山脉、十八盘山脉、西南横行诸山脉、鼓山及紫金山脉。

（一）小摩天岭山脉

该山脉的主峰即摩天岭，位于活水乡艾蒿坪村西侧。山脉自摩天岭向东南延伸至武安中部区域，长50余公里。该山脉介于南洺河与北洺河两个小流域的中间，沿线山脉多为两条河流的分水岭。该山脉自昆仑峪至沙洺之间还分东西两支脉，东支为北洺河上游门道川、白云川的分水岭，西支为北洺河上游支流白云川和南洺河上游管陶川的分水岭。

（二）老爷山山脉

该山脉发端于摩天岭东麓，从县境最北部向东南延伸至邑城镇西南部诸山，长40余公里。自发端地至达衣岩村附近，为北洺河上游支流门道川和常社川的分水岭。主峰老爷山，向东南延伸出定晋岩，还分割出桃园沟、虎头沟两沟，中有北洺河支流桃园河等河流，再向东延伸，丛岗叠岭，余脉颇多。

（三）十八盘山脉

该山脉起于摩天岭西南部的青崖寨，呈西北东南走向，位于武安与涉县及山西左权县交界处，一直延伸到阳邑镇盘蛟村，全长30余公里。青崖寨海拔达1898.7米，为武安境内最高峰。主峰十八盘山，为入晋要道。

（四）西南横行诸山脉

该山脉呈东西走向，分为数条，都是涉县境内山脉余支延伸而来，武安人习称的南山沟即位于这里，相当于现在的马家庄乡。原西峧乡（后并入徘徊镇）也位于该区域。

（五）鼓山及紫金山山脉

两山同属一脉，纵贯武安南部，位于武安与磁县、峰峰的交界处，为武安东部及南部的天然屏障。鼓山主峰老石台海拔891米，紫金山主峰海

---

① 以上论述主要依据武安市地方志编纂委员会编《武安县志》卷3《地理志》，第90页。

拔 498.4 米。该山脉分布于磁县、峰峰境内的长 10 余公里，分布于武安境内的约 15 公里，向北延伸到康宿东北洺河的南岸。

除了上述五大山脉外，还有孤立之峰，如粟山、儒山、玉峰山、凤翼岗。

三　河流

（一）洺河

武安全境皆为洺河流域，洺河为滏阳河的支流，出武安境入永年，在邢台市境内最终汇入滏阳河。主要源头为北洺河与南洺河，两河汇合于永和村，此下干流始称洺河，沿途进一步接纳马项河、淤泥河。干流在境内的总长度为 12.25 公里，河道原宽度约 300 米，经 1963 年洪水冲刷后大大拓宽，现在平均宽度约 700 米。干流平时只有细流或积水，汛期流量较大。在明清时期，洺河有名为响水河、儒教河的支流，具体所指尚不明确，现今是否依旧存在，亦不可知①。

洺河古代称千步水、寖水、南易水、漳水，在历史早期流量较大。随着森林植被的破坏和气候状况的变化，水文条件不断恶化。1949 年后，上游又兴修水库截断河流，地表径流受到显著影响。据 20 世纪 80 年代测定，每年自产径流量 80 万立方米。此后随着经济发展和地下水开采力度的加大，地表径流量进一步减少。

（二）北洺河

北洺河发源于摩天岭东麓艾蒿坪村，呈西北东南走向，至永和村而与南洺河汇合，全长 62.3 公里，流经活水、贺进、西寺庄、上团城、西土山、大同、康二城 7 个乡镇。平均河宽 400 余米，流域面积 513.5 平方公里，占全县总面积的 28.35%②。该河为季节性河流，活水以上长年有泉水，活水以下则长年干涸，只在雨季泄洪。年径流量为 6390 万立方米，保证率 50%。20 世纪 60 年代后，先后在上游兴建了口上水库、沙洺水库和四里岩水库，下游径流量明显缩减，有时在汛期也较少行洪。

---

① （清）顾祖禹：《读史方舆纪要》卷 49《河南四》，第 2336 页。
② 此处河流长度取 1990 年县志数值，见武安市地方志编纂委员会编《武安县志》卷 3《地理志》，第 93 页。地名志称河流长度为 56.25 公里，见河北省武安县地名办公室编《武安县地名志》，第 237 页。今从前者。

北洺河上游有门道三川，即三条支流①。沿途还有西井沟、路平河、桃园河、梁庄河、焦寺河等支流汇入，不再一一细述。

（三）南洺河

南洺河源于摩天岭的南麓，自西北向东南流动，至磁山附近转而流向东北，至永和村与北洺河汇流，全长 95 公里，流经馆陶、阳邑、石洞、冶陶、徘徊、磁山、伯延、午汲、北安庄、武安、康二城 11 个乡镇，河床平均宽约 300 米，年径流量为 7180 万立方米，保证率 50%，为武安最长、最大河流。20 世纪 60 年代后，上游兴建了车谷水库（又称东风水库），下游径流量也明显缩减。

南洺河上游主干河道远比北洺河简单，自源头至下站村称管陶川，下站村以下始称南洺河。沿途不断接纳支流，主要有青塔川、倒流河、龙虎河、东河、算川河、苑水河、崔炉沟水、马庄沟水、西山沟水、姑溪河、沟涧水、玉带河等。南洺河季节性显著，上游管陶川水源不如北洺河门道三川丰富，只有少量泉水汇流，中下游则长年干涸②。

（四）马项河

马项河源自沙河市峡沟村，自西石门村北侧入境，至赵窑村东汇入洺河，河流沿岸又称为石门川。河流全长 45.2 公里，境内长度 39 公里，河床平均宽度约 300 米，年径流量约 1180 万立方米。沿途接纳支流有矿山河、鸦雀河、邑城南河。

（五）淤泥河

淤泥河源自沙河市樊下曹村，自新章村后入武安境，向东南方向流动，绕行峭河，在武安、永年交界处汇入洺河。全长 20.3 公里，境内长度 6.9 公里，河道平均宽度 80 米，年径流量 500 万立方米③。

四　气候

武安属暖温带大陆性季风型暖温带气候，主要特点是四季分明，热量

---

① 详情参见本章第三节。

② 民国《武安县志》卷 2《地理志》，见《武安县志校注》，第 624—625 页。关于南洺河，还有两则民间故事，分别是《南洺河的传说》《南洺河为啥成了干河》，分别见于河北省武安县民间文学集成编委会《武安民间故事卷》，内部印行本 1988 年版，第 114—115、117—118 页。

③ 关于河流的分析，主要参考了河北省武安县地名办公室编《武安县地名志》，第 237—244 页；武安市地方志编纂委员编《武安县志》卷 3《地理志》，第 93—94 页。

充足，气温较差大，降水不多而集中①。但由于地形复杂，植被亦多变化，故而局地小气候明显，山区、丘陵、盆地区域有着显著的差异。活水乡全境与管陶乡的中北部为半湿润气候，其余地方皆为半干旱气候。

气候因素主要有光照、温度、降水、风等，试分述之。

（一）光照

衡量光照条件，主要有两个参数，一是日照时数，一是太阳辐射量。据 1960 年至 1980 年的气象记录资料来看，武安全市年日照时数的平均值 2297 小时，年日照平均百分率为 52%②。就月份来看，5 月日照时数最长，为 263 小时。此时白昼时间虽非最长，但云、雨较少，天气晴好，故日照时数占优，该月日照平均百分率为 61%，亦为全年最高。7 月白昼时长与 5 月相当，但阴雨天气较多，故日照时数反倒少得多，只有 188 小时，日照百分率为 42%，百分率为全年最低。日照时数最少月则为 12 月份，为 151.3 小时。

太阳辐射年平均总量为 110.841 千卡/平方厘米，生理辐射年平均总量约为 54.312 千卡/平方厘米③。就辐射总量来看，5 月份最大，为 13.895 千卡/平方厘米；12 月份最小，为 5.129 千卡/平方厘米。

武安的光照条件也呈现出明显的地域差异。山势、坡向等会显著影响各地的光照，阳坡多于阴坡，山腰、山顶多于山底，东西向的山地高于南北向的山地。因西北部多为西北东南向山脉，加之阴雨天气较多，故而日照时数与年辐射量均明显少于东部地区，日照时数无法精确统计，而辐射量则容易计算，平均为 100 千卡/平方厘米以上，约比东部低 10 千卡/平方厘米。西南多为东西向的横行山脉，故而光照条件同于东部地区，也可达到 110.841 千卡/平方厘米。

①　中国科学院《中国自然地理》编辑委员会编：《中国自然地理·总论》，科学出版社 1985 年版，第 223 页。

②　年日照百分率，以实际日照小时数除以全年实际小时数的一半。即实际日照时数与理论上的白昼总时长之比，白昼总时长为 365 × 24 ÷ 2 = 4380 小时，如上述武安年日照百分率即为 2297 ÷ 4380 = 52.44%，取整数值，即为 52%。但若具体到每一个月的日照百分率，则应考虑实际的白昼长度。

③　植物光合作用只能利用波长介于 0.38—0.71 微米间的可见光，这部分光的辐射被称为光合有效辐射或生理辐射。华北地区的生理辐射占总辐射的 49%，据之即可折算出武安境内的年生理辐射总量。武安县农业自然资源考察和农业区划委员会农业气候组编：《武安县农业气候资源和农业气候区划报告》，内部印行本 1982 年版，第 4 页。

（二）温度

1. 气温

武安全年平均温度在 11.0℃—13.5℃，基本呈现从东部、东南部向西北部递减的态势。月平均最低温度出现于 1 月，为 −3.2℃；月平均最高温度出现于 7 月，为 26.3℃，年内平均温较差达 29.5℃。但具体温度的极值则有较大变化，历年极端最低温度出现于 1967 年 1 月 15 日，为 −19.9℃；历年极端最高气温出现于 1961 年 6 月 12 日，为 42.5℃。

年温差方面，西部山区较中东部地区变化和缓。如西部山区海拔 750 米的马店头，1 月份均温 −3.3℃，7 月份均温 24.3℃，年平均温较差 27.5℃，年均温度 11.2℃。而东部低平地区海拔 140 米的赵店，1 月份平均气温 −3.2℃，7 月份平均气温为 27.3℃，年平均温较差 30.5℃，年均温度 13.4℃。

山区气温还有垂直变化，且阴坡与阳坡间也有不同。1982 年 4 月 14 日至 19 日，武安气象部门曾进行测定，山地海拔 600—750 米区间温度递减率为 −0.40℃/100 米，750 米以上为 −0.71℃/100 米。从阴坡与阳坡的对比来看，阳坡温度略高于阴坡，但随着海拔的升高，阳坡与阴坡的温度差则显著缩小。在海拔 540 米的底层温差为 0.3℃，在海拔 660 米处温差则为 0.2℃。

2. 积温

日平均温度 ≥0℃、3℃、5℃、10℃、15℃、20℃ 的起始日期、终止日期、持续天数与活动积温也是衡量一地热量条件和气候状况的重要参数。积温的分布情况与气温分布规律相近，也呈现从东部、东南部向西北部递减的趋势。

仍以马店头与赵店两村周边区域来看，≥10℃ 的初日前者比后者晚 6 天，终日前者比后者早 8 天，持续总日数前者比后者少 14 天，积温相差 700 多摄氏度。

3. 地温

地温随着季节和土层深度而有规律地变化，各种深度的地温都是一月为最低，最高地温出现的时节则随着深度的增加而推迟。地面温度最高时节出现于 6 月份，月平均温度为 32℃。5 厘米、10 厘米、15 厘米深处的地温最高时节为 7 月，具体数值分别为 28.5℃、27.8℃ 和 27.5℃。20 厘米深度平均最高地温出现于 8 月，具体数值为 27.6℃。地表温度与深层地温有着显著的差异，这是因为 7 月、8 月降水较多，拉低了地表温度。

地温随着深度的变化规律为，4 月至 7 月，因气温较高，地温随着深度增加而降低；11 月至次年 1 月，因气温较低，地温随着深度增加而增加；2 月至 3 月和 8 月至 10 月则无明显变化。

冬季冻土层一般厚度为 20 厘米，最厚曾达 41 厘米，时间为 1976 年 2 月。土壤冻结平均日期为 12 月 20 日。但年际变化较大，最早为 11 月 30 日，出现于 1967 年；最晚为 1 月 8 日（1976 年）。

土层解冻平均日期为 2 月 9 日，年际变化也很大。最早为 12 月 28 日（1974 年），最晚为 3 月 8 日（1969 年）。

从地域上来看，地温也是从东部、东南部向西北部递减。

4. 无霜期

地面温度 ≤0℃ 最早出现日期和最晚出现日期为初霜日、终霜日，扣除掉两者之间的日数，即为无霜期。武安历年平均无霜期为 196 天，最长 225 天（1965 年），最短 169 天（1971 年）。初霜平均日期为 10 月 24 日，最早为 9 月 30 日（1970 年），最晚为 11 月 17 日（1965 年）。终霜平均日期 4 月 10 日，最早为 3 月 25 日（1967 年），最晚为 4 月 26 日（1979 年）。

无霜期的东西差异较为明显。仍以西部山区的马店头和东部的赵店为例，平均初霜日前者为 10 月 16 日，后者为 10 月 26 日；平均终霜日前者为 4 月 17 日，后者为 4 月 8 日；无霜期前者为 181 天，后者为 200 天。整个无霜期，马店头比赵店少 19 天。

（三）降水

1. 时间分布

武安历年平均降水量为 559.7 毫米，降水最多的年份出现在 1963 年，达 1472.7 毫米；降水最少的年份出现在 1965 年，仅 302.1 毫米，年际变化率达 1170.6 毫米[①]。自 1960 年至 1980 年的 21 年中，降水量达到 400 毫米以上的有 18 年，达到 500 毫米以上的有 9 年。

---

①　据家父回忆，1965 年旱情极重，立秋前后马店头村田中玉米茎秆高度仅 1 米左右，且完全干枯，如果在地中点火，则茎秆直接就会着火。按，气候区划报告中载 1965 年降水量为 302.1 毫米，1990 年县志载 1985 年降水量为 209.6 毫米，相应地，年际变化率也有不同。考虑到前者数据较全面，暂从前者。见武安县农业自然资源考察和农业区划委员会农业气候组编《武安县农业气候资源和农业气候区划报告》，第 26 页；武安市地方志编纂委员会编《武安县志》卷 3《地理志》，第 99 页。但前者计算有误，平均年降水量为 559.7 毫米，而非 559.9 毫米，笔者做了修正。

降水量年内各月分布也有较大差异，以 7 月、8 两月降水最多，7 月平均降水量 179.8 毫米，8 月平均降水 144.2 毫米，两月总降水量占全年降水量的 57.9%[①]。1 月份降水最少，平均只有 2.8 毫米。

不同季节间的降水量也有显著差异，冬季（12 月至次年 2 月）最少，平均只有 14.8 毫米；春季（3—5 月）稍多，平均 62.8 毫米；秋季（9—11 月）又稍多，平均 111.4 毫米；夏季最多，平均 370.7 毫米[②]。按春夏秋冬四季的顺序来折算，每季降水量占年降水量的比重分别为 11.2%、66.2%、19.9%、2.7%。

每月降水量并不稳定，变化极大。夏季降水虽多，但各月分布也不均，常会出现伏旱。

2. 地域分布

全市降水量分布不均，西北多，西南少，东部居中。西北部马店头村为平均年降水最多区域，达 738.4 毫米，比全县平均降水量多 178.7 毫米。西南部的冶陶为平均年降水最少区域，只有 411.9 毫米，比全县平均降水量少 178.8 毫米。马店头与冶陶平均年降水量之间的差值则为 336.5 毫米。平均而言，西南年降水量要比西北少 130—300 毫米。

3. 强度和持续性

武安在 1960—1980 年间 ≥50 毫米的暴雨日数，每年平均有 1.6 次，其中 90.4% 出现在 7 月至 8 月。最多的一年有 6 次，而西北部山区最多的一年有 8 次。

历年最大月降水量出现于 1963 年 8 月，当月降水量 1026.3 毫米。而 1977 年 8 月份却只有 7.7 毫米。在有些时候，干燥月全月都无降水。

单日最大降水量出现在 1963 年 8 月 4 日，达 286.3 毫米，达到了大暴雨级别。日降水量 ≥0.1 毫米的连续最长降雨日数为 1963 年 8 月 1 日至 10 日，共 10 天，总降水量达 940.3 毫米。

连续无降水日数的最长纪录为 100 天，出现在 1962 年 11 月 27 日至

---

① 此为 20 世纪 80 年代以前的数据，近些年的规律似与当年有一定的差异。据笔者亲身体会，降水以 7 月、8 月两月最大无疑，但 8 月要比 7 月为多。洪水的发生多在 8 月。研究 20 世纪 80 年代及其以前武安的诸多事项，都有较完备的数据，而 20 世纪 90 年代以来的诸多事项则往往缺少完备的数据。以马店头村为例，当年村中有气象站，装有电话，每天定时向县城汇报诸多气象资料。而今，气象站早已废弃不用。时代在前进，可人们做事的态度却远不如当年认真，思之令人扼腕叹息。

② 气候区划报告中各季节平均降水量的计算也有误，笔者做了修正。

1963 年 3 月 6 日。

（四）风

武安之风可分两种，一为规模较大之气团随季节变化进退而产生的季候风，表现为冬季北方干冷气团和夏季暖湿气流的影响；一为因地势起伏导致空气受热不均而产生的地形风，表现为西北、西南山地与东部盆地间的空气对流。南北两洺河的河谷为天然的风道，常年盛行西北、西南及西风。而春季尤其多风。

武安多年平均风速为 2.6 米/秒，极端最大风速为 29 米/秒，达到了11 级，出现于 1975 年 5 月 13 日[①]。

自 1960 年至 1980 年的 21 年中，共出现 8 级大风 239 次，其中春季111 次，占全年 46%，其中偏北风占该季大风的 79%；夏季 65 次，占全年 27%，其中东北风、偏西风分别占该季大风的 45%、25%；秋季 23次，占全年近 10%，偏北风、偏西风分别占该季大风的 60%、25%；冬季 40 次，占全年近 7%，偏西风占该季大风的 70%。[②]

第三节　武安传统文化的总体概况

一　武安在晋冀豫之间

武安西部山区民间俗语称："登上摩天岭，一览三省景。"盖因在1949 年以前，武安属于河南省，地处晋、冀、豫三省交界处，实为鸡鸣三省之域。有人这样描述武安的地缘位置，"从历史的角度看，它面对中原腹地，背靠太行山脉，涉足可以弄潮历史，抽身可以隐匿地理，是一处绝佳的人类生存发展位置"。[③] 摒弃其中的溢美之词，却也可以看出武安交错于山西、河北、河南之间的态势。

（一）武安与山西之关联

武安西北以峻极关、黄泽关为界，与古辽州（今左权）紧邻，自古

---

① 气候区划报告中记载日期为 5 月 13 日，1990 年县志记载为 7 月 13 日，暂从前者，分见两书第 72、100 页。

② 以上关于气候的分析，主要参考了武安县农业自然资源考察和农业区划委员会农业气候组：《武安县农业气候资源和农业气候区划报告》，第 4—37、52—67、71—73 页；武安市地方志编纂委员编：《武安县志》卷 3《地理志》，第 97—100 页。

③ 杨新民：《魅力武安丛书》之《历史文化卷·万千气象》，新华出版社 2011 年版，第5 页。

以来两地跨越摩天岭与十八盘山的交往极为密切。而自唐大历以后直到五代末期，百余年的时间里，武安与今山西长治、晋城两市同属昭义节度使节制，武安与山西，特别是与辽州的联系越发紧密。宋以后，行政区划虽不一致，但来往不断。明初，复有大槐树移民，武安多数村庄建立或重建于此时，而居民大都来自山西。

磁县、峰峰、武安一带有胡大海屠中原的民间故事，称胡大海的父亲生活在漳河附近，被太行山里的女野人抢走后结成夫妇，后来女野人生下了胡。胡自幼受人歧视，后成为朱元璋麾下将军后发誓报仇，朱批准他杀一箭之地，不料他一箭射中大雁，挥军杀了八百里，一直杀到洪洞县才因见了洪字而收兵，而后洪洞县民东迁方才填补了人口空白，故民间有歌谣称："八百里宽来八百里长，八百里百姓把命丧，若不是山西把'洪'见，朱元璋的刀兵不发善。"① 故事显然荒诞不经，胡氏之籍贯在今安徽泗县，显与磁、峰、武地区无涉，且胡氏早在 1362 年即为部将所害，亦不可能统兵北伐②。但该故事反映的移民信息有其真实性。

每逢武安发生严重旱灾或战乱时，都会有大量西部山区的人口翻越摩天岭或十八盘山迁往山西。"列江沟，列江沟，十年就有九不收，孩子老婆逃荒走，狼虫虎豹满街游"，流传在列江村的这一歌谣也反映了人们逃荒的情形。在局势好转时，迁入左权的人又往往会返回，当然也会有人落籍于山西。两地之人还会通婚，这在传统时代的交通条件下是非常不容易的，足见两地关系之密切③。此外，两地之间的民间贸易也非常多，这就使得武安传统文化与晋文化的关系极为密切。武安地区的物质生产、物质生活、信仰体系、人生礼仪等都与山西有着密切的关系，而语言上的一致性更高。

武安与左权两地平时来往也极多，打工、经商等活动极为频繁，如民间故事《郑老笨的故事》中称"有一年六月，郑老笨从山西辽州打短工回家"④。又有名为《两世桥》的故事，称有一位武安人求子得偿所愿后，

---

① 杜学德：《邯郸市故事卷》上册，中国民间文艺出版社 1989 年版，第 172—175 页。

② 胡大海死于元至正二十二年（1362）二月，见（清）张廷玉《明史》卷 1《太祖纪一》，中华书局 1974 年版，第 10 页。

③ 笔者的五姑奶，即家父的五姑姑，最终落籍左权拐儿镇田渠坪村，其女嫁到了拐儿镇南岔村。按，武安人称比父母之祖、姑、舅、姨则均加一"老"字即可。比如，五姑奶，即称五老姑。与其他地方老姑、老舅、老姨指最小的姑姑、舅舅、姨妈的称呼方法迥然不同。

④ 河北省武安县民间文学集成编委会：《武安民间故事卷》，第 62 页。

就想行善积德，要在南安庄修桥，可桥未成而病重身亡，死后灵魂到了山西，附在一位病人身上而复活，告诉其"新"家人说在武安欠债要还，便带着钱财回到武安完成了修桥的工作，桥最终被命名为"两世桥"①。故事当然不可能是事实，但故事中灵魂为何是到山西而不是别的地方？主人公说回武安还债为何其新的家人会觉得很自然？其实背后透露出来的信息便是武安与山西之间的人员往来较多。

戏剧的交流极为频繁，马店头村贺红旺，曾在 20 世纪 50 年代组织戏班子，而戏箱即是其到山西左权走亲戚时买来的。戏班子经常到山西表演，如 1959 年即到左权、武乡等地演出数场②。又有剧团避雨遇难的悲壮故事，摘引如下：

> 大约在前清时期，武安有个 30 余人的戏班，常在山西、辽州、和顺、阳曲一带活动。那是个秋雨连绵的季节，有一天在辽州赶场，刚走到摩天岭西六十华里的拐儿镇地界的半道上，天又下起雨来，一干人③抬箱扛柜的看看前不着村，后不着店，无处避雨。人淋了雨没事，淋湿了箱事大。班主急得无法，登高寻望才看到不远有一处山崖下可避雨，赶忙率领大家来到石岩底下。地方很小，把箱放好，人只好挤到箱上面，总算护住了箱。不料雨越下越大，越下越猛，加之数日的淫雨，不多时山崖就泡浆了，突然发生了滑坡，"轰隆"一声山摇地动，全班 30 余人一个也未幸免，全部遇难。
>
> ……
>
> 每当武安人，尤其是唱戏艺人，走到那里时，闻听此说，均要上前凭吊一番，敬慰先魂，表示哀挽。
>
> ……
>
> 据塌方周边的山民们讲，每当风雨交加的夜晚，夜间活动的人们，都曾经隐隐约约听到那里鼓乐阵阵，管弦声声。有一台戏在那里唱，其声调凄凉悲壮至极。他们说那是武安戏班的戏魂。④

---

① 河北省武安县民间文学集成编委会：《武安民间故事卷》，第 160—161 页。
② 2015 年 7 月下旬贺红旺口述资料，笔者记录整理。
③ 原书作"一杆人"，不确，笔者予以订正。
④ 杨新民：《魅力武安丛书》之《历史文化卷·万千气象》，第 91—92 页。

武安话属于晋语。所谓晋语，指山西省及其毗连地区的方言，最大的特点是有入声字。而毗连地区则包括了与山西紧邻的河北、河南、陕西、内蒙古等省区的部分地区，其中河北省包括了太行山东麓的若干县市。晋语区原本被划入了官话区，语言学家李荣最早将晋语从官话区中划出，使其成为单独的方言种类，此后，逐渐得到不少学者的认同①。晋语之下又分为了 8 大片，分别是并州、吕梁、上党、五台、大包、张呼、邯新、志延。武安话属于邯新片之下的磁漳小片②。截至 2004 年，全国说晋语的人口总数约 6170 万，其中山西省 2370 万，河北省约 1198 万，河南省约 1104 万，陕西省约 437 万，内蒙古自治区约 1061 万③。

（二）武安与河北之关联

前文已详考武安之区位与行政沿革，武安地处大河之北，明代以前与周边的永年、邯郸等县关系密切，常同属一个上级行政区划，唐属河北道、宋金属河北西路，故而武安文化一直都被打上了浓厚的燕赵文化烙印。新中国成立至今，武安划归河北省已达 60 余年，现代行政区划对文化的重新整合威力表露无遗。相关事例颇多，无须多费笔墨。

（三）武安与河南之关联

在历史的早期，武安与黄河以南地区的关系较为疏远，但与今河南省位于黄河以北的部分却很早就有密切的联系，特别是今安阳周边地区。汉代曾同属赵国，曹魏时同属魏郡，唐代同属河北道，宋金同属河北西路。明代，磁州划归河南省彰德府管辖，武安除了直接由安阳管辖外，复与河南省其他区域建立了密切的联系，而与省城之间的联系更为密切。

20 世纪 50 年代以后出生的人在文化上对河北的认同感毫无障碍，对于武安在 580 年的时间里曾归属于河南省的历史已经少有人知晓。当代武安人提及省城就想到石家庄，提及文化就想到燕赵文化，对河北文化的向心力非常强劲。多数人不曾注意的是，仅仅在 67 年之前，人们提起省城想到的就是开封，提起文化想到的就是中原文化。

民国县志称："武安夙隶赵地，更两汉六朝五代，逮于金元明清，中

---

① 参见李荣《官话方言的分区》，《方言》1985 年第 1 期，第 2 页；另参李荣等主编《中国语言地图集》，香港朗文（远东）有限公司 1987 年版，第 B7 页。

② 参见侯精一《晋语的分区》，《方言》1986 年第 4 期，第 256—257 页。

③ 参见沈明《晋语的分区》，《方言》2006 年第 4 期，第 343 页。

间迭更世变，再沦狄境，俗之失其旧也久矣。"① 所论甚是。将近六个世纪的行政统辖，使得武安文化也带有浓重的河南文化烙印。相关事例非常多，势不能一一尽述，试举其数端。

其一，武安虽有平调、落子两种戏剧，但豫剧的影响也甚大，而河北梆子反倒少有人关注。武安农村唱敬神戏，多延请豫剧班子。武安之民众也大都会唱几嗓子豫剧段子，尤以《花木兰》《穆桂英挂帅》《铡美案》《白蛇传》等最为有名。有留声机后，唱片流行。再后来有了录音机、录像机，还有戏剧电影，豫剧影响进一步扩大，如《七品芝麻官》《三哭殿》《对花枪》即较受欢迎。

1949 年后，风靡全国的剧目《朝阳沟》在武安自然也大受欢迎，20世纪 70 年代至 90 年代，不少十岁以下的孩子都会哼唱几段。最有意思的是，这一剧目的剧作者杨兰春本为武安列江村人，杨氏 14 岁时入落子剧班学戏，此后抗战爆发后几经周折，参军入党学导演，结合他幼年生活经历和家乡场景，于 1958 年创作了脍炙人口的《朝阳沟》。而其创作的一系列剧本，也为河南省豫剧三团的兴盛打下了扎实的基础。② 近年来，列江村为了发展旅游事业，打造的景区即冠名为朝阳沟。

时至今日，河南电视台的《梨园春》节目在武安也有非常多的忠实拥护者，有些年份不少人看《梨园春》的春晚而不看央视春晚，足见豫剧魅力之大。在武安不少乡村地区，结婚时要在房顶上布设扩音喇叭，常播放的音乐大都是比较喜庆的豫剧选段，比如《抬花轿》《小二姐做梦》《打金枝》等。可见豫剧之影响，至今不衰。

其二，人员流动方面。历史上武安人出境经商者极多，除了赴关外人数极多外，赴府城安阳和省城开封者极多，主要经营项目为绸布、山绸和药材。清代乾隆年间，武安商人在河南颇为活跃，较有名的商号有贾三合、祥顺公等。民国时期动乱频仍，武安人的商业呈现颓势，但河南境内的总商家数仍多达 90 家，从业人员多达 1400 人③。

---

① 民国《武安县志》卷 9《社会志》，见《武安县志校注》，第 830 页。

② 关于杨兰春的人生经历及主要作品，可参看杨氏口述、许欣、张夫力整理《杨兰春自述》，分载《东方艺术》，2001 年第 1、2、3、4 期，分见第 4—6、8—11、16—19、16—18 页；许欣、王一峰：《杨兰春戏剧创作年表》，《读者欣赏》（理论版）2012 年第 1 期，第 59—63 页；杨新民：《魅力武安丛书》之《历史文化卷·万千气象》，第 194—196 页。

③ 民国《武安县志》卷 10《实业志》，见《武安县志校注》，第 854—855 页。关于武安人的经商情况，笔者将在商业民俗中再作深入分析，此处不赘。

　　民间故事中亦透露出了相关信息，如《黄二丑拐打汴梁城》中即称"清同治年间，八特村大财主韩奎五在东京汴梁开有'和庆有'布庄，生意兴隆"，又称"磁山黄二丑推独轮车以贩花椒为生，到东京汴梁去卖，借住在老乡韩奎五柜上"。又有《韦老友发家》讲述了磁山人韦老友的故事，其舅舅是大财主，在河南开封经营"和太恒"绸缎庄，而韦老友即在店里做事，帮助其舅发了大财。又有《扫帚、耙和扫帚耙》提及主人公在南边做买卖，冒雪赶路而在洛阳城边住店，则做买卖的地方应当也是在河南境内。故事大都是以历史事实为基础的，可见武安人赴河南经商之普遍。①

　　名医姚兴华本为县城西关人，常在安阳、郑州、开封间行医。抗战结束后，在安阳、郑州间居留行医，最后定居于西安②。前述著名豫剧导演、剧作家杨兰春亦为武安籍人士而留居河南。

　　其三，饮食习俗方面。武安较有本地特色的面食为拽面，考其形制，似与山西面食关系较远，而与河南烩面之亲缘较近。武安又有名为豆沫的小吃，常用作早点。而豆沫在河南省的流行也较广。

　　另有一种奇特的面食，称为"土的漏"，将发好的面团揉搓成2—3厘米的面节。将提前研好的细白土面入锅加热，等细土如同水沸腾一般开始冒泡后，将面节放入，用铁匙③不停翻动，进行烫炒，如同用沙子炒花生。待面节发黄熟透后便可出锅，需要用铁笊篱捞面团，将附着的细土面抖干净，放在簸箕或其他器皿上，待不烫嘴后即可食用，带着泥土的清香，色泽白黄，脆爽可口，亦为传统时代的美食，颇有原生态的色彩。并非所有的土都可以使用，使用的主要还是观音土。相关习俗，在河南省的不少地区也有④。

　　关于武安饮食文化与河南饮食文化之纠葛，笔者将来探究武安物质生活民俗时，还将深入探究，本书不赘。

　　要之，地处三省交界地带的武安，其文化也受到了晋冀豫三省文化的深刻影响。只有注意到了三省文化的交迭影响，才能真正理解武安的传统文化。

---

　　① 河北省武安县民间文学集成编委会：《武安民间故事卷》，第44、64、479页。

　　② 武安市地方志编纂委员编：《武安县志》卷20《人物志》，第907页。

　　③ 武安人称锅铲为铁匙。

　　④ 以上分析参考了杨新民《魅力武安丛书》之《历史文化卷·万千气象》，第238—239页；高音亮、高和平《武安方言与韵辙》，中国文史出版社2014年版，第133页。

二　山水武安

群山环绕与洺河双带，是为武安地貌之主要特征，光绪中知县朱正本称："武安山城耳，峰峦起伏，大小相宫，环境数十里，鲜水患……山者水之所自出，欲导水未有不随山者也。"① 这样的山水形势不仅为武安文化的生发与展开提供了自然背景，而且还在相当大程度上塑造了武安文化的风貌。

（一）千山耸峙塑造武安历史文化

1. 山与武安文化

武安为多山区域，群山耸峙的地理特点对武安文化风貌与民风民俗的影响至深至巨。细较武安之山文化，大致有以下几端：

其一，民风刚毅果敢，尚武好气。历来文人儒士多有论列，督学徐汝峰称："史称赵多名将，武安其岩邑也……迄今邑犹以武称，意必生其地者，多感慨悲歌之士。习于投石超距，射飞逐走，骤马鸣戈，以雄武夸于四方，而文事非其所尚耶。"邑人宋之韩称："武安岩邑也，地多硗确，人倔强好气，易激而难驯，需教尤切。"②

其二，信奉神鬼精怪，庙宇极多。山区人烟稀少，沟壑纵横，丛林密布，人所不能明了之事物远较平原地区为多，最易滋生各种泛灵论信仰。民国县志即称："武处偏僻之区，俗陋民愚，迷信神权，固其宜也。"列出的主要信仰有城隍、龙王、文昌、吕祖、土地、送子娘娘、财神、瘟神、皂君、狐仙等。③ 实则神灵谱系远比这些要复杂，天地三界、真武老爷、关帝、赵爷、崔府君、玉皇、阎王、马神爷、八腊、山神、河神，等等，不一而足。而精怪家族同样远不止狐仙一种，常见的还有蛇精、狗精、兔子精、狼精、槐树精等④。

其三，崇佛敬道，寺观密布。佛、道两教宗旨虽异，但对高山胜境的偏好则同，多山之地亦必多佛寺、道观，披览几部县志所收录之石刻、碑

---

① （清）朱正本：《建修武安县大王庙碑记》，民国《武安县志》卷5《建置志》，见《武安县志校注》，第737页。

② （明）徐汝峰：《重修武安县黉学碑记》，（明）宋之韩：《重修学宫建启圣祠记》，民国《武安县志》卷5《建置志》，见《武安县志校注》，第728、730页。

③ 民国《武安县志》卷9《社会志》，见《武安县志校注》，第836页。

④ 关于神鬼精怪问题，笔者将来另书专门探讨，此处不再深究。

文，佛经刻石与兴修、重修寺庙的碑记占据绝对的优势，而山区寺庙尤其多。

有名者如至迟在东魏时即已兴建而后唐曾重修的定晋岩禅果寺，位于县西北35公里的深山中①。明代文人张境心于崇祯三年（1630）游定晋岩，作诗两首，后人刻为诗碑，形象地刻画了禅果寺周边的山川气势，其一称："倚天古刹敞云扉，鸟隔千峰度影稀。座拥乱山横翠黛，岩飘杏雨漾清晖。疏林风挂千溪箸，远岫霞寒一线飞。谷口野云迷去径，桃源深处倩谁归？"其二称："古佛岩深昼掩扉，穿足险径客游稀。老禅跌石翻经卷，野鸟呼晴弄晓晖。长啸似传空谷韵，高山惟见白云飞。烟霞僻处堪逃俗，懒向峰头乐醉归。"②

又有桃源寺，位于县西北30多公里的桃源沟中，始建年代无考，拓修于正德五年（1510），重修于嘉靖四十三年（1564），其山川形势为"左涌洪灵泉，右峙古定晋，后拥摘星楼，前拱白云顶。凭虚翘望，令人毛骨森耸，如将脱尘□而与造物者游，真天下之奇观也"③。清代邑人王照于雍正十三年（1735）游桃源寺，作《春日游桃源寺》诗，亦极力赞誉周边的山川之雄伟，"趁春策马访招提，碧草含烟翠欲迷。石径风来花竞舞，柴门客至鸟争啼。岩阿古树闲云绕，洞口幽林野鹤栖。益信桃源深处好，彩霞遥映夕阳西"。④

此外，位于山中之寺庙还有原位于马店头村的白云寺，位于七步沟村的罗汉洞，位于紫山的竹林寺等，皆取山川之形胜⑤。较著名之道教胜境则有老爷山之真武大帝庙，位于县城附近之白鹤观等，不一一备述。

要之，壮丽群山与秀美风景孕育了武安丰富的佛教、道教文化，而后

---

① 后唐《重修定晋禅院千佛邑碑》中称"东魏黄初三年，高欢帝所造也"。但东魏无黄初年号，碑刻内容有明显的矛盾，若年号无误而人名有误，则建筑年代还当提前300多年到公元222年；若年号有误而人名准确，则始建年代当在535年至547年（高欢去世之年）。参民国《武安县志》卷13《金石志》，见《武安县志校注》，第911页。

② 武安市地方志编纂委员会编：《武安县志》卷21《资料辑存》，第953页。又载民国《武安县志》卷13《金石志》，见《武安县志校注》，第954—955页。

③ （明）郭重：《重修古桃园寺暨建普济桥记》，载民国《武安县志》卷13《金石志》，见《武安县志校注》，第941页。

④ 武安市地方志编纂委员会编：《武安县志》卷21《资料辑存》，第954页。

⑤ 1949年后白云寺毁弃，改建为马店头中心小学，现为马店头幼儿园。近年来发展七步沟景区，罗汉洞为重要景点之一。投资方又在景区内重建白云寺，但与原址相去甚远，实无历史渊源，只是同名而已。

者又为苍岩叠翠的山川增加了深厚的人文底蕴。信仰因山而越发深邃，景色因信仰而越发迷人。要探究武安的宗教信仰之流变，不理解山在武安文化中的地位，断难得出真正精辟的见解。

2. 若干名山与武安历史

摩天岭，数峰并峙，位于武安与邢台县、山西左权县交界处。主峰海拔1747.5米，主峰东侧有山海拔1722米，东北有山海拔1594米。山上每逢雨季有洞水，是南北洺河源头的分水岭。山顶还有玉皇庙，已仅存残址。主峰山顶附近有峻极关，控扼入晋要道。自艾蒿坪村至峻极关，有红石铺就的盘山大路，当地称为十八盘，自此赴晋极为便利[①]。唐代会昌四年（844），唐军征讨刘稹，"自辽州开新路达磁州武安"，称为之磁州新口。天复元年（901）三月，朱温攻李克用，以魏博都将张文敬率魏博兵入新口[②]。据县志考证，此新口即通过摩天岭[③]。又民国十四年（1925），建国豫军总司令樊钟秀率部4万人经由摩天岭攻晋，不胜而还[④]。

马武寨，位于活水乡与管陶乡的交界处，主峰海拔1570米，分布面积约2平方公里。山顶地势平坦，从空中俯瞰，大致呈T字形，南北通长1.8公里，东西通长1.2公里。四面皆为垂直峭壁，东西向有三条山沟通向山顶。相传，西汉末年，马武曾在此屯兵操练，因此得名[⑤]。经访谈老人可知，20世纪60年代以前，还常有人在山顶上捡到箭头，则古代确曾驻扎过军队，但马武是否曾在此居留则还难以确定[⑥]。现已开发为旅游景点，为七步沟景区的重要组成部分。

白菜堖，原名白云山，位于活水乡阎庄村东北。海拔1308.9米，面积4平方公里。山顶有武安挂金峪（现南沟村）人李尔育题写的"有天

---

① 河北省武安县地名办公室编：《武安县地名志》，第206—207页。
② （清）顾祖禹：《读史方舆纪要》卷49《河南四》，第2336页。该书称"光化五年"不确，光化年号只有三年，考之史籍，当为天复元年，见（宋）薛居正《旧五代史》卷2《梁书·太祖纪》，第27页。
③ 武安市地方志编纂委员编：《武安县志》卷2《大事记》，第10页。
④ 民国《武安县志》卷1《大事记》，见《武安县志校注》，609页。
⑤ 地名志与1990年县志均称"马虎寨"，不确。笔者自幼听长辈提及此山，均称"马武寨"。相关记述参见河北省武安县地名办公室编《武安县地名志》，第207页；武安市地方志编纂委员《武安县志》卷3《地理志》，第91页。
⑥ 民间故事中也有名为《马武寨》的故事，讲述马武屯兵操练之事，见河北省武安县民间文学集成编委会《武安民间故事卷》，内部印行本1988年版，第119—121页。这一故事的标题亦可证明前述两志称"马虎寨"不确。

在上"的四字匾额，气势凌云①。另有天启年间武安知县李椿茂（邢台人）题诗，内容为："柏台苍翠渺难攀，只有孤云白日间。瞻望疑从天外落，归来一似洞中还。夜深明月留疏影，秋老严霜挺索颜。知是何年驻骢马，飞鸟常绕夕阳间。"② 山顶有碧霞元君庙，始建年代无考，存有万历十九年重修碑。

老爷山海拔 1437.3 米，主峰南侧 0.5 公里处另有一峰，海拔 1420 米左右。两峰之间有石桥相连，蔚为壮观。主峰之顶有玄武大帝庙，原有上、中、下三座大殿，原建筑面积 4000 平方米，已遭毁坏，存有石碑二十八通。后又重建。香火颇盛，笔者幼年曾随家人前往朝拜，时为 1985 年，上山极为不易，但人流络绎不绝。现为风景名胜区③。

十八盘山海拔 1200 米，位于盘根村附近，盘旋而上，共经十八转方能抵达山顶，山顶黄泽关为冀晋两省的分界点，路面宽约 2 米，用片石铺就。过关即入左权县境内。东坡地势极为险峻，峭壁挺立，如同井壁，故称天井岊，明清设置有天井关，亦为兵家要地。顾祖禹即指出，"又有天井岩，绝壁四围，极其险峻，在县西八十里，为适晋之要途。慕容垂灭西燕，出滏口入天井关，当在此地"。④ 据马店头村贺红旺老人讲述，1942 年日军几路人马第三次进袭梁沟兵工厂，其中一路即由山西左权进犯，自天井关悬绳而下。

鼓山，也称滏山，为滏阳河的发源地，亦为武安与峰峰矿区、磁县、邯郸县的分界山。魏晋南北朝时期，邺城政治、军事地位极为重要，鼓山则常为兵家必争之地，滏口陉即位于此处，"盖滏口为自邺西出之要道"。古人称鼓山"有二石如鼓，南北相当，俗语云：'南鼓、北鼓，相去十

---

① 1990 年县志有关李尔育的传记，见武安市地方志编纂委员编《武安县志》卷 20《人物志》，第 894 页。武安还有关于李尔育书法超绝的传说，有名为《神笔李尔育》的故事，分《宴谢激将情》《手熟为能》《飞笔点太原》三个独立的小故事，参见河北省武安县民间文学集成编委会《武安民间故事卷》，第 41—43 页。

② 河北省武安县地名办公室编：《武安县地名志》，第 209 页。民国《武安县志》卷 2《地理志》、卷 13《金石志》，分见《武安县志校注》，第 62、951 页。武安市地方志编纂委员编：《武安县志》卷 3《地理志》，第 91 页。地名志中称"知是何年驻骢马"，民国县志中所记载诗句"知是何年留聪马"，当以前者为是。

③ 风景区名古武当山，山顶所存最早的石碑为道光十五年（1835）重修碑志，始建年代无考，不知古武当山的原因何在。关于此山来历，有同名民间故事，可参看河北省武安县民间文学集成编委会《武安民间故事卷》，第 140—141 页。

④ （清）顾祖禹：《读史方舆纪要》卷 49《河南四》，第 2335—2336 页。

五。'"又称"邺城西有石鼓，鸣则兵起。高齐之末，此鼓常鸣而齐遂灭。隋末鼓又鸣，声闻数百里而隋亡"。① 鼓山另有名为凤凰台和石圣台的两座山峰，后者今位于峰峰境内，都因传说中落过凤凰而得名②。鼓山另有名为天宫峰的山峰，半腰建有响堂山石窟，为著名历史古迹③。

（二）洺河文化

1. 流域文化的趋同

洺河对武安文化的塑造作用也特别明显。洺水双环为武安八景之一，多有文人赋诗吟咏。清代进士李嬂有同名诗称："太行西下众山多，二水平分南北过。北带条条输玉液，南襟曲曲泻银河。横涛抉石声如吼，回浪投崖势若螺。时到深秋清见底，板桥村畔听渔歌。"④

从较大的区域上来看，主干河流的流域即是主要的文化区。除了淤泥河蜿蜒于县境东北一隅，流域较小外，北洺河、南洺河、马项河三条河流的流域便形成了武安典型的三大文化区。倘若从每条河流的上游顺河而下，便会发现沿河区域的民众语言、信仰、礼仪、社会组织等均有相当高的一致性。

以北洺河为例，自阳邺村顺河而下，经马店头，过活水，抵寺庄，至营井，达团城，主干河道两岸文化相通之处极多，语音上典型的特征是句末常用语气词"咿"或"哩"。

再以南洺河为例，自荒庄至梁沟，经列江，过馆陶，达阳邑，复过石洞、固镇、徘徊、磁山等地，其文化也颇相近。自管陶乡至阳邑镇的广大区域内，最有特色的便是语音中"zhi""chi""shi"往往读作"zi""ci""si"，而句末往往加语气词"嘞"。

而矿山、大同一带皆分布在马项河流域，其文化也颇为相似，人们

---

① （清）顾祖禹：《读史方舆纪要》卷49《河南四》，第2335页。

② 河北省武安县地名办公室编：《武安县地名志》，第231页。另有两则关于鼓山的民间故事，一则名为《凤凰台的传说》，一则名为《南鼓山的传说》，分见河北省武安县民间文学集成编委会《武安民间故事卷续集》，内部印行本1988年版，第79—81、101—102页。

③ 以上关于山脉的论述主要依据武安市地方志编纂委员编《武安县志》卷3《地理志》，第90—93页；河北省武安县地名办公室编《武安县地名志》，第200—206、218、221、230、233页；民国《武安县志》卷2《地理志》，见《武安县志校注》，第620—622页。

④ 民国《武安县志》附志卷3《文征》，见《武安县志校注》，第1253页。李嬂，东土山人，康熙三十六年（1697）进士，未及出仕而病卒。传见民国《武安县志》卷17《人物传》，《武安县志校注》第1043页。嬂，读［měi］，美、善之意。

习惯称其地为城北乡，一大显著的标志便是语音中前鼻音、后鼻音区分的过于清楚，有时发生明显的变异，如"针"读作"zhei"，"扔"读作"rei"等。

之所以这样，是因为河流的小幅摆动会极大地抑制河流沿岸的丛林生长，古人沿着河流行进要比从其他路线行进方便得多，这样河流两岸就成了古代的最佳陆路交通线。以马店头村为例，20世纪60年代之前，人们要前往县城，便大都要沿着门道川河岸行进，单程要费时6—7个小时。人们称沿河的便道为川道，因为人员交流相对比较便利，所以联姻结亲也较多，不同区域的文化碰撞、交融较为容易，所以文化趋同较为明显。

当然，同中仍有异，上游与下游地区的差别也是比较明显的。如南洺河自石洞往下游直到磁山，与上游的口音有较显著的差异，前述馆陶、阳邑的语音特点，石洞至磁山地区就不具备，但又有了新的特点，比如说话时经常用到语词"他"。

2. 川、沟、峪、峧

山河交错的地貌特征，对武安地域文化也有显著的影响。各支流区则因山脉阻隔而有较大不同，如原庙上乡一带与马店头乡一带及有较大不同。

诸多山峰的分割之下，武安境内的洺河大小支流形成了较有名的五条川九道沟，分别是门道三川、管陶川、石门川、桃源沟、琅矿沟、安子岭沟、西峧沟、姚李沟、北山沟、南山沟、西井沟、天井沟。[①]

详考川之含义，主要有两层，一是水道、河流，一是平野、平地[②]。武安除用川来指代河流外，还以相应的河流来指代河流两侧分水岭所分割出的区域。但仅限于高坡峡谷地区，故东部地区多称河而不称川。

门道川为北洺河的正源，源起艾蒿坪村畔，向东南方向流动。自今京娘湖大坝上溯至达衣岩间山高谷深，河流谷中，两侧山峰对峙成大门状，故称三道门，门道川亦因此而得名。三道门的说法，仅见于《武安公路

---

　　① 武安县农业自然资源考察和农业区划委员会农业气候组编：《武安县农业气候资源和农业气候区划报告》，第2页。

　　② 中国社会科学院语言研究所词典编辑室编：《现代汉语词典》（第6版），商务印书馆2012年版，第199页；夏征农、陈至立主编：《辞海》（第六版插图本），上海辞书出版社2009年版，第318页。

史》，提及了沙阳路的三道门工程，而地名志、县志无载①。《太平寰宇记》载有"三门山"，称："在县西北八十里。山有三足，峻峙如门。"又称："洺水，本名漳水，源出县西北三门山，山下去县八十三里。"②《读史方舆纪要》中也有类似记载③。这或许就是三道门。京娘湖大坝附近为头层门，达衣岩村东南约 1 公里处的塔釜岩为二层门，今达衣岩村附近山谷最窄处为三层门。最为险要的地方，便是三层门。门道川自源头至四里岩总长度约 30 公里，即使以常社川汇入处为门道川的终点，其长度也当达到 26 公里④。川中群山耸峙，气温凉爽，降水丰沛。

常社川，源起老爷山南麓的后掌村东，流向东南方向⑤。该川原名长蛇川，因川中多蛇，故名。后人为了减少蛇害，更名为长麝川⑥。人们或许是为了书写方便，也可能是有其他原因导致讹误，后来"长麝"又变成了"常社"。该川自源头至口上村与门道川交汇处总长度约 15 公里。川中土特产较多，如板栗、五灵脂等，将在采集民俗部分探讨，此处不赘。

白云川，源起昆仑峪西南与白王庄西北的山中，向东南流动，中经陈家坪村，到活水村东与另外两川汇合，汇合处后来建立了四里岩水库。该川中部的北侧，有白菜堖岿然耸立，白菜堖又名白云山，白云川因此而得名。该川总长约 10 公里。

管陶川源自荒庄村北侧的摩天岭南麓，沿小摩天岭山脉和十八山脉对峙形成的山谷曲折南流，两岸小股山水不断汇入，至下站村南而止，再向南去即称南洺河。管陶川因管陶村得名，全长 27 公里。

上述四条川为武安最大之川，某一川中之居民常以方位来称呼其他

---

① 武安市交通局编：《武安公路史》，内部印行本 1992 年版，第 49 页。

② （宋）乐史：《太平寰宇记》卷 56《河北道三·磁州》，王文楚等点校，第 1162—1163 页。

③ （清）顾祖禹：《读史方舆纪要》卷 49《河南四》，第 2335 页。中华书局本作"洛水"，或为原有有误，或为点校错误。

④ 以上长度，笔者主要依据村庄之间的里程折算。地名志称其长度为 15 公里，当不确。见河北省武安县地名办公室编《武安县地名志》，第 238 页。

⑤ 地名志称"西南流"，不确。见河北省武安县地名办公室编《武安县地名志》，第 238 页。

⑥ 按：医家认为麝可辟蛇，称麝脐香"辟恶气，杀鬼精物，去三虫蛊毒……治蛇、蚕咬，沙虱溪漳毒，辟蛊气"，称其肉味可辟蛇，"蛮人常食之，似獐肉而腥气，云食之不畏蛇毒也"。见（明）李时珍《本草纲目》（点校本第 2 版）卷 51《兽部·麝》，人民卫生出版社 2014 年版，第 2868、2870 页。长蛇川之更名"长麝"，或即与传统医家观念有关。或许还可有别的解释，即川中曾有较多的麝这样的鹿类动物生存，是否如此，有待他日进一步考证。

川，如门道川中之人称常社川为东川，称白云川为西川，也常称管陶川为西川。不同川之间也有较多的往来，但在历史上主要靠人工翻山越岭。如自门道川前往常社川，常要翻越马店头、楼上东部的群山，步行数十里，方能抵达庙上村。近年来，在苗玉闯村修筑了盘山公路，洞穿茶壶山而抵达后掌村，两川之交流方才变得更方便了些。

门道川与管陶川之间也有较多往来，主要道路有两条，一自后柏山翻山至阳坡，一自七步沟翻山经马武寨旁侧而抵达木作。近年来，后柏山也修筑了盘山公路，盘绕云间，颇为险峻，但也方便了两川交流。

门道川与白云川之间的交流，则顺门道川而下，抵达活水后再溯白云川而上。历史上也有人自昆仑峪向西南翻山而去，但颇为艰难。

此外还有石门川，为马项河流经区域。另有青塔川，源自涉县青塔村①，川谷主要也在涉县境内，只有武安的长亭、万谷城、马渠水等少数几个村庄。

地势相对起伏不大，河流相对较小，这样的山水分割出来之区域称沟。如原翟家庄乡（已并入贺进镇）周边地区，群山包围，中有自北向南流动的河流，该区域即称桃源沟，这里桃树分布较多，因此而得名②。桃源沟中有桃源寺，亦为著名风景名胜，已见前文所述。1949年之后，这里因出了大量的乡镇书记等基层官员而闻名全县。其他诸沟也多为南北洺河的支流，规模格局相较于川都要略小。

当然，除了上述沟外，还有一村一寨旁边更小的沟。如磁山镇西孔壁村的西侧，分布有一条沟，称和尚沟，有石头和尚成精作怪而被人砸去脑袋的故事。店头村被一条大沟分成了东、西两片，这条沟被称为店头沟，有故事称有人火烧狐狸精洞穴而遭狐狸精报复，村中被火烧出一条大沟③。此外，西北部山区有七步沟、梁沟、水沟、宅清沟、石井沟、绿树沟、淮河沟、南沟、沙沟、道沟、脑沟、渠沟、东沟、赵水沟、西涧沟、苍洞沟、寺峪沟、十六沟、冷义沟等地名。其中七步沟的来历颇为有趣，

---

① 青塔村本为武安辖区，抗战胜利后划归涉县，已见前文，此处不赘。

② 有名为《桃园沟的来历》的民间故事，主要情节是吕洞宾通过桃花仙子而得到王母娘娘吐出的蟠桃核，从而制服因不停争斗而祸害百姓的龙虎，并为人间留下桃树。参见河北省武安县民间文学集成编委会《武安民间故事卷》，第166—167页。

③ 相关故事分别称为《和尚沟的传说》和《店头沟》，分见河北省武安县民间文学集成编委会《武安民间故事卷续集》，第75—76、76—78页。

摘录相关故事如下：

> 相传，古时此沟有一家财主的坟地上长一棵桑树，南方有一蛮人到此，识之此桑灵气所致，必出高官。于是，蛮人欲破之，向财主言坟地之桑不吉，应予砍伐。当斧劈桑根时，浆液如血，喷射七步之远，灵气顿失，家境日败。此传虽纯属迷信，但后人则借以称其山谷为七步沟。①

清代任嗣尹撰于康熙十四年（1675）撰写的《罗汉洞碑记》中对七步沟周围的山川赞誉有加，称：

> 环武皆山也。东紫、南鼓、北儒、西白云，此皆山之有名也。余曰："未也。"山不深僻者不幽，不苍翠者不奇，无仙居者不名。乃邑之西辖窎远，自白云四围，历门道川里，千峰万壑，绵亘五十余里，忽抵此山，巍耸深曲，叠岫从峦，旋围拱峙，竞秀争奇，乃余族任氏山也。漫延之际，山阴苍萧，林木丛遮，人踪欲绝，觉路忽开。即之岩额飞矗，矶碑森然，歘变迷离，隐约有神。此何境也？非天也，非地也，非人间也。"山崒嵂兮云苍苍，众圣临兮龙虎藏。佛天咫尺莫徜徉，登斯境兮形自忘！"②

还有些村庄夹在群山之中，中有狭窄通道，纵贯小河，这样的区域则往往称峪，村名较多，如挂金峪、昆仑峪、葫芦峪、明峪、河峪、后水峪、前水峪、赵峪、大峨峪、胡峪、南正峪、罗峪、豹子峪、井峪、野峪、寺脑峪、神南峪、没口峪等。

挂金峪后来改名为南沟，其原来名字的来历亦颇有趣，有同名故事，

---

① 河北省武安县地名办公室：《武安县地名志》，第463页。按，故事中透露出的武安民间文化对南方人的偏见颇为有趣，而"南蛮"的称呼亦极有特点。类似的民间故事颇多，如《一门二进士》也讲述了南方人破风水的故事，见河北省武安县民间文学集成编委会《武安民间故事卷》，第66—67页。改革开放以后，武安铁矿、煤矿用工极多，不少工人来自四川，人们也习称为"南蛮子"。或为金元时期社会理念之遗留，他日还当进一步探讨，此处不赘。

② 民国《武安县志》卷13《金石志》，见《武安县志校注》，第961页。另校注中还给出了上述生僻字的读音，一并摘录于后。窎远，深远之一，窎读［diào］；矶碑读［wùlù］，岩石突兀貌；歘变，忽变，歘读［xū］，同"欻"。

称一位老太太在家院中遇虎，可老虎又不吃她，只是张着嘴，原来嗓子里卡着一支金簪，老太太取出金簪后，老虎也就扬长而去了。老太太知道有年轻女子被老虎吞吃了，便把金簪挂在村口树枝上，让行人认领。最终无人认领，人们总看见金簪挂在树上，便将这个村子称为挂金峧①。历史上挂金峧出了不少名人，宋初大将韩令坤、韩重赟皆出自该村，均立下显赫战功。而明代尤为典型，"村里乡贤多出，功名文物盛极一时"②。李腾蛟、李尔育父子亦为武安文化史上极重要的人物，李尔育题写的白云山匾额"有天在上"极具气势，而其所著《祭白骨文》亦极为感人，"血泪文章，不忍卒读"③。

峧，常见于地名，考其含义，当有群山交汇之意思，这样的地方也多为诸水交汇之所。武安带峧之地名也不少，如龙洞峧、大水峧、西峧、姚家峧、泽布峧、盘峧、河业峧、东峧、磨盘峧、夜合峧、井家峧等。

龙洞峧，俗称下湾，门道川出三道门前的最窄处，山水交汇，形势险要，民国县志形容这里"深山巨壑"④。这里常年有水，鱼虾等水生动物颇多，而鱼类体形之大，冠绝全川，盛产鲶鱼、鲫鱼、鲤鱼等。历来为周边民众捕鱼之佳处，至今依然。兴修口上水库后，龙洞峧处于库区的尾闾，地位亦极重要。

大水峧，据传建村于明代，位于管陶川中游西岸，周边之山南有马鞍山，西有葫芦脑，北有梯脑山，可谓三面环山，川水旁流，形势亦极险要。据说400余年前的明代，有一位知县在此处理了一宗纵火烧死人命案，改称大水峧，寓意为以水胜火，永远平安。⑤ 兴建车谷水库，大水峧控扼水库旁边的陆路咽喉，亦为水产品较多之区域。

三　武安物质生产民俗的大致情况

民俗学家指出，物质生产民俗即"一个国家、民族的特定地区、社会群体中的民众，在一定的生态环境中所创造、享用和传承的物质文化事

---

① 河北省武安县民间文学集成编委会：《武安民间故事卷》，第 112 页。
② 河北省武安县地名办公室：《武安县地名志》，第 353 页。
③ 武安市地方志编纂委员会：《武安县志》卷 20《人物志》，第 894 页。
④ 民国《武安县志》附志卷 2《区村镇分述（下）》，见《武安县志校注》，第 1153 页。
⑤ 河北省武安县地名办公室：《武安县地名志》，第 491—492 页；（民国）《武安县志》附志卷 2《区村镇分述》（下），见《武安县志校注》，第 1163 页。

项"，其主要特点则有四点，分别是地域性、季节性、功能性和科学性①。

　　武安地区的物质生产民俗也不例外，既被一定的自然环境所塑造，也受到人文环境的深刻影响。前文所述的三省文化的碰撞与特定的山水格局，都深刻地影响了武安的物质生产面貌。

　　根据现有的考古发现，武安境内的物质生产至少可以上溯到距今七千年前的磁山文化时期，物质生产民俗的各个部分也大都肇创于磁山文化时期，并在此后的历史长河中得到了不断的丰富和发展。笔者大致将武安的物质生产分为农耕业、采集业、狩猎业、畜牧业、手工业等诸多事项，分别予以专章分析。

　　武安的物质生产民俗也蕴含了祖先对自然与社会的深刻认识与高超智慧。如何认识自然、利用自然、亲近自然，如何构建人与人相处的价值体系、观念体系和信仰体系，古人都有独到的心得，值得我们仔细探究。

---

① 钟敬文主编：《民俗学概论》（第二版），第32页。

第二章　农耕习俗

农耕习俗是随着农耕生产方式的产生而出现的文化现象，形成于人类的农耕生产实践过程中。

武安磁山为全世界粟和黍的起源地之一，根据考古学家的研究和论证，生活在磁山的远古先民至少在距今 7300 年以前就开始种植粟了，而种植黍的时间还要更早①。与种植粟、黍相关，相应的农耕民俗也就出现了。

武安农耕民俗大致可以分为六个部分，分别是：时序、节令习俗，预测风雨与农事丰歉习俗，祭祀、祈福与禳灾习俗，农具使用习俗，农耕过程习俗，农业娱乐习俗。每一部分的习俗都反映了人们对农耕生产规律的清晰认识和对大自然的敬畏之情，饱含着传统智慧。这些对于我们当代发展可持续农业，规避现代农业发展中出现的诸多问题，更好地协调人与自然的关系，具有极强的现实指导意义。

第一节　时序、节令习俗②

虽然世界各地的环境条件不一样，导致农业生产活动有差异，但是在一个具体的地方，农业生产的各个环节都是有规律性，周期性的。儒家典籍《礼记·月令》详细记载了一年中的物候变化与农作安排节律，另外

---

① 参见邯郸市文物保管所、邯郸地区磁山考古队短训班《河北磁山新石器遗址试掘》，《考古》1977 年第 6 期；孙德海、刘勇、陈光唐《河北武安磁山遗址》，《考古学报》1981 年第 3 期；杨新民《魅力武安丛书》之《历史文化卷·万千气象》；何红中《中国古代粟作研究》，博士学位论文，南京农业大学，2010 年。

② 相关谚语除笔者零星搜集若干条外，主要参照了民国《武安县志》卷 9《社会志》，参见张午时、张茂生、李栓庆校注《武安县志校注》，第 838—839 页；武安市地方志编纂委员编《武安县志》卷 19《社会志》，第 882—883 页；刘北方主编《固镇村志》第 12 编《文化篇》，第 296—298 页；高音亮、高和平《武安方言与韵辙》，第 175—230 页。以下分析时不再一一标明出处。

《淮南子·时则训》中也有相关的记载。根据时节安排生产，农田才能获得丰收，元代王祯即指出："四季各有其务，十二月各有其宜。先时而种，则失之太早而不生；后时而艺，则失之太晚而不成。故曰，虽有智者，不能冬种而春收……万物因时受气，因气发生，时至气至，生理因之。"① 可见农事生产中时序之重要。古代国家也特别重视时序之安排，故会定期命官授时。由于规定时序如此重要，故而后来的授时、正朔问题才会成为国家权力的象征，改朝换代之后必然要改正朔。

武安气候为典型的暖温带大陆性季风气候，四季变化明显，被人们概括为"冬季寒冷雨雪少，春季干旱风沙多，夏季炎热雨集中，秋季晴和气候爽"。同时，地形复杂多变，局地小气候也比较明显。影响农业生产的农业气候资源——主要是光、热、水等条件——随着时节不同而呈有规律的变动②。在长期的历史实践过程中，武安境内民众对农耕的时序与节令也有一套完备的知识体系，据此来安排农事生产，大量的农事谚语便是民间知识的具体体现，试分类予以介绍。

一 谷子

（一）播种

"小满夹芒种，一本顶两本"，又有"小满谷子立夏花"之谓。指种植谷子的时间，以小满、芒种之间为最佳。

（二）生长

"六月六，骑上毛驴看谷秀"，指六月初谷子抽穗。

（三）收获

"椿咕咕，红三遍，吃新米捞饭"③，指谷子成熟的时节，可通过特定

① （元）王祯：《王祯农书》农桑通诀集之一《授时第一》，王毓瑚校，农业出版社1981年版，第10页。

② 武安县农业自然资源考察和农业区划委员会农业气候组编：《武安县农业气候资源和农业气候区划报告》，第2—4页。

③ 椿咕咕，在武安指学名为斑衣蜡蝉的昆虫，又称红媳妇儿或花媳妇儿。有些区域指梨椿象，但武安地区特指斑衣蜡蝉。该昆虫属于昆虫纲半翅目蜡蝉科，若虫经三次蜕皮而于6月中下旬或7月上旬化为成虫，这与"红三遍"的说法相契合。春播谷子在谷雨前后下种，生长期约为120天，最早可在8月上旬成熟，亦与"吃新米"相符。参见张巍巍、李元胜主编《中国昆虫生态大图鉴》，重庆大学出版社2011年版，第203页；中国园林网病虫害资料，网址：http://zhibao.yuanlin.com/bchDetail.aspx? ID=826。捞饭指小米干饭，华北有吃捞饭的习惯，笔者将在未来探究物质生活习俗时深入探究，此处不赘。但也可有别的解释，有村志指出："（椿树的）雌树，结籽成绣球状。一年之内绿黄红颜色多变，称为'椿姑姑'、'三变丑'。"理解为雌树颜色变化，似乎也合乎情理。见刘北方主编《固镇村志》第6编《农业篇》，第121页。

昆虫的生长特性来判断。这一谚语在武安还有另一版本，称："春咕咕红三遍，吃新米，捞捞饭。"①

"绣球红三遍，要吃新米饭"，指椿树果实成熟时，谷子要成熟。按，所指时节与上一句谚语相同。

二　玉米

"白露不出头，割下喂了牛"，指玉米如果到白露时节还没有出穗，则不会再有收成，只能用作喂牛的饲料，又称："白露不出头，砍倒喂了牛。"②

三　麦子

（一）播种

"白露早，寒露迟，秋分种麦正相宜"，也称"秋分麦子正应时"，指麦子当在秋分时节下种。但也不拘泥于此，故又有"参不落，地不冻，有麦子，尽管种"的说法。

（二）生长、收获

"春分春分，小麦起身"，指春分时节小麦开始拔节。

"立夏麦秀齐"，指立夏时麦子抽穗。

"小满麦满仁"，指小满节气前后麦子籽粒已经饱满。

"小满麦断根"，指小满之后，麦子已经成熟，茎秆中的营养输送器官失去作用，再施肥浇水也无法使麦子增产，古人误以为麦子的根断了。

"芒种三天见麦茬"，指芒种后较短时间内，小麦就应收割完毕。

"四月芒种麦割完，五月芒种刚开镰"，指芒种是在农历四月还是五月，给人造成的收获时间早晚有别的感觉。

四　棉花

（一）种植

"谷雨前后，撒花点豆"，指种植棉花、豆子的时间，以谷雨时节左右最佳。而种棉花不宜过早，也不宜过晚，故又有"小满不种，芒种不

---

① 武安县文化馆编：《武安民间文学》，第 102 页。
② 武安县文化馆编：《武安民间文学》，内部印行本，第 102 页。

留"的说法。但也有立夏时节种花之谓，"小满谷子立夏花"。在武安，谷雨播种为应时棉，立夏为晚棉，过了芒种即不可再种植。

"枣芽发，种棉花"，指枣树发芽时为种棉花的时节。

（二）生长、收获

"花见花，四十八"，指棉蕾开花到采摘，共四十八天时间。

"处暑见新花"，指处暑时即可收棉花了。

五　蔬菜

（一）播种

"头伏萝卜二伏菜，三伏蔓菁吃不败"，指种植萝卜、白菜和蔓菁的时间，以三伏天为最佳。有些区域有"头伏萝卜二伏菜，三伏荞麦也不赖"的说法，即三伏亦为种荞麦的时节。还有些地方则将上述两种说法综合起来，在第二种表述后面又加上一句"种上蔓菁吃不败"。

"立秋前三天，白菜把苗安"，意指最迟立秋前三天要种上白菜。

（二）收获

"小雪不出菜，必定有一害"，"出"，收的意思，意指小雪前后要收白菜，倘若迟误，可能被冻坏。又称"小雪出白菜"。

六　黍

"夏至高田不种黍"，指黍宜晚种不宜早种。

七　高粱

"九里种，伏里收"，又称"伏里吃"，指高粱在九九就要播种，而到伏天就可收获。

八　核桃

"白露打核桃"，"打"即"收"，因收获核桃要用竹竿、木棍猛砸树枝使果实掉落地上，故称"打"。

九　柿子

"霜降摘柿子"，"摘"亦"收"，与收获核桃不同，柿子不能砸落地面，必须人攀到树上进行采摘，特别是熟透了的软柿子，必须一颗一颗采下，故称"撷"。若是青柿子，也可用抓钩拽落，但树下必须有人拉着炕单之类的大幅布料来承接。

十 红薯

"霜降刨红薯"，红薯深埋土中，收获时需用镢头刨出。

十一 黑枣

"立冬打黑枣"，黑枣，武安方言常称"卵枣"，学名君迁子，柿科柿属落叶乔木，果实较小，成熟时呈黑色，可用作嫁接柿子树的砧木。

十二 多种作物并举

"立夏争回耧"，指立夏时节要抢种秋庄稼，特别是种棉花。又称"立夏种地争回耧"。与其他区域流传的"春争日，夏争时，五黄六月争回耧"寓意相近。

"七月核桃八月梨，九月柿子红了皮"，指核桃、梨、柿子的成熟时间有别，依次晚一月。

"小满见三新"，指小满时节要收获三种作物，分别是大麦、蚕茧、菜籽。

"麻三谷四菜一宿"，指麻、谷子、白菜下种之后，发芽时间有差异。①

十三 其他时序谚语

"人误地一时，地误人一年"，意指耕、耘、收、藏诸多环节都要按照时节高效完成，小小的拖拉可能影响一年的收成。

"年龄不饶人，节令不饶天"，意指农事应当严格遵循节气与时令转化，气温与降水状况与节令密切相关。

"春争日，夏争时"，意指春耕之时节奏较为舒缓，等墒情较理想时再耕田、播种即可；而夏收之时节奏则极为紧张，必须争分夺秒，不然天气有变，就可能导致严重减产。

---

① 此为武安的独特说法，其他地区也有不同的说法，比如"麻三谷六，菜籽一宿，荞麦翻身就出"，见刘代文、胡志伟、武俊和《群众语汇选编》，山西人民出版社1983年版，第403页。

"麦熟一晌，茧熟一时"，意指麦子与蚕茧成熟时间都很快，骄阳暴晒一中午，麦芒就会黄熟；短短一个时辰，蚕蛾可能就会破茧而出。

"立了秋，挂锄钩"，意指立秋之后，便可以静待收获，不用继续锄草了。

"吃了冬至饭，一天长一线"，意指过了冬至之后，白昼时间日渐变长。

"立了冬，永不生"，至立冬之后，所有作物的生长期均宣告结束。

"夏至三庚入伏，冬至逢壬数九"，指夏至后第三个庚日为初伏第一天，冬至后第一个壬日开始数九。又按，末伏为立秋后第一个庚日到第二个庚日，共十天，而中伏则天数不定，十天或二十天。

"一场春雨一场暖"，指春天随着雨水的频繁出现，温度也会不断攀升。

"一场秋雨一场寒，三场秋雨穿上棉"，秋天每下一场雨，气温都会明显下滑，几场雨后，天气就非常寒冷了。

第二节　预测风雨与农事丰歉习俗

武安各种旱涝、冰雹、大风、霜冻等灾害发生频率较高，对农业生产有显著的影响①。如何提前预判并采取防范措施，就成为确保收成的重要环节。武安地区的民众也在长期的农耕生产过程中，掌握了丰富的天象与物候知识，借以预测气候冷暖干湿。降水多少与气温冷暖直接决定了粮食作物的收成如何，故而对相关情形进行预测，可以预判农事丰歉，合理安排农业生产。武安民间有多种预测方法，仍然借助谚语做一大致的梳理。

一　借助日月星辰预测

（一）观日

"老阳倒笑，隔门泼尿"②，意指一天不曾露面的太阳到傍晚突然出现了，必然要下大雨。农家厕所大都位于院落的一角，如果长时间下大雨，人们无法如厕，便会出现"隔门泼尿"的情形。又有"老阳倒笑，晒得

---

① 相关情形可参看武安县农业自然资源考察和农业区划委员会农业气候组编《武安县农业气候资源和农业气候区划报告》，第52—85页。

② 老阳，武安方言中指太阳。

猴叫"的说法。

"乌云接驾，不久就下"，"日落黑云接，风雨不可说"，都是指日落的时候，出现太阳与乌云相接触的景象，则意味着不久就要风雨大作。

"红刚刚老阳下大雨，一个小钱一斗米"①，意指出现晴天下大雨的情形，则意味着是年风调雨顺，粮食大丰收。而丰收之年，米价必然大跌。有些地区前一句又称"红艳艳老阳下大雨"。

（二）观月

"八月十五云遮月，正月十五雪打灯"，意指通过观测中秋时分能否见到明月，就可进行远期预测，判断五个月之后的天气状况。

（三）观星

"初伏不见参，必定热死人"，意指通过观测二十八宿之一的参星在特定的时间是否可见，即能判断夏天是否出现高温。前一句又称"头伏不见参"。

二　借助云、雾、虹、霞、雷、风预测

（一）观云

"早看东南黑，风雨不敢说"，意指早上若东南方向有黑云出现，则必然会出现大风雨天气。

"早看东南，晚看西北"，前半句同上，后半句则强调傍晚若西北方向有黑云出现，也会出现大风雨天气。

"云往东，一场空；云往西，水叽叽；云往南，水连天"，意指雨云自西向东走，则不会下雨；自西往东走，则雨量可观；自北往南走，则会出现暴雨。

（二）观雾

"早雾晴，晚雾下"，意指早间出现雾主晴，晚间出现雾主雨。

（三）观虹

"东绛忽雷西绛雨，南绛过来发大水，北绛见了卖儿女"②，意指根据彩虹出现的方位可以判断天气与年景，彩虹出现于东方，只会出现雷电而

---

① 红刚刚，红艳艳、红彤彤的意思，武安方言中独特"ABB"叠音词较多，如绿巴巴、白念念、黑拽拽、黄磷璘、热哒哒、凉定定等，不一一列举。

② 绛，武安方言中指彩虹。

不下雨；彩虹出现于西方，要下大雨；彩虹出现于南方，要闹水灾；而彩虹出现于北方，则会出现严重的灾荒。有些地方的谚语没有第三句，而第二句也略有不同，称"出了南绛发大水"。

"西绛卸不得牛"，意指彩虹出现于西方要下急雨，正在耕田之人来不及卸下套在犁具上的牛。又称"见有西绛卸不得牛"。

（四）观霞

"早霞不出门，晚霞晒死人"[①]，意指早霞主雨，晚霞主晴。

"早霞晚笑，晒得鬼神嚎叫"，意指早霞出现得比较晚的话，则会主晴，且日头很毒。

（五）观珥

"一珥阴，二珥晴，三珥过来动刀兵，四珥过来杀朝廷"[②]，珥，出现在日月两旁的七彩光晕，特指不成环的片段光晕，弧线弯曲的方向与日晕相反。这一谚语的含义为，太阳旁边只出现一段珥的话，会出现阴雨天气；出现两段珥的话，会出现晴天；出现三段或多于三段珥时，则天下会出现战乱。

（六）听雷

"孤雷主旱一百天"，孤雷，指只听到一声雷。出现这样的景象，则要出现长时间的干旱天气。

（七）看风

"二月南风不由天，三月南风井底干"，指二月为多南风时节，但三月如果南风较多，则接下来会出现严重的旱情。

"三天南风不由天"，指连吹三天南风，则必然要下雨。

三 借助相关日期的天气来预测

（一）特定日期

"初一阴，初二下，初三下起没招架"，指正月初一出现阴天，则初

---

① 华北通行的说法为"早霞不出门，晚霞行千里"，与武安谚语含义相同而表述有异。

② 民国《武安县志》记载这条谚语时，称"一耳阴，二耳晴，三耳过来动刀兵"，只是标注"言三耳主乱"，但何为耳，并未言明。据笔者考证，"耳"当为"珥"。全四句则见于手抄本《东方朔占验通玄经》，原为小台上村三老姑夫"（家父的三姑夫）"藏书，其去世后由家父收藏，伯父取走后不知所踪，相关内容由家父转述。但家父所述前半段与县志相反，为"一珥晴，二珥阴"，孰是孰非难下决断，今暂从县志。

二会下雨雪，初三更是会大雨雪不止。

"黄蒿多茂盛，灯山点的全，纵然不下雨，也是太平年"，意指黄蒿生长茂盛，正月十五没有风雪，都是丰收之年的预兆。又有的地方称"黄蒿茂盛，黄罗伞盖地，纵然不下，也要收哩"。

"收花不收花，但看正月二十八"，意指正月二十八如果天气晴好，则棉花会丰收；如果天气不好，则棉花歉收。

"有钱难买五天旱，六月连阴吃饱饭"，指端午节及其以前的五天晴朗无雨较好，不然易发生虫灾；六月份降水丰沛，则庄稼可获丰收。但也有"有钱难买五月旱"的说法，即整个五月晴朗无雨可以有效抑制病虫害的发生。

"大旱不过五月十三"，指是日多雨，即使春夏的旱情非常严重，至此也可以消解。

"八月初一下一阵，旱到来年五月尽"，意指八月初一出现零星阵雨的话，为大旱之征兆。

"重阳无雨一冬晴"，意指重阳节这天的天气与整个冬天的天气密切相关，晴好则冬天少雪，下雨则冬天多雪。

（二）非特定日期

"立春最好下一天，农夫不用力耕田"①，所谓春雨贵如油，如果立春能有较大的降水量，则于农耕大有裨益。但也有相反的说法，称"立春这日晴一天，农夫不用力耕田"。

"立了春有时还冻断筋"，指立春之后还有可能出现低温天气。

"春旱不算旱，夏旱丢一半"，意味着同样的干旱，夏季干旱对粮食产量有更为深远的影响。

"立夏不下，旱到麦罢"，立夏这天如果不下雨，则旱情会持续到麦收以后才能化解。

"逢庚必变，遇甲必晴"，传统时代民间所用黄历年月日均用干支来表示，这一谚语指遇到天干为庚的日期，必然会出现阴雾或雨雪；而遇到天干为甲的日期，必然会天气晴好或由此前的阴雨雪天气转晴。

———————————

① 立春多在公历的 2 月 4 日或 5 日，而农历日期变化幅度非常大，有时在头年的腊月，有时在第二年的正月，如 2014 年立春为正月初五，2015 年立春为头年的腊月十六。其他节气的农历日期亦不固定，故笔者将与节气相关的谚语归于非特定日期，下同。

"雨淋春甲子，刮风四十日"，指春天的甲子日如果下雨，则此后必然会出现持续时间较长的大风天气。

"进了六月节，雷声常不歇"，指六月六之后，雷雨天气会频繁出现。

"淋伏头，晒伏尾"，指伏天的头一天多雨，而伏天的最后一天多为晴天。

"三伏不热，五谷不接"，意指出现凉夏天气，则农作物会显著减产。

"立秋不下万人忧，庄稼只能一半收"，立秋这天如果无雨，预示着粮食要严重减产。

"六月连阴吃饱饭，七月连阴干瞪眼"，意指六月出现连阴雨，有利于秋庄稼的成长；而七月出现连阴雨则会导致庄稼严重减产。

四　借助相关事物或现象预测

"麦子花，两亲家"，意指麦子与花的收成相似，麦子如果丰收，棉花亦会丰收。

"黄丹收，黑丹丢"，指麦苗若生出黄色的霉，则麦子会丰收；麦苗若生出黑色的霉，则麦子会歉收。

"长虫过路水缸浸，老天不下问艾根，艾根他说不知道，单听背坡狨狑①叫。"意指蛇横穿道路，水缸外表浸出水珠，松鼠在阴面的山坡上叫，这些都意味着天要下大雨。又有地方称"长虫过路水缸湿，下雨不过三五七"。

"燕子低飞蛤蟆叫，必定大雨到"，燕子飞得很低，蛙鸣不断，则意味着要下大雨。

"男跌晴，女跌阴，老婆儿跌倒晒死人"，意指男人摔跤则预示天会转晴，女人摔跤则意味着天要转阴，而老太太摔跤则预示天气会异常晴热。

"热刮风，凉下雨"，意指天气转热，则往往起风；天气转凉，则往往会下雨。又称"热是风，凉是雨"。

---

① 狨狑，音 gēlíng，武安方言中所指的一种动物。笔者询问家乡老人，被告知是松鼠。经笔者考证，当包括松鼠科的多个物种，普通松鼠之外，还应当包括同属松鼠科的花鼠。民众一般不会像生物学家那样细致地分别科属，故一般笼统称之为狨狑。

五 对冰雹的预测

冰雹为武安地区常见的气象灾害，每年都会造成局部区域农田减产。冰雹轻则损伤作物茎叶，重则完全摧毁植株，同时往往还伴有大风暴雨，对其进行预测和防范也历来受到民间的重视，主要借助云的颜色与闪电的形状来判断，武安流传有几条相关的谚语。

"天黄闷热黑云翻，热过头时下冷蛋"，按，冷蛋为武安方言对冰雹的称呼，又称冷子、雹子。天色发黄，黑云翻腾，天气反常地闷热，则往往会下冰雹。

"黑云黄边子，必定下雹子"，翻腾的黑云边缘部分呈现黄色，则一定会下冰雹。

"横打闪，雹可见"，指闪电方向不是竖直趋向地面，而是横贯天空，则一般也要下冰雹。

1949 年后，武安气象工作者总结出的"雷声不断，风向突变，风速猛增，雨滴加大，气压急升"在预防冰雹方面也效果明显[①]。

六 九九歌

九九歌在全国有非常多的版本，武安本地同样有不同的版本。通行的内容如下：

一九、二九，不能出手；三九、四九，冻破碓臼；五九、六九，沿河看柳；七九河开，八九雁来，九九杨花开。

也有的版本中"一九、二九"之后没有"能"字，"三九、四九之后"的"冻破"为"冻坏"，没有"九九杨花开"而有"九九加一九，耕牛遍地走"。还有的有"十九燕子来"一句。

七 其他

"养蚕种地，当年福气"，意指养蚕、农耕的收益如何，偶然性较大，要听命于天。

"春寒麦不收"，指春天出现低温灾害，麦子会显著减产。

---

① 关于冰雹部分参考了武安县农业自然资源考察和农业区划委员会农业气候组编《武安县农业气候资源和农业气候区划报告》，第 70—71 页。

"也宜植，也宜晚，才知八月好种田"[①]，指农田的收成难以预料，有时候早种会有好收成，有时候晚种会有好收成。

"麦怕老来雨，人怕老来病"，指麦收时节最忌下雨，若下雨必然导致麦子霉变，大量减产。

"羊马年，广收田，就怕鸡猴这二年"，指羊年、马年往往丰收，而鸡年、猴年往往歉收。

"霜打一大片，洼地最明显"，指发生早霜灾害时，洼地中的作物所受损害最大。这样的区域地形闭塞，冷空气会下沉并长时间滞留，从而造成严重的霜冻。

"晒不死哩葱，饿不死哩僧"，这一谚语颇有意思，上句指出了葱耐旱的特性，葱在没有外界水分补充的情况下，可以存活较长时间，除非自身病变干枯，太阳无法将其晒死。下句的"僧"可理解为和尚，他们不事农业生产，四海云游，化缘为生，善男信女自会为他们提供吃的，不会被饿死。"僧"还可以被理解为武安当地的一种被称为"瓦僧"的多肉植物，该植物主要生长在瓦房顶上瓦缝中，也非常耐旱，即使是苦旱大半年，也不会干死。1949 年后，瓦房急剧减少，除了少量古旧建筑外，绝大部分房子都不再用瓦，由于不再具备特殊的生境，该植物已经非常罕见。

第三节 祭祀、祈福、禳灾等习俗

传统时代，农业生产技术水平较低，人们对影响农业收成的因素缺乏全面的认识，故而常常将粮食产量的多少归结为超自然力量操控的结果，因而形成了丰富多彩的祭祀、祈福、禳灾习俗。

一 祭地

武安的相关习俗最早可以追溯到磁山文化时期。考古发掘证明，在磁山文化遗址中放置有粮食的灰坑中往往有被刻意放置猪或狗的骨头，而这

---

① 武安方言谓早种的作物为"植"，如早玉米称"植玉米"，早谷子为"植谷子"。还有"也宜植，也宜晚，老汉八月好种田"的说法，但似乎不如文中的表述合理，见武安县文化馆编《武安民间文学》，第 103 页。

些动物都是被人工驯化的①。有学者强调了磁山文化的灰坑中的葬猪具有宗教意味，指出商代出现了名为"瘗"的祭典，为"埋物祭地"的祭祀，而磁山文化等新石器遗址中的葬猪遗迹"可算是这种瘗埋的先声"②。还有学者进一步指出，这样的灰坑不应该被看作粮窖，而应该视为祭祀遗址。回溯当年先民将动物放入粮食底部的场景，不管是活埋还是杀死后再埋入，都没有考虑到动物腐烂可能污染粮食的因素，这就决定了放入灰坑中的粮食并非为了储存，而是与宗教活动有关，与猪、狗一样，都是祭祀的贡品，祭祀的对象是大地，意图都是祈求丰年③。当然，也有学者认为将埋有粮食的灰坑认定为祭祀坑太过武断，但也承认这样的灰坑仍有祈求粮食丰收的宗教用意，指出"人类希望家畜身上的灵性能够帮助他们实现得到粮食年年丰收的良好愿景"④。

笔者认为祭地的说法还是比较可靠的，而古代祭地的本来目的就是获得丰收，或者在歉收后进行禳灾。先秦文献中称："有年瘗土，无年瘗土。"汉代注疏家注解道："祭土曰瘗。年，谷也。有谷祭土，报其功也。无谷祭土，禳其神也。"⑤

二　祭龙神

以龙为雨神，祭祀龙神以祈求风调雨顺，为全国共有之现象，武安亦不例外。早在远古时期，人们即注意到，下雨前常有蛇、蜥蜴、蟒等爬行动物出现，便很自然地将下雨与龙联系起来⑥。但拜龙以求雨的习俗形成较晚，与佛教传播有关，《华严经》中有无量诸大龙王，"莫不勤力兴云布雨，令诸众生热恼消灭"，此为龙神主雨之发端⑦。

清雍正五年（1727），中央下令各地塑造龙神像并祭祀，此后武安出

---

① 孙德海、刘勇、陈光唐：《河北武安磁山遗址》，《考古学报》1981 年第 3 期，第 308 页。周本雄：《河北武安磁山遗址的动物骨骸》，《考古学报》1981 年第 3 期，第 341—342 页。

② 王仁湘：《新石器时代葬猪的宗教意义——原始宗教文化遗存探讨札记》，《文物》1981 年第 2 期，第 82 页。

③ 卜工：《磁山祭祀遗址及相关问题》，《文物》1987 年第 11 期，第 44、45 页。

④ 闫凯凯：《磁山文化研究》，硕士学位论文，山东大学，2012 年，第 66—67 页。

⑤ 许维遹：《吕氏春秋集释》卷 26《士容论》，梁运华整理，中华书局 2009 年版，第 690 页。

⑥ 秦永洲：《中国社会风俗史》，山东人民出版社 2000 年版，第 399—400 页。但秦氏认为真正当作神灵信仰的，是四海龙王，恐不确切，民间信仰中的龙神，江河池潭应有尽有。

⑦ 《大方广佛华严经》卷 1《世主妙严品第一之一》，三宝经社印行本，第 12 页。

现了建造龙王庙塑造龙王像的高潮。除了与全国其他地方相似，祭祀黑龙王、白龙王外，还崇奉青龙、九龙、苍龙、黄龙、三郎、焦志等神①。求雨之方法，往往需要借助降神附体与扶乩之术。据民国《武安县志》之记载，"各神多有男觋传语，名曰马庇。遇旱时，马庇降坛传神语，决年岁丰歉，验即歌舞报赛，所在敬奉，比他神特为诚虔"。② 民间故事中亦有相关描述，称后西佐村雨后感谢苍龙，"有的燃鞭，有的放炮，有的敲锣鼓，有的吹马号。还有那光彩夺目的标枪、对子马、金瓜、钺斧、转天灯，人群拥挤，热闹非凡"③。

伯延早在元至正年间就建有白龙庙，祭祀白龙神④。

县城东北有大王庙，建成于光绪二十八年（1902），在前后三任知县朱正本、林裕焘、刘瑞林的努力下建成，祭祀的是黄河金龙四大王、黄大王、朱大王、栗大王、宋大王⑤。大王庙祭祀的主要是河神，但也可祈

---

① 民国《武安县志》卷9《社会志》，参见张午时、张茂生、李栓庆校注《武安县志校注》，武安历史文化研究会内部印行本2009年版，第836页。

② 同上。

③ 相关民间故事题为《强龙压了地头蛇》，参见杜学德主编《邯郸市故事卷》上册，中国民间文艺出版社1989年版，第102页。后西佐村现属峰峰矿区，但历史上紧邻武安县境，亦可反映武安向龙神还愿的场景。

④ 最早记载见于天启《武安县志》卷6《祀典》，又见康熙《武安县志》卷8《祀典》与乾隆《武安县志》卷8《祠祀》。参见张午时、张茂生、李栓庆校注《武安县志校注》，第61、148、361页。

⑤ 《武安县志校注》中将民国《武安县志》的相关记载标点为"祀黄河金龙四大王：黄大王、朱大王、栗大王、宋大王"当不准确，冒号当为顿号。按，黄河金龙四大王信仰盛行全国，但一般崇敬的神灵为宋人谢绪，因其排行第四，故名四大王。供奉金龙四大王的同时，庙中往往还有其他大王，金龙四大王与其他大王为并列关系。明清至民国，武安隶属河南省，建庙显然受到了河南省信仰习俗的影响。河南省的相关记述亦可证明四大王与其他大王为并列关系，试举几例：

道光年间重修的开封北郊黑岗的大王庙，"庙中向祀金龙四大王暨黄大王"。（《道光重修黑岗大王庙》，载左慧云编《黄河金石录》，黄河水利出版社1999年版）

同样是道光年间今开封北郊大马圈新建的大王庙中亦称此庙"正殿供奉金龙四大王、黄大王、朱大王神像，其左右偏殿一供风火神，一供陈九龙将军，东西两庑列祀各将军神位"。（《新建大王庙碑》，载左慧云编《黄河金石录》）

民国《考城县志》卷4《建置志》中亦称："大王庙……中祀大王：金龙四大王、黄大王、朱大王、栗大王、宋大王、白大王……"

上述两条碑刻资料与方志资料转引自张晓虹、程佳伟《明清时期黄河流域金龙四大王信仰的地域差异》，载中国地理学会历史地理专业委员会《历史地理》编辑委员编《历史地理》第25辑，上海人民出版社2011年版，第241页。该文对金龙四大王信仰有较深入的分析，读者可参看。

雨，如朱正本即在光绪二十七年出现大旱时设坛祈祷，有自称可通神的县民报告"河大王至矣"，朱向神求雨，"不崇朝而雨遍天下"①。

紫泉村有黄龙神，故事《皇官放粮来求雨》讲述了县官请黄龙爷下雨幽灵的故事，故事最后称：

> 天下了雨了，皇官还愿哩，给黄龙爷做了一个八抬走架，紫泉村的人觉得黄龙爷有恩，就在紫金山上起了个四月十八庙会。再后来，附近村的人光到紫金山上偷爷爷哩，紫泉村的人就在村北盖了三座大殿，把山上的爷爷挪了下来，四月十八的庙会也随着挪到了紫泉村了。②

县城有五行庙，又称五龙庙，祭祀龙神，始建年代无考，康熙年间知县黄之孝重修③。五龙，或为五方龙神之意。不过沙河柴关村五龙庙记录有主神身世，据称五龙爷本名赵再当，宋代人，曾在陕西某县担任知县，为抢救百姓而死于洪水，民众拥戴其为五龙爷④。马家庄乡大水村有五龙神庙，也非常灵验，五龙神为主神，主神之下还有名为包三神爷的神灵。当地人认为，五龙神比磁县贾壁的龙神灵验，流传有二神斗法，五龙神水冲贾壁，酿成"七月七，发大水，冲了贾壁大闺女"的后果。而贾壁龙神到大水村报复，想冲毁五龙神庙而未果⑤。徘徊村也有五龙庙，为当地香火最旺的庙宇，人们求雨颇为灵验⑥。

西土山乡西土山村有九龙庙。九龙，或为四海龙王与五方龙王的合称。明清四部县志均记载县城以西十二里有九龙庙，但始建年代与具体位

　　① 朱正本：《建修武安县大王庙碑记》，载民国《武安县志》卷5《建置志》，见张午时、张茂生、李栓庆校注《武安县志校注》，第737页。

　　② 河北省武安县民间文学集成编委会：《武安民间故事卷续集》，第165页。

　　③ 康熙《武安县志》卷8《祀典》，民国《武安县志》卷5《建置志》，参见张午时、张茂生、李栓庆校注《武安县志校注》，第148、736页。

　　④ 杨新民：《冀南的龙神崇拜及祈雨文化》，载杜学德、杨英芹、李怀顺编《邯郸地区民俗辑录》，天津古籍出版社2006年版，第96页。

　　⑤ 相关民间故事题为《七月七，冲贾壁》和《大水村戏楼和大石坑的传说》，参见河北省武安县民间文学集成编委会《武安民间故事卷》，内部印行本1988年版，第121—124页。

　　⑥ 左根川编：《千年古镇拾遗》第27节"庙宇、神树"，北方文艺出版社2014年版，第92页。

置没有确切的记载①。笔者用百度地图测量武安老城区舍利塔至西土山的直线距离，约为 6 公里，则县志所载之九龙庙或即西土山之九龙庙。相传庙中所供的神名为杨九思，杨本为书生，进京赶考时路过沙河高庄村，为惩罚一个不孝顺的儿媳妇而化作一条银龙。当地人建庙供奉，是为九龙庙。东土山村的几个小伙子想把九龙爷请回自己村，便到高庄偷了神像的头，走到西土山村附近时，神像头变得极重，只好把庙建在了西土山村。东土山村与西土山村人定每年六月十三为九龙爷庙会，祈求风雨保平安，颇为灵验②。

冶陶镇固镇村亦供有九龙神，该村原有府君庙，旧称大庙院，六间大殿中东三间供有九驾龙神，1939 年大水后迁建于圣皇庙。1993 年后，该村开发元宝山，在山顶供奉神灵中有九龙圣母，或受邯郸圣井岗九龙圣母崇拜的影响，但亦与原来的九驾龙神有关③。

冶陶镇固义村有祭冰雨龙王的仪式，一般在村北地里举行，时间为正月十六上午。堆起土堆，插香其上，在场地四周插上五色纸旗，念完祭词后奏响乐器，燃放三眼枪与二踢脚，用米面水洒地，同时把提前准备好的一只白公鸡当场一刀剁头，将鸡身抛至西北方向。之后焚烧纸钱、表文，众人行跪拜礼。清代表文的内容为：

> 大清光绪（视具体年号而定）某年岁次正月十六既望祭日某时河南彰德府武安县固义村社首某暨领合社人等谨以香楮品物之仪致祭于当年行雨龙神风云雷电霹雳冰雹一切尊神案下，曰：
>
> 维神至灵，求之即应，感之遂通，冰雹远去，甘雨调匀，烈风弗作，迅雷罔闻，上天施泽，下民沾恩，伏乞昭临，察兹小心，神其有知，来格来歆。伏维尚飨。

①　嘉靖《武安县志》卷 1《祀典志》，天启《武安县志》卷 6《祀典》，康熙《武安县志》卷 8《祀典》，乾隆《武安县志》卷 8《祠祀》。分别参见张午时、张茂生、李栓庆校注《武安县志校注》，第 13、60、148、361 页。

②　相关民间故事题为《九龙庙》，参见河北省武安县民间文学集成编委会《武安民间故事卷续集》，内部印行本 1988 年版，第 58—59 页。

③　固镇村村委会编：《古城今影》第 3 篇《文物纪略》，内部印行本 2014 年版，第 104—105 页；刘北方主编：《武安市元宝山游览区百神诠释》，内部印行本，第 9 页。关于九龙圣母，还可参看民间故事《圣井岗的传说》，载杜学德主编《邯郸市故事卷》上册，第 488—499 页。

社首某①

在武安，影响最大的还是黑龙崇拜。武安城中原有黑龙庙，位置在紫金山顶紫金庙以西，挨着舍利塔的坡下。有名为《舍利塔为啥没塔尖》的民间故事，讲述了黑龙的神威，摘录如下：

> 传说，以前本地有个姓韩的财主，家里骡马成群，粮田千顷，人送外号"韩万仓"。有一天，韩万仓和黑龙庙里的黑龙喝酒，喝到半醉，他就对黑龙说："你就是三年不下雨，我家也有万石粮。"黑龙一时火起，就下了一场瓢泼大雨。先下时，还看清雨点，后来雨水就像从天上往下倒的一样，把韩万仓家里的骡马粮田都冲得净光，把舍利塔的塔尖也冲到了武安清化紫山上了。现在清化紫山上还有舍利塔的塔尖哩！②

城中还保留有明代修建的黑龙桥，位于河沟街和黑龙庙街交会处，当与黑龙庙有关。磁县固义村的黑龙爷本叫胡石林，祖父在朝为官，遭奸党陷害而灭门，胡石林被人救下而流落民间，改从母姓苗，后为了惩治恶霸而化身为黑龙③。武安境内之黑龙爷身世，笔者未曾详考，或与磁县同源。

峰峰矿区西侧鼓山滏阳河源头鼓山脚下有黑龙洞，黑龙神在武安影响颇大。乾隆时知县蒋光祖曾向黑龙洞祈雨，希望"远邀勺水，大驱蟠泽之龙；近迓洪波，尽发潜泉之蛟。以九渊而洒九地，顿令瘴暑不灾；值三

---

① 此处论述及表文内容依据杜学德《武安市固义村迎神祭祀及社火傩戏》，载杜学德、杨英芹、李怀顺编著《邯郸地区民俗辑录》，天津古籍出版社 2006 年版，第 81、88 页。另参杜学德编著《武安傩戏》，科学出版社 2010 年版，第 69—70 页。

② 河北省武安县民间文学集成编委会：《武安民间故事卷》，第 145—146 页。另有一个版本，韩万仓说的是："你是上方火龙王，我是下方韩万仓。你打三年不下雨，我家还有万担粮。再打三年不下雨，我家还有万石老粗糠。驴驮钥匙人骑人，我这个时光哪时穷。"这时有个丫鬟出来了，丫鬟说："挡不住你天天遭天火，月月埋死人。"韩一巴掌打过去，把丫鬟打死了。于是开始打起了官司，连续遭天火，不久，家底就败光了。2015 年 12 月 7 日家父转述，笔者记录于此。

③ 杨新民：《冀南的龙神崇拜及祈雨文化》，载杜学德、杨英芹、李怀顺编《邯郸地区民俗辑录》，天津古籍出版社 2006 年版，第 96 页。

伏而救三时，倏使枯苗悉起……化太甚旱为大有年"①。关于黑龙洞，民间有不少传说故事，有的故事说有天宫黑龙王被贬到人间，为解民间苦难而飞入黑龙洞中引出泉水，有"黑龙洞中卧，喷出珍珠泉，浇灌千顷好天地，不忘六月二十三"的说法，民众唱戏酬神，逐渐形成了黑龙洞庙会。也有故事称是兄弟俩合力挖出泉水，并化为黑龙、白龙，专门负责降雨、造泉，人们在山腰建黑龙庙，在山顶建白龙庙②。

活水乡昆仑峪村下辖自然村黑龙潭，原来位于深山中，后迁于今址，旧址有潭名黑龙潭，潭中有黑龙神，村民建黑龙庙，极为灵验，香火极旺，周边的马店头、禁坡、七步沟等村庄的村民也多到庙中拜神。民众常称之为黑爷或老黑爷。庙中除了固定的黑爷大神像外，还有可移动的黑爷小神像，天旱少雨之时，民众会抬上小神像游街，敲锣打鼓，前后部吹，爆竹震天，非常热闹③。旱情严重时，周边村庄也往往会到庙中请神，用非常隆重的仪式将小神像抬回村中，待下雨之后再在锣鼓喧天声中抬回主庙④。昆仑峪村民中的白姓、石姓自柏林迁来，而柏林人祈雨时常奔波上百里到黑龙潭中取水，亦可见该村黑龙庙影响之大⑤。该庙现已迁入新址，保留有清代三足香炉一件，上刻"黑龙庙铸香炉一坐，施财人武乡县胡栾岭、魏德祥敬，大清嘉庆二十四年"，则该庙在1819年之前即已建成，而其影响还超越了县境省界，山西武乡县之人都为庙宇布施。昆仑峪周边多个村中亦有黑龙庙，如门王庄、台上、台南坡、西城子沟、龙洞峧（民间惯称下湾）都还保留有黑龙庙，大会庄保留有黑龙庙碑刻，马店头旧有黑龙庙被拆改为中学，近年又在原址重建，亦可见昆仑峪黑龙庙对周

---

① 蒋光祖：《牒黑龙洞取水文》，载民国《武安县志》附志卷3《文征》，见《武安县志校注》第1286页。蜧，读［h］，可以行云布雨的黑色龙蛇。

② 相关民间故事题为《黑龙洞传说》《滏阳河的传说》，参见杜学德主编《邯郸市故事卷》上册，第527—530页。

③ 据杨新民考证，冀南地区的龙神像塑像很有讲究，"一种是塑在庙里不能挪动的，一种是塑在架上能挪动的，多数龙神都是塑在大架上，能抬着转街、请驾的"。见氏著《冀南的龙神崇拜及祈雨文化》，载杜学德、杨英芹、李怀顺编《邯郸地区民俗辑录》，第98页。昆仑峪的黑龙庙中显然是同时有两种塑像。

④ 昆仑峪原名窟窿峪，因村边一高山顶部有门形洞穴而得名，后追求文雅同音假借而改今名，见河北省武安县地名办公室《武安县地名志》，内部印行本1984年版，第462页。

⑤ 民国《武安县志》附志卷二《区村镇分述》，参见《武安县志校注》，第1153页。

边地区的辐射影响①。

活水乡秋树坪亦有黑龙庙，称主神为黑龙爷。现在，该村因旅游业兴起而习惯称"长寿村"。据当地人口述，黑龙爷本为明万历年间人，姓陈，原籍山西洪洞，入京应试回乡途中见村民在烈日之下祈雨而生恻隐之心，舍身化为黑龙，在庄活凹开出泉眼，导出清醇甘冽的山泉水。为了感谢他，村民在泉眼旁边建庙塑像予以祭祀。

冶陶镇固镇村亦有黑龙神庙，人们亦称黑龙神为黑爷或老黑爷。虽不见于该村村志所记录的庙宇，但却载入了庙会的部分。据称，光绪三年（1877），华北地区春夏间出现严重旱情，固镇村民向黑龙神祈雨，果然下了透雨，秋庄稼得到丰收。此后，但凡出现旱情，民众祈雨后，固镇地界总会较其他地方偏雨，当地流传俗语"进了六月节，龙王不得歇。六月降透雨，丰年定不移"。民间便定七月十一为黑龙爷庙会，建立专门的戏台唱戏酬神。1949 年后，固镇保留了三个物资交流会，七月十一会为其一。②

另外，管陶乡梁沟村的黑龙庙非常有名，而庙沟的九龙神也极灵验。武安民间有俗语总结最灵验的庙宇，称："梁沟的黑爷，庙沟的九爷，淮河沟的仙家，彭城的土地。"③

三　祭四坛④

明代官方设置社稷、风云雷雨山川、邑厉三坛，按时祭祀，祈求农业丰收，地方安宁。均由知县奈永昂初创，建成于成化二十二年（1486）。

---

① 武安市文物保管所编：《武安市第三次全国文物普查资料汇编（初稿）》，内部印行本 2009 年版，第 177—183 页。香炉铭文见该书第 179 页。

② 刘北方主编：《新固镇村志》第 12 编《社会篇》，内部印行本 1997 年版，第 441 页；刘北方主编：《固镇村志》第 13 编《社会篇》，中国社会出版社 2003 年版，第 369 页。固镇有村民王有林，其妻有病在身，王到固镇黑爷庙许愿，称如果保佑其妻病好，则请一台戏还愿。后来其妻真的病好了，王却穷得请不起戏班子，便独身一人去还愿，对神像说道："你是山上一尊神，我是山下王有林。虽然许了一台戏，并没有跟你说多少人。今天我一个人来给你还愿了。"于是一个人唱了起来，唱完后扬长而去。20 世纪 90 年代，家父在固镇村进行公路测量时，听时任主任刘李锁讲述。2015 年 12 月 7 日，家父转述，笔者记录。

③ 笔者按，武安民间仙家主要是动物化成之精怪，大多是指狐仙。

④ 主要依据嘉靖《武安县志》卷 1《祀典志》，天启《武安县志》卷 6《祀典》，康熙《武安县志》卷 8《祀典》，乾隆《武安县志》卷 8《祠祀》，民国《武安县志》卷 5《建置志》，分见张午时、张茂生、李栓庆校注《武安县志校注》，第 12、60、148、360、725 页。

清雍正五年创建先农坛。四坛至民国尚存遗址，1949 年后随着城区的扩展，已完全无迹可寻。相关祭祀虽多为官方行为，但士绅民众参与者极多，影响颇大。

社稷坛，明代置于城西北方向，后改建于拱极门外，仲春（二月）、仲秋（八月）两月的上戊日进行祭祀。

风云雷雨山川坛，明代置于南门外，清康熙四十八年（1709）中知县黄之孝认为"副近居民，污秽不洁"，捐款迁坛于城东南方向的山岗之上，民间称为六案山，每年春秋两次进行祭祀。

邑厉坛，明代置于北门外，清代改称厉坛，每年清明节、中元节、寒衣节奉城隍神主至此祭祀。

先农坛，位于小东门外，坛北原有三间正殿，东西厢房各一间，另有大门一间，每年仲春之月的亥日午时进行祭祀，祭祀时行耕耤礼。

四　祭八腊

我国不少地区有祭祀八腊的习俗，武安亦不例外。所谓八腊，包括八类神灵，皆与农事休戚相关，分别是：一为先啬，即神农；二为司啬，即后稷[1]；三为农，即古之田官；四为邮表畷，邮为田间庐舍，表为田间道路，畷是田土疆界；五为猫虎，以根治田鼠、野猪之害；六为坊，即堤防；七为水庸，即水沟；八为昆虫，以根治蝗灾等病虫害。古代多在每年建亥之月农事完毕之后祭祀这些神灵，称为腊祭。

明嘉靖之前的八腊庙位于县城东南二十里左右的粟山北侧，每年的四月初一举行祭祀[2]。嘉靖二十六年（1547），知县唐交迁庙于城外。祭祀在仲春、仲秋时节举行。伯延村原来亦有八腊庙。

虽然八腊涉及农事的方方面面，但人们最看重的还是抵御蝗灾的功效。蝗灾危害极大，民间有名为《蚂蚱比李改的还"恶扎"》歌谣，称："民国三年闰五月，邯郸、武安生蚂蚱。人人都说李改的凶，蚂蚱比李改的还'恶扎'。李改的吃的是财主血，蚂蚱吃的尽是'土鳖'！"[3]

---

① 后稷，为周部族之始祖。相传其母姜嫄履巨人足迹而生之，曾以为妖而欲弃之不养，故名弃，后为舜的农官，封于邰，号后稷。

② 嘉靖《彰德府志》卷4《祠祀志》，《天一阁藏明代方志选刊》本，上海书店出版社1964 年版，第 24 页 a。

③ 张文涛主编：《邯郸市歌谣卷》，中国民间文艺出版社 1989 年版，第 49 页。

康熙四十八年（1709）夏秋之交华北地区发生大面积的蝗灾，知县黄之孝万分焦虑，担心农田收成，率领士绅与民众至八腊庙虔诚祷告三昼夜，"虫蝻泯迹，竟不为灾"，黄认为这与八腊神庇佑有关，捐资重修八腊庙，并增设乐楼①。

冶陶镇固义村有祭虫蝻王仪式。一般在正月上午8点举行，社首带领锣鼓乐队和参加人员从李家祠堂门口出发，敲锣打鼓向南行进，出村后越过南洺河，在南山之下的田地中举行，社首面向东南方向堆起土堆，布香其上，围以五色纸旗，由祭祀和演出的核心人物长竹吟唱迎神词②，内容为："昨日天边降值神，马蹄踏碎四方云。前有小鬼来引路，后有判官紧随跟。土地五道值神司，本县城隍祭虫王。祥云蔼蔼空中转，鲜茶果品神前献。奏一曲消草（箫韶）美乐，请哩尊神登宝殿。"吟唱结束，锣鼓齐鸣，三眼枪与二踢脚一起燃放，用两桶米面水（清水上撒有米和面粉）洒在地上，社首焚烧纸钱、表文，率领众人跪拜。清代表文内容如下：

　　大清光绪（视具体年号而定）某年岁次正月十六既望祭日某时河南彰德府武安县固义村社首某暨领合社人等谨以香楮品物之仪致祭于当年八腊一切神祇位前，曰：
　　维神至灵，祷无不应，求无不通，飞虫远去，百谷告成，恩覃众圣，泽及下民，伏冀神鉴，察兹微忱，特修菲馔，来恪来歆。伏维尚飨。
　　社首某

表文烧完后，看纸灰飘飞的方向，然后戏说虫灾向某个方向去了。仪式结束，众人原路返回村里，再去祭祀冰雨龙王，已见前文。

---

① 李化中：《重修八腊庙增设乐楼碑记》，载《康熙武安县志》卷18《艺文》，张午时、张茂生、李栓庆校注：《武安县志校注》，第262—263页。按，乾隆《武安县志》与民国《武安县志》皆称修庙为康熙四十七年，可李化中碑记中称"岁当己丑"，考己丑年当为康熙四十八年，两志皆误。

② 长竹，净脸，不戴髯口，头戴小王帽子，上身着红色简易袍，下身着红色彩裤，薄底快靴，手持2尺竹竿，自身参与固义祭祀与表演，同时还充任各种表演的总指挥角色。参见杜学德《武安市固义村迎神祭祀及社火傩戏》，载杜学德、杨英芹、李怀顺编著《邯郸地区民俗辑录》，第58—59页。关于祭虫蝻王的流程及祭词、表文参见该书该文第81、87—88页。另参杜学德编著《武安傩戏》，第70页。

五 祭灵泉祠

原称四灵祠，在古城东北二里，祠中有白龟泉，始建时间不可考，宋代元丰年间即有重修记录，自明清以迄民国，士绅民众常去该祠求雨，每年春秋两次祭祀。万历四十一年（1613）知县李椿茂认为求雨灵验，增修三间拜殿，开凿深池，修建桥梁，并为其更名。又有人捐赠土地六亩有余，以每年地租收入供奉香火。此后不断有知县因求雨灵验而重修，嘉庆十三年（1808），知县丁承镐重修；咸丰四年（1854），知县赵培桂重修；同治四年（1865），知县陈澍重修；光绪九年（1883），知县李待时重修；光绪十八年，知县陈士伟重修①。光绪三十二年，武安知县钱祥保编著有《武安县风土记》，其中提及的灵泉祠祈雨方法颇为独特，需要不断提取白龟泉水潭的水，直到潭底像乌龟的石头显现出来，则很快会下雨②。

该庙影响之大，超越了武安县域。如万历四十一年，武安大旱，知县李椿茂心急如焚，带领民众步行至庙中祷告，并与神约定，三天之内确实下了透雨，则大规模重修并扩建庙宇，但若不灵验就毁掉祠庙废止祭祀。第二天，"大雨沾沛，皆在武安封以内也"。当时涉县亦有严重旱情，县令蔡思续（字榔石）与李椿茂素有交情，听闻武安求雨灵验，写信请求李代为涉县求雨，李又采用同样的祈雨仪式，第二天涉县"亦大雨沾沛"。不久，李赴彰德府府治安阳公干，途经磁州，被以徐应节为首的百余乡民拦下，原来磁州亦苦于干旱无法化解，听闻武安帮助涉县求雨有验，亦想请求武安帮磁州求雨。李便安排徐应节等人到武安县城，让三尹③、县尉等官员带领到庙中祈祷，很快磁州也降下大雨而缓解了旱情。蔡思续与李椿茂均赴安阳公干，二人相见后蔡感谢李代为祈雨，并相约重

---

① 天启、康熙、乾隆、民国四部县志中均有相关记载，参见《武安县志校注》，第 61、149、361、738 页。

② 钱祥保：《武安县风土记》称："白龟泉上，为灵泉祠，岁旱祷雨，灵应无差，戽水及底，石状如龟，水尽龟现，雨即滂施。"取自河北省武安县地名办公室《武安县地名志》，内部印本 1984 年版，第 809 页。戽，音 [hù]，指用戽斗汲水。戽斗，汲水灌田的旧式农具，形状略像斗，两边有绳，两人引绳，提斗汲水。相关解释引自中国社会科学院语言研究所词典编辑室编《现代汉语词典》（第 6 版），第 552 页。

③ 三尹，即主簿，主官属下掌管文书的佐贰官，三尹为尊称。

建工作完成后"各为记记之"①。

六　祈雨仪式

武安境内的其他神灵也往往兼有行雨功能，故而祈雨仪式极为丰富。村民往往结成祈雨社，有一村一社的，也有几个村甚至几十个村结成一社的，准确的出现时间无从查考，但可上溯到明代甚至更早。一旦遇到亢旱不雨，祈雨社就会开展行动，抬着平时信奉的神灵进行祈祷许愿，如果应验而下雨则报神还愿②。

清末至民国，各地祈雨仪式经常举行，以冶陶镇固镇村与阳邑镇柏林村的祈雨材料都已有人进行整理，据之稍加分析③。两地完整的仪式往往需要九天时间，一般是出庙三天，行香三天，回庙三天。

固镇所敬奉的神灵为诸位"爷爷"，主要有"老黑爷""五龙爷"和"三爷"，前两者为龙神，而"三爷"却不是龙神。据村志记载，三爷为商朝大将方弼，排行第三，故称三爷，又称三郎，封神故事中为其定的职能为守护宫庙与巡路除邪，在祈雨时也会被请出来④。柏林为武安乃至整个冀南地区最大的村庄之一，该村雪花山上有老奶奶庙，庙中供奉九位神灵，包括白脸大嘴开路爷、花脸武爷、老黑爷、焦芝爷、老奶奶等。

祈雨前，当值社头召集社员动手设立专门的道场，一般称坛口，上面搭神棚，具体的位置，固镇多在南河场，而柏林则多在西街。道场往往占地一亩左右，用新鲜的黄土铺地。神棚要坐北朝南，高、广都要达到两三丈甚至更大，一般至少要容纳四五十人。棚内置供桌与座椅，座椅数量视要请的神灵数量而定，柏林村即需要九把椅子。安排专人看护神棚，保证祈雨的几天里香火不断，守孝之人、疯癫智障者等不吉、不洁之人一般不得参与。固镇村还要安排鼓班子，进行打鼓演练，做到节奏多样、节律整齐，鼓前装饰有带花穗的黄布、蓝布。

---

① 李椿茂：《灵泉祠祷雨神应记》，蔡思续：《灵泉祠祷雨神应记》，分见《武安县志校注》，第738、950—951页。

② 民国《武安县志》卷10《实业志》，见《武安县志校注》，第845页。

③ 参见刘北方主编《固镇村志》第13编《社会篇》，366—367页；郭广义：《武安祈雨民俗》，武安市人大常委会网站，网址：http：//www. ward. gov. cn/news_ view. asp？ newsid = 3034。

④ 刘北方主编：《新编固镇村志》第12编《社会篇》，第441页；《固镇村志》第13编《社会篇》，第369页。

祈雨时，社头率众人着装整洁，排成长队，金鼓齐鸣，锦旗飘扬，同时还要不断燃放三眼枪①，发出惊天动地的响声，队伍声势浩大，穿街越巷，走向神庙。进入庙宇后，声震云霄，浩浩荡荡，巡游大街小巷，向神庙行进。在传统时代，求神人员皆为男性，且求神仪式不准女性观看，要求女性必须躲在屋内且紧闭门窗。在柏林村，妇女倘若在街边或屋顶观望，则有可能遭到辱骂甚至殴打②。之后按次序请出诸位神像，扶上辇轿，再穿越街巷，抬至神棚。

马庇（或马匹、马神）③ 出场的时间与具体的表现，两地是大同小异。柏林是在神像未至神棚时就登场了，马庇会赤脚光膀，手持双刀、铁环，手舞足蹈地冲入队伍中，跳上老黑爷神像所在的辇轿，锥插两腮，脖挂铁环，不时用刀砍自身，口念咒语。求神人员会向其发问："何时下雨？能不能下雨？"马庇回答："小人嘴杂，不与凡人回话。"神像被抬入棚内后，马庇端坐在老黑爷神像之前，由社头跪地发问："何时下雨？"马庇答道："几天内大雨一场，数十天内还有大雨。"此时，鼓乐齐鸣、鞭炮大作，人们一起欢呼。有专人负责定时敲击铜锣，求雨者一听到锣声即要跪拜一次。

固镇的马匹则是在神像已请进神棚后，行香游街时才出场。一般是清早鸣放三眼枪并敲钟，马匹听到后便会进入癫狂状态，也是赤脚光膀冲入庙中，坐到神台上后，也要刀砍身体、锥刺脸庞以证明为真神附体。此后抬着诸位神像游行，三爷前导，多由马匹代替。马匹可以扶乩祈雨，也可问年景好坏。各街口都要悬挂彩色布匹，布置香案。求神人员都要手持高

①　三眼枪，又称三眼铳，明代为较重要的火药武器，有三个枪管，填充火药、铅弹，可轮番发射。但射程有限，装填弹药又用时较长，故后来军队装备渐趋减少。但在民间却长久保存下来，但更多是用来发声辟邪，在武安使用较普遍，笔者幼年（20世纪八九十年代）还经常见到，现在已不多见。

②　不准女性参与，当然与男尊女卑的观念有关，但究其根源，当不是对所有女性的歧视，而是对经期妇女的忌讳，因很难识别是否处于经期，故一概予以禁止。认为经血与经期妇女是不洁的，可能带来霉运，甚至致人死命，求神时更是必须回避，不然会亵渎神灵，这样的观念在全球各文化中都很常见。可参见［英］J. G. 弗雷泽《金枝》第二十章"禁忌的人"第三节"妇女月经和分娩期间的禁忌"，刘育新、汪培基、张泽石译，新世界出版社2006年版，第207—209页。观察中国社会对经血和经期妇女的禁忌，义和团运动时期的大量记载为我们提供了极佳的视角，可参看［美］柯文《历史三调：作为事件、经历和神话的义和团》，杜继东译，江苏人民出版社2000年版，第108—111页。

③　只求雨之神汉称马庇（马匹、马神），其他时候巫婆神汉统称"师婆的"，故有俗语称："跟好人学好人，跟的师婆的下假神。"

香，头戴柳圈。尤为特殊的则是，往往会有和尚参与且不停领喊"南无"，众人则同喊"阿弥陀佛"，上午、下午各出行一次，连续三天。

杨新民则将马庇写马裨，同固镇人的读音相同，据他考证，马裨并非固定，往往有着奇特的来历，"有在参与祈雨活动的人群中突然失魂落魄而成为马裨的，也有在家躺着睡觉听到三眼铳声后就神志不清而狂奔到祈雨现场成为马裨的。最匪夷所思的是有时候在几十里之外的荒山上耕垦的，突然胸闷气短，不由自主放下农活而赤着脚跑去现场成为马裨的"。这些人"一旦成为马裨，言语行动便和平时大不相同，也不论以前的人品高低，即使劣迹斑斑受人歧视，此时也无人计较，都会受到神般的敬奉和崇敬"。当马裨，可以获得较多的物质回报，但代价也是巨大的，有时为了显示神威，"以刀剖腹，或直刺心脏以至当场毙命；有的会用手指般粗细的钢锥，从自己的左腮刺入，从右腮出来，口咬钢锥中间，两腮挂着血痕"①。

与固镇不同的是，柏林祈雨之时还要进行取水活动，一般要派出三个人到黑龙潭取水，往返百余华里。要求他们全程赤脚光膀，头上要戴着编成三角形的柳条帽，帽顶垂下大红绳并绑缚到腋下，绳两端各系有取水瓶两个。当三人历经艰辛将水取回后，便供于神像前，祈求诸神用神水来施法降水。

活水乡秋树坪也有俗称"抬黑龙爷"的祈雨活动，被列入了武安市级非遗名录。与固镇、柏林不同的是，"抬黑龙爷"不用马庇，一般在正月十二到正月十四举行，不是在天旱之后进行。主要的环节与上述两地基本相同，分为"搭神棚""请神""巡游"和"送神"四个部分，仪式、祭祀方法与上述两地大同小异，不再细述②。

徘徊村人则向五龙神求雨。1942年，徘徊一带苦旱无雨，民生艰难。五月初一，一位逃荒山西的村民突然回乡，成为癫狂的马裨，宣称是日正午会下雨三指。社头不信，与其打赌，立下生死状。不料后来果然下大雨，五龙神原谅了社头，只是要求其修庙。从此以后，五月初一供五龙就成为该村的惯例，遇有旱年往往抬神求雨，流行有"得了五月节，五龙

_____

① 杨新民：《冀南的龙神崇拜及祈雨文化》，载杜学德、杨英芹、李怀顺编《邯郸地区民俗辑录》，第100页。

② 读者如感兴趣，可参看武安市文化馆网站非物质文化遗产部分的《黑龙爷与洺寿源山泉》条，网址：http://www.wawhg.com/News_ View.asp? NewsID=243。

不得歇"的俗语①。除了抬神求雨外，还有刷簸箕求雨之事，摘录相关记载如下：

> 我们这里流传着这样一句话："三姓老婆刷簸箕，一个孤儿来担水。诚心祈告老天爷，快给百姓来下雨。"刘五妮、魏富的、董文的是三姓经常刷簸箕的老婆，孤儿临时找。只要一遇到大旱天，人们无法种地的时候，一帮老婆婆们就要到西山羊角脑（此山在村边最高）去刷簸箕求雨。这帮人必须是寡妇，因为她们没有私心杂念，求雨十分诚心。她们拿上各种供品和香杩纸稞，众人只拿一只簸箕，换上新衣服，排着整齐的队伍，掂着三寸金莲，顺着弯弯曲曲的山径小道，一声不吭地向羊角脑爬去。
>
> 她们走到最高处找一块平整的地方，先是摆好供品，点燃香杩纸稞。当然她们必须跪在地上，嘴里一边念叨着什么，一边磕头作揖，然后仰面朝天还是一边念叨着。这些动作过后，她们就站起来，按辈分的大小轮换着刷簸箕，还要拿着新笤帚在天空划拉一番，意思是把挡住下雨的污垢一扫而净，这样老天爷就可以下雨了。②

不管是什么地方，也不管敬拜的是什么神灵，倘若下雨灵验，则民众会共同出资唱戏还愿，并自发进行跑竹马、抬阁、赛旱船等表演。但若不灵验，则民众还有可能会惩罚神灵。如据传古时固镇某次祈雨后，雨没下到固镇，却下到了邻近的韩马村，主持祈雨仪式的马匹一气之下，刀劈了神像③。这一现象证明了中国人信仰的独特性，正如有的学者指出的那样，"中国人信仰的虔诚与否，关键在灵不灵，像是在和神灵做交易……对那些不灵验的神灵，不仅不祭拜，而且可以任意发泄。中国人敢辱骂天地，亵渎神灵"④。

---

①　左根川编：《千年古镇拾遗》第 28 节"习俗文化"，第 164—169 页。
②　同上书，第 169—170 页。
③　刘北方主编：《固镇村志》第 13 编《社会篇》，第 367 页。该书称行雨之神为"六龙神"，不知何意。若不是笔误，当是黑爷与五龙爷的合称。
④　秦永洲：《中国社会风俗史》，山东人民出版社 2000 年版，第 408 页。

第四节　农具使用习俗

一　犁

据农学家考证，早在新石器时代即出现了石犁，春秋晚期开始用牛耕田，至战国时期铁犁牛耕逐渐盛行，唐代发明了曲辕犁，宋至明清无本质变化[①]。直到 20 世纪 80 年代，武安常用的犁仍为传统曲辕犁。此后东部丘陵、平原地区机械化牵引犁逐渐盛行，而西部山区多狭长梯田，传统犁具一直沿用至今。

耕田之时，往往需要两人操作，一人在前牵牛，一人在后扶犁，翻土之深浅，由扶犁之人来操控。犁辕上有个被称为"评"的小部件，扶犁人据之可调整犁头的角度，从而改变翻土深度。王祯即指出："辕之上又有如槽形，亦如箭焉，刻为级，前高而后庳（音币，当低洼讲），所以进退，曰'评'。进之则剑下，入土也深；退之则箭上，入土也浅。"[②] 扶犁之人还要不断地吆喝，提示牛的前进方向，"哒哒"意为起步走，"喔"意为让牛向右转弯，"咧咧"意为让牛向左转弯，"吁"为停，"哨"为后退。如果牛走得太慢，则用鞭子轻抽即可加速；如果牛走得太快，则调整犁头角度增大阻力可以减速。为了防止牛在耕田过程中贪吃而影响工作进度，往往要给牛嘴上戴一个专门的装置，多数地方称"牛笼嘴"，武安西部山区称"牛抽子"，其他牲口也戴这种东西，统称"抽子"。有民间笑话《老好喂牲口——饱得得》，讲述了名叫老好的人喂牲口只顾添草料，却忘了去掉牲口嘴上的抽子[③]。

犁还需要定期整修，故事《留诗》中有生动的描述，摘录如下：

> 到了秋天，家雇的长工头给东家说："东家，眼看到了种麦子时候了，家有几张犁不好使，是不是找个木匠修修？"东家说："你就看着办吧，这个小事儿也来问我？"长工头一听叫他当家哩，连忙出

---

① 中国农业博物馆农史研究室编：《中国古代农业科技史图说》，农业出版社 1989 年版，第 14、110 页。

② （元）王祯：《王祯农书》农器图谱集之二《耒耜门》，王毓瑚校，第 201 页。

③ 河北省武安县民间文学集成编委会：《武安民间故事卷》，第 524—525 页。饱得得，武安方言，指很饱、非常饱。这则故事中，抽子写成犇子，似不合理。

去找木匠了。

长工头出去找了个木匠，领上来了。木匠到了这就做开活儿了，又是推，又是锛，又是锯，满脸流汗。做饭的见木匠做活儿这么出力，挣个钱确实不容易，就出去割了点肉。[①]

用犁耕地时，由于牛要占据相当的空间，故而地的边角地方往往会留有一些空白，需要人工翻土，称为"刨地角"。

二　碎土、平土工具

（一）耙（读［bà］）

耙，用于耕后碎土、灭茬除草、平整表层土壤的大型农具，包括耙架、工作部件、调整机构等，按工作部件分有齿耙、圆盘耙、拖板耙、辊耙等。武安常见的是有齿耙，木制框架，中间布置几道横梁，上面绑缚竖排铁齿，每个铁齿长达20多公分，主要的目的是破碎耕地翻起的大土块。但耙较重，还要有人站在上面，而铁齿破土又会造成极大的阻力，故而牲畜前行极为艰难。

武安民间有关于犁地、破土、平地的歌谣，名为《打坷垃》，但有两个版本，其一为："公公扯犁我拉耙，大伯子在后打坷垃，走路走路休笑话，俺是亲娘仁。"另一版本为："俺参犁地俺爷耙，我在后边打坷垃，走路走路休笑话，俺是父子亲爷仁。"[②]传统时代，女性多裹小脚，很少下地劳作，即使下地也多从事辅助性的农活，且男女之间不会同用"爷"来指称，似以第二个版本更合理些。《清稗类钞》有"男女并耕"条，称：

常言男耕女织，又言夫耕妇馌，似种植之事非妇女所与闻，则是未尝巡行阡陌考察农事之故也。男女并耕之俗，广东、广西、福建最多，江苏、浙江、江西、安徽亦有之，且有见之于湖南者。盖其地之妇女皆天足也，常日徒跣，无异男子。世或视女子为废物，谓其徒手

---

① 河北省武安县民间文学集成编委会：《武安民间故事卷续集》，第521页。

② 民国《武安县志》卷9《社会志》，见《武安县志校注》，第839页；《武安民间文学》，第100页。

坐食者，实謇言耳。①

亦可参证河南武安无男女并耕现象，另有待发之覆，即女性裹脚将大约一半的人口排除在了农作生产之外，这对晚近时期中国的人口与经济结构都产生了深远的影响，与本书主旨无关，此处不做过多分析②。

但碎土意义极为重大，可以确保作物顺利出芽，比如小麦就不怕人畜踩踏，但却对大土块无可奈何，故俗语有云："麦子不怕盘，就怕坷垃拿。"

有名为《藏耙》的民间笑话，颇为有趣，极具生活情趣，还可看出人们耙地的一些习俗，比如耙较重，为了免却来回搬腾之苦，往往放在地里隐藏起来，全文摘录如下：

> 很早以前，有个愣小子和他爹去地里耙地，地没耙完，天就黑了，他爹为了省劲，悄声对愣小子说："喂！你找个地方把耙藏起来吧。"愣小子应了一声就去藏耙，藏好后，离他爹老远就大声说："爹，把耙藏在老槐树地头啦！"他爹等他来到跟前嘱咐道："你就不能小声点，叫别人听见偷走咋办？"
>
> 第二天一大早，父子俩来到地里，他爹让他去拿耙，走了好一会儿，只见他空着手回来了。他爹大声问："耙哩？"他一声也不吭，又问了一遍，他还是不吭，等走到他爹跟前，嘴对住他爹的耳朵，悄悄说："有人偷走了。"③

有时候，耙可能还会用作血腥的杀人工具，故事《铁耙洪门寺》中提及白府村附近有洪门寺，寺中的和尚将许多青年女子掳入寺中，后被人们发现，最终的结局是非常残忍暴虐的，将100名和尚埋入土坑中，只露出脑袋，用四头骡子拉着铁耙将和尚们全部耙死了④。

而耙子（读［pá］）则为常用的手工农具，主要用于平整土地、搂

---

① 徐珂：《清稗类钞·农商类》，中华书局 2010 年版，第 2256 页。

② 笔者目前正主持国家社科青年项目《古代华北的能源危机与社会生态变迁研究》，将于 2018 年左右推出同名专著，将在该书中着重分析相关问题。

③ 河北省武安县民间文学集成编委会：《武安民间故事卷》，第 528 页。

④ 河北省武安县民间文学集成编委会：《武安民间故事卷续集》，第 67 页。

草、搜剔土块或石块、摊翻物料、分离籽粒与秸秆等，耙头为梳齿状，多为铁制，后装木制长柄[1]。各地多能见到，不必过多展开。

（二）耢

耢，整地工具，在耕后或耕耙后磨碎土块，平土保墒[2]。外框为粗木制成，武安多用枣木编成，因枣木耐磨。耢地时一人操作即可，操作者站在耢上，为了保持稳定，一手抓牛尾，一手执鞭。耢地时，牛的前行速度远比耕地为快，能在较短时间内平整大块土地。

（三）杖

武安又有称为"杖"的器具，为木制扁长型的轮子，两端有可固定笼头的铁制部件，套在牲畜身上，赶着牲畜前进，则木轮可以破碎干松的坷垃。但实际碎土功效并不理想，晚近时代使用逐渐减少，20 世纪 50 年代以后出生的人已经很少看到这种东西了。但杖在传统时代武安农耕生产中的地位却很重要，故而常说"犁耧耙杖"，四种农具并称。民间形容一个人农技熟练，便称犁耧耙杖样样精通，如名为《赵喜人成仙》的故事中称："（赵喜人）长到十几岁，犁耧耙杖样样拿得起，放得下。"[3]

其功效类似古农书中的"挞"，只是挞用灌木做成笤帚状，上置重物，一般在春耕之后，用牛或人力牵引碾压耕地，压实表土，用以保墒[4]。

三　播种工具

（一）耧

又称耧车，发明于汉武帝时期，是适应由撒播转为条播的播种方式变化而出现的[5]。其结构包括种子箱、排种器、输种管、开沟器以及牵引装

---

① 参见夏征农、陈至立主编《辞海》（第六版插图本），第 1696 页。
② 同上书，第 1313 页。
③ 河北省武安县民间文学集成编委会：《武安民间故事卷》，第 301 页。
④ 王祯：《王祯农书》农器图谱集之二《耒耜门》，王毓瑚校，第 207 页。
⑤ 撒播，是指将种子均匀撒布在地面、畦面上的播种方式，分布均匀，苗期能充分利用空间，但田间管理不便，故后来大田生产很少采用，主要用于育苗或条播不便的地块。条播，是指将种子按照一定的行距、适当的密度、深度，成条状或带状均匀播入途中的一种播种方式，条播出苗整齐，生长均匀，田间管理方便。参见夏征农、陈至立主编《辞海》（第六版插图本），第 1915—1916、2257 页。

置，可用牛牵引，亦可人力牵引。播种时，随着耧的不断前进，操作者不断摇晃耧车，种子便可落入排种器和输种管，经由开沟器落入耧腿开出的沟内。种子箱的出口安装有相关装置，可以调整缝隙大小，从而可以调节播种的密度。20 世纪 80 年代以前，武安通用的仍是传统的耧。耧在传统农业中扮演着极为重要的角色，举凡谷子、小麦、高粱、玉米、豆类、棉花等大田作物，无不适用[1]。但种芝麻则无法用耧，必须撒播，因为芝麻必须浅种，种深了往往无法出芽[2]。

耧的形制常见的有三种，分别是三脚耧、两脚耧和单脚耧。三脚耧用以种谷，两脚耧用以种麦子，单脚耧则用于麦田中套作谷子。三脚耧一次可播种三行，但牵引阻力较大，对役畜个头与数量都有较高要求。晚近时代，华北地区出现了役畜饲养数量减少和体格小型化的趋势，武安亦不例外[3]。所以华北地区常能见到人拉耧的景象。

（二）砘子

砘子，即古农书中所载的砘车，制备三个较轻的石碌，贯以横轴，外加木头边框，前二后一。在耧种之后拖拽着沿耧播的田畦走一遍，可以更好掩埋籽粒，破碎土块，确保顺利出芽。王祯指出，"畜力挽之，随耧种所过沟垄碾之，使种土相著，易为生发。然亦看土脉干湿何如，用有迟速也。"[4]

四　其他

中耕用锄，刨地用镢头，挖土用铁锨，收割用镰刀，取水用辘轳、戽斗、栲栳、水车等，脱粒用连枷、石碌、扇车、簸箕、筛子、铁叉等，运输用箩头、扁担、筐篓、排子车、畜力铁木轮车、独轮车等，形制与使用方法，较之其他区域没有太大分别，不必细述。另外介绍几种相对较独特的事物。

（一）板镢

形制介于镢头与锄之间，较镢头短而粗，又较锄长而细。发挥的功效也介于两者之间，可以刨地，可以锄草。特别是锄草时，可以轻松去除植

① 中国农业博物馆农史研究室编：《中国古代农业科技史图说》，第 188—189 页。
② 民国《武安县志》卷 10《实业志》，见《武安县志校注》，第 842 页。
③ 相关情形参见拙著《古代华北役畜饲养结构变化新考》，《中国农史》2015 年第 1 期。
④ 王祯：《王祯农书》农器图谱集之二《耒耜门》，王毓瑚校，第 212—213 页

株间隙中的杂草而不损伤植株。

（二）木锨（方言读［qiān］）

扬场工具，类似与铁锨，只是锨头部分亦为木质，麦子、高粱、谷子等作物脱粒后，用木锨铲起抛向空中，借助风力将籽粒与秕糠等杂质分离。晾晒粮食时也间或会用到。

木锨头儿多用杨木制成，有名为《二十四张木锨板儿》的民间故事，讲述的虽是傻女婿的故事，但却说明了木锨的制作原材料。故事中，傻女婿出门时，其妻教他到岳母家如何说话，相关描写如下：

> 俺家的八仙桌都是用漆木做成的，到了那儿你就给咱爹娘说："这桌椅都是用漆木做成的吧？"墙上挂着个又明又亮的算盘，那是紫檀木做的。门旮旯放着块木头是杨木的，咱爹娘用他做木锨，你就说能做二十四张木锨板，别的事你就别吭了。[1]

木锨较少自家制作，大都在集会上购买，俗语称："木锨板儿，现安脸儿。"就描述了购买木锨时的情形，木锨的锨把和锨脸（即前端的锨板）是分别卖的，买家挑好两者后，卖家当场进行组装。

（三）小号锄

顾名思义，是小型号的锄，通体用铁打制而成，长度一般为30—40厘米，形制与王祯所介绍的镈、耨、耰锄等农具相近[2]。主要用于为谷子间苗。谷子间苗是一项非常辛苦的工作，通常需要蹲在地里劳作四五天才间完自家谷苗，小号锄为传统间苗的利器。

（四）刮板

平整菜地时使用的农具，头部为以长方板，平面与木柄垂直，平整小块土地非常好用。冬季清扫房顶积雪时也会用到，不过与平地时向内拉动不同，而是向外推动。晾晒谷物时也可用来刮平粮食表面。

（五）青罐

即粪桶，民国以来多用青黑色塑料制成，故名青罐。但在塑料制品传入之前，则主要是木桶。也称茅筲、茅罐，有个有趣的民间笑话谈及了这

---

[1]　河北省武安县民间文学集成编委会：《武安民间故事卷续集》，第440页。
[2]　王祯：《王祯农书》农器图谱集之四《钱镈门》，王毓瑚校，第212—230页。

种器皿，摘录内容如下：

> 一个老头往地担大粪，路上遇见个熟人，俩人一边走一边拉闲话。那个人说："孙悟空神通广大，一个跟头能翻一万八千里。"担大粪的老头说："那算啥，我一个踢脚能打八万里。"说着，飞起一脚，使手一拍，脚跟没站稳，跌在地上，茅罐也打了，屎尿溅了满头满身。①

这一笑话所反映的场景是非常真实的，笔者也曾遇到过。2005 年 2 月份，笔者在老家挑粪时，路过结冰的路面时不慎滑倒，一下坐在了地上，身后的粪桶碎裂粪水流出，整条裤子都被弄脏了。更常见的是，挑粪下坡时，若未控制好身后粪桶的高度，就有可能碰到路面而碎裂，后桶一坏，前桶失去平衡也会迅速坠落破碎。

（六）茅勺

挑大粪时，将粪水从坑厕中舀出并倒入粪桶所要用到的器具，头部多为木盆状，与木柄垂直。木柄粗细与锄、镢头等的木柄约略相当，长度则要长很多，可达一人高甚至更高。

（七）泼金勺子

挑粪至农田后，将粪水从粪桶中舀出并泼洒到田地里所要用到的器具，头部多为木碗状，也与木柄垂直。木柄短而细，长度一般不超过 60 厘米。

（八）抓钩

头部为铁制弯钩，绑缚在长木杆上，用于采摘香椿叶，也可用于收柿子或板栗。

（九）笼垛

驮粪用具，荆编两个长方体状的篓子，中用弯曲的鸡蛋粗细的木棍连接，两端都编入了篓子的荆条之中。木棍称笼垛杆，弯曲的形状恰能挂在驴鞍之上，赶着驴可以向高处的农田运粪，搬运之粪多为猪粪、羊粪、驴

---

① 河北省武安县民间文学集成编委会：《武安民间故事卷续集》，第 584 页。按，《西游记》故事中一个筋斗云本为十万八千里，这里的一万八千里为原文如此描述，笔者未做改动。又，武安方言中常用"使"表示"用"，如"用筷子"称"使筷子"，"用刀"称"使刀"等，不一一列举。

粪，一次可运粪重量200—300斤。可以大大节省人力，因为人力向高田运粪太过辛苦。

（十）碾碌子①

碾碌子，即石碌子，可在碾子上使用，用于碾米或对玉米等粮食进行破碎。还可用于打场，对收割的麦子、谷子进行碾压以进行脱粒。碾子上配套的碾碌子又称碾砣，有名为《崩碾砣》的故事，提及的碾砣位于十字路口，因为碾子多位于村中十字路口，方便搬运粮食。一般单独提及碾碌子，均是指打场用的。如民间故事《老虎和大嫂比赛跳黄河》中最后就是碾碌子帮助大嫂将老虎砸成了肉泥。又有名为《碾碌神》的故事，摘录前半段如下：

从前有一个秀才进京赶考，路过一个谷场，天突然下起雨来，秀才撑开伞，又怕湿了双脚，就圪蹴②在场当中的碾碌上避雨。不大会儿，雨停了，秀才收起雨伞，跳下碾碌，就走了。

这时候，村里一个农夫下地干活，正好过这个场，他见满场湿漉漉哩，就碾碌干巴巴，觉得稀奇，就跑回村里问胡举人。胡举人来到场里一看，果然不假，想了想，说："这是碾碌神显灵了，赶快叫村里人攒钱修庙吧！"

村里百姓都信神，就在场边盖了一座庙，把那个碾碌放在庙里，每日烧香祷告，求碾碌保佑全村人等平安。③

直到秀才赶考回来说明原委后，人们才拆了庙，把碾碌子又推回了场上。这则故事反映出了人们对碾碌子这样的农具的崇拜情结，这是国人自古就有的万物有灵论式世界观的自然流露。无独有偶，还有一则名为《这个碾碌儿不赖》的笑话，也反映了同样的问题，摘录如下：

有个过路人饿得慌了，赶到一个村想买点饭吃，可又没有饭铺，

---

① 方言读音，子均读为"的"。

② 圪蹴，武安方言，蹲着的意思。

③ 河北省武安县民间文学集成编委会：《武安民间故事卷》，第362页。邯郸县有名为《老虎打赌蹦漳河》的故事，情节与本故事大致相似，但细节表述略显逊色，当是同源而异流，参见杜学德主编《邯郸市故事卷》下册，第212—213页。

见一个老财正在麦场打场，他就去了。

他没有跟打场的人打招呼，见场边放着个碾碌子，就端详起来，左瞧瞧，右瞧瞧，像看出了啥。老财觉得很奇怪，就走过来问："先生，你看啥哩？"过路人说："这个是谁家碾碌儿？"老财说："咋来？"过路人说："不赖，这个碾碌儿不赖。"老财问咋不赖，他就是不说，反正说不赖。他越不说，老财越想问。老财看实在问不出来，就拉住他说："走，上家吃饭吧，天已经晌午了。"过路人还装着不想去，说："不不不，我还急着赶路哩。"老财咋能让他走哩，说："这是说的啥？大热天，吃了饭再走。"说着话，老财就把他拽到家了。

拽到家以后，老财置办了酒席，好好招待了一番，吃好了，喝好了，老财问这个碾碌子到底咋不赖，过路人说："这事不可外传，走，到村边我给你说说。"老财又把他送到村边，过路人见身边也没有旁人，老财又上了年纪，手脚不灵活了，就对他说："这个碾碌儿是石头做的，打个场挺得劲。"①

第五节　农耕过程习俗

一如全国其他地方那样，武安民众在历史上就一直重视农耕技术的提升。某种意义上说，现代绿色革命取得成功的诸多因素，武安民众也早就都有了清醒的认识，比如加大水、肥的供给，只是囿于时代与整体技术水平，才没有真正实现农耕的革命性变化。

但绿色革命的巨大成功建立在大规模灌溉和大量使用化肥的基础上，具有"对能源的贪欲和对水的渴求"，这在推动粮食产量不断增长的同时，也导致了一系列的社会与生态问题②。传统的农业生产智慧，仍然值得我们系统总结和深入学习。

一　灌溉

武安耕地向来分为水旱两种，其中水地又分为渠田、井田两种。民国

---

① 河北省武安县民间文学集成编委会：《武安民间故事卷》，第 527 页。
② [美] J. R. 麦克尼尔：《阳光下的新鲜事物：20 世纪环境史》第 7 章 "吃与被吃"，商务印书馆 2013 年版，第 229 页。

及其以前，渠田多分布于洺河上游，相当于今活水乡、管陶乡局部村庄，那里因河里常年有水，方便引水灌溉。此外，南、北洺河汇合后，水量较丰，两岸兴修水渠，亦有较多渠田。如民国时期沙洺村有渠田7顷，活水村有渠田5.8顷，陈家坪有渠田2顷，口上村有渠田1.5顷，马店头村有渠田1顷。此外，前渠、后渠两村即因渠得名①。门道川、白云川、常社川、管陶川等地渠田总数达22.5顷。此外洺河下游清末至民国修建12渠，渠田32顷有余②。

井地又称园地，系用井水灌溉，遍布全县各地，县中颇多以井命名者，如西井、东井、南井、西营井、南营井、宋家井、井湾、石井河、井家峤、大井村、南丛井、北丛井等③。1935年，全县有水井7400眼，灌溉面积2.9万余亩。此后战乱不断，至1949年之前，只有水井4506眼，全为砖石井，灌溉面积1.79万亩。1949年后，武安民众对于灌溉更为重视，灌溉面积逐年上升，1988年达到了16.49万亩。砖石井的数量在1957年达到峰值9910眼后，渐趋下降，1965年反弹至9209眼，此后又在波动中下降，至1988年仅保留了2192眼。但机井从无到有，数量不断增加，1988年达1651眼，深机井553眼④。

北洺河上游修建了口上水库和四里岩水库，南洺河上游修建了车谷水库，此外，上游各村庄还大力修建堤坝沟渠，灌区面积得到了显著扩大。口上水库、车谷水库的灌溉面积在1982年曾达到33.06万亩。

需要较多灌溉的是小麦和玉米，在水利条件较好的区域，武安民众会为小麦浇5次水，分别是在封冻、返青、起身、孕穗、扬花五个时段进行。水利条件稍差，也要为小麦浇3次水，分别在封冻、返青和孕穗时进行⑤。此外，秋收之后种上萝卜、白菜、蔓菁、胡萝卜等蔬菜时，也会多次浇水。就笔者在老家生活所见，一般也会浇灌3次以上。

---

　　① 民国《武安县志》卷10《实业志》，附志卷2《区村镇分述（下）》，见《武安县志校注》，第841、1146、1147、1148、1154、1155页。

　　② 民国《武安县志》卷2《地理志》，见《武安县志校注》，第630—631页。

　　③ 民国《武安县志》附志卷2《区村镇分述（下）》，见《武安县志校注》，第1146、1167、1170、1172、1173、1196、1208、1209、1210、1221—1223页。

　　④ 武安市地方志编纂委员会：《武安县志》卷5《水利志》，中国广播电视出版社1990年版，第237—238页。

　　⑤ 武安市地方志编纂委员会：《武安县志》卷4《农业志》，第162页。

二　合理密植

传统时代农田种植密度较低，"玉米地里卧头牛""稀谷结大穗"的理念深入人心。据 1990 年县志考证及笔者考察，新中国成立前小麦每亩播种籽种 5—6 斤，谷子每亩播种籽种 1 斤并留苗 2 万余株，玉米每亩留苗 1000 多株，棉花每亩留苗 3000 株。1949 年后粮食产量的提高，也与加大种植密度息息相关。每亩小麦播种籽粒量逐渐增加至 20 斤，甚至多至 50—100 斤，达到传统时代的 4 倍乃至 20 倍；谷子每亩播种籽种 5 斤，并留苗 3 万余株；玉米每亩留苗在 3000—4000 株；棉花留苗达到 5000—6000 株。

20 世纪 80 年代的亩产较新中国成立前有显著增长，小麦原亩产百余斤，后达到 281 斤；谷子原亩产 200 多斤，后达到上千斤；玉米原亩产 150 斤，后达到 472 斤；棉花原亩产 20 余斤，后达到 75 斤[①]。

但若换个角度来看，1949 年后更高产量的获得是建立在对土壤更多索取和更多能耗的基础上的。有美国学者探究了传统农业与机械化农业的能量消耗比，指出就 20 世纪 80 年代美国的农业产出来看，一个农民消耗 1 卡人力即可获得 6000 卡能量；而在传统农业下，一个农民消耗 1 卡人力约可获得 10 卡能量。不深入分析的话，会得出前者的能量效率是后者 600 倍的结论。可在机械化农业中，除了人力的消耗之外，农机、化肥、农药等都要消耗大量能量，若将所有的消耗都计入，则机械化农业消耗 10 卡的总能量，才获得 1 卡的能量。也就是说，20 世纪 80 年代的机械化农业生产的效率是传统农业的 1/10。[②]

早在 20 世纪初，西方学者即对中国的传统农业有较高评价，以富兰克林·H. 金在和德国农学家瓦格纳的考察最为典型，他们都认定中国传统农业是一种稳定的、可持续的经济体系，中国的土壤在数千年中保持了

---

①　参见民国《武安县志》卷 2《地理志》，见《武安县志校注》，第 636—637 页，第 645 页；武安市地方志编纂委员会《武安县志》卷 4《农业志》，第 156—157 页。

②　[美] 杰里米·里夫金、特德·霍华德：《熵：一种新的世界观》，吕明、袁舟译，上海译文出版社 1987 年版，第 124 页。原版信息：Jeremy Rifkin with Ted Howard, *Entropy: A New World View*, New York: Bantam edition, 1981。

地力①。

就武安而言，我们也应对传统时代的农作物种植密度抱有足够的敬意，而不是一味地居高临下予以抨击。传统时代的人们并非不重视密植，俗谚"稠倒高粱稀倒谷，麦子宜稠不宜稀"就是明证，只是他们设置了一个比较低的天花板，这样的生产体系是可持续的，而当代高能耗的农业生产则有太多问题应该引起我们警惕。

三　精耕细作

据农学家研究，精耕细作的中国农业生产传统奠基于战国时期，典型的文本记载见之于《吕氏春秋》的任地、辨土、审时三篇；而定型于两汉时期，理论总结见之于《氾胜之书》②。此后历代不断丰富发展，直至民国。武安农作理念，亦与全国相同，特别注重人力的投入，俗语"农忙站一站，冬天少吃饭"反映的就是这样的理念。

（一）耕地

一年大致要用犁耕地两次，一次为春耕，在春分前后，地土解冻后进行，为春播的重要基础，疏松土壤，有利于种子发芽生长；一次为秋耕，秋收之后、地土上冻之前进行，深翻土壤，有利于保墒。只有缺少牲口或游手好闲的农户才会放弃秋耕，只在春天播种前耕一次。

因为武安春季风多雨少，所以特别重视保墒。早春地土甫一解冻，即要进行耙耢，此后每次雨后都要耙耢，保持较好的墒情，确保春播后作物能较好地出芽。此外，常见的做法还有用石磙轧地，让土质密实，减少水分蒸发。新中国成立后的一段时期内，为了保墒，甚至曾盛行只在深秋耕一次而春天不耕田的做法③。

深耕易耨也一直是武安民众的核心种植理念，在历史上，耕深一般为4—5寸，"大跃进"时期受全国深耕土地运动的影响，耕深也有明显变

---

① F. H. King, *Famers of Forty Centuries, or Permanent Agriculture in China, Korea, and Japan*, privately published in Wisconsin, USA, in 1911. 中译本信息：［美］富兰克林·H. 金：《四千年农夫：中国、朝鲜和日本的永续农业》，程存旺、石嫣译，东方出版社 2011 年版。W. Wagner, *Die Chinesische Landwirtschaft*, Berlin: Paul Parey, 1926. 中译本信息：［德］瓦格纳：《中国农书》，王建新译，商务印书馆 1936 年版。

② 参见中国农业科学院、南京农学院中国农业遗产研究室编《中国农学史（初稿）》上册，科学出版社 1959 年版，第 87—91、161 页。

③ 武安市地方志编纂委员会：《武安县志》卷 4《农业志》，第 161 页。

化，推广七寸步犁和山地犁，耕深达到 7 寸乃至更高。但传统时期的耕深是有其合理性的，根据现代研究，耕深达到 10 厘米以上，就能打破犁底层，增厚活土层，增加团粒结构，保持较好的透气性和保水性，提高保肥能力，并有助于防治病虫害。但过分深耕却会破坏土壤结构，加重水土流失，并有可能将底层死土与砂石翻到地表而掩埋熟耕土①。故而运动退潮后，多数地区仍然在使用传统的犁具。20 世纪 80 年代后随着机械化的发展，犁具才又有了显著的变化。

（二）中耕

重视中耕为中国精耕细作农业传统的显著特征和重要组成部分，不少农书将其视为"耕之本"。其主要功用为松动表层土壤，增强土壤的透气性，同时杀灭杂草，提高作物产量，战国以后主要的工具为锄。春秋战国时期中耕技术的逐步形成，到秦汉魏晋南北朝时期渐趋成熟②。

武安民众对中耕也极为重视，有较多谚语。如"人哄地皮，地哄肚皮"，认为作物能否丰收，取决于耘锄用功是否较勤快；又称"伏天划破皮，顶秋后犁一犁"，强调了中耕的松土功效；又称"锄头上三把水，小孩屁股上三把火"，则指出了保持墒情的功效。

具体的耘锄次数，小麦一般是在春季锄 1 到 2 次，有时为了压苗还在深秋锄 1 次。原本用锄，后来因密植，行距太近，无法用锄，便用三齿钩划锄。

谷子一般要锄 3 次，俗语称"谷收锄头上"，多锄为确保丰收的第一要义。第一次耘锄为间苗，1949 年前用大锄间苗，1 步留 3 丛，每丛 3 株；1949 年后密植，间苗尤为辛苦，蹲伏田中，用小号锄留苗，往往要劳作多天。大锄耘锄，虽较之间苗为易，但顶着烈日汗流浃背，也极为辛苦。笔者幼年曾见父母长辈之操劳，殊为不易。

棉花一般要锄 5 到 7 遍，有时甚至要达到 9 遍，与其他作物一样，越是晴热的时候越要到田间耘锄，有"天旱锄田，天涝浇园"的说法，也

① 朱显灵、丁兆君、胡化凯：《大跃进期间的深耕土地运动》，《当代中国史研究》2011 年第 2 期，第 36 页。

② 关于古代中耕理念与技术的发展，可参看王星光《中国古代中耕简论》，《中国农史》2000 年第 3 期。

极为辛苦①。间或有人用犁串耕，但更常见的还是人工耘锄。

高粱、豆类等杂粮一般也至少要耘锄 2 次。

上述中耕次数，都是就一般情况而言，实则没有上限，有些老农会不厌其烦地下田劳作，因为他们明白，"数愈多，不但禾苗肥盛，而产量亦丰"②。

四　施肥养地

重视为农田施肥以保持地力，也是中国传统农业的显著特征。早在秦汉时期，即已形成了相关的理念与技术，当时已有基肥、种肥与追肥的理念，讲究分别在下种前施肥，下种时拌肥，生长过程中追肥③。而宋代以后，施肥理念越发成熟，《陈旉农书》中有较全面的分析，特别指出施肥得当，则土壤"益精熟肥美，其力常新壮"④。武安农耕习俗也极重视施肥，还流传有不少谚语，如"巧种不如拙上粪"，即施肥的作用还要超过了精巧的耕作技术；"舍不得上粪，收获时省劲"，施肥才能有好收成；"种田不用问，深耕多上粪"，即施肥为农耕的核心环节之一。民国时期即认识到施肥可以"加厚地力，培养土质，增补植物所需之养料"，传统时代最重视施用基肥，"于犁耙前行之"⑤。但也会追肥，追肥的时间不同作物有所不同，小麦是在返青时，谷子、棉花、玉米则都是在锄第二遍时⑥。

关于所用粪肥的种类，人与禽畜粪便是大宗，禽畜粪便中的大宗是猪粪，因传统农家多养猪，而猪粪数量较多。西部山区有较多羊，羊粪数量亦较可观。牛粪、驴粪、鸡粪也常用于肥田。在传统时代，拾粪之人也颇多，如民间故事《小屎旦儿圆梦》开篇即称："小屎旦儿家里穷，上不起

---

①　"天涝浇园"是指阴雨造成的潮湿环境容易滋生细菌，雨后把菜田中水排尽，用井水浇一遍，因井水温度较低，可以降低地温，从而有效杀灭细菌，避免蔬菜根茎腐烂。

②　民国《武安县志》卷 10《实业志》，见《武安县志校注》，第 842 页。关于中耕的论述参照了该书部分，另参武安市地方志编纂委员会《武安县志》卷 4《农业志》，第 162 页。

③　可参看中国农业科学院、南京农学院中国农业遗产研究室编《中国农学史（初稿）》上册，第 170—172 页。

④　（宋）陈旉：《陈旉农书》粪土之宜篇第七，万国鼎校注，农业出版社 1965 年版，第 34 页。参看中国农业科学院、南京农学院中国农业遗产研究室编《中国农学史（初稿）》下册，科学出版社 1984 年，第 42—44 页。

⑤　民国《武安县志》卷 10《实业志》，见《武安县志校注》，第 841 页。

⑥　武安市地方志编纂委员会：《武安县志》卷 4《农业志》，第 162 页。

学，长大了天天担着粪担子拾粪。"① 此外，熏土、草木灰、炕土、墙土等也常使用。宋以后南方地区常用作肥料的饼肥在武安基本不用，因价格较贵。

陈旉不赞同使用人粪尿，认为"瓮腐芽蘗，又损人脚手，成疮痍难疗"②。但所论主要为稻田农作情形，北方旱田农作有较大区别，田地一般不会长期灌水，无须光脚插秧，作物茎叶与人的手脚都较少接触粪水，故而人粪便的使用非常普遍。清代北方地区的农书中也对大粪有较高评价，有称之为"金汁"者，认为是最好的肥料③。乾隆四十五年（1870），一位名叫朴趾源的朝鲜人来到中国，著有《热河日记》，中有"粪溷，至秽之物也，为其粪田也则惜之如金"之语④。清代乾隆年间来华的马嘎尔尼使团成员之一斯丹东，在其《访华风闻录》中提到："除了家禽粪而外，中国人最重视人的尿粪，"人们在田地里或大路安放一些大缸，或者搭厕所，供来往行人大小便，以便收集肥料。⑤

挑大粪看似肮脏，实则不然，家父教笔者挑粪时即指出："担大粪其实是个干净活。"即将粪水从坑厕舀出倒入粪桶和从粪桶舀出洒到田地里，都要平稳小心操作，不使粪水溅到身上。挑着装满粪水的粪桶行走时还要格外小心，保证粪桶不至于大幅度摆动而洒出粪水。上下坡时还需注意前后粪桶的高度，以免碰到地面而洒出粪水。挑粪结束后，还会挑着空粪桶到河边洗刷干净再挑回家中收起来。

大粪常用于大田作物的底肥。方法是在秋耕之后，在整个农田上均匀选择若干点位，将粪水等量倾倒在这些点位上，一般是每处一担。粪水渗透后，用锄拉松，再用铁锨将粪土收拢后堆砌成馒头状，外表再用干土遮盖。来年春耕前，用铁锨将馒头状的粪土漫撒开来，耕田耙耢之后，肥分便可混入土壤。

种菜又与大田有所不同。由于菜田一般都较小，而蔬菜对肥分要求又

---

① 河北省武安县民间文学集成编委会：《武安民间故事卷》，第358页。

② （宋）陈旉：《陈旉农书》善其根苗篇，万国鼎校注，第45页。

③ 中国农业科学院、南京农学院中国农业遗产研究室编：《中国农学史（初稿）》下册，第160页。

④ 转自王政尧《18世纪朝鲜"利用厚生"学说与清代中国——〈热河日记〉研究之一》，《清史研究》1999年第3期，第36页。

⑤ 《英使谒见乾隆纪实》，转自李伯重《粪土重于万户侯》，《历史学家茶座》2007年第3辑（总第9辑），山东人民出版社2007年版，第65页。

较高，故一般是种前一天将粪水漫洒到田地上，粪水渗透后用大锄锄一遍，然后播种。萝卜多采用垄种，则用锄搭起长垄。还要用大粪追肥，为白菜追肥则用泼金勺子（见前文关于农具的介绍）将粪水洒在植株周围，粪水渗透后引水浇灌一遍。为萝卜追肥则比较麻烦，需要用一尖头木棍在萝卜苗附近扎一小竖洞，用泼金勺子舀粪水灌满小洞，待粪水渗透后要掩埋小洞，之后再引水浇灌。若种大葱，追肥要求更高，需要不断挑粪，粪水直接倒在大葱所占沟垄即可，粪水渗透后向其根部壅土。不断追肥，不断壅土，大葱可以长得很高大，且葱白较长。蔓菁、芫荽（香菜）、胡萝卜等都是粪水漫洒即可。

使用猪粪则需要在养猪的过程中不断向猪圈中投放草，添加土料，称为垫圈。也是在秋后出粪，可用排子车拉或扁担挑至田间地头。也可像大粪那样在大田中均匀选择若干点位，堆砌成馒头状，外覆干土。待春耕前，漫撒开来。

1949年以后，化肥使用逐渐增多，常见的有碳酸氢铵、尿素、硫酸铵、过磷酸钙等。出现了开沟施肥方法，间或有人用单腿耧耩肥料。20世纪80年代初，因为实行家庭联产承包责任制，化肥使用量一度下滑，后又不断上升。

在当代社会，化肥已经全面替代了传统的农家肥。化肥相对价格虽然较高，但增产效果明显，施用方便，消耗人力较少。种植一般的大田作物如玉米，施加底肥及追肥多用化肥，一人一天可以轻松施肥2—3亩。而人的粪便要施加到田地里，则需要耗费较多的人力，且极为辛苦。笔者每年暑假在老家种萝卜和白菜时，仅一分地就需要挑粪四五担，用时半天，挑完之后肩膀都会红肿。

近年来在农村地区有专门从事抽粪的人员，武安西部山区的报酬大致是抽一车50块钱。粪抽走后由抽粪人处置，一般也没太大用途。常见的做法是拉到河滩人迹罕至的地方直接倾倒。本可"变废为宝"的肥料，白白地丢弃掉了，粪便暴露在旷野中，增加了蚊蝇滋生和疾病传染的风险。

粪便还会渗入地下水，倘若遇到雨季还会大量进入河流与水库，造成严重的环境污染。有历史学者研究证明，在河流与池塘中洗涮马桶，运粪船满溢和泄漏，直接向水体倾倒粪便，曾是历史上江南地区肠道传染病和寄生虫病频繁流行的重要原因。①

但化肥的消极效果也是明显的，氮肥与磷肥中多数成分是无用的，它们进入土壤，最后又进入水体，造成水污染。施入土壤的化肥中平均多达一半以上最终没有被作物利用，而是进入了河流和地下水。即使是留在土壤中的化肥，也会产生一系列微妙的生态效应，有可能阻滞土壤中微量元素的有效补充②。

更进一步来看，化肥的使用还可能导致人体微量元素的缺失。没有一个时代像我们现在这样拥有极大丰富的食物资源，豆、奶、蛋、肉、米、面、油近乎无穷无尽。也从来没有一个时代像我们现在这样缺少这么多的微量元素，锌、铁、钙、碘、维生素等，无一不缺，无一不需要进补。

传统时代的人吃的是自然状态下的食物，工业时代的人吃的是高度人工管制下生产出来的食物。传统时代的植物在自然状态的土壤中生长，物质与能量通过自然的循环流动来补充；传统时代的很多动物在开阔的天地里进食，摄取的营养物质是广谱性的。以鸡为例，传统农家的鸡是半放养的，它们可以跑到房前屋后的草丛、田地里去自由采食，所以柴鸡下的蛋和产的肉营养价值都非同一般。

工业时代，随着人类榨取土壤能力的极大提高，土壤物能亏损非常严重，于是植物生长的主要动力成为人工补充的大量化肥；而工业时代的肉类需求也急剧增长，放养状态下的动物太过稀少，人们转而采取集中的栏舍饲养，用单一的来自农田的饲料来饲喂。这样的植物与动物自身的物质含量已经与他们的祖先有了绝大的差异，而食用这些动植物的现代人类与古人也就有了不同。人类发展的同时极大地改变了动植物的体质状况，又通过食物链最终影响到了人类自身。

五　选种育种

注意选种育种，保持品种的多样性，这是中国传统农业的显著特征，在各地都有数量丰富能够适应当地气候、水分与土壤特征的品种。育种时

---

①　余新忠：《嘉道之际江南大疫的前前后后——基于近世社会变迁的考察》，《清史研究》2001 年第 2 期。

②　可参看［美］J. R. 麦克尼尔《阳光下的新鲜事物：20 世纪环境史》第 2 章 "岩石圈与土壤圈"，第 24 页。

强调改良品种品质与改善作物生活条件同等重要①。武安民间也历来注意选种育种，俗语称"有钱买种，没钱买苗"，又称"好种长好苗，好葫芦锯好瓢"，指出好的种子是好收成。有些民间故事也反映了民众对作物品种的重视，如武安文化部门于1987年在北安乐村采录了一则名为《回楼秀穗谷》的故事，提及主人公发现了一种神奇的谷子，这种谷子播种时，楼沿着一垄播过去，再沿着下一垄播回来时，刚开始播下的谷子已经抽穗了，主人公带回家两斗后却被其妻碾成了米而无法播种。同年又在赵庄村采录了一则名为《焦志爷种高粱》的故事，提及神仙焦志爷化身为长工戏弄黑心财主，偌大的地块只种了五棵高粱，后来还锄掉了四个，但仅剩的一棵最终收获的高粱却让几十个人都忙不过来。同年还在后临河村采录了名为《为啥一株谷苗只结一个谷穗》的故事，提及原本一株谷子上结着很多谷穗，但人类不知节约，受到神灵惩罚，被掐去了其他谷穗，于是每株谷子就只剩下了一个谷穗。这些故事虽都极尽夸张之能事，却也可看出人们对高产品种的向往②。

　　武安民众在历史上积累了丰富的选种育种知识，并培育了众多的作物品种。据民国时期的记载来看，谷子按茎秆颜色分有红、白两种，按籽粒颜色分有黄、白、红、青四种，按籽粒质地分有笨、糙两种，按米的特性分有硬、黏两种，硬米煮饭，黏米制酒；小麦可按有芒无芒分为两种，也可按颜色分为红色、白色两种，白色麦子质地最好；黍可按颜色分为红、白、黑三种，脱壳后为黄米，可酿酒、蒸糕；稷按颜色分有白、黑两种；棉花有两种，分别是粗绒棉、细绒棉；高粱有红、白、黑三种，红、白多粉，味道较好，可以酿酒做醋和蒸糕熬粥，而黑色品种口感不好，一般用作牲畜饲料；玉米有红、白、黄三种；大豆有红、黑、青三种；小豆有红、白两种；白菜有两种，一种粗短色青略呈球状，一种细长略带白色，前者主要分布于县域南部，后者分布于北部；萝卜有三种，水萝卜、笨萝卜、大红袍，均可腌制咸菜，晒成萝卜丝、萝卜条；辣椒有长、圆两种；

---

①　中国农业科学院、南京农学院中国农业遗产研究室编：《中国农学史（初稿）》下册，第139—140页。

②　参见河北省武安县民间文学集成编委会《武安民间故事卷》，内部印行本1988年版，第59、193—194、304—306页。河北省武安县民间文学集成编委会：《武安民间故事卷续集》，内部印行本，1988年，第137—138页。又邯郸县有名《回楼秀的传说》，情节与人物都有不同，但谷子则也是在一垄楼播到地头后，回望"谷子早已秆壮粒满，可以收割食用了"，参见杜学德主编《邯郸市民间故事卷》上册，第482—483页。

茄子有圆、椭圆两种；黄瓜有地生、架生两种；枣有三种，分别是庞枣、水菱枣、酸枣；柿子有两种，分别是方柿、圆柿①。

1949 年后的记录对主要作物的品种较民国文献为详细，但其余作物则一带而过或付之阙如。谷子，传统品种有来武县、压塌车、白流沙、瓦屋里、小猪尾、落花黄、三变丑、大青谷、靠山红、刀把齐、二指红、竹叶青、狗蹄子谷等，其中来武县尤为突出；小麦传统品种有葫芦头、半架塔、小红芒、小白芒；玉米有金皇后、小黄玉米、大洋白、小白玉米、灯笼红等；高粱有黄落平、打锣锤等；棉花有大青茎、白绒黄等；柿子有牛心柿、盘柿、方柿、小火柿、大小盖柿等②。

随着时间的推移，各种高产作物品种不断推广。武安传统作物品种不断消亡，作物种类越来越单一，每一作物的品种也越来越单一，全县皆然，上文提及的诸多品种已经荡然无存。以笔者家乡马店头村为例，笔者幼年相当于 20 世纪 80 年代后期 90 年代前期，家家户户种植多种作物，计有谷子、小麦、玉米、高粱、麻、红薯、土豆、黄豆、小豆、花生、芝麻等，而今小麦、麻、高粱、红薯、花生、芝麻均已无人种植。谷子只是零星有人种植，大田作物只保留了玉米，水地主要种土豆。大的种类都已消失，更不用其不同的品种了。

这样的变化产生了深远的社会与生态后果，有学者研究全球环境史时即指出，化肥和水是作物品种单一化的重要原因，对化肥反应良好的作物得以扩展疆域，而对化肥反应不明显的作物逐渐遭到了排挤。而要付出的代价则是，必须在害虫进化之前不断调整这些单一的作物品种的基因图谱来预防病虫害，但这是一个不对等的拉力赛，最终结果如何还很难确定③。武安农作物品种单一化所导致的病虫害在 20 世纪 70 年代后渐趋严重，据方志资料统计，可知 1979 年发生小麦腥黑穗病大流行，中心流行区域的发病率高达 84.6%。1982 年发生棉花黄枯萎病的大流行，波及面积占全部植棉面积的 16.1%。此外玉米的钻心虫害、谷子的栗灰螟虫害

---

① 民国《武安县志》卷 2《地理志》，见《武安县志校注》，第 636—645 页。

② 武安市地方志编纂委员会：《武安县志》卷 4《农业志》，第 156—157 页；卷 3《地理志》，第 112 页。

③ 参见［美］J. R. 麦克尼尔《阳光下的新鲜事物：20 世纪环境史》，第 2 章"岩石圈与土壤圈"，第 24 页；第 7 章"吃与被吃"，第 229 页。

等也频繁发生①。

正如有的学者所指出的那样，保护传统农业生产知识与技能时，对优良农作物品种的普查与保护是极为重要的内容，农作物品种的单一化潜藏着巨大的风险，大面积种植同种农作物为病虫害的爆发创造条件。而作物品种的单一化也使得人们逐渐失去了对农作物——特别是粮食作物口味的多重性选择。更为严重的是，伴随着农作物品种的单一化，客观上还会影响到全球物种的多样性，使得人类和整个生态系统都面临着严重的挑战②。所以，研究武安民俗时，深入梳理传统的选种育种知识，有着较高的现实意义与学术意义。

第六节　农业娱乐习俗

旧时若喜获丰收，民间多会举行各种各样的娱乐活动，用于酬神还愿。但娱神的同时也具有了娱人的色彩，也构成了农耕习俗的重要组成部分。

一　敬神戏

武安有平调、落子两种地方戏曲，这在全国两千多个县域中绝无仅有，两者合称武安平调落子，于2006年获批列入了第一批国家级非物质文化遗产。前者主要题材为历史大剧，后者主要题材则为民间家庭生活③。除此之外，豫剧也流行全境。武安全境几乎村村有戏楼，每村每年都会唱戏，大都是向神灵致敬。民国县志即指出："武俗好戏，酬神演唱，无日无之，甚有一日数台者，农民喜平调（本地土戏），绅商以皮簧梆子为适宜，村夫愚妇最迷落子腔，惟其戏有伤风化，历来禁演。"④

以固镇为例，正月初七为火神爷戏，二月十五为奶奶戏，三月二十八为三爷（三郎）戏，四月十一为狐仙戏，四月十五为关爷戏，七月十一

---

① 民国《武安县志》卷4《农业志》，见《武安县志校注》，第164—165页。
② 参见苑利、顾军《非物质文化遗产学》第11章"生产知识与技能类遗产的基本范畴、普查申报要点及其开发与活用"，高等教育出版社2008年版，第157—158页。
③ 参见杨新民《魅力武安丛书》之《历史文化卷·万千气象》，第84页。
④ 民国《武安县志》卷9《社会志》，见《武安县志校注》，第834页。

为黑爷戏①。唱戏的同时还有庙会，可以交易农用物资和生活用品②。

二　赛会

盛行于城北土山、大同、北安乐等地，为酬神仪式，用仪仗抬着神像巡游于街道甚至不同村庄间，同时奏响锣鼓唢呐诸多乐器，伴有各种歌舞说唱，参与人员极多③。民国县志称："扮演诸般杂剧，歌舞酬神，俗谓赛会，亦称成会，其剧有高跷、竹马、彩船、武术、秧歌、大鼓书，皆农民自相扮演，且行且歌，举市若狂。北乡最喜为此，酬神报赛，岁有举行，虽耗巨费，亦所不惜。"④

现在城北西土山乡的土山诚会规模最为宏大，主要供奉神灵为碧霞元君，民间俗称奶奶，主要活动的地点即在碧霞宫。据考证，土山诚会始于清乾隆二十一年（1757）。原来的习俗是三年一次，每逢辰、戌、丑、未之年举行。一般农历三月十五（碧霞元君生日）启动，主要的活动则在三月十七日至二十日举行，三月十七为下请，三月十八为迎神，三月十九为享赛，三月二十为送神。举行活动时，仪仗、銮驾、社火、鼓社"十八班"巡游街巷，热闹非凡，有人称其为城北乡的民间狂欢节。1946 年至 1993 年期间停办，1994 年方才恢复。在历史上，土山诚会即由东、西土山两村合办，参加人数多达千人以上，恢复以后最多参与者达到 6000 人以上，会上集中展示武安民间艺术⑤。

固镇的大敬驾亦为赛会，又称成会或贺太平，多在秋后举行，最隆重的会有 16 班演出队会聚于大庙院中，然后沿街演出，前部以半朝銮驾引导，后有两童男骑大红马背着敕旨敕印行进，后跟六面小鼓，接着是两面

---

① 刘北方主编：《固镇村志》第 13 编《社会篇》，第 368 页。

② 将来另书探讨戏剧，本书不赘。

③ 参见中国社会科学院语言研究所词典编辑室《现代汉语词典》（第 6 版），第 1115 页。

④ 民国《武安县志》卷 9《社会志》，见《武安县志校注》，第 835 页。按，赛，古代祭祀酬报神恩。报赛，即秋收完毕谢神的祭祀。

⑤ 上述论述参考了武安文化馆网站的相关资料，参见非物质文化遗产的《土山诚会》条和新闻动态的《2015 年武安市国家级非物质文化遗产"土山诚会"活动在东西土山村开展》条，网址分别为：http：//www.wawhg.com/News_ View.asp? NewsID = 70；http：//www.wawhg.com/News_ View.asp? NewsID = 418。按：后者的标题不确，土山诚会为河北省级非物质文化遗产，尚未列入国家级非遗名录。关于土山诚会，将在信仰民俗部分做详细的剖析，此处不再过多展开。

大鼓，一起奏迎神套数与夸官套数，后面是各种表演队伍，热闹异常①。

三　赛戏

赛戏，源于古代祭神赛社活动，是一个古老的剧种。通乐赛戏流传于武安市城北大同镇东通乐村，当地人又称其"赛""大赛"，于 2008 年列入了第二批国家级非物质文化遗产名录。据现存的文字材料可知，至少从清道光年间即开始流传，实际形成时间或可推至明代甚至更早。

东通乐赛戏主要是为了敬奉土地神，举行的时间是每年的正月十三到正月十六，连续四天全天举行大规模的赛戏表演，主要目的是祈求土地神保佑全年风调雨顺、粮食丰收、村民安好。相关活动由村中的庞姓家族主持操办，一般在年前着手演练。现存的赛戏都本达数十部，涉及的内容主要是脍炙人口的历史传说、神仙故事等，较经典的有《幽州》《广武山》《三关》《千秀岭》《潼关》《夜打登州》《八仙祝寿》《八义》等②。

固义的迎神祭祀活动中也有赛戏表现，现存抄本 17 部，最早的抄本时间为道光十四年（1834），剧目有《伯王戏本》《幽州都本》《幽州全部》《战船》《屺城大会总》《衣带诏》《巴州》《虎牢关》《长坂坡》《西祁英》《封官拜帅》《讨荆州》③。

四　社火与花会

社火，民间在节日举行的传统集体游艺活动；花会，民间体育和文艺活动，一般在春节期间举行，但也会在秋后喜获丰收时举行。④ 两者之间没有明显的边界，多数情况下交织重叠在一起。民国县志未列相关条目，但有相关描述，称："武民勤劳业务，终年作息田间，无敢休息，惟至旧历正月，新年甫过，农事未兴，居民饱食之余，即多寻娱乐……街中则备设戏具，供人玩赏。如秋千、木驴、船游、镟床、过梁游、灯山、鳌山等

---

① 刘北方主编：《固镇村志》第 13 编《社会篇》，第 366—367 页。

② 相关论述参考了武安文化馆网站的相关资料，参见非物质文化遗产的《通乐赛戏》条，网址：http://www.wawhg.com/News_ View.asp？NewsID = 60。关于赛戏，还将在民间艺术部分做进一步的分析。

③ 杜学德：《武安市固义村迎神祭祀及社火傩戏》，载杜学德、杨英芹、李怀顺编著《邯郸地区民俗辑录》，第 73 页。

④ 中国社会科学院语言研究所词典编辑室编：《现代汉语词典》（第 6 版），第 554、1148 页。

戏，绿女红男，群集嬉游，极歌舞升平之乐。①"

固镇的社火规模即较大，其中花会有多种表演与游艺形式，包括了大抬阁、小抬阁、皇杠、高跷、竹马、旱船、太平车、秧歌、拉花、大头和尚戏柳翠、闲老婆赶会、花鼓、武术等，将多种艺术集中展现，反映了人们对美好生活的向往。一般在正月十五闹元宵时举行②。但也有例外，如前述大敬驾亦为固镇花会的一种形式，多在秋后进行。

五　娱乐活动中的重农色彩

武安民间的娱乐活动往往也打上了重视农耕的烙印，比如列入了邯郸市级非遗名录的犁耧耙灯即是在元宵节前用常见的农具来搭建牌坊。这一习俗主要流行于马家庄乡大水村，当地人也称之为"八犁八耙九耧灯"，即牌坊要用八个犁、八个耙、九个耧搭起。先固定好四根立柱，再将犁、耙、耧等绑扎固定好，然后用泥在农具上粘附大量柏树枝和 360 盏陶瓷灯，再加上彩旗、纸花、吊挂等饰品。牌坊顶部正中立硬纸做成的袖珍天地庙，供奉天地三界牌位，意图是为农田补土并祈求五谷丰登、国泰民安③。同时，这一活动还有向远古发明农业和农具的文化英雄致敬的意味。

武安的农业遗产也非常丰厚，1949 年后的相当长时间里，地方政府和民众都极为重视农业生产，注重系统总结传统耕作经验，1990 年县志中也用相当的篇幅来观照农业问题。但随着武安工业发展和经济腾飞，农业逐渐被边缘化，而传统农业知识与技能的遗忘速度更是惊人。非物质文化遗产学者在分析全国的传统农业传承过程中面临的问题时指出，"有些人甚至在还未弄清什么是农业文化遗产的情况下，就已经扬言放弃。中国农业遗产的保护，需要从大启蒙开始"。笔者以为，武安农业遗产的保

---

① 民国《武安县志》卷9《社会志》，见《武安县志校注》，第835页。按校注本误将"供人玩赏"书作"供人玩赏"，据方志集成本改定。见《中国地方志集成》之《河北府县志辑》第 64 册，上海书店出版社 2006 年版，第 275 页下。

② 刘北方主编：《固镇村志》第 13 编《社会篇》，第 366—367 页。

③ 相关论述参考了武安文化馆网站的相关资料，参见非物质文化遗产的《犁耧耙灯》条，网址：http：//www. wawhg. com/News_ View. asp? NewsID =78。笔者检索后发现，类似的习俗在华北其他区域也较常见，如峰峰矿区和村镇杜庄村的犁耧耙灯与大水村大同小异。和村镇在成立峰峰矿区时从武安划拨出去，则两地灯俗或当本来就是同源。此外，磁县都党村、北贾璧村，安阳后崇义村等地都有类似习俗，读者感兴趣可以查找相关资料，此处不赘。

护，也需要我们从头开始，一点一滴地进行整理。发展现代农业，绝不意味着要与传统农业决裂。传统农业中的很多智慧，在现在不过时，在可预期的将来也不会过时。

本书只是对武安传统农业习俗做了粗浅的探讨，进一步的深入整理分析，只能留待将来了。

第三章 采集习俗

采集是农耕的前身，两者都是利用植物来获得必要的物质资源，主要是食物。但不同之处在于采集完全利用纯粹自然生长的植物，而农业则利用人为控制其生长环境与生长过程的植物。自磁山文化时期开始，武安地区的采集经济就逐渐退居次要地位了。但与一般人理解不同的是，采集经济并未随着人类迈入农业文明的门槛而完全消失，它也一直扮演着补充生活资源的重要作用。但直到晚近时期，采集却始终发挥着重要的作用，而在灾荒年尤为重要。

第一节 果实的采集

一 桑椹

桑椹，椹又作葚，武安方言中椹读 ［zhèn］ 或 ［zhèng］，也称桑杏，桑树的果实，系由许多核果着生在果轴上而成的复果，起初呈绿色，而后逐渐变红，成熟后为紫黑色，也有特殊品种成熟后呈现玉白色或饴红色。桑椹可以作为水果，可以制作果酱，可以熬制滋补用品桑椹膏，还可用来酿酒，在历史的早期还曾用作口粮①。

在历史的早期，华北蚕桑业曾经非常发达。故早期人工种植的桑树所产桑葚极多。汉末群雄纷争，粮食极度匮乏，华北桑椹被用作军食，史载："袁绍在河北，军人仰食桑椹。"②北魏时期征收赋税有桑土与关于桑土与非桑土的划分，相州位列十九个桑土州之一，"贡绵绢及丝"③。而武

① 夏征农、陈至立主编：《辞海》（第六版插图本），第1943页。
② （西晋）陈寿著，（南朝宋）裴松之注：《三国志》卷1《魏书·武帝纪》注引《魏书》，中华书局1954年版，第14页。
③ （北齐）魏收：《魏书》卷110《食货志》，中华书局1974年版，第2852—2853页。

安为相州下辖魏郡的一个县，其时桑树较多当无疑问。贾思勰记述北魏末年的桑葚产量时，称：

> 今自河以北，大家收百石，少者尚数十斛。故杜葛乱后，饥馑荐臻，唯仰以全躯命，数州之内，民死而生者，干椹之力也。①

石为容积单位，1 石合 10 斗，1 斗合 10 升。孔颖达《左传正义》曾考证汉隋间的衡制变化，称："魏齐斗称，于古二而为一；周隋斗称，于古三而为一。"据现代学者研究，隋代 1 升折合公制约为 600 毫升，则北魏 1 升合 400 毫升，1 石合公制 40 升②。现在测量中等小麦比重约为 750 克/立方分米，1 立方分米即为 1 升。粗略认定桑葚比重等于小麦比重，进行大致的估算，1 石桑葚当重 30 公斤，百石重 3 吨，而这还是晒干之桑椹，则新鲜桑椹之总产量必然更为惊人。可见其时桑葚采集风气之盛，武安当不例外。

但随着时间的推移，华北地区的蚕桑丝织业走了下坡路，至明清时期，已经完全没落，武安地区亦不例外③。到民国时期，人们已经对过往曾经发达的蚕桑丝织业彻底遗忘，方志中称：

> 蚕桑，邑人育桑为家庭间妇孺自由事务，男子不与。又因桑种不良收获甚少，不视为家庭副业。民国初年立有蚕桑学校，教授学生种桑育蚕新法，卒以风土不宜，成绩未著，旋为停办。④

与蚕桑业没落相伴随的是植棉业的兴起，因桑树的经济价值下降，故而人工栽种的桑树显著减少。加之桑树与桐树、椿树等不同，一般居舍附近与院落之中忌讳种植桑树，"前不栽桑，后不栽柳，当院不栽鬼拍手"⑤，

---

① （后魏）贾思勰：《齐民要术》卷 5《种桑、柘第四十五》，缪启愉校释，中国农业出版社 1998 年版，第 318 页。

② 丘光明、邱隆、杨平：《中国科学技术史度量衡卷》，科学出版社 2001 年版，第 288、302 页。

③ 关于华北丝织业发展与没落的分析，可参看拙著《燃料消耗与华北地区丝织业的兴衰》，《中国农史》2014 年第 1 期。

④ 民国《武安县志》卷 9《实业志》，见《武安县志校注》，第 841 页。

⑤ 笔者按，鬼拍手指杨树，杨树叶片既密且大，起风时会发出较大的响声，民间认为像是鬼在拍手，不吉利。

这样的理念在武安也深入人心。所以，到晚近时期，人工种植的桑树在武安几乎完全绝迹。

　　所以在武安乃至整个华北历史上，一个非常有趣的现象便是获取桑葚的来源从人工栽培退回到了纯天然的采集。关于野生桑葚，武安有一则名为《遇虎岭和桑葚沟》的民间故事，故事的后半段讲述了刘秀吃桑葚和错封椿树的故事，摘录如下：

　　　　刘秀醒来时，老虎、追兵已不知去向，深深的沟里只剩下他一人，他口干舌燥，饥饿难忍。一阵凉风吹过，他贪婪地张口吸着。有一粒东西掉到脸上，滑进了嘴里，尝尝又水又甜，睁眼一看，原来是一颗桑树上落下的桑葚。他骨碌碌坐起来，对着桑树许了一愿："今天你若能让我吃饱肚子，有朝一日我登了基给你挂红袍。"愿刚许完，满树桑葚就哗沙沙不住落下来。刘秀嘴衔手拣一个劲吃，直吃得嘴唇染紫，饱嗝连声才停下来。

　　　　刘秀登基后，想起自己对桑树许下的愿，就派了一位大臣去给桑树挂红袍。谁知这位大臣自幼生在京城，根本不认识桑树。他带着刘秀赐的红袍，来到刘秀当年吃桑葚的沟里，对着黑压压一片树木，不知该把红袍挂在哪棵树上。他转了一圈，见一棵椿树长得又高又直非常茂盛，便以为是桑树了。长在椿树旁边的柿树，与桑树有点别扭，这时也乘机从旁证明："就是它。"那位大臣听了柿树的话，糊里糊涂把刘秀赐的红袍挂在了椿树上，回京交差去了。满沟树木，对这位大臣张冠李戴的糊涂做法，又哭又笑：花椒笑得嘴裂了，身瘫了；杏树笑得闪了腰；梨树气得起了满身疙瘩；桑树伤心地流着泪大骂柿树黑了心。后来亏心的柿树果然心慢慢变黑了；无功受禄的椿树呢？高兴地长得又高又大，木质比别的树都好。后来，人们把刘秀遇虎的山林叫"遇虎岭"，把刘秀吃桑树的沟叫"桑葚沟"。①

　　故事对桑树的生境描述切合事实，但称椿树木质比别的树都好则不恰当，民国县志即指出，臭椿、香椿的木质都远逊其他树木，前者"木质

---

　　① 杜学德主编：《邯郸市故事卷》上册，第80—81页。

硬度次于榆、槐"，后者"木质虚脆无用"①。

武安境内桑葚的成熟时间，一般在公历5月底6月初。武安西部山区十多岁的男孩子常去采摘，一般携带荆条编织的篮子，上树徒手采摘，摘下后放入篮中，摘完后带回家中，家人一起享用，一般是当作水果在新鲜的时候吃掉，很少大量晒干囤积。20世纪30年代，共产党在武安的活动明显加强，抗战爆发后八路军又自山西进入武安西部，成立革命根据地。在党组织的号召下，民间逐步废止了裹脚习俗，女性的体质与活动能力显著加强，上山爬树摘桑葚的队伍中，女孩子的比例显著提高②。

笔者姐姐赵贵芹，生于70年代前半叶，小时候最喜欢做的事情就是在桑葚成熟时节去摘桑葚，喊上三五个小姐妹，跑到李家庄前的冷义沟③，那里桑葚极多。忙活半天，每人都可以摘大半篮子，带回家后与笔者一起大快朵颐，实在是童年的美好回忆。

近些年来，家乡的桑葚渐不为人所重视，往往是在山沟中自生自灭，殊为可惜。

二 山葡萄

山葡萄，古称蘡薁，李时珍称："蘡薁野生林墅间，亦可插植。蔓、叶、花、实与葡萄无异。其实小而圆，色不甚紫也。"④ 武安历史上就出产葡萄，乾隆县志中即记载本地产葡萄，民国县志记载更为详细，称："浆果味有甘酸，色分白紫，其汁液酿酒为佳品。县境园圃庭院多植之，产量无多，仅供生啖。"⑤ 但都未留意到县境还有野生葡萄，1990年县志明确指出了野生、家生之分，称："野生较小、可食，山野均有分布。"⑥

武安有名为《葡萄的来历》的民间故事，讲述一位母亲生病，两个男孩儿伤心不已，不停哭泣，他们的孝心感动了仙女，在其家里院中的青

---

① 民国《武安县志》卷2《地理志》，见《武安县志校注》，第643页。
② 具体废止裹脚习俗时间暂时尚未查到，但笔者二姑赵玉廷生于1931年，裹了小脚；三姑生于1937年，没有裹脚。则废止时间或即在抗战爆发1937年或稍早时候。
③ 民国县志称冷玉沟，1990年县志称冷义沟，究其读音，当以后者为是。
④ （明）李时珍：《本草纲目》（点校本第2版）卷33《果部·蘡薁》，人民卫生出版社2014年版，第1887页。
⑤ 乾隆《武安县志》卷11《土产》，民国《武安县志》卷2《地理志》，分见《武安县志校注》，第361、643页。
⑥ 武安市地方志编纂委员会编：《武安县志》卷3《地理志》，第112页。

藤上用哥俩的泪水变出了可口的水果，母亲吃过水果后马上就康复了。人们就用两个男孩儿的名字来为这种水果命名，称为葡萄。但故事说的显然是家生葡萄①。

野葡萄生于灌丛或山坡上，马店头村西门场脑山脚下有较多植株，笔者幼时多次与小伙伴前往摘取，山坡较为陡峻，采摘需冒较大风险。野葡萄果实较小，味道酸甜可口，亦为童年记忆中的美味。一般也是放入荆编篮子带回家，与家人分享。此外，野葡萄还可用来酿酒，甘洌醇美，亦颇受欢迎。

遇到灾荒年，野葡萄也是救荒的重要资源。

三　山莓

武安境内还有山莓，多分布于田边潮湿、向阳的灌丛中，果实亦为由很多小核果组成的复果，果实为球形或卵球形，颜色鲜红，质地柔软，与草莓外形有几分相似，入口甘甜。门道川、常社川、白云川上游都有较多分布，武安其他区域是否有分布，有待进一步考证。五部县志均未记载，想是编著者对西部山区的植被记载有所疏漏，抑或认为影响不大，不必一一列入县志。

马店头村周边区域将山莓称为驴憋犊，不知何意，当地果实成熟期约在公历 6 月。笔者幼年随长辈到农田，大人们忙着中耕除草，小孩子们则可在田边尽情地摘山莓吃，亦为童年一大美事。

四　酸枣

（一）食用

枣一向与桑相提并论，在普通民众的衣食供应中占有十分重要的地位。《诗经·豳风·七月》中称："八月剥枣，十月获稻。"可见早在先秦，收获枣亦为重要的农事活动，其时枣树种植较多且枣的收获量较大自无疑问。

战国时苏秦为合纵而游说燕文侯说，称："北有枣栗之利，民虽不细作，枣栗之食，足食于民。"② 司马迁称，"安邑千树枣"，"其人与千户侯等"③，则又可见汉代枣之重要。

---

① 杜学德主编：《邯郸市故事卷》中册，第 240 页。
② （西汉）刘向编辑，贺伟、后杨军点校：《战国策注》卷 29《燕策一》，齐鲁书社 2005 年版，第 326 页。
③ （西汉）司马迁：《史记》卷 129《货殖列传》，第 3272 页。

魏晋南北朝时期文献所载华北地区的枣的品种极多，如《广志》记载：

> 河东安邑枣；东郡谷城紫枣，长二寸；西王母枣，大如李核，三月熟；河内汲郡枣，一名墟枣；东海蒸枣；洛阳夏白枣；安平信都大枣；梁国夫人枣。大白枣，名曰"蹙咨"，小核多肌；三星枣；骈白枣；灌枣。又有狗牙、鸡心、牛头、羊矢、猕猴、细腰之名。又有氏枣、木枣、崎谦枣，桂枣，夕枣也。

而《邺中记》则称：

> 石虎苑中有西王母枣，冬夏有叶，九月生花，十二月乃熟，三子一尺。又有羊角枣，亦三子一尺。

而《齐民要术》更是用专门的篇章来讲述枣树的种植方法，并谈及了枣实加工的方方面面，亦可见其时枣之重要性。①

---

① （后魏）贾思勰：《齐民要术》卷4《种枣第三十三》，缪启愉校释，第263—264页。上文《广志》与《邺中记》中的材料亦出自同书同卷。关于枣的加工与栽培的详细记述摘引如下：

常选好味者，留栽之。候枣叶始生而移之。（夹注：枣性硬，故生晚；栽早者，坚垎生迟也。）三步一树，行欲相当。（夹注：地不耕也。）欲令牛马履践令净。（夹注：枣性坚强，不宜苗稼，是以不耕；荒秽则虫生，所以须净，地坚饶实，故宜践也。）

正月一日日出时，反斧斑驳椎之，名曰"嫁枣"。（夹注：不椎则花而无实；斫则子萎而落也。）候大蚕入簇，以杖击其枝间，振去狂花。（夹注：不打，花繁，不实不成。）全赤即收。收法：日日撽（夹注：胡感切）而落之为上。（夹注：半赤而收者，肉未充满，乾则色黄而皮皱将赤味廓不佳；全赤久不收，则皮硬，复有乌鸟之患。）

晒枣法：先治地令净。（夹注：有草莱，令枣臭。）布椽于箔下，置枣于箔上，以机聚而复散之，一日中二十度乃佳。夜仍不聚。（夹注：得霜露气，乾速，成。阴雨之时，乃聚而苫盖之。）五六日后，别择取红软者，上高厨而曝之。（夹注：厨上者已乾，虽厚一尺亦不坏。）择去胮烂者。（夹注：胮者永不乾，留之徒令污枣。）其未乾者，晒曝如法。

其阜劳之地，不任耕稼者，历落种枣则任矣。（夹注：枣性炒故。）

凡五果及桑，正月一日鸡鸣时，把火遍照其下，则无虫灾。

食经曰："作乾枣法：新菰蒋，露于庭，以枣著上，厚三寸，复以新蒋覆之。凡三日三夜，撤覆露之，毕日曝，取乾，内屋中。率一石，以酒一升，漱著器中，密泥之。经数年不败也。"

枣油法：郑玄曰："枣油，捣枣实，和，以涂缯上，燥而形似油也。"乃成之。

枣脯法：切枣曝之，乾如脯也。

《杂五行书》曰："舍南种枣九株，辟县官，宜蚕桑。服枣核中人二七枚，辟疾病。能常服枣核中人及其刺，百邪不复干矣。"

"种·枣法：阴地种之，阳中则少实。足霜，色殷，然后乃收之。早收者涩，不任食之也。"《说文》云："樲，枣也，似柿而小。"作酸枣麨法：多收红软者，箔上日曝令乾。大釜中煮之，水仅自淹。一沸即漉出，盆研之。生布绞取浓汁，涂盘上或盆中。盛暑，日曝使乾，渐以手摩挲，散为末。以方寸七，投一椀水中，酸甜味足，即成好浆。远行用和米麨，饥渴俱当也。

晚唐以后，由于薪柴匮乏，北方地区大量的枣树被砍伐用作薪柴。而枣为口粮的重要补充，为获取薪柴而对人们正常的口粮供应产生了消极的影响。

上述之枣多不是指野生的酸枣，而酸枣一直是重要的采集对象。酸枣为枣的原生种，武安西部山区直接称之为枣，而称一般意义上的枣为"大枣"。关于武安的枣类，民国县志有详细记载，称：

> 李时珍曰："大曰枣，小曰棘，棘酸枣也。"县产有三种，曰庞枣肉质轻虚，曝干皱缩，供蒸糕作枣泥用，亦可入药。曰水菱枣，长寸许，肉干脆，核细小，生啖适口，骈山村产者驰名。曰酸枣味酸，遍地皆有，童牧喜摘之。①

实际上采摘酸枣，一般成人也常为之，西部山区尤甚，为武安采集经济中的大宗。酸枣在北方分布极为普遍，常与荆共同构成优势灌木丛，故有"荆棘"之称。在武安的荒郊野外，到处都有分布。有一则名为《枣树上为啥长刺》的传说，所描述的就是酸枣，故事内容如下：

> 枣树上为啥长刺哩？据说刘邦和项羽争夺天下的时候，刘邦被项羽困得严严实实，没过几天，粮草就吃完了，兵马都断了顿。刘邦急得没有一点办法，突然发现有一种小树上面长着红红的果子，刘邦上前摘了一个放嘴里一尝，非常好吃，就让全军人马吃这种红果充饥，一直到项羽的兵马退了，山上的果子还没吃完。刘邦感激这种红果给他帮了大忙，对着满山的小树说："日后我刘邦要能当上皇帝，一定要前来谢你们。"
>
> 十几年过去后，刘邦真的当了皇帝。一次又从这里路过，见小树上的红果子又红又大，就又摘下一个放进嘴里，他觉得没有以前那么好吃了，就命人将这棵小树砍了。又往前走去摘别的小树上的果子，这时突然有个长长的针刺刺住手。刘邦觉得奇怪，就问山上的一个老人。老人说："这种树叫枣树，很有骨气，遇到忘恩负义的人它就长出长刺来刺人。"老人一说完就不见了。刘邦知道是仙人在点化他，

---

① 民国《武安县志》卷2《地理志》，见《武安县志校注》，第641页。

他很后悔。后来枣树上的刺就一直长到现在。①

故事中所提及的刘邦忘恩负义导致长刺之事当然子虚乌有，但满山遍野皆是酸枣树，可以为不少人提供口粮，则是合乎事实的。

另有名为《"皇帝岭"上的葛针为啥没有勾》的故事，详情如下：

> 汉朝王莽篡位后，到处追杀刘秀。有一天，刘秀被王莽的追兵撵到现在武安西部刘庄乡一带，当时这里荒无人烟，草深林茂、荆棘丛生②。刘秀正跑之间，忽见前面山道上横卧着一只猛虎。后有追兵，前遇猛虎，刘秀心想：与其被王莽贼捉住，还不如被猛虎吃掉。于是他干脆闭紧双眼，往老虎身上扑去。老虎正在昏睡，觉得有啥扑在身上，惊慌地向深山跑去。老虎一直跑到现在武家村北的一个土岭上，把刘秀摔到葛针窝里，逃走了。
>
> 刘秀吓得昏死过去，他满以为自己早被老虎吃了，哪知醒过来一看，在葛针丛里。他苏醒后，肚里饿得咕噜咕噜直响，就挣扎着往前爬，被葛针挂得浑身破烂。刘秀仰面长叹一声，对着葛针说："你不长勾多好！"后来，这个岭上的葛针果然没了勾儿。
>
> 后人因为刘秀到过这个土岭，就把这个土岭叫"皇帝岭"。③

故事中所说的葛针即酸枣，因酸枣茎秆、枝条上密布葛针，故而民间常用葛针指代酸枣。

酸枣一般在公历的8—9月成熟，为采摘的最好时节。每逢此时，大人小孩都会上山采摘。即使农忙之时，收工回家的路上如果见到了酸枣，人们也会顺便摘下几把带回家中，茶余饭后吃上几粒，也是难得的享受。

笔者上小学时，武安有名为秋假的小长假，设置的意图是让学生帮助家里忙秋收。一到秋假，笔者就会和小伙伴们上山摘枣，说说笑笑，边摘边吃，那种快乐至今想起仍心向往之。采摘时一般需要带上镰，可以钩住酸枣枝，将其拉到手能够到的位置，还可以避免手被扎伤。采下的枣带回

---

① 河北省武安县民间文学集成编委会：《武安民间故事卷》，第187页，笔者对部分字词与标点进行了改动。

② 刘庄乡，武安原乡镇之一，1996年撤区并乡时并入了马家庄乡。

③ 河北省武安县民间文学集成编委会：《武安民间故事卷》，第188页。

家去，自家吃之外，还可以卖掉，有人专门收购酸枣。

民间还有保存酸枣的独特方法，就是用较小的器皿收纳酸枣，一层层非常密实地堆满，然后往器皿中倒入白酒，以正好能浸没所有枣为度。这样处理过的枣能够保存数月乃至一年而不腐烂，而且酒浸过的枣味道越发香甜可口。笔者幼年，常见的器皿是罐头瓶，输液用的生理盐水或葡萄糖瓶子也常会用到。

近年来，随着西部山区旅游产业的飞速发展，酸枣的市场价值也得到了极大的提升，游客往往能接受较高的价格，这极大刺激了当地民众采集酸枣的热情，秋天上山摘酸枣的人数明显增多。除了酸枣这一初级产品外，还有厂家开发出了酸枣汁饮料，口感颇好，价格还不贵，将来或许会有更大的发展①。

但应当注意的是，采摘的同时加强对酸枣树的保护，确保采摘活动可持续。另外，还可尝试推行酸枣人工种植。

（二）器用

酸枣除了其果实可以食用外，其茎秆、枝条还有很重要的用途，可以成为保护农田的隔离屏障，可以用来制作重要的器具。

传统时代的农田也需要布置防盗、防兽设施，特别是菜田、果园，倘不配备相关设施，收益将会显著减少。但设置篱笆、围墙成本太高，且影响通风，专人昼夜看守又不可行，于是人们想到了一种变通的方法，便是用酸枣树的枝条来围挡农田，因枝条上密布葛针，可有效阻挡人们和兽类进入。编制的方法是在农田或果园的边缘挖槽，将酸枣枝条竖直插入槽内，然后培土加固，就构成了一道葛针墙。在入口处设置一道用酸枣枝搭配其他木棍变成的简易门，可以配上锁头，供田主进出使用。

酸枣茎秆致密而耐磨，还可用来制备若干器具。较重要的便是用来做耙、耢的边框和支架，因其耐磨性较好，做成后可以使用许多年而不损坏。其二为用来做搬运东西的器具，武安方言称"不篮"，形似箩头，但

---

① 酸枣汁早在 20 世纪 80 年代即有厂家进行了开发，如天津轻工业学院在 80 年代初研发出相关工艺并转让给了蓟县官庄乡，官庄乡设厂生产，1984 年即有相关产品投放市场，参见不载著者《新型饮料——酸枣汁》，《中国水土保持》1987 年第 5 期，第 42 页。进入 21 世纪，还有人进一步研制了野生酸枣搭配牛奶制成的乳酸菌饮料，可参看李宝库、李爱军《野生酸枣汁乳酸菌饮料的研究》，《食品科技》2007 年第 7 期，第 181—183 页。但武安的酸枣汁饮料是近年才流行开的，主要动力即是旅游发展和游客需求的推动。

较箩头为大，而底筐之上的四根立架则较长。每只"不篮"用四根酸枣树的茎秆，下部牢牢地编织进荆条网格之中，大致均匀分布在底筐的四等分圆位置上，相邻的两根顶部用铁丝或葛条牢固地绑扎起来，另外两根同样绑扎起来，再用坚韧的皮革连接起两个绑扎点。挑东西时，即将两个"不篮"的皮革分别挂于扁担的两端。"不篮"用途极广，可以挑粮食，挑秸秆，挑煤炭，倒垃圾等，几乎所有的搬运工作都可用到[①]。

器用所需之桑枣茎秆、枝条，往往需要成年男子采集，携带斧头、镰刀、绳索等物事，将茎秆、枝条砍下后用绳索绑缚好，然后扛到农田里或家里，还要想办法尽量少被葛针刺伤，也着实不易。酸枣树枝条的重新萌发能力很强，若非连根刨出，单是采取茎秆与枝条不会急剧地改变其种群数量。

五　柿子

武安自古生产柿子，但柿树多非人工种植在农田之上，而是野生于野外山坡之上，所以获取柿子本身就是一种采集经济活动。柿树集中分布于山区，民国县志称："县三四等区山中均产之，原本为软枣树，接以柿之嫩枝，为柿树。其属有二，曰方柿，曰圆柿。"[②] 1990 年县志分类更为详细，称："本地土产，主要品种有牛心柿、盘柿、方柿、小火柿、大小盖柿等。"[③]

柿子虽为野生，但却往往有明确的产权，某棵树属于某家人所有，非常明确，不会有人搞错。新中国成立后，统一收归生产队集体所有。改革开放初期，柿子重又分给民众，早期有几家共有一棵柿树的情况，后来又进一步细分，逐渐形成了单一所有权。但同一家人之柿树却并不分布在同一区域，往往是非常分散。如笔者幼年时，家中有三棵柿树，其一在名为"深沟"的山谷中，距村子有三四里路；其二在村后的"后河"，到家也有两三里路；其三在一户石姓人家的房后，相对较近。还有更远的，如笔者小姨闫凤林家住禁坡村后，却拥有在李家庄村前的柿树，每年收获柿子

---

① "不篮"底框多由荆条编织成，为荆编手工艺，笔者将在介绍手工业生产时再进行分析，此处不赘。

② 民国《武安县志》卷 2《地理志》，见《武安县志校注》，第 642 页。按，第三、四两区约略相当于今武安西北与西南部山区、半山区地带。

③ 武安市地方志编纂委员编：《武安县志》卷 3《地理志》，第 112 页。

时要奔波十多里路①。

收获柿子时，一般会全家出动，先在树下动手采摘直接可以够得着的柿子。这些都摘完后，一个身手麻利的人上树，将所有能够承重的枝条周边的柿子用手摘下，扔到地面上。剩下的实在无法踩着树枝用手摘的柿子，便用抓钩摇晃，让其跌落地面。地面上往往会有厚厚的树叶，柿子不会摔烂，蹭破点皮则无伤大碍，不影响回家制作柿饼、柿干、柿皮②。当然，讲究的话，还是要尽量保证完好，这就要让其余人在树下拉开大幅布单接柿子，品相会更好。特别是近年来，直接卖的柿子所占的比例增加，人们越发重视采摘时的品相了。因为主要是用手摘或用抓钩摘，所以收获柿子成为"撷柿子"。

收获柿子时，孩童们也会积极参与，帮助大人将树下的柿子拾起来。还有一大乐趣，便是吃熟透了的软柿子，方言称红柿（红读作［hōng］），甘甜可口，吃上几个，通体舒坦。当然，一般是绝大部分柿子没有变成红柿时就要收获，不然不方便带回家，稍微一挤压就会成为烂泥了。

搬运柿子常用的"不篮"、篓子、篮子，也会用到麻袋、编织袋，但以荆条编织的器具为佳，因为搬运过程中不会挤压柿子，保存的品相较好。

柿子在传统饮食中，有改进粗粮口感的独特功效，俗语称"红柿抹窝的，赛过火锅的"，窝的即窝头，质粗味劣，难以下咽，但将软柿子涂抹在窝头上口感就会好很多。人们为了表示红柿抹过的窝头好吃，就稍作夸张认为其口感胜过了涮火锅。

在武安西部山区，人工栽培柿树仍不多见，今后或许会有较大的发展空间。

六　核桃

磁山文化遗址中出土有核桃，考古发掘报告中称："与现在的核桃相

---

①　笔者按：武安民间称谓中对姨妈与自身母亲谁年长谁年幼有明确的区分，若年长则为大姨，若年幼则为小姨。如果自身母亲排行最小，则会有"大大姨""二大姨""三大姨"之类的称呼。有趣的是，只有姨妈有这样的明确界定，而姑姑、舅舅却不做区分。

②　关于柿饼、柿干、柿皮，笔者将在关于武安物质生活的专著的饮食部分深入探讨，此处不赘。

比，要小得多，直径约在 2 厘米左右。"① 这是到目前为止，发现距今时间最为久远的核桃样本，时间可能达到距今 7500 年左右②。这一发现挑战了原来的张骞自西域引进胡桃的说法，此说法发端于张华，张氏称："张骞使西域还，乃得胡桃种。"③ 则武安地区的核桃采集经济持续时间极长，当无疑问。

民国县志称："县西北山乡多产之，秋季青色果成熟，沤烂皮肉即核桃，碎其硬壳即桃仁，连销中外，为本县山货之一。其木材坚硬，可雕刻什器及制造桌椅，不髹油漆，雅朴可观。"④

在商品经济尚不发达的 20 世纪 90 年代以前，核桃虽然也大都是人工种植，但基本不用人工管理。或在田边地头，或在远离村庄的山沟，而产权明晰，同样是一家之核桃树分散于多个区域。

在核桃完全成熟之前，就可以食用了，其口感与成熟后不同，别有一番风味。孩子们的一大爱好便是去采摘半熟的核桃敲开来吃，砸碎果皮时渗出的汁液会给手指乃至整个手掌染上颜色，只吃几个则手指发黄，多吃几个则会发黑，用肥皂都没办法彻底清洗干净。因为采摘核桃多在房屋近边，往往不是自己核桃，倘被主人发现便只能落荒而逃，剩下主人在背后大声叱喝谩骂。倘不小心被主人抓住了，带到家中向家长兴师问罪，家长也少不得要不断道歉，回头再将孩子臭骂一顿。不过一般而言，人们对别人家孩子们摘自己几个核桃吃，虽也不甚高兴，但往往也就睁一只眼闭一只眼拉倒了。

核桃一般在农历七月成熟，故有"七月核桃"之谓。收货时往往也会全家出动，收获的方法较之柿子要简单，因为核桃不怕跌落。一般是用细长而结实的杆子猛烈击打树枝上的核桃，则核桃便会像雨点一般落下。先在地面上击打够得着的核桃，之后再上树踩在粗壮的树枝上击打高处的核桃。待全部核桃都被击落后，将掉落地面的核桃捡拾起来带回家就完成任务了。因为主要的环节是用杆子击打，所以武安人称收获核桃为"打核桃"。

---

① 孙德海、刘勇、陈光唐：《河北武安磁山遗址》，《考古学报》1981 年第 3 期，第336 页。

② 杨新民：《魅力武安丛书》之《历史文化卷·万千气象》，第 25 页。

③ （晋）张华著，范宁校证：《博物志校证》卷 6《物名考》，中华书局 2014 年版，第76 页。

④ 民国《武安县志》卷 2《地理志》，见《武安县志校注》，第 642 页。

一般是开杆之前，先要用镰刀将树下的杂草割掉，清理出一片场地，这样既方便了捡拾核桃，又为核桃树除了杂草，有利于下一年的坐果。搬运核桃的器具也比柿子更为灵活自由，"不篮"、篮子、麻袋、编织袋子等皆可使用。

打核桃时，人们将核桃分为两类：一类是表皮没有或很少发生霉变，大部分区域或完全为青绿色，称为"青皮"；另一类则是表皮发生了严重霉变，大半或全部变成了黑色，称为"黑蛋"①。人们更喜欢前者，因其去皮后果壳洁白，果仁鲜嫩，可以卖较高的价钱。而后者去皮后，果壳发黑，果仁也干黄，价钱便要低很多。所以每到树下一看，都是青皮，人们便会欢呼雀跃；倘若看到的尽是黑蛋，便会唉声叹气。

将核桃收回家后，一般要先放置两天，然后去皮。去皮的方法是用锤子或砖头或木条击打，倘若放置时间恰到好处，青皮核桃的外皮一经敲打便会完全剥离。不然则敲打后，还有大量残留，只能在地面上摩擦才能去掉。而黑蛋则无论如何都无法完全将皮去掉。

传统时代，核桃去皮晒干后便会直接进行销售。可随着人们生活水平的提高，人们对核桃品相的要求越来越高，所以还多了一道漂白的工序，将核桃放入配有化学药品的漂白水中进行处理，漂白水散发异样的气味。经过处理后的核桃更为洁白，但是否完全健康无害，就很让人担心了。

青皮核桃砸开后直接吃，味道很香。还有一种独特的吃法，即整个放到炉灶中烧烤，烧烤之后，外皮也会很容易去掉，而核桃仁还有一种非常独特的香甜口感，吃烧烤青皮核桃，也是笔者难忘的童年记忆。

武安人砸核桃时，常轻柔地敲击果壳，以取出完整的核桃仁为最大乐事，孩童们还常为此开展竞赛，完整的核桃仁被称为"妈妈叫"。

核桃、柿子都为西部山区外销的重要物资，20世纪50年代流行的歌谣称："八不出，四不进，山区生活没人问。"八不出，所指的就是核桃、柿子、苹果、梨、药材、白草、荆条、木材；四不进指煤炭、食盐、布匹、粮食进不了山，反映的是山区交通不便，但山货中核桃排第一，亦可见其重要的经济意义②。

---

① 笔者按，武安方言中的"黑"用于不同的词语中有不同的读音，此处读为"［hā]"。但若用于"黑夜"，则称读为"［hē]"；称呼前文提到的黑龙神为"黑爷"，则又读为"［hā]"。可谓变幻莫测，亦为一有趣的语言现象。

② 参见武安市交通局编《武安公路史》，内部印行本1992年版，第50页。

近年来，人们越发注重养生保健，不少人认为核桃可以益智补脑，认为孕妇多吃核桃则胎儿头发会比较好，所以核桃销路较好。所以武安不少人开始大量种植核桃树，西部山区有的家庭拥有数十棵核桃树，未来还将进一步发展。

武安还有核桃楸，方言称为山楸子，全国其他地方称为山核桃、胡桃楸。人们也常上山采集来食用，味道很好，但果仁量远比核桃少，且果仁分散填充于果壳不规则的空隙中，非常难以取出，砸开果壳后往往还需用钢针将果仁挑出来才能食用。在早期，主要采回家中食用，很多用于逗孩子玩。近年来，随着旅游的发展，其价格也在不断上涨，逐渐受到了人们的重视。

七 软枣

软枣，方言又称卵枣，学名君迁子，为柿属柿科落叶乔木，常用来嫁接柿树。果实较小，大小约略相当于一般的大枣，果肉味道甘甜，果核较大，为对生的两片种子，也有无子的品种，晾晒干后可以储藏较长时间。民国县志称："软枣，即羊枣，县三四等区均产之，果黑而小，可制烧酒。"[1]

软枣成熟时间与柿树相近，在武安一般为农历九月，孩子们常会攀爬到树上采摘食用，亦为 20 世纪 90 年代以前山区民间较重要的果品。遇到灾荒年，还可以用来救荒。新中国成立后软枣树有所减少，但到 1988 年左右，全县仍有 2.6 万余株，年产量达 60 万斤[2]。

八 杏、桃、李子、杜梨、梨

这几种水果，武安也较早就开始人工栽培。民国县志中均有记载，摘录如下：

> 杏，县境园圃皆有之，早春开花红结实，初时酸涩，成熟甘甜。仁可入药，作咸菜，以县西青烟寺产者为肥硕。
>
> 桃，处处有之，圃人以桃之幼芽接他本，工成结果肥硕，味美，

---

[1] 民国《武安县志》卷 2《地理志》，见《武安县志校注》，第 642 页。
[2] 武安市地方志编纂委员编：《武安县志》卷 4《农业志》，第 185 页。

俗拟之仙人所嗜。核仁入药，以原本生者为佳。

李，县西南山乡多有之，肉肥汁多味苦酸微涩，啖不宜多，核仁入药。

梨，贾思勰言："梨核每颗有十余子，惟一二子生梨，余皆生杜，此亦一异也。"县西北南山乡均产之，原本多杜梨，以佳本接之，始结佳果。皮薄浆多，啖之解烦消倦疗心热，解煤气，县产渣多，远逊定县梨。①

人们对这些果树从栽下到成熟的时间也有较清晰的认识，俗语"桃三杏四梨五年，想吃石榴等九年，枣树当年能卖钱"即是明证。这几种果树在西部山区都极为常见。人工栽培之外，从野外直接采集也是重要的获取渠道。俗语谓："桃饱杏伤人，李子树下埋死人。"意指桃可以吃饱，杏吃多了对身体不好，而李子吃多了则对健康有很大的危害，因为李子果肉中有大量的酸涩物质，容易刺激肠胃，不宜多吃。同时，这一俗语也微妙地刻画出了人们到野外采集水果时在树下大快朵颐的场景。

孩童们经常上山采摘这些野果子，主要是用于平时解馋，几乎不会放到市场上销售。吃剩下的杏核固然可以入药，也可以用来当作玩具，崩杏核是 20 世纪 90 年代可以让孩童们玩得如痴如醉的游戏②。

九　柰子、林檎、沙果、甜子

这几种果树，大抵皆为苹果的野生种。口感各有特色，大都较为甘甜爽口，唯果实体小数少，产量不高，故而后来有人嫁接为苹果，栽种于田园。民国县志也分别有细致的描述，摘录如下：

柰，县西南西北乡产之，果小味涩，其本可结各种果树，李时珍曰："柰与林檎一类二种，树实皆似。"

林檎，一名来禽，原名花红，俗名槟子。李时珍曰："此果味甘能来众禽于林，故有林檎、来禽之称。"苏颂《图经》："有甘酢二种，甘者早熟而味脆美，酢者差晚，须烂熟之乃堪啖。"县产于西南

---

① 民国《武安县志》卷 2《地理志》，见《武安县志校注》，第 642 页。
② 关于崩杏核，笔者将在将来介绍武安民间游艺时再分析，本书不赘。

山中，色红味芬芳，置几上果香扑鼻，日久烂熟可啖，即酢种也。其原本为柰，以林檎幼芽接之，始结林檎。

沙果，县西北西南山中及紫罗村均产之，味甘微酸，质脆美，先诸果熟，或即林檎之甘种者。原本为柰，接以沙果幼枝即结沙果。

甜子，县西南西北山乡产之，花落后果即可食，味甘脆，原本为柰，以甜子枝接之即成。①

在历史上，人们常到野外采摘，带回家中，为传统时期补充人体所必需的维生素的重要来源。随着时间的推移，苹果的人工种植越来越多，通过市场购买也越来越方便，采摘上述野果的行为明显减少了。

十　花椒

花椒为武安人做饭极重要的调味品，几乎无菜无饭不用花椒。熬制大锅菜要用，炒菜要用，做面叶子汤、疙瘩汤等也要用，包饺子更是要用。使用花椒时，一般是将花椒放入油中炸至发黑再连油带花椒一起使用。调饺子馅时则有不同，将花椒放入锅中干炒至发黑，然后取出放于面板上，用擀面杖研成粉末，然后直接倒入馅中搅拌即可。

武安人历来重视采集花椒，民国县志称：

花椒，一名秦椒，始产于秦，故名，县三四等区山中均产之，味辛烈，初秋成熟，色红为裂果，中含黑子。摘之，运销山东、河北等处，为调味要品，本县山货之一。②

1990 年县志称："遍布全县，以南山沟最多。"又指出，花椒被称为太行椒，有大红袍、小椒子等品种。③

---

① 民国《武安县志》卷 2《地理志》，见《武安县志校注》，第 642 页，部分字句有调整。"林檎，一名来禽，原名花红"，改"源"为"原"；苏颂《图经》，将苏颂自书名中移出。其余细微调整不再一一列出。按苏颂，生于 1020 年，卒于 1101 年，北宋天文学家、药物学家，字子容，泉州人，其所著本草书名《图经本草》，不当将作者名列入书名中。相关资料可参看夏征农、陈至立主编《辞海》（第六版插图本），第 2162 页。

② 民国《武安县志》卷 2《地理志》，见《武安县志校注》，第 642 页。

③ 武安市地方志编纂委员编：《武安县志》卷 3《地理志》，第 112 页；卷 4《农业志》，第 177 页。

　　虽然花椒非常重要，但在历史上少有人在田间大规模种植，偶而有人在房前屋后或田边地头零星栽种，大部分都是到野外采摘。

　　花椒一般在公历 7 月下旬至 8 月上旬采摘，采摘时需要选择日头极毒的晴天，这样采摘后的花椒及时暴晒，色泽鲜红，非常漂亮。倘是阴天，采摘后不能及早暴晒，颜色便会发黑。所以采摘时顶着烈日，颇为辛苦。采花椒还有另一番辛苦，便是因为花椒和酸枣树很像，枝条上遍布尖刺，所以采摘时手不时会被尖刺扎伤，采摘一天，手部可能就千疮百孔了。

　　采摘时需要用到的器具有剪刀、镰刀和抓钩，遇到比较稠密的部分，可以直接剪下来。稍高的枝条可以用镰刀钩拉至手能够得着的位置，更高的枝条则用抓钩钩住枝条的中间向下拉至合适的位置，便可以用手采摘上面的花椒了。搬运的器具则主要是篮子，也可用扁担挑"不篮"。

　　花椒采回家后，要反复多天晾晒。晒好后还有一道工序，便是将花椒果壳中包含的黑籽与果壳分裂开来，用作调料的只是果壳，黑籽必须去除掉。这也是一项非常烦琐的工作，耗时极多。筛选出来的黑籽可以用作种子，在合适的地方播种，还可以用来压榨花椒籽油。

　　除了调味外，花椒树还可以像砍掉的酸枣枝一样构成田园的防盗、防兽篱笆。不过花椒树往往不是砍掉枝条，而是直接种在田地周围，待花椒树长起来后便可形成天然的屏障。与酸枣枝不同的是，这样的屏障是活的，可以永续利用。而酸枣枝做成的篱笆却是死的，三五年之后便需要重新更换，远不如用栽种花椒树的方法绿色环保。

　　改革开放以后，花椒的市场需求量增大，不少区域开始大面积种植花椒，除了南山沟外，徘徊、冶陶等地的花椒栽培规模也很大，产量颇为可观。

十一　板栗、橡子

　　历史上，武安板栗较少，主要分布在西部门道三川，特别是常社川的若干村庄，民国县志即称："县西北前后仙灵等村有之，产量无多，果成熟，和沙炒之，作干果，味苦面，颇耐咀嚼。"[①] 1990 年县志亦称："分布于西北部山区，数量少，产量低，近年营造有大片幼林。"[②] 实则除了

---

①　民国《武安县志》卷 2《地理志》，见《武安县志校注》，第 642 页。

②　武安市地方志编纂委员编：《武安县志》卷 3《地理志》，第 112 页。

和沙爆炒之外，直接水煮也可食用。水煮之后再炒，口感也不错。而板栗面则面矣，却并不苦，而是甘甜可口，堪称美食。虽然咀嚼略费工夫，却极为耐饿，亦为救荒的重要物资。但板栗不能长时间大量食用，吃多了会导致便秘。

板栗外被斗球形外壳，壳外表密布尖刺，内包坚果 2—3 枚。收获的方法与核桃相类似，因其不会被摔坏。用长杆子敲击枝干上附着板栗的部位，板栗便会脱落。装运的器具也与核桃相类似，运至院中堆放两三天后进行脱壳，用锤子等坚硬的物体敲击，外壳便会开裂，再用手从中抠出栗子。要注意敲击的力度，过小则外壳不开裂或开口太小，过大则可能砸坏里面的栗子。脱壳工作也非常辛苦，被尖刺扎伤手也是难免的。

20 世纪 90 年代以来，山区板栗种植的力度加大，在活水乡的马店头、前渠、门王庄等村都有大量板栗林，政府主导种植，然后承包给村民，不少家庭每年可收获上千斤的板栗。市场行情较好的时候，板栗一项可以带来超过万元的收入。

橡树，又称栎树或柞树，武安方言中称菜木，民国县志中称：

> 　菜木，本草名橡实，苏颂曰："橡实，栎木子也，诗云'山有苞栎'是也。"寇宗奭曰："栎木坚而不堪充材，为薪炭他木所不及，其壳可染皂。"李时珍曰："木高二三丈，坚实而重，大之可作栋梁，小者可为薪炭。"县北境南北苇泉等村有之，土人呼为菜木，其实曰橡壳子，无以栎呼者。①

实则菜木不仅限于南北苇泉，整个西部山区在历史上都比较多，1990年县志即称菜木"曾为武安西部森林主要树种，现已无成材林"②。20 世纪 90 年代以后，西部地区的森林植被状况逐渐好转，栎树林又有明显的恢复。

橡子与板栗颇有几分相似。在历史上，橡子也是武安民众的采集对象，因其含有单宁，口感不佳，非常苦涩，故而一般情况下不会直接作为人的口粮，有时候会用来做成凉粉再食用，但口感仍不好。但遇到灾荒年

---

① 民国《武安县志》卷 2《地理志》，见《武安县志校注》，第 644 页。
② 武安市地方志编纂委员编：《武安县志》卷 3《地理志》，第 111 页。

时，也会成为人类维持生命、度过灾荒的重要食物。橡子有时也用来喂猪，本草书称："冬月在林中食橡子。其黄在胆中，三岁乃有，亦不常得。"① 所述为野猪，实际家猪也喜食橡子。不过因为采集的橡子总量有限，喂猪也不特别常见。

民间还用橡子来制作简易的哨子供孩童玩耍之用。方法很简单，就是在橡壳的顶部钻一个小洞，将内部的果仁完全掏出来，放在嘴边吹，就能发出呜呜的响声，在 20 世纪 90 年代之前，农村孩童的玩具非常有限，吹着橡壳哨子，也是难得的享受。吹哨子时要注意的是，嘴唇吹气的方向是平行于洞口平面的，两者非垂直关系。这样只有少部分气流进入壳内，在里面回环震动发出响声。

第二节　花、叶、茎秆、汁液的采集

一　槐树

槐树在武安境内也很常见，民国县志即称："槐，有黄黑二种，木坚用广，作栋梁，制器具，截板及杂用，为材木上品。语云；'家有三寸槐，不肯当烧柴。'村村有之。近年培植有德槐、美国槐诸种，纹理疏松不及本产远甚。"② 1990 年县志中亦称："分国槐、刺槐两种，国槐为乡土树种，刺槐为引进树种。"③ 两者都未曾提及槐树的生长区域，实则槐树山林之中当然较多，而村落之中更为常见，在街道的十字路口往往有其身影，且多为年代久远的大槐树④。槐树树龄极长，武安有"千年松万年柏，抵不上老槐树歇一歇"的俗语⑤。但很少有人种在私人庭院之中，因为认为槐树属阴性，不利于人体健康。新中国成立前，固镇村中槐树也较多，该村村志中称：

---

① 孟诜：《食疗本草》，转引自（明）李时珍《本草纲目》（点校本第 2 版）卷 51《兽部·野猪》，人民卫生出版社 2014 年版，第 2835 页。

② 民国《武安县志》卷 2《地理志》，见《武安县志校注》，第 643 页。

③ 武安市地方志编纂委员编：《武安县志》卷 3《地理志》，第 111 页。

④ 马店头村有多株数百年树龄的老槐树，其中最有名的是当街老槐树，为早期村庄的中心，也是人们农闲和吃饭时聚谈聊天之场所。"当街"，意指临街、街道正中。

⑤ 固镇的谚语版本则为："千年松，万年柏，不胜老槐树歇一歇。"见刘北方主编《固镇村志》第 6 编《农业篇》，第 121 页。

解放前村内有多棵，树龄都在二三百年以上，树身粗大有洞，小孩子常进洞"捉迷藏"。为了不使古树轻易被砍伐，都属公有树，并尊为"神树"。那些神婆神汉为了愚弄群众，常把这些古槐树说成是"槐花楼"，有蛇虎妖仙居住，常有人到树前求仙拜药或斩妖除邪，搞迷信活动。①

在华北地区盛行槐树崇拜，主要内容包括四个方面：其一，视年深日久的槐树为神仙精怪，对其进行顶礼膜拜，祈求保佑平安，无人敢进行砍伐；其二，将槐树看作高官厚禄的象征，古为三公的象征，民间还有"门前有槐，升官发财"的说法；其三，将槐树看作文人科第的吉兆；其四，将槐树看作追怀祖先的象征，大槐树移民的传说影响深远，洪洞大槐树自然名闻天下，而其他区域的人们也喜欢在村中种植槐树，寄托对祖先的感念之情，武安亦不例外，几乎无村无槐，"问我祖先来何处，山西洪洞大槐树，祖先故居叫什么，大槐树下老鹳窝"，"谁是古槐迁来人，脱履小趾验甲形"，这样的歌谣在武安流传也很广②。

武安有名为《槐树的来历》的故事，也能反映出槐树所处的位置，与人们对槐树的崇拜，摘录如下：

很久很久以前，在一个偏僻的地方，长着一棵枝繁叶茂的大树，大树周围，住着几户人家，那时候，住在这里的人还不会耕田种地，就靠摘野果和捕获猎物充饥，过着清苦的日子。

有一年，天旱不雨，旱得连野草都不长，这可急坏了那几户人家。他们采集不来东西，整天吃不饱，瘦得个个皮包骨头。尽管这样，但他们谁也不去那棵枝繁叶茂的大树上摘叶子吃，因为这棵树能招来飞鸟，给他们带来欢乐。他们把它看成是一棵神树，谁有了病，就到大树下祈祷。每天早晚，也都到大树下祷告，祈求神树给他们幸福。

他们的诚心感动了树神。有一天，树神变成了一个白发苍苍的老

---

① 刘北方主编：《固镇村志》第6编《农业篇》，第124页。

② 关于槐树崇拜现象，可参看关传友《论中国的槐树崇拜文化》，《农业考古》2004年第1期。关于大槐树移民与槐树崇拜之关系，可参看扈新起《洪洞大槐树的风俗及其传说》，《民俗研究》1990年第4期。

公公，肩上搭着破口袋，穿得破破烂烂，瘦得皮包骨头，一摇一晃，走到人们正在祷告的地方，一下晕倒了。正在祷告的人，看老公公这么可怜，晕倒在地，就把自己舍不得吃的东西拿出来喂老人。一会儿，老公公醒来了。树神了解到这里的人的确心地良善，十分感动，决心帮助这里的人过好日子。树神施起了法术，不大一会儿，天气阴暗起来，一阵风过后，就下起了瓢泼大雨。老公公对人们说："不要害怕，我教给你们能吃饱饭的方法。"说着，把肩膀上的破口袋往地下一倒，地上立刻出现了一堆黄灿灿的东西。老公公告诉人们，这就是粮食，种上以后可以收到更多粮食。接着，他向人们讲了咋着耕种，咋着食用。说完了，人们听见那棵大树的树枝树叶一阵"沙沙沙"地响，老公公忽然不见了。以后，这里的人家照着老公公教的法儿播种粮食吃，人们的生活一天天好了起来。

后来，人们知道了老公公就是那棵大树变的，为了表示怀念老公公，就把那棵大树叫"怀树"。后来识字人把"怀树"写成了"槐树"。①

槐树的花、叶、种子都有重要用途。花可染色，"其花未开时，状如米粒，炒过煎水染黄甚鲜"；叶可食用，"初生嫩芽可炸熟，水淘过食，亦可作饮代茶"；种子种入田中出苗亦可食用，"或采槐子种畦中，采苗食之亦良"②。此外，槐叶还可以与面一起做成槐叶饼。

在武安，人们最重视的是未开放的槐花，方言称"槐米"。收获的方法需要用到一种组合器具，由一把剪刀和一根长杆组成，将剪刀的一个把手绑缚到长杆上，另一个把手则为自由状态，但下端绑缚一条长线，这样举起长杆到合适的位置后，拉动长线，剪刀即会合拢，从而将一簇槐米剪下。也有人用镰刀和长杆组合，直接将槐米割下，但效果不如前者理想。

每年农历四五月间，为槐米的收获季节，人们会到处搜寻槐米，几天的时间可以采集数十斤上百斤。会有外地小贩来大量收购，亦为传统时代民众创收的重要手段。

---

① 杜学德主编：《邯郸市故事卷》中册，第244—245页。
② （明）李时珍：《本草纲目》（点校本第2版）卷35《木部·槐》，第2005页。

二　榆树

榆树在武安分布较广，除了用作木材外，对于补苴人们口粮也有重要意义，主要的有两种，一为榆皮面，即榆树皮碾成的粉末；一为榆钱，即榆树之嫩芽，多呈片状，可食用。民国县志称："榆，宜下湿地，木性坚韧，材中轮舆，作栋梁，为上等木材。皮可食，晒干，碾为粉，和米面可食河漏。初春结榆钱，为野蔬之一种。"[1] 1990 年县志称："乡土树种，主要为白榆。"[2] 榆木还在武安民间文化中延伸出了其他含义，方言中形容人愚蠢，则称为"榆木疙瘩"或"榆木骨朵"[3]。

河漏，即饸饹，辞书称："河漏，即饸饹，北方一种面食。"又称："饸饹，北方一种用荞麦面制成的食品。"[4] 晚近时期武安人吃的饸饹多用榆皮面混合玉米面做成，现在则是玉米面与白面两掺。在玉米种植不普遍时可能还曾用到荞麦面、高粱面等。加入榆皮面的目的，主要是增强面的胶结性与韧性，下锅时不易断裂。

做饸饹要用到饸饹床子。饸饹床子为加工制作饸饹的工具，有木制的，也有铁制，下有四腿，两两一组，上为操作面，略似板凳。其大小亦各有别，以两组腿恰可横跨饭锅为宜。操作面的中部挖空，内置一圆筒，高度一般约 15 厘米，圆筒底部挖出密集的小洞，形似小型的筛子。安装一根可以绕着一头转动的木柄，木柄正对着圆筒的部位安装一小木柄，下部安装粗薄的圆柱。将饸饹面放入圆筒中后，向下压木柄，即可将面从圆筒中通过洞眼压入锅中，饸饹面为圆柱形，粗细相当于圆筒底部洞眼的粗细，长度则相当于圆筒的高度。

饸饹煮熟后捞出来，浇上提前做好的卤，颇为鲜美，亦为武安的特色小吃。

另有抿节，也常用到榆皮面，所用面也可以是玉米面，但更常见都是各种豆类做成的杂面，制作时要用到抿节床子。在铁皮上钻出很多洞眼，呈筛子状，再将铁皮固定在木框上，就做成了抿节床子。做抿节时，抿节

---

① 民国《武安县志》卷 2《地理志》，见《武安县志校注》，第 643 页。

② 武安市地方志编纂委员会编：《武安县志》卷 3《地理志》，第 111 页。

③ 有题为《榆木骨朵》的民间笑话，见河北省武安县民间文学集成编委会《武安民间故事卷续集》，第 475 页。

④ 夏征农、陈至立主编：《辞海》（第六版插图本），第 870、872 页。

床子一头搭在锅沿上，一只手端着另一头，另一只手将和好的面使劲在铁皮上搓压，面透过洞眼落入锅中，长度较饸饹为短。还有一点不同便是，抿节多为一锅汤，在锅中同时煮了蔬菜，抿节煮熟后，再用铜勺烹油并加葱花与盐，热熟后倒入锅中，马上香气扑鼻，亦为一种特色小吃。

三　香椿

武安人将香椿、臭椿合称为椿树，实则两者科属并不相同，"是适应性很强的乡土树种"①。邯郸县有名为《树王》的故事，就反映了椿树顽强的生命力和对自然环境的良好适应，摘录如下：

> 古代，在树类中，桑树长得干大枝粗，很想称为树王。椿树呢，无论栽种在什么树旁或树下都能长高长粗。可是，不管什么树，只要是栽种在椿树下，就长不起来。烧水做饭时，用其他枯枝点火，噼啪噼啪响声很大，如果在燃烧的火中放上一些椿树枝，噼啪声就自然没了。原来，其他树枝害怕椿树枝，不敢喧闹了。玉皇大帝得知这些事后，下旨封椿树为树王。桑树听到后，心里又是妒忌，又是生气，气越来越大，终于因气而发疯了。桑树一天天变小，再也没有过去那么高大了，后来就成了树棵子。②

臭椿气味难闻，而香椿气味香美，两者外形较像，故而人们合称椿树。民国县志有较详细的分析，摘引如下：

> 苏颂《图经》："椿樗二木，形干相类，但椿木实而叶香可啖，樗木疏而气臭。"又谓："樗木最无用。"庄子所谓"吾有大木，人谓之樗。其木臃肿，不中绳墨；小枝拳曲，不中规矩"者也。案苏称叶香可啖，似武境香椿，而谓其木实则不然矣。谓樗木气臭，类普通所称臭椿，然谓其无用，似又不然，或古今种类变异欤？今武产椿有二种，曰臭椿，木质硬度次于榆、槐，解板制器，最为有用；曰香

---

① 武安市地方志编纂委员编：《武安县志》卷3《地理志》，第111页。
② 杜学德主编：《邯郸市故事卷》下册，第236页。

椿，木质虚脆，惟其叶香可作蔬菜。^①

香椿、臭椿木质如何的公案姑且不论。香椿叶则确实是难得的美味，主要的食用方法是用开水烫过后，加葱、蒜、盐等调味品调匀即可，另外香椿炒鸡蛋亦为不错的美味。

一般在每年的公历 4 月上旬至中旬采摘香椿，一般是在早晨，这样可避免太阳暴晒，采摘留下的伤口会很快愈合。多数地区第一茬椿芽大致在清明至谷雨前后采摘，尤以谷雨前采收的最好。因香椿枝头的伤口怕晒，故采摘宜在早晨日出前进行，此时椿芽上有露水，芽体鲜嫩，枝头伤口愈合快。一般在初次采摘后 20 天左右，还可采摘第二次，这时要注意不可将全部椿芽采尽，而应隔一采一，确保萌发出足够的树叶来确保椿树的健康成长。

四 荆条

荆，多年生灌木，种类较多，丛生于原野，掌状复叶，花较小，呈蓝紫色，果实为黑色球形^②。为武安的优势物种，其适应环境与扩展分布空间能力极强，与酸枣树伴生，常会遍布原野，阻断道路，故而人们常荆棘并称。因人们常采集其枝条，故而一般直接称之为荆条。

荆条在武安乃至整个华北地区人们的社会生活与思想意识中都扮演着重要的角色，某种程度上来说，南方为竹文化，北方则为荆文化，两者都是具有生态标志性意义的事物，都值得深入探究^③。

武安人使用荆条的范围极广。荆条虽不会特别粗，但韧性极强，为编织的绝佳原材料。用荆条编织篮子、筐子、篓子、"不篮"、箩头等为大宗，民国县志称："丛生灌木，到处有之，产量无多，条编篮筐筛篓，为农家日用品。"^④ 相关的字眼虽皆为竹字头，可全都与竹子无关。编织

---

① 民国《武安县志》卷 2《地理志》，见《武安县志校注》，第 643 页。若干标点笔者进行了调整，苏颂移至书名号外，前文已有辨析，此处不赘。

② 参见中国社会科学院语言研究所词典编辑室编《现代汉语词典》（第 6 版），第 683 页；夏征农、陈至立主编：《辞海》（第六版插图本），第 1149 页。

③ 关于竹子的系统考察，可看王利华《人竹共生的环境与文明》，生活·读书·新知三联书店 2013 年版。关于荆条，尚无系统深入的研究，笔者有意尝试进行努力，但俗务繁杂，只能留待将来了。

④ 民国《武安县志》卷 2《地理志》，见《武安县志校注》，第 644 页。

时，荆条在人们的手中跳跃着，用时无多就可以做出一件件虽不算美观但却坚固、耐久、实用的器具来，在人们日常生产、生活过程中发挥着极为重要的作用。

此外，荆条还可编织篱笆，围挡院子或农田；可以制作耙、耢，作为填补木框与枣木横档之间的填充材料；可以制作连枷，用以捶打谷物和豆类，完成脱粒工作；编成荆箔，用作煤矿支架。必要的时候，还可用来制作坐具、盾牌等。

荆条还可制作弓箭，孩童们常以此来玩打仗游戏。方法很简单，用绳子绑缚荆条的一端，将荆条弯曲到合适的程度，然后将另一端也用绳子扎紧。另取一根荆条削尖作箭，弯弓搭箭射出，操作流程一如真的弓箭。笔者幼年也曾经常把玩，练习射击，其乐无穷。或许在兵连祸结的动乱年代，人们也会以此来自保。

荆条还有一样用处，就是用作筷子。在20世纪90年代以前，武安民间办丧事时，款待客人不尚华美而尚粗朴，所用筷子即是简单截断的荆条。

荆条没有人进行人工栽培，都是上山直接割取。方法简单，用镰刀割下，捆绑后背回家即可。笔者20世纪90年代初上小学中高年级时，学校经常组织勤工俭学活动，要求学生交纳一定分量的荆条，有时还要求交纳编织好的荆箔。所以，十岁出头的孩子也会经常上山割荆条，而在此之前更为常态。

20世纪80年代后期，仅列江、管陶、阳邑、马店头等四乡每年的荆条产量即可达到100万斤至300万斤，亦可见其在经济生活中之重要地位[1]。

五　葛条

葛，豆科藤本植物，有块根，叶为复叶，有小叶三枚，夏季开紫红色花。茎皮纤维可以织葛布或造纸，茎和叶还可用来饲喂牲口。块根淀粉含量较高，可供人食用[2]。在武安西部山区的田间地头，分布有较多野生种。人们常用的是葛的茎干，称为葛条，葛条也就成了葛的代称了。葛条为捆扎用具，最常见的用途是绑白菜。白菜长到一定程度后，要用东西捆

---

① 武安市地方志编纂委员会编：《武安县志》卷4《农业志》，第179页。
② 参见夏征农、陈至立主编《辞海》（第六版插图本），第704页。

扎起来，不然茎叶披散开来包不住心，影响最后的产量和质地。捆扎可以用各种谷草、茅草，但最好也最省事的还是用葛条。

葛条晾晒干了，外观与荆条相仿，也可用于编织器物。但葛条远不如荆条产量丰富，故而葛编远不如荆编常见。

在武安的多数区域，称院子中的晾衣绳为葛条，或与早期常用葛条有关。但在门道三川，则不称"葛条"而称"衫经"，也是一有趣的县内语词差异现象。

六　生漆

天然的生漆又叫作大漆、国漆或上漆，是从漆树上割取的天然汁液，为中国的特产。漆树到 19 世纪晚期才传入欧美，此前西方人对生漆并无太多了解。所以 16 世纪末抵达中国的利玛窦对生漆极为好奇，在其札记中做了较大篇幅的记载，摘录如下：

> 另一种值得详细记述的东西是一种特殊的树脂，是从某种树干挤出来的。它的外观和奶一样，但黏度和胶差不多。中国人用这种东西制备一种山达脂（Sandarac）或颜料，他们称之为漆（Cie），葡萄牙人则叫作 Ciaco。它通常用于建造房屋和船只以及制作家具时涂染木头。涂上这种涂料的木头可以有深浅不同的颜色，光泽如镜，华彩耀目，并且摸上去非常光滑。这种涂料还能耐久，长时间不磨损。应用这种涂料很容易仿造任何木器，颜色或纹理都很像。正是这种涂料，使得中国和日本的房屋外观富丽动人。[1]

漆在中国文化中有着极为重要的作用，利玛窦已经有所认识，但他所了解到的还远不是漆的全部用途。我们知道古代制作冠冕较多用到漆，如汉代长冠"高七寸，广三寸，促漆緅为之，制如板，以竹为里"[2]。古之食器很多都是漆器，有很多出土文物可资参证，而唐太宗也曾言："舜造漆器，禹雕其俎，当时谏舜、禹者十余人。食器之间，苦谏何也？"[3] 亭

---

① ［意］利玛窦：《利玛窦中国札记》第 1 卷第 3 章 "中华帝国的富饶及其物产"，中华书局 1983 年版，第 18 页。

② （刘宋）范晔：《后汉书》卷 120《舆服志下》，中华书局 1965 年版，第 3664 页。

③ （后晋）刘昫：《旧唐书》卷 80《褚遂良传》，中华书局 1975 年版，第 2730 页。

阁楼台与车船无漆也无以成其雄伟华丽。可以说中国人的文化与生活中漆无处不在，衣食住行与生老病死无不与漆息息相关。

生漆在古代经济生活中的地位颇似今日之橡胶，关于漆与中国文化可以写成一部厚厚的大书，前人已有颇多研究，笔者将另文探讨，这里着重谈武安的生漆相关习俗①。

武安漆树主要分布在西部山区，为河北省稀有树种，但武安资源丰富且有着悠久的栽培历史。民国县志称"县境木作、列江等村产之"。1990年县志称："（漆树）集中分布在西北山区，生漆为武安特产。"并指出"生漆质量比人工产品为优"，1988年左右全县有漆树30多万株，年产量为6000余斤，收入4.2万元，居全省首位。在梁沟村还发现了树龄200年以上的漆树，号称"漆树王"，每株可产漆9公斤。②

获取生漆的手段是割漆，割漆常用的工具有钢斧、竹管等。西晋人崔豹《古今注》称："以刚斧砍其皮开，以竹管承之，汁滴则成漆，是也。"

割漆的最佳时间则是夏、秋季节的早晨，韩保升《蜀本草》："漆树高二、三丈，六、七月割取滋汁。"沈怀远《南越志》："割漆尝上树端，鸡鸣日出之始便刻之。"张宗法在《三农纪》中进一步指出："木至盎口大方割。至秋霜降时，用利刀毓皮勿断，须留勃路。若割断，则木枯。收时先放水，然后以竹管插入皮中，纳其汁液，须晒干生水，收用。"包世臣《齐民四术》的以下记载："漆……种之三年或五年后，淤七月以斧砍其皮，侵肉。开二分许阔，向下螺旋及根，开口大如新月形接近于形，以蚌承之。每取讫复抽入，以汁枯为度。"

生漆会使人过敏，90%的人初与生漆接触易得过敏性皮炎。皮肤局部肿胀、发红疹、奇痒，严重者局部呈水痘状，俗称"漆疮""漆咬"，古人对此较早即有认识。《史记》记载豫让行刺之事："居顷之，豫让又漆身为厉，吞炭为哑，使形状不可知，行乞于市。其妻不识也。"《索隐》

---

① 关于漆树的古今变迁与生漆的利用情况可参看林鸿荣《漆树考略》，《中国农史》1984年第4期；曹金柱：《中国秦至清代漆树地理分布的史料考证（前篇）》，《中国生漆》1982年第1期；曹金柱：《中国秦至清代漆树地理分布的史料考证（续篇）》，《中国生漆》1982年第3期。有关生漆的较全面论著可参看尹文《漆水寻梦》，书海出版社2004年版。古代漆器加工流程可参看王世襄《〈髹饰录〉解说》，文物出版社1983年版。关于漆器的研究可谓汗牛充栋，此处不一一列举。

② 民国《武安县志》卷2《地理志》，见《武安县志校注》，第644页。武安市地方志编纂委员编：《武安县志》卷3《地理志》，第112页；卷4《农业志》，第177、179页。

注："凡漆有毒，近之多患疮肿，若癞病然，故豫让以漆涂身，令其若癞耳。"① 豫让漆身为厉一事对后世影响极大，史书中相关的论说比比皆是，此处不一一列举。

据今人研究，生漆过敏主要是由生漆的主要成分漆酚造成的，0.001毫克的生漆即可使敏感动物产生皮疹。敏感人群也可以形成对漆酚的抵抗能力，一般生过三四次漆疮之后，体内逐渐增加了抗御力，即免疫力，不仅不再生漆疮，还能把本人对生漆的抗御力、免疫力遗传给子女。

古人对生漆过敏的症状与治疗已有较多的科学认识，陶弘景称："生漆毒烈，人以鸡子和服之去虫，犹自啮肠胃也。畏漆人乃致死者。外气亦能使身肉疮肿，自有疗法。"② 则古人已认识到人对生漆的敏感程度不同，区分为"畏漆人"与非畏漆人，还掌握了治疗生漆过敏的有效方法。

方言中称生漆疮为"挖漆"。在武安西部山区普遍存在着恐漆心理，每个人在幼年时期，都会一再听到父母与长辈的告诫，要远离漆树，千万不能触碰，不然便为"挖漆"。人们往往会谈漆色变，某人摸着一棵树时，别人若开玩笑说那棵树是漆树，则这个人一定会想遭遇电击似的弹跳开来。纵然如此小心，仍常会见到有人"挖漆"，而面部肿胀、满身疙瘩、痛痒难忍的情状，笔者曾多次目睹。民间有抵御生漆侵害的方法，将"漆"取谐音"七"，"八"比"七"大，所以认为上山时嘴里不停念叨八就可以避免"挖漆"。正是因为这样的理念，人们还将有治疗漆疮功效的落叶小灌木称为八树，采八树的枝叶加水煮汤，用之擦拭患处即可较快痊愈。

"挖漆"还可以传染，触摸了"挖漆"之人的生气过敏之人往往也会"挖漆"。有些时候，不敏感之人接触了漆树之后，虽然自己不会"挖漆"，但接触别人后却有可能导致别人挖漆。笔者幼时，还穿着开裆裤且没断奶，曾在家旁边空地上骑着被人砍倒的漆木玩耍，笔者没有挖漆，却导致笔者母亲出现了较重的"挖漆"症状。

关于生漆恐慌，有以下几个问题值得我们深入探究，分别是：其一，这种生漆恐慌仅仅是北方少数地区的局部现象还是全国大都如此？其二，古代人有无生漆恐慌的情形？其三，古代的割漆工人和漆匠都是如何应对

① （西汉）司马迁：《史记》卷86《刺客列传》，第2520页。
② （明）李时珍：《本草纲目》，人民卫生出版社2005年版，第35卷，第1992页。

生漆过敏的？概括起来说就是生漆的毒性究竟在中国文化中投射出了怎样的影像？

让笔者更感兴趣的是利玛窦在四百年前已经注意到的一个现象，在其札记中有这样的记载："出口这种特殊树脂产品可能成为一种有利可图的事业，但迄今好像还没有人想到这种可能性。"① 是啊，为什么中国所特有的生漆没有像丝绸和瓷器那样远销海外呢？为什么同样可在日常生活中发挥重要作用的生漆没有使东西方的商人产生浓厚的兴趣呢？为什么西方真正了解漆树和生漆要推迟到 19 世纪中后期呢？又是一系列发人深思的问题。由于偏离本书主题较远，暂记于此，留待他日深入辨析。

七　木檫

在武安西部山区，还有名为木檫的树木，学名为黄连木，其种子可以用来榨油，为本地一大特产。民国县志称："木檫，产于县西北南各山中，枝叶类槐，开花结实，实小而黑，如花椒子。土人取以羼椒中，藉获厚利。子可榨油，曰木檫油，为山乡珍品，味远逊于香油。"② 1990 年县志称："乡土树种，开花结果，果实粒小，色黑，可榨油食用，县西南深山区较多。"③ 木檫树所生产的油，在西南山区颇为重要，以至于有的树主人在收获季节还要雇用不少短工。有名为《木檫大王》的民间传说，虽然夸大其词，但也反映出了木檫产业有一定的规模，摘录相关内容如下：

> 武安县马庄乡南八里地，有一个村叫"没口峪"。
>
> 据说，这里从前漫山遍野都是木檫树。在村北山坡上，有个木檫"大王"，树粗九丈九，树根扎了九十九里地。树根往东扎在磁山村边一个大水池下，往西扎到涉县西达村的漳河边。这个树很大，结的果实也很多，收木檫得用很多人。每年收木檫，得从三邻八村觅很多人前来帮工。为了节省时间，干脆就把伙房搬到大树上，开饭以放三眼枪为号。

① ［意］利玛窦：《利玛窦中国札记》第 1 卷第 3 章 "中华帝国的富饶及其物产"，第 18 页。

② 民国《武安县志》卷 2《地理志》，见《武安县志校注》，第 644 页。

③ 武安市地方志编纂委员编：《武安县志》卷 4《农业志》，第 177 页。

有一年收木橑，最后开工钱时少了俩人，树主人叫全部短工上树找哩，各路人顺着大树枝干找，结果在前树梢找见了俩人的死尸。

大伙估计是他俩迷了方向，摸不下树来，最后饿死在树上了。[①]

近年来确实在马庄乡发现了特大木橑树，后窑村的一株木橑树树龄超过了300年，树高25米，树围7.5米。随着科学技术的发展，除了利用木橑提炼食用油外，还可提炼柴油、航空油、杀虫剂等。据2011年的统计，武安有木橑树10万亩，年提炼柴油量可达1000万公斤以上[②]。

八 扫帚苗

扫帚苗，学名地肤子，藜科地肤属植物，一年生草本，植株高度大都在50—100厘米间，常生于田边地头与村畔屋旁，也有人进行栽培。茎直立，一科分出数十枝，浓郁茂密，覆盖地面，故称地肤。茎叶嫩时采摘可食，成熟后呈红色，可作景观。整株采伐后可用作扫帚，不需过多加工，清扫效果又极好，故而不少地方直接称之为扫帚苗。扫帚苗种子称地肤子，有清热利湿、祛风止痒的功效[③]。

民国县志称："野生者作蔬，栽培者作帚。春月下种分秧，植园圃或田畔。秋时苗老成熟结子，捆之成扫帚，家家有之。县属曹公泉村产颇多，岁供全县用，为农作物之一。"[④] 实则野生的扫帚苗也常被用作扫帚，即使人为栽培，也多是在田边空地少量种植，粗放式管理，与严格意义上的采集没有太大分别。较常见的一种食用方法是，取嫩枝叶入沸水抄熟后，加盐与其他调料调制成凉菜，供佐餐之用。据老人们讲述，扫帚苗口感不错。但随着生活条件的改善，已经很少有人食用了，笔者自幼只知其可用作扫帚，但从未吃过，也不知其味道究竟如何。

邯郸县有名为《扫帚精》的故事，讲述了一个扫帚精化身为一个小姑娘用鬼钱向一个老货郎买红头绳，买过两次后，老货郎发现有蹊跷。在

① 河北省武安县民间文学集成编委会：《武安民间故事卷续集》，第114页。笔者对部分明显不合理的字词做了修改。

② 相关资料依据武安传媒网站上的两篇文章，分别是司建平《武安发现一株特大木橑树》，网址：http://www.wuan.ccoo.cn/news/local/2450822.html；不载著者《武安发现柴油树》，网址：http://www.wuan.ccoo.cn/news/local/856770.html。

③ 程超寰、杜汉阳编著：《本草药名汇考》，上海古籍出版社2004年版，第229—230页。

④ 民国《武安县志》卷2《地理志》，见《武安县志校注》，第639页。

老和尚指点下，老货郎于扫帚精第三次买红头绳时，用剪刀剪下其一根手指，从而发现了其庐山真面目，故事最后提及了扫帚的生长环境，摘录相关描述如下：

> 老货郎见小姑娘进去，顺着血迹追了过去。这是一所荒落了的院子，里面长满了蒿草。走到西北角，地上长着一棵小扫帚，青枝绿叶，上面缠满了红头绳。小扫帚有一枝被铰断了，枝叶上还有血迹，她疼得瑟瑟缩缩，不住发抖。老货郎见了，怪可怜的。他想，早知是棵小扫帚，我何必剪她呢？他用布缠住那个断枝就走了。[①]

在武安一些荒凉破败的老旧院落中，也常会有野生扫帚苗自然萌发并成长起来，大都长势良好，可以做成质量上乘的扫帚。

第三节　野菜与药材的采集

一　野菜

（一）韭菜

韭菜为多年生草本植物，叶子狭长，花为白色。有古谚语称"韭者懒人菜"，本草书称："谓之长生韭，言剪而复生，久而不乏也。"《说文解字》称"一种而久者，故谓之韭"。一年可以割取三四次，而根部不会受损，很快又可萌发[②]。韭菜可用来做调味品，可以炒菜，可以调饺子馅，而韭菜还可培育出韭菜花、韭黄、韭白等，味道均极鲜美。

古人很早就开始人工培育韭菜，武安亦不例外，平原地区的田园菜圃中大量种植，县城周边更是如此。民国县志称：

> 县境园圃皆有之，岁凡三四割，味鲜美，用以配合羹菜。秋季开白花曰韭菜花，捣之成酱，加盐作菹极佳。花熟结黑实为种子，冬月圃人覆以马粪使暖，生黄芽曰韭黄，豪富食之。早春绿叶出粪上，粪

---

① 杜学德主编：《邯郸市故事卷》下册，第434页。

② 参见程超寰、杜汉阳编著《本草药名汇考》，第464页；中国社会科学院语言研究所词典编辑室编：《现代汉语词典》（第6版），第1732页。

中为韭白，割之鲜韭菜，可市善价。①

实则在武安西部山区，韭菜的人工培育并不多见，日常所需之韭菜多从山上采集而来，民众称之为山韭菜。1990 年县志将山韭菜列入野草类，但未深入分析。山韭菜味道之鲜美，远超栽培韭菜之上，故而山区民众往往不辞劳苦，翻山越岭进行采集。

山韭菜分布范围极广，田间地头有分布，土岭山谷有分布，悬崖峭壁有分布，高山之巅也有分布。但相对来说，有集群分布的特点，所以有经验的采韭菜人消耗同样的时间往往会有远多于其他人的收获。采集时往往是带着荆编大篮子和镰刀或剪刀，不断割取韭菜茎叶并放入篮中，以采满为度。往往是早上出发，带着干粮，中午就在山上吃干粮，傍晚时分才返回家。采韭菜人在春夏适于割韭菜的时节会多次上山采摘，因为采山韭菜与采栽培韭菜不同的是，后者是"阵地战"，而前者则是"游击战"，在一二十天的时间里，采韭菜人可以转遍方圆数十里的所有山坡，并有较多的斩获。

秋天，韭菜开花时，人们又会掀起一波上山采集的高潮，这时采集的对象变成了山韭菜花，人们常将韭菜花简称为韭花。上山时可以带篮子，也可以带编织袋子，还可带布包，采摘时直接用手掐断花即可。上山的情形与割韭菜相类似，也往往是带上干粮在山上一采就是一天。

韭菜花带回家后，用碓臼舂捣，舂捣过程中不断撒入食盐，浓香气息扑鼻而来。舂捣成泥状后，即可装入容器封存。用作喝粥时的"就吃"②，将韭花涂到馒头上，或是吃几口馒头再用筷子夹一小夹韭花，吃起来倍觉爽口，也是非常惬意的事情。而吃面食时搅拌上韭菜花尤为香美，能为面食增色不少。韭菜还可以用作调料，功效与葱、蒜等同。

有名为《葱、蒜、韭菜的来历》的故事，讲述了三个进京赶考的书生，路上投宿到一户人家，家中只有一位老汉。老汉用宝锅为三人做饭吃，三人见财起意，两次谋杀老汉，可老汉本为神仙，没有殒命，反而惩罚了三个书生，将他们变成了葱、蒜和韭菜，后世人们便将他们做成了调

① 民国《武安县志》卷 2《地理志》，见《武安县志校注》，第 639 页。
② "就吃"，在武安主要指早晚喝粥时用来为馒头、窝头等——方言称干的——下饭用的菜。

味品。①

有时，为了更好地保存韭菜，还会将韭菜切碎晾干，做饭时放入油中，亦可调出浓香的味道来。

还有人将山韭菜根掘出，移栽到田园中，这样山韭菜依旧会保持比较好的长势，而其味道保留了原来的特色，远胜纯人工栽培的韭菜。

（二）水布琼

有水草可采集来制作酸黄菜，西部山区称之为"水布琼"，笔者推测当为水芹，但是否确实如此，有待进一步考证。这种水草一般分布在溪流岸边，根部没入水中，而茎叶则浮于水上。深秋初冬时节，妇女们到河边大量采摘，带回家中。上锅蒸熟后，切成小段，再带到河边后反复清洗。清洗干净后便可装入瓮中制备黄菜了。

因传统时代制作量较大，妇女们往往会三五成群进行合作，先一起做完一家的，然后再依次做其他家的。

（三）蘑菇、马皮包、地谷敛

历史上，蘑菇在武安境内无人专门栽培，大多是野生，在雨后田间地头、荒郊野外经常能看到。民国县志即称："蘑菇，草类也。夏秋阴雨连绵中，地偶生之，色白质软，开如伞盖，未开如玉簪花蕊。县人所食，皆外来品，非土产也，旧志载之。"②

实则在雨后蘑菇大量出现时，人们也会进行采食，特别是山区，因其用来做菜熬汤，均极鲜美，为物质资源相对贫乏时代难得的美味，人们一般不会任其自生自灭。除了地上生长外，烂树桩、烂木头疙瘩上也会大量生长，家父曾于20世纪90年代在铺上村的一个烂木头上采了一大篮子蘑菇。但正如大家所熟知的那样，不少蘑菇是有毒的，所以民间形成了一些感性的认识，比如颜色鲜艳的蘑菇绝不能采。

这样的传统的检验、识别方法有一定的科学性，但蘑菇种类极为多样，有些毒蘑菇和食用蘑菇的差异小到用显微镜识别才能判明，所以因食用蘑菇而中毒的事情在夏秋时节经常发生。据家父回忆，庙上乡天阳鄄村曾有一家两三口人因为采食毒蘑菇死亡。笔者印象深刻的是，世纪之交，活水乡贺家村曾有一家三口因为误吃毒蘑菇而中毒殒命。

---

① 河北省武安县民间文学集成编委会：《武安民间故事卷续集》，第138—140页。
② 民国《武安县志》卷2《地理志》，见《武安县志校注》，第640页。

　　近些年来，栽培的口蘑大量涌入武安市场，山区也能以低廉的价格购买，到野外采摘蘑菇的现象已经几乎绝迹了。

　　另有被称为马皮包的真菌类植物，是灰包科真菌的脱皮马勃、大马勃或紫色马勃，武安地区的为脱皮马勃，又称北马勃。连续阴雨几天之后，阴坡上大量出现。整体呈球状，外观为纯白色，只有很小的柄，最大的直径可达15—20厘米。烹饪方法与口感均同于蘑菇，极为鲜美。雨停之后，一见阳光，其外皮即会干枯，内部出现灰粉状的物质，"本品体轻虚，弹之见粉尘如烟"，可以止血消炎，治疗流鼻血、创伤效果明显①。

　　还有称为地谷敛的真菌类植物，黑色，形似木耳，口感清脆鲜美，兼具木耳之脆与粉皮之嫩，多生于阴湿的山坡薄土层上，也是连续阴雨十多天以后才会大量出现。据其特征来看，当是通称为地皮菜的真菌与藻类的混合体。

　　上述三种事物多是在连续阴雨天后出现，故而雨停后，往往有人到野外进行采集，为物质贫乏年代人们难得的美味。

　　（四）小蒜

　　民国县志中记载了蒜，称："蒜，荤菜也，大蒜为葫，小蒜为蒜，县产小蒜居多。"② 这里的小蒜，其实还是我们常说的大蒜。武安境内常说的小蒜，指的是野生在山岭坡地上的野生草类，学名小根蒜。1990年县志记载物产的部分，野草类下录有山蒜，即小蒜③。徐珂对小蒜的生理特性有较精当的描写，称："山蒜为多年生草，山野自生，叶细长，有微稜，臭气似葱。下月茎顶生小肉芽如球，并开缴形小花，色淡紫。叶与地下之鳞茎皆供食。"④

　　小蒜的茎叶与韭菜有些相似，农田之中偶有分布，最常见的还是山坡干燥阴凉的地方。在山区，人们经常在春秋时节上山采挖。小蒜具有极为别致的香味，与其他调味品迥然不同。采挖出的小蒜带回家中可做调料，可以像葱一样直接生食，可以配合其他食材做饺子馅，可以腌制咸菜，可以用来炒菜，尤以和入面中摊煎饼最为香美。

　　武安西部山区，小蒜可以一年采挖两次，春、秋各一次。春天天气仍

---

①　程超寰、杜汉阳编著：《本草药名汇考》，第71—73页。
②　民国《武安县志》卷2《地理志》，见《武安县志校注》，第639页。
③　武安市地方志编纂委员编：《武安县志》卷3《地理志》，第112页。
④　徐珂：《清稗类钞·植物类》，中华书局2010年版，第5743页。

寒冷时即可进行采集，俗语谓"二月半，刨小蒜"，恰为青黄不接之时，可以为人们提供必要的营养与维生素。秋天则多在寒露左右进行采集。

（五）灰灰菜

灰灰菜，民国县志未记载，1990 年县志列入野草类①。本草书中多称为灰藋，茎叶可以作为蔬菜食用，还有医家认为种子也可食用，"其子炊为饭，香滑"。李时珍有较详细分析，摘录如下：

> 此菜茎叶上有细灰如沙，而枝叶翘趬故名……处处原野有之。四月生苗，茎有紫红线棱。叶尖有刻，面青背白。茎心、嫩叶背面皆有白灰。为蔬亦佳。五月渐老，高者数尺。七、八月开细白花。结实簇簇如球，中有细子，蒸曝取仁，可炊饭及磨粉食。《救荒本草》云：结子成穗者味甘，散穗者微苦，生墙下、树下者不可用。②

灰灰菜生命力极为顽强，分布范围也极广，田间地头、房前屋后、街中路旁，到处都能生长。农民中耕除草，灰灰菜也是最让人头疼的杂草之一，任凭农民如何认真地耘锄，它总会重新疯狂地生长起来。

但若用作蔬菜，灰灰菜却又极受人喜爱。农历四月，正是青黄不接的时候，灰灰菜即会破土而出，是最早可以采摘的野菜。可以直接来煮食，可以炒菜，还可以和面蒸成菜团子。用开水烫后，还可以加入各种调料做成凉菜，颇为爽口。采多了一时吃不完的灰灰菜，还可以晒干了收起来，长期保存。

此外，倘若年景不错，则灰灰菜还会成为猪的美食，妇女儿童们常会到野外去打猪草，这也是山区的独特风景。

（六）马齿苋

马齿苋为马齿苋科植物，为农田中常见的杂草，亦为贫民常采食的野菜之一，青黄不接之时与灾荒年尤为常见。民国县志称："县境园圃畦畔多产之，俗称马齿菜，可食野生蔬类也，贫者挖之。"③

峰峰矿区有名为《除三害》的民间故事，对于马齿苋等野草的生理

① 武安市地方志编纂委员编：《武安县志》卷 3《地理志》，第 112 页。
② （明）李时珍：《本草纲目》（点校本第 2 版）卷 27《菜部·灰藋》，第 1671 页。
③ 民国《武安县志》卷 2《地理志》，见《武安县志校注》，第 640 页。

特征有较形象的描述，其中提到的马食菜即马齿苋，摘录如下：

很久以前，彭城一带的良田里长满了野草。人们起早贪黑锄草灭荒。可是，头天锄掉的草，第二天就活了。最厉害的要属锁草、马食菜和抓地秧了。人们称这三种草为"三害"。

这件事惹急了纸坊村的秦的。他看"三害"横行，人们遭殃，发誓要除掉三害。这年夏天，又到了三害横行的季节。一天黄昏，秦的在红薯地边闲坐，一袋一袋地抽着旱烟。到了三更天，听见地里有叽叽喳喳的说话声。他急忙熄了烟火，侧耳细听，只听得一个说："庄稼汉恨咱们恨得要命，可他们甭想知道咱们的本事，除掉咱们比登天还难哩。"另一个答道："各有各的本事，大哥你先说说你的。"

被称作大哥的说道："我的本领是刨了我的根，刨不了我的蛋，一夜我就长它二指半。但我真害怕那四条腿的胖家伙用嘴一个劲地往下拱，真能把我的老底拱出来呀！"

问话的这时说："我的本领是吃得胖，水分多，撅着屁股晒半月，一见雨天就能活。庄稼人都叫我马食菜，其实不光马能吃我，那四条腿的胖家伙也能吃我啊。"

一直不说话的那个，这时也说话了："我也说说，要不你们还笑话我一点本事也没有呢。我是九根十八节，节节把根扎。就是刨断十八节，我的根挨地就能活。"老不吭叹了一口气，又说："要是我的十八节离了地，老阳儿一晒，我也不能活呀。"

秦的这时全明白了，他站起来，对着地大声说："三害听着，老汉本姓秦，专治害人精。一日不除净，决不归家门。我撒黑豆，叫猪拱，咬断根，嚼碎蛋，叫你再长二指半！马食菜，并不坏，灾年把你当人粮，平年将你当猪菜。抓地秧，骡马粮，锄下把你挂杆上，恐怕你熬不过一后晌。"

三害一听，心里说："完了，这下全完了。老底叫人家全知道了。"它们一下子钻进了深土中。

第二天，秦的在地里搭起草棚，和乡邻们没明没夜地锄草灭害，很快见了效。当年粮食得到了好收成！①

①　杜学德主编：《邯郸市故事卷》下册，第232—233页。

可见采集马齿苋及其他野草的行为即扩大了贫民的食物来源，又可为农田锄草，还可解决家畜的饲料问题，可谓一举三得。采集野草的经济意义，于此可见。又按，故事中的抓地秧即抓地蔓，民国县志亦有记载，称："抓地蔓，蔓生有节，节附土，得湿，生毛根，难除，生毛根，农夫甚恶之。"① 邯郸县有名为《抓地草》的故事，讲述了一位总想着侵占别人土地的地主死后变为抓地草的故事，亦可看出这种草对农田的危害②。

此外，马齿苋还可入药，具有清热解毒、凉血止血的功效，还有人称其为长命菜、五行草、五方草等③。

传统时代，妇女儿童常三五成群，挎着篮子游走在田间地头，搜寻马齿苋，这对于补苴家庭生计亦有较重要的意义。

除了上述几项外，杏仁菜、遍地叶等也常被人采回家中食用。民国县志认为，杏仁菜或即野生的苋菜④。遍地叶生长海拔较高的山坡地带，生境多在海拔 1000 米以上，叶子较大，采回家中放入缸中做成菹，熬粥时搅入锅中，可以弥补粮食之不足。但遍地叶究属何种植物，还有待进一步考证。

二　药材

（一）柴胡

柴胡为伞形科柴胡属植物，古称"茈胡"，方家又有北柴胡、南柴胡之分，功效相同，而后不如前。武安境内柴胡分布极广，民国县志称："县境门道、常社、白云、管陶、青塔诸川及西南山沟、鼓山均产之。"⑤

李时珍指出："茈字，有柴、紫二音。茈姜、茈草之茈，皆音紫；茈胡之茈，音柴。茈胡生山中，嫩则可茹，老则采而为柴，故苗有芸蒿、山菜、茹草之名，而根名柴胡也。"又称："北地所产者，亦如前胡而软，今人谓之北柴胡是也，入药亦良。南土所产者，不似前胡，正如蒿根，强

---

① 民国《武安县志》卷 2《地理志》，见《武安县志校注》，第 646 页。

② 无关主旨，不再赘引，读者感兴趣可参看杜学德主编《邯郸市故事卷》下册，第 234—236 页。

③ 程超寰、杜汉阳编著：《本草药名汇考》，第 75 页。

④ 民国《武安县志》卷 2《地理志》，见《武安县志校注》，第 640 页。

⑤ 同上书，第 646 页。

硬不堪使用。其苗有如韭叶者、竹叶者，以竹叶者为胜。"[1]

　　柴胡的植株一般在 50—85 厘米之间，其主根外观呈棕褐色，相对较粗，质地坚硬。茎秆直立但有分支，整体呈现之字形。柴胡性不喜水，最怕长期水浸，但耐寒、耐旱，一般分布在地势较高的干燥山坡。其主要功效为抗炎解热、镇静、镇痛、镇咳、抗菌、抗病毒及保肝等[2]。

　　在古代，武安山民肩扛镢头，手提篮子，翻山越岭寻找柴胡，披星戴月，一天可以采回不少，晾干卖给收购商，可以换得一些钱财来贴补家用。笔者幼年时，学校也有所谓的勤工俭学项目，要求学生在放秋假时上山刨柴胡并交给学校，不同年级有不同定量，若完不成任务，则需要折现交钱。笔者曾多次与玩伴们携带干粮上山刨柴胡，一直爬到海拔千余米的门场脑山顶上，沿途搜寻柴胡，中午亦不能回家，虽然辛苦，但俯视村庄，仰观云天，倒也别有一番乐趣。

　　（二）黄芩

　　黄芩为唇形科黄芩属植物，亦为武安土产药材中的大宗，民国县志称："常社、门道、管陶、青塔诸川中产极多，足供本县消耗。"[3]古人对黄芩的特性有深刻的了解，从其别名也可以看出，古代有腐肠、空肠、内虚、妒妇等，李时珍指出：

> 芩，《说文》作菳，谓其色黄也。或云芩者，黔也，黔乃黄黑之色也。宿芩乃旧根，多中空，外黄内黑，即今所谓片芩，故又有腐肠、妒妇诸名。妒妇心黯，故以比之。子芩乃新根，多内实，即今所谓条芩。或云西芩多中空而色黔，北芩多内实而深黄。[4]

　　黄芩植株高度在 30—60 厘米间，为深根性植物，耐旱、耐寒，成年植株的根可以抵御冬天零下 30℃ 的低温而来年仍能萌发。但需要有良好的排水条件，较高海拔的向阳山坡上较为常见。黄芩根味苦，性寒，有清热燥湿、泻火凉血和解毒安胎的功能。人们挖取黄芩后，要细心剔除残留

---

　　① （明）李时珍：《本草纲目》（点校本第 2 版）卷 13《草部·茈胡》，第 785、786 页。

　　② 以上论述参考了金善宝主编《中国农业百科全书·农作物卷》上册，农业出版社 1991 年版，第 40 页。

　　③ 民国《武安县志》卷 2《地理志》，见《武安县志校注》，第 646 页。

　　④ （明）李时珍：《本草纲目》（点校本第 2 版）卷 13《草部·黄芩》，第 780 页。

的茎秆和须根，主根晒至半干时要再剥去外皮，然后彻底晒干或烘干。应注意的是，不能暴晒过度，否则发红；也不可沾水，否则变绿变红，均会严重影响质量。处理完毕后，应放置于阴凉通风的地方收藏。①

　　有名为《人参搬家》的民间故事，讲述由于人们不爱惜，本来在太行山到处可见的人参搬家到长白山的故事，其中扮演了重要角色的黄芪王，似是讲故事者或记录者搞错了，应当指的是黄芩，因为根黑心是黄芩的显著特征，且民国县志中收录的药材中有黄芩而无黄芪，河北省是黄芩而非黄芪的主产区②。摘录相关部分如下：

　　　　到了半夜，黄芪王心里有事睡不着，听见外边有动静，出门去看，正好碰见人参王。人参王觉得黄芪王对自己有恩，说出了搬家的事，求黄芪王保密。黄芪王发誓说："你放心，我要泄了密就黑了心！"人参道了谢，领着臣民搬到了长白山。

　　　　太阳到了半天空了，这里的人才懒洋洋地爬起来。有的揉着眼去抱干人参点火，有的打着呵欠去拿人参做饭。开始没找着，谁也不在乎，换了个地方，还是没有。人可着慌了，哭爹喊娘哩，唤儿叫女哩，一起出动，把山跑遍了，连个人参毛也找不见，人们后悔起来，山上到处都是哭声，整个太行山都叫泪给淹起来了。

　　　　这事感动了黄芪王，他从地下钻出来说："你们哭啥？人参哪样不好！多了，你们由着性子糟蹋，现在人家搬到长白山了，你们伤心还有啥用？以后千万要记住，家里再富有，也不能乱糟蹋啊！"

　　　　后来，太行山的人参绝了种，那里的人用手开荒种地，种粮种菜，过着清苦生活。黄芪本来浑身是黄，因为违背誓言，芯变成了黑的。现在的黄芪，个个中间有黑芯。③

（三）山豆根

　　山豆根为豆科植物越南槐的根及根茎，表面为黄褐色，有不规则的结节，称为黄结。当代药学家指出，"山豆根名朴拙无华，平淡中似有一股

①　以上分析参考了金善宝主编《中国农业百科全书·农作物卷》，第262—263页。
②　民国《武安县志》卷2《地理志》，见《武安县志校注》，第646—647页；金善宝主编：《中国农业百科全书·农作物卷》，第261、262页。
③　河北省武安县民间文学集成编委会：《武安民间故事卷》，第190—191页。

山野泥土气。但组成药名的三个字可谓一字一珠，凡生长环境、外形特征、药用部位一名涵盖，字字达意"。①古代本草学家也有较清晰的认识，指出"其蔓如大豆，因以为名"，"苗蔓如豆，叶青，经冬不凋，八月采根"，"山豆根味极苦，本草言味甘，大误矣"②。

山豆根清热解毒、消肿利咽，尤以治疗咽喉肿痛最为有效，"含之咽汁，解咽喉肿毒，极妙"，"解诸药毒，止痛，消疮肿毒，发热咳嗽，治人及马急黄，杀小虫"。此外，还可以为皮外伤消炎，"研汁涂诸热肿秃疮，蛇狗蜘蛛伤"。

山豆根在田间地头常见，而石头缝隙里也多有分布，扎根极深。人们新垦田地，垒砌堰墙时，常能得到大量山豆根，晾晒保存，春、秋两季天气干燥时容易出现咽喉干痛症状时，民间最常用的治疗办法便是在口中含上一段山豆根，忍受得了苦味的人还可以嚼烂吞咽汁液，效果更好。家中存放着山豆根则直接利用，若没有，则有人会临时到田边堰头搜寻。

（四）菟丝子

菟丝子，旋花科植物，一年生寄生缠绕性草本植物，其生理构造较为独特，需要缠绕到其他植物之上并汲取其营养才能生存，生于农田中则严重危害农作物，生于旷野则为较重要的药材。菟丝子多寄生于田边、路旁的豆科、菊科、藜科、马鞭草科牡荆属等草本或灌木丛木本植物上，尤其喜欢寄生于大豆、黑豆之上。具有清热凉血、利水解毒的功效。③民国县志称"随地有之"④。《本草纲目》中有较详细介绍，摘录如下：

> 时珍曰：《毛诗》注女萝即菟丝。《吴普本草》菟丝一名松萝。
> 陆佃言：在木为女萝，在草为菟丝，二物殊别，皆由《尔雅》释《诗》误以为一物故也。张揖《广雅》云：菟丘，菟丝也。女萝，松萝也。陆玑《诗疏》言：菟丝蔓草上，黄赤如金；松萝蔓松上，生枝正青，无杂蔓者，皆得之。
> ……
> 弘景曰：田野墟落中甚多，皆浮生蓝、纻、麻、蒿上。其实，仙

---

① 程超寰、杜汉阳编著：《本草药名汇考》，第45页。
② （明）李时珍：《本草纲目》（点校本第2版）卷18《草部·山豆根》，第1302页。
③ 以上论述参考了程超寰、杜汉阳编著《本草药名汇考》，第566—567页。
④ 民国《武安县志》卷2《地理志》，见《武安县志校注》，第647页。

经俗方并以为补药，须酒浸一宿用，宜丸不宜煮。

大明曰：苗茎似黄丝，无根株，多附田中，草被缠死，或生一丛如席阔。开花结子不分明，子如碎黍米粒，八月、九月以前采之。

颂曰：今近道亦有之，以冤句者为胜。夏生苗，初如细丝，遍地不能自起。得他草梗则缠绕而生，其根渐绝于地而寄空中。或云无根，假气而生，信然。时珍曰：按宁献王《庚辛玉册》云：火焰草即菟丝子，阳草也，多生荒园古道。其子入地，初生有根，及长延草物，其根自断。无叶有花，白色微红，香亦袭人。结实如秕豆而细，色黄，生于梗上尤佳，惟怀孟林中多有之，入药更良。①

（五）连翘

连翘，木犀科连翘属植物，落叶灌木。在武安小摩天岭山脉上一定海拔的地方才有，集中分布的区域有摩天岭、马武寨的二站等地有较多分布②。入药的主要是连翘的果实，连翘果实的主要功效为清热解毒、消肿散结③。不过古代本草家也提及了茎叶的药用价值，认为主治"心肺积热"④。

在武安即有人以其叶代茶。艾蒿坪村在发展旅游业的过程中改名为长寿村，有人建立公司生产打老儿茶，即是将连翘叶子加工后做成的与茶叶功用相同的饮品。之所以称为"打老儿茶"，都借用了"打老儿"的故事。该故事虽有不同的表述，但大意则差不多，均是说一中年妇女责打一位白发老翁，路人认为是年轻人虐待老人，实则中年妇女乃是老人的母亲，因其常喝连翘叶做成的茶而青春永驻。老者则因自幼不肯喝连翘叶茶而形容苍老，其母因此而生气予以责打。人们了解了原委以后，访得秘方，流传下来，即是打老儿茶。

故事应当是商家宣传包装的结果，应该是从打老儿丸的故事中移植而来。但打老儿茶确有清火利咽之功效，口感虽不甚佳，或许有一定的养生保健功效。

---

① （明）李时珍：《本草纲目》（点校本第2版）卷18《草部·菟丝子》，第1235—1236页。
② 马武寨二站，指马武寨半山腰上凸出的平台，环绕马武寨的山腰，大部分都有或宽或窄的平台。二站的说法，在七步沟、马店头等地民间经常提到，但地名志、县志均未记载。
③ 程超寰、杜汉阳编著：《本草药名汇考》，第311页。
④ （明）李时珍：《本草纲目》（点校本第2版）卷186《草部·连翘》，第1082页。

（六）灵芝

在武安西部的山林中，还分布有灵芝。随着山林的开发，灵芝变得非常罕见。但20世纪80年代以后，随着政府保护力度的加大，森林植被得以恢复。近年来，又常有人在林中发现灵芝。笔者堂哥赵彦考曾采得一株，卖了600余元。马店头村另有村民采得一大株，卖了上千元。随着植被的进一步改善，未来西部山区的灵芝采集或许还会有一定规模。当然，也可转换思路，进行人工栽培。

有一则名为《谁是爹》的笑话，从中也可看出武安人对灵芝较为熟悉，摘录如下：

> 有一个摆地摊卖药的先生正在那儿瞎诈唬哩①："灵芝草，灵芝草，谁要谁要，吃了保你长生不老！"
>
> 旁边走过来一个人说："灵芝草，好是好，就是我不敢吃，也不敢要。"卖药的先生问："咋来？"这个人说："买回去要吃全家都得吃，可俺儿在东北做生意哩，没在家。"卖药先生说："那就光你吃吧。"这个人说："那可不行，我吃了长生不老，俺儿没吃老了，以后俺俩谁是爹哩？"②

（七）五灵脂

五灵脂，鼯鼠科动物复齿鼯鼠、飞鼠或其他近缘动物的粪便。古人误认为鼯鼠为鸟类，故有寒号鸟之名，武安人也常称为寒号虫。《本草纲目》称："其状如小鸡，四足有肉翅，夏月毛彩五色，自鸣若曰'凤凰不若我'，至冬毛落如鸟雏，忍寒而号曰'得过且过'。"又称："名五灵脂者，谓状如凝脂而受五行之灵气也。"民国县志称："（寒号虫）县北定晋岩、阎庄产之，粪为五灵脂，恒集一处"，"五云脂，产于白云川之阎庄、宅清沟"③。1990年县志亦称："鼯鼠，俗名寒号鸟，县西北定晋岩、阎

---

① 诈唬，方言为乱扯一气之意；哩，武安方言中常用的语气词。

② 河北省武安县民间文学集成编委会：《武安民间故事卷》，第550页。

③ 民国《武安县志》卷2《地理志》，见《武安县志校注》，第647、648页。《武安县志校注》第647页中误把"五灵脂"写作"五云脂"，当是参照繁体文本整理时出现的笔误，第648页无误。

庄均有，已极少。其粪五灵脂为名贵药材。"① 该药为县志中收录的唯一动物类药材。据老人们讲述，武安人认为寒号鸟的粪类似于老鼠屎，为长椭圆形颗粒，称为灵脂米，又称散灵脂；认为寒号鸟到地上擦屁股，形成的不规则块状物为灵脂块，又称糖灵脂。寒号鸟喜吃柏树叶，其粪便之药用特性或许与此有关。五灵脂的主要功效为活血、化瘀、止痛；适用的症候为胸胁、脘腹刺痛，痛经，经闭，产后血瘀疼痛，跌扑肿痛，蛇虫咬伤等②。

收集五灵脂颇为不易，因寒号鸟的洞穴多在悬崖峭壁的半山腰上，洞穴上方往往还有凸出的岩石来遮蔽风雨。采集时，人们需要用绳索从山顶下坠至半山腰，再晃动身体择机扑入山洞，之后才能收集五灵脂，所冒风险颇大。所用的绳索是特制的，重达上百斤，有时需要两人抬着才能走到目的地。实际产地并不限于常社川的两个村庄，门道川产量也颇可观。

20世纪六七十年代，马店头村民李进华常上山采集，一次采集的五灵脂可以卖数十元，而当时一般工人的一天的收入在一元左右，生产队上报酬一天才几角钱，收益之高可见一斑。而李所用的绳索则取自其岳父老乔，老乔为七步沟村民，本名待考。而其采集技艺也是从老乔处学来，由此来看，古代五灵脂的采集技艺或许亦是家族传承。

另有七步沟村民王赵林曾在20世纪六七十年代上山抓了一只寒号虫，养在地窖中，每天饲喂柏灵枝（即柏树枝），收集五灵脂带来的收入每天约合一角钱，收益亦很可观。

（八）蝎子

武安境内的蝎子为钳蝎科动物东亚钳蝎，数量极多，遍布山区与丘陵区。民国县志称："蝎，生墙隙下，颈有触须，如蟹螯，头脑部短，腹部环节十三，后端大环节狭小如尾，末有毒钩，遇敌向上弯曲。"③ 所论确有道理，因蝎子常会生于人家屋顶墙隙④。而被蝎子蜇伤之人也比比皆是，故而武安民间有歌谣称："蝎子本是五毒虫，白天不走夜间行。不论男女蜇一下，哼哼扭扭到天明。"⑤ 但在野外更为常见，性喜藏于石头下，

---

① 武安市地方志编纂委员编：《武安县志》卷3《地理志》，第112页。
② 以上论述参考了程超寰、杜汉阳编著《本草药名汇考》，第110—111页。
③ 民国《武安县志》卷2《地理志》，见《武安县志校注》，第651页。
④ 笔者老家（马店头村）的邻居王利杰家房顶上即曾多次掉下蝎子并蜇伤家人。
⑤ 张文涛主编：《邯郸市歌谣卷》，中国民间文艺出版社1989年版，第170页。

而武安境内丘陵地区的青石块下更为常见。

蝎子按捕捉时间分，有春蝎与夏蝎两种。前者在清明至谷雨前后捕捉，品质上乘；后者在夏季捕捉，品质较差。按加工方法分，又可分为咸全蝎、淡全蝎两种，前者经盐水浸泡和烫煮，又称盐水蝎、盐全虫、咸全虫；后者直接用沸水烫煮，又称淡水蝎、淡全虫、淡水全虫、清水全蝎。而蝎子的后半部则称为"蝎尾"。蝎子有息风镇痉，攻毒散结、通络止痛的功效。①

武安人抓蝎子历史较为悠久，但盛行则是20世纪60年代以后了，因为采购需求增大，采集蝎子可以得到一定的经济报酬。到20世纪80年代末和90年代初，一只较大的蝎子可以卖一角钱，颇为诱人②。主要人员是十岁以上的男孩子和小部分妇女，主要的工具非常简单，用刀从一根筷子较细的一头正中纵向切开，切至距另一端还有1—2厘米的地方停止，在切口的终点横向塞入一根与切口长度相当的短棍，则筷子就转化成了简易的镊子，此为捉蝎子的利器。找到蝎子后，用小"镊子"可方便、安全地将蝎子夹起来。此外，还需要一个放蝎子的容器，在较早的时候一般用陶制的罐子，也用竹筒子，如民间故事《白胜基的故事》中讲述主人公斗无赖时，"拿出来时带的那个竹筒子，把口拧开往下一倒，倒出来三百多只大蝎子"③。晚近时期则主要用玻璃瓶子，一般是罐头瓶。

在早期，捉蝎子一般是先根据经验来判断哪个山岭上蝎子可能比较多，到达某一山岭后，再根据经验判断哪些石头下面有蝎子的可能性较大，经验丰富与否，直接决定了采集数量的多少④。大都是在白天采集，晚上较少有人捉蝎子，因为没有合适的照明用具。

有荧光灯后，捉蝎子的人中成年男子所占比重明显提高。因为蝎子喜欢在夜间活动，不喜强光，却喜欢微弱的绿光，打着绿色荧光灯照射，可以吸引到大量的蝎子，此时捕捉，远比白天更为容易。20世纪90年代，在天井沟（原崔炉乡辖区）采用这样方法捉蝎子的人极多。只是一般都

① 程超寰、杜汉阳编著：《本草药名汇考》，第260—262页。
② 20世纪80年代后期，5分钱可以买一根冰棍，可以买一捧葵花籽，一角钱对一般农家来说还是比较值钱的。
③ 河北省武安县民间文学集成编委会：《武安民间故事卷》，第501页。
④ 大约在1993年，笔者曾与小学同学魏陆山到昆仑峪河北侧的南垴坡上捉蝎子，魏一中午捉了十几只，而笔者翻了无数石头却一无所获，此事留给笔者的印象极为深刻。魏为台上村人。

要穿高腰雨靴，因为不少蛇类也会在晚间活动，可以防止蛇咬，同时可以防露水打湿裤子。

武安蝎子较多的情形，民间故事中也有反映，如《符镇蝎子精》描述了一位卖豆腐的青年男子因为削掉了一个蝎子精的钩后，蝎子化身为年轻女子与其结为夫妻，伺机报仇。幸得高人相助，青年男子方才用符消灭了蝎子精①。

（九）其他

武安盛产药材，民国县志即称："武境产药，无虑数十百种。"并列举出 41 种，其中 21 种产量较多②，19 种产量略少。除了上述几种性药材外，两大类药材未予介绍的分别还有 17 种和 18 种。今摘录相关资料列入表格，参见表 3.1 与表 3.2③。

表 3.1　　　　　　　　　　　产量较多之药材一览

药名	产地	科属
橘梗	门道、白云、管陶、青塔等川	橘梗科桔梗属
苍术	鼓山、西南山沟及门道、白云、管陶等川均产之	菊科苍术属
毛知母	县境山中均产之，连销安阳药栈，本县用者，多购自祁州会	百合科知母属
荆芥	县境各山中均产之，不地道	唇形科荆芥属
防风	县境各山中均产之，不地道	伞形科防风属
马兜铃	西山及门道三川产之	马兜铃科马兜铃属
瓜蒌（原书作蒌）	县境川谷原野均产之，足供本县用天花粉，瓜蒌根，安阳人常来采挖	葫芦科栝楼属
蒲公英	山乡平地均产之	菊科蒲公英属
莱菔子	县境各园圃产之	十字花科莱菔属
丹参	白云川之阎庄、宅清沟产之	唇形科鼠尾草属
茵陈④	随地有之	菊科牛至属植物蒿

① 河北省武安县民间文学集成编委会：《武安民间故事卷续集》，第 316—318 页。
② 本为 22 种，但瓜蒌与天花粉实为一种，因后者为前者的根，故总数实为 21 种。
③ 民国《武安县志》卷 2《地理志》，见《武安县志校注》，第 646—647 页。表 3.1、表 3.2 相关资料也大都取自该书，不再一一注明。
④ 蒿的幼苗，武安山区民众认为即大白蒿刚生发的幼苗，入夏长成则不复称为茵陈。谚语谓"三月四月蒿，五月砍到当柴烧"。

续表

药名	产地	科属
马勃（即前文之马皮包）	县西百官等村产之	灰包科真菌脱皮马勃
杏仁	县属青烟寺、东西梁庄产较多	蔷薇科杏属
桃仁	柳家河及西南山中产之	蔷薇科桃属
瞿麦	其花为石竹，人家庭院园亭多种之	石竹科石竹属
透骨草	山谷原野均产之	透骨草科透骨草属
藁本	常社、门道、白云、管陶等川产之	伞形科藁本属

表3.2　　　　　　　　　　　　　产量略少之药材一览

药名	产地	科属
远志	县境各山中均产之	远志科远志属
何首乌	门道三川及鼓山产之	蓼科何首乌属
葛根（前述葛的根）	门道川、白云川、管陶川产之	豆科葛属
车前子	随地有之	车前科车前属
薄荷	各村有之	唇形科薄荷属
半夏	鼓山、西山产之	天南星科半夏属
公藤	俗名狼耙，随地有之	科属待考
二五	牵牛花子，随地有之	旋花科牵牛属
山大黄	常社川、南阳邑产之，县产不入药用，多供染料	蓼科大黄属
益母草	随地有之	唇形科母草属
细辛	管陶川、鼓山、南丛井产之	马兜铃科细辛属
香附	莎草根，随地有之	莎草科莎草属
天门冬	常社川、白云川产之	百合科天门冬属
狼毒	常社、白云、门道三川产之	瑞香科狼毒属
紫草	门道川产之	紫草科紫草属
玉竹	门道川、白云川产之	百合科黄精属
大苏	随地有之	唇形科紫苏属
小苏	随地有之	科属待考

　　1990年县志收录药材时，照录民国县志，不载大苏、小苏，而又多了五加皮、椿树皮、桑白皮、黄白皮、山丹皮、地骨皮、桑叶、石花、白

扁豆、黑芝麻、石榴皮 11 种，不再一一深入分析①。同时，这部县志还对新中国成立后的中药材情形有较精当的总结分析，直接摘录如下：

> 中药材。以西部山区为多。计有 600 余种，已开发利用的有柴胡、丹参、地芋、党参、花粉、酸枣仁、生地、知母、丹皮、五加皮、鸡冠花、荆芥、白头翁等 123 种，其中柴胡、花粉、酸枣仁、知母等产量较高，其年收购量最高的分别为 18.7 万公斤、7.5 万公斤、10 万公斤和 4000 公斤。解放前均由私商收购。解放初，中药材由供销合作社收购，1956 年 4 月县成立药材收购批发栈专营中药材，是年收购额为 2.1 万元。后药材收购量上升较快，1961 年达 25.7 万元。"文革"中药材采摘受到限制，年收购总额多在 10 万多元。1980 年升至 25.2 万元，1988 年为 45 万元。②

20 世纪 80 年代之后，药材的人工栽培兴起并壮大，此后采集天然药材的行为才逐渐减少，但至今仍未完全消失。

采集是人类维系了数百万年的生计方式，有着农耕所无法取代的功用，即使进入农耕社会以后，采集经济依旧非常坚韧地保留了下来。传统采集文化浸透了我们先辈与周边自然环境打交道的智慧，比如如何从自然界中获得维系人类生存的必要的食物与药材资源，还要确保这样的生计方式可以持续，不会对环境造成不可逆转的改变。在长期的采集过程中，相关资源并未趋于枯竭，证明了古人抱有对大自然的敬畏与珍爱之心，在可持续的利用与发展方面用心较多。这在生态问题日趋严重的当代，尤其值得我们当代人认真学习。

---

① 武安市地方志编纂委员编：《武安县志》卷 3 《地理志》，第 112 页。
② 武安市地方志编纂委员编：《武安县志》卷 7 《商业志》，第 364 页。

第四章　狩猎习俗

武安地区早在 7000 多年前就迈入了农业文明的门槛，此后的数千年中定居农业始终是武安民众最主要的生计活动和最主要的衣食来源。但是，狩猎、捕鱼与畜牧经济仍然扮演了重要的角色，虽然重要性无法与农耕相比，却仍是补苴人们生活资源的重要渠道。

狩猎，是通过捕捉、猎杀野生禽畜来获得衣食来源的生计行为，具有一定的危险性，在技术上也有非常高的要求。狩猎必然是以野生动物资源极为丰富为前提的，狩猎活动的盛衰，直接反映出生态系统状态的优劣。

武安方言称狩猎为行围，称打猎所用的弹药为"围药"，颇有古风①。1949 年以后，狩猎在武安民众的物质生产格局中无足轻重，但在历史上却远比现在重要。

武安境内的狩猎在时空上发生过显著的变化。从空间上来看，西部山区狩猎之风远比东部丘陵平原地区兴盛；从时间上看，宋元以后，武安狩猎之风顿衰。狩猎时空上的变化，透露出的信息是垦殖力度加大的同时，森林植被、水文条件等也发生了巨大的时空变化。

有名为《马店头》的民间故事讲述了西部山区的猎人们的故事，反映了人们对早期狩猎生活的朦胧记忆和对尚武精神的歌颂，不妨摘录于此，作为下文分析的引子。故事内容如下：

从前，有一个山野小村，村里住着几户人家。他们都以打猎为生。

---

① 考之史籍，"行围"指代"狩猎"，较早的是关于慕容垂的记载，称："垂行围，因饮于华林园。"似也可理解为指挥军队包围邺城。见（宋）司马光《资治通鉴》卷 105 太元九年三月条，第 3328 页。又，史载唐代皇帝狩田之礼，有"诸将皆鼓行围"之语，见（宋）欧阳修、宋祁《新唐书》卷 16《礼乐志六》，第 388 页。唐诗中亦可见行围指代狩猎之意，至清代而相关记载极多，《清史稿》中"行围"一词出现的次数达 250 余次，不再一一列举。

有一天，一个媳妇在挑水的路上，叫一股黑旋风给卷走了。村里几个年轻人就分头去找，找了半天，连个人影也没找到。从这以后，村里不断出现这种破家伤命的事。闹得人心惶惶，都不敢轻易出门了。

村里几个年轻人想，照这样老不出门儿也不是办法，就组织起来，日夜埋伏在村子周围，等着怪旋风到来。

一天，终于听见从一座叫月牙山的山谷里发出一声声怪叫。一会儿，一股旋风从东面向村子刮来。这时，埋伏在村头的年轻人，一声呐喊，几十支箭，一齐射向旋风，只听一声尖叫，那旋风又飞向月牙山。人们一跃而起，跟着血迹紧紧追赶，一直追到一个山洞里，见是一匹马在舔伤。年轻人正要砍掉马头，二郎神从天空下来喊道："让我来收拾它！"那马精睁开眼睛，看见是二郎神，抖身化作一股旋风，向外跑了。正刮到洞口，洞口山石突然合住，正好夹住马精的脖子。

此后，这座山上就永远留下一个马头，山下这个村就起名说叫"马店头"。①

第一节　狩猎对象

一　概述

在磁山文化时期，狩猎仍占有十分重要的地位。磁山遗址中出土的动物骨骼除了有个别完整的猪、狗骨架外，大都凌乱破碎，头颅骨和肢骨一般都被敲砸过，应当是取脑髓、骨髓，还有部分骨头有明显的火烧炭化痕迹，这些动物骨骼是人们食用以后的残留物。据学者测定，磁山文化遗址中发现的动物至少有23种，除去已经被驯化的猪、狗，可能被驯化的牛、鸡，以及水生的鱼、鳖、蚌外，可能由狩猎而得的兽类和禽类多达16种，分别是豆雁、东北鼢鼠、蒙古兔、猕猴、狗獾、花面狸、金钱豹、犬科未定种、梅花鹿、马鹿、四不像鹿、麝、麈（獐子）、赤麂、鹿科未定种、野猪等②。

---

① 河北省武安县民间文学集成编委会：《武安民间故事卷》，第165—166页。
② 周本雄：《河北武安磁山遗址的动物骨骼》，《考古学报》1981年第3期，第339—341页。

磁山文化时期的农耕文明已发展到相当高度，但狩猎仍然是重要的生计来源。当时的狩猎知识与技能为后世狩猎民俗的形成与发展做好了必要的准备。

自先秦以迄明清，与武安有关的文献记载非常少，武安动物资源的情形不明晰，而狩猎情形更无从查考。但多数鸟类与野兽均为捕猎的对象，当无疑问。明代县志中记载物产的部分，只提及 12 种鸟类，分别是鹰、鸠、啄木、乌、鹤、雁、燕、雀、鹊、雉、石鸡、鸽；兽类提及 5 种，分别是兔、獐、猴、狐、狼。鸟类中的若干种常遭人类捕杀，而兽类中除猴以外，都是狩猎对象。① 康熙县志中所载鸟类只有 8 种，鸠、乌、鹳、雀、雉、鸽、啄木、石鸡，野生兽类则只有 4 种，较明代少了獐。知县黄之孝还专门加按语："闻之往例，因其地近太行，川通洺水，岁索狐皮、山麝、蟾酥等物，不知此数物者虽旧载方产，而实非地方所有。"② 悯民之心令人起敬，但忽视古今生态环境变化和物种兴衰则是不可取的。乾隆县志字迹漫灭不清之处较多，鸟类部分字迹可辨识的只有鹳、石鸡、麻雀，兽类则为 7 种，比明代方志还要多，多了鹿和獾③。民国县志记载更为详细，除了明清方志已收录的部分外，鸟类还有 20 种，分别是：枭、莺、雕、鹞、水鸦、鹌鹑、寒号虫（实为哺乳动物）、短工、黄蜡、蓝麻雀、大鹏、黄鸟、会鸡、白玉、马鹩、靛颏、画眉、沙和尚、拖翎、很虎；兽类则除了前述 7 种外，还有狸、黄鼠狼、刺猬、松鼠、鼢鼠等，较之清代又去掉了獐④。1990 年县志所载鸟类较民国县志无大变化，只是蓝麻雀改成了蓝喜鹊，枭改成了猫头鹰而去掉了寒号虫、很虎，增加了斑鸠、秃鹫；兽类增添了豹子、鼯鼠（即寒号虫）和蝙蝠⑤。

二　鸟类

主要的鸟类已见上文所述，都可能遭到人类的捕猎，但最常见的则是麻雀、雉鸡、猫头鹰等。

猎鸟的主要原因有以下几方面：其一，保护粮食。多数鸟类喜到田间

---

① 嘉靖《武安县志》卷 1《食货志》，见《武安县志校注》，第 11 页。
② 康熙《武安县志》卷 11《土产》，见《武安县志校注》，第 161 页。
③ 乾隆《武安县志》卷 11《土产》，见《武安县志校注》，第 373 页。
④ 民国《武安县志》卷 2《地理志》，见《武安县志校注》，第 648—650 页。
⑤ 武安市地方志编纂委员编：《武安县志》卷 3《地理志》，第 110 页。

采食，对谷子的危害尤其大，其中常见的是鸦科、雀科、文鸟科的鸟类，不少鸟都嗜食谷物或啄食禾苗①。直接食用籽粒外，在谷穗上降落和起飞都会导致谷穗大幅度晃动，可能造成籽粒大量脱落。此外，粮食脱粒之后，在晒场晾晒时，鸟类也会群集前来采食，麦子、高粱在这一环节也有可能蒙受较大损失。由于麻雀数量特别多，是本地种群最为庞大的鸟类，且长年居留，若不加以制衡，便有可能导致严重的粮食减产。所以有时候人们会想方设法驱赶鸟类，有时候甚至会猎杀。

猎杀麻雀在 1958 年除四害运动中达到了狂热的地步，对生态系统造成了严重的危害。据《人民日报》报道，到 1958 年 2 月 19 日，据 25 个省、市、自治区的不完全统计，消灭老鼠麻雀共计三亿多只，麻雀的具体数量虽不得而知，但也非常可观当无疑问。② 武安的具体文献资料笔者尚未查到，但捕杀麻雀数量也极为惊人当无疑问。笔者在门道川上游访谈了一些老人，据他们回忆，当时政府除了极力进行政治动员和组织人力外，还向民众大量发放鸟枪火药，三乡五里枪声终日不绝，麻雀被完全打断了根，野外连一只都见不到了。1958 年以后，捕杀强度逐渐下降，才又有麻雀出现，而麻雀的生存与繁殖能力都极强，国内外的研究都指出，"麻雀是小型鸟类中的霸主"，在城市园林中布置人工巢箱，会有超过 90% 被麻雀占据③。所以时至今日，麻雀仍是武安的优势鸟类物种。

其二，保护家养动物。鹰、雕这样的猛禽的种群数量在武安也曾相当可观，两者都会袭击家禽，特别是未长成的小鸡，更是常被叼走，家庭养殖因此而蒙受不小的损失，人们因此对猛禽有嫌恶之心。民国县志对两者的习性有较生动的描述称鹰"嘴钩曲，眼锐利，有钩爪，健飞猛鸷，善搏击，盘旋空际，俯视地面，见兔或雏鸡小鸟，无幸免者"；称雕"鹰属，鸷悍多力，能高飞盘旋空中，无细不观，尝急下搏雏鸡"。④ 两者在西部山区更为常见，崎岖不平的地形和较多的野生动物为它们生存提供了便利。笔者幼年（20 世纪八九十年代）还常能看到它们在长空翱翔、盘

---

① 刘凌云、郑光美主编：《普通动物学》，高等教育出版社 1997 年版，第 529 页。

② 不载著者：《除四害战斗迅速扩展，成千成万单位做到四无，迟缓地区正在迎头赶上》，《人民日报》1958 年 2 月 19 日，转自赵胜、苏智良《新中国的"除四害"运动》，《当代中国史研究》2011 年第 5 期。

③ 刘凌云、郑光美主编：《普通动物学》，第 528 页。

④ 民国《武安县志》卷 2《地理志》，见《武安县志校注》，第 648 页。

旋的景象，也曾目睹它们扑食小鸡的经过。有些时候，大雕甚至还能叼走刚出生的小羊羔。

有名为《死要面子的恶老雕》的民间故事反映雕捕食小鸡之事，称恶老雕请皂雕到家做客，"飞进村子想捉只小鸡作菜，可就是找不见鸡群。好不容易听见一家传出鸡叫声，就是看不见鸡，原来鸡都在屋里。恶老雕一个猛子扎进屋里，要抓鸡，正在做饭的女主家看见，关住屋门抓住恶老雕就拔它的羽毛，眼看快要把毛拔光了"。危急时刻，皂雕前来营救，恶老雕这才脱困。又有名为《猫头鹰请老雕》的故事，讲述了猫头鹰与单公（笔者按：方言中的一种鸟，方志记为短工，故事记录者记为单公）打架没有占上风，便请朋友老雕来帮忙，可老雕到后就要吃的，要求猫头鹰去给抓只鸡。猫头鹰抓鸡不成险些丢了性命，回家后却发现两只幼鸟被老雕吃了。①

常有人携带鸟枪进行猎杀，有时翻山越岭，不辞劳苦，寻其巢穴。但人们往往忽视掉的是，两者更喜欢捕猎的还是野生动物，特别是野兔，对于保护农田作物也有显著的功效。由于两者皆为鸟类中的顶级捕食者，食物来源受限明显，而生境要求又较高，所以种群数量远不如麻雀、喜鹊等。在捕猎、农药和生态环境剧烈变动的交互影响之下，现在已经几乎完全绝迹。

其三，出于憎恶。猫头鹰，武安方言称为秃鹙，因其叫声凄厉，人们认为不吉利，古人还误认为其"忍食其母"，越发厌恶，故常有人会对其进行猎杀②。武安有名为《秃鹙报喜恶名在外》的民间故事，但笔者以为当为记录者记录时出现了偏差，秃鹙当为秃鹙。按此理解，则故事讲的是猫头鹰叫声难听，惹人讨厌；而喜鹊报喜，招人喜欢。猫头鹰想跟着喜鹊沾沾光，喜鹊答应了，但要求猫头鹰不准乱叫。到一家人门口后，喜鹊叫了几声，主人很高兴，便拿出不少好吃的。喜鹊和猫头鹰美美地吃了一顿，猫头鹰觉得无功受禄，过意不去，也大声叫了起来。主人一听很生气，拿出弓箭来乱箭齐发，把猫头鹰和喜鹊都给射死了③。故事是虚构的，但可以看出人们可能常会因为憎恶而射杀猫头鹰。

---

① 河北省武安县民间文学集成编委会：《武安民间故事卷续集》，第 315、288 页。
② 民国《武安县志》卷 2《地理志》，见《武安县志校注》，第 648 页。武安市地方志编纂委员编：《武安县志》卷 3《地理志》，第 110 页。
③ 杜学德主编：《邯郸市故事卷》中册，第 224—225 页。

　　其四，为了把玩。在历史上，武安民众就喜欢养鸟把玩，民国县志有生动描述，称："武俗好养鸟，春夏之交，童子三五为群，立竿于树，粘鸟为戏，千百笼养，遇赛会，笼鸟出售。无业闲民，养百灵、画眉，饲以佳饵，每日早起携笼出游，名曰遛鸟。城厢居民好养鹑，每岁冬季三六九日，即以斗鹑为戏。"① 常被捕获而笼养的有石鸡，"形如鸡而小，尾短，羽毛斑灰，鸣声格磔，雏即健走，人得之畜樊笼中，供赏玩"；鹌鹑，"县境处处有之，嗜者罗之，昕夕把握，使健延同好者各纵之，令斗以博一粲"；白玉，"形色如黄鸟微白，能于笼中孵雏"；画眉，"体大如鹑，头部有眉若画，故名。鸣声雄壮，畜樊笼中"。② 因有较强劲的市场需求，故而民间以捕鸟为业之人颇多。武安有名为《百灵告状》的民间故事，讲述了两人住到黑店里，一个做买卖的被人谋杀，而另一人借助百灵鸟帮助而发现了煮在锅里的尸骨，并报告了联保的人从而端掉黑店的故事。该故事的开头部分称：

　　　　从前，有个在口外做买卖的，回家的路上碰见一个老乡，手里拿着个鸟笼子，里面关着几个百灵鸟。相跟着一边走一边说话。提鸟笼子的问："你在外买卖咋样？"他说："我混得差不多，挣了点钱。"他又问提鸟笼的："你在外头咋样，咋提着几个百灵？"他说："不咋样儿，路过一块百灵地，见百灵不少，我就逮了几只，回去卖给有钱人家也能过个年。"③

　　可见贩卖百灵鸟，报酬颇为丰厚，卖掉几只足够过年开销了。

　　把玩所需多为较罕见的鸟类，捕猎过程中会导致一定的伤亡，捕获之后至售出之前，饲养不当有可能导致部分死亡，都会对野生种群产生明显的消极影响，进而影响整个生态系统的正常运转。

　　武安还有一种习俗，捕获鸟类以作为孩童玩乐，常见的是麻雀，多用丝线绑缚鸟腿，孩童牵拉玩耍，鸟则挣扎乱飞，其状甚惨。麻雀又极为性烈，在人为控制之下，不饮不食，永不放弃反抗挣扎，往往在三五日后凄

---

① 民国《武安县志》卷9《社会志》，见《武安县志校注》，第835页。
② 民国《武安县志》卷2《地理志》，见《武安县志校注》，第647—648页。
③ 河北省武安县民间文学集成编委会：《武安民间故事卷续集》，第531页。

凉死去，几乎没有可以长久养活的。

另有十多岁孩童的嬉戏，常捕捉鸟后烧烤而食其肉，掏窝而取其卵，或食用或肆意践踏，亦极残忍。这类事情笔者幼年经常耳闻目睹，近十余年来已不多见。

近年来，有开发商要在武安西部建立狩猎场，可豢养的狩猎动物除了后文要提及的鹿类外，设置巨网覆盖的开阔猎鸟场地也是一个不错的设想。可以考虑投放鸟类除了麻雀外，还可包括鸡形目、雁形目、鸠鸽目、鸻形目等类型的繁殖快、季节性集群且肉、羽毛价值较高的动物，比如环颈雉、灰山鹑等①。

三　鹿类

磁山遗址野生动物的骨骸以鹿类的为最多，包括梅花鹿、马鹿、麂子、麋鹿、獐子（麞）和麅子②。而这几种鹿类动物占优势的情形并非磁山所独有，而是全国新石器时代多数遗址的共有的特点③。有学者指出，"新石器时代的华北虽然已有了原始的农业和畜牧业，但捕猎野生动物仍为当地居民谋取食物的方式之一，而鹿类动物仍是他们最重要的肉食来源。这一情况，已为大量考古实物资料所充分证明"④。

史载石勒在战乱中被卖给师欢为奴，"欢家邻于马牧，与牧率魏郡汲桑往来，勒以能相马自托于桑。尝佣于武安临水，为游军所囚。会有群鹿旁过，军人竞逐之，勒乃获免。俄而又见一父老，谓勒曰：'向群鹿者我也，君应为中州主，故相救尔'"。⑤去除掉神异的色彩，则可知十六国时期武安一带鹿还比较多，而射鹿也为寻常事，故士兵才会群起追鹿，而石勒得以借机逃脱。

自北朝以迄明清，与武安有关的文献记载非常少。值得注意的是，明代每年的土贡有大角鹿一头，则显然在明初及其以前，武安鹿类仍较多，

---

① 刘凌云、郑光美主编：《普通动物学》，第 529 页。
② 周本雄：《河北武安磁山遗址的动物骨骸》，《考古学报》1981 年第 3 期，第 339—341 页。
③ 袁靖：《论中国新石器时代居民获取肉食资源的方式》，《考古学报》1999 年第 1 期，第 2 页。
④ 王利华：《中古华北的鹿类动物与生态环境》，《中国社会科学》2002 年第 3 期，第 189 页。
⑤ （唐）房玄龄：《晋书》卷 104《石勒载记上》，中华书局 1974 年版，第 2708 页。按，临水或即今峰峰矿区临水镇，在历史的早期，武安辖境远比当代大。

还当有人专门靠捕鹿为生①。

武安村名也可以为我们提供佐证，如矿山镇有白鹿寺村，该村建于明初，得名原因为村东山上有寿宁寺，而寺中曾养白鹿②。有学者指出，"佛教寺院养鹿，当然不是为了食用，目的在于加强一种和平静穆的宗教气氛，自然也就是以观赏为主了。这种习惯可能是受印度佛教的影响"③。

现代动物学家的研究表明，梅花鹿有隐性白化基因，只有在出现了概率非常小的变异后，梅花鹿的白化基因才会表现出来而成为白鹿。所以，有白鹿的地方往往有梅花鹿，而且种群的数量可能还非常大，则明初武安或许还有较多的梅花鹿。再结合磁山文化的考古发掘情况来看，鹿类动物应当是武安狩猎历史上重要的狩猎对象。④ 有趣的是，1949 年后，武安曾经引进梅花鹿进行饲养，马店头公社农场于 1980 年引进了 9 头，至第二年就繁殖到了 13 头，可由于没有好的销路，到 1983 年鹿场便告解散，而养鹿事业也宣告终止⑤。只是整个饲养的兴废过程中，人们都没有意识到，历史上武安可能遍地都是鹿。近年，又有投资商想在马店头村附近建设狩猎场，倘若付诸实践，重新引入鹿或许是个可取的思路。

武安有名为《白买箭》的民间故事，讲述一个没有真本事的猎人上山打老虎，见到老虎后躲进了山石的缝隙里，正在这时来了一群鹿，老虎便转而捕食鹿，因为把鹿全部吃掉而撑死了。又有《驴和老虎》讲述了一只聪明的驴智斗老虎的故事，提到驴遇到老虎后就对老虎大声说："尖尖耳朵四腿长，高高山上我为王，昨天吃了两只鹿，今天要把虎肉尝。"而老虎当场就被吓跑了。⑥ 故事的内容都很荒诞，但也反映出了民间对历史上鹿比较多这一事实的朦胧记忆。

如前所述，明代方志中谈及武安的野生动物时提及了獐，康熙县志不载，但乾隆县志又收入，民国县志又不载。可知整体而言，明清以后已经

---

① 嘉靖《武安县志》卷 1《食货志》，见《武安县志校注》，第 11 页。又见《彰德府志》卷 4《田赋志》，《天一阁藏明代方志选刊》本，上海书店出版社 1964 年版，第 5 页 b。

② 河北省武安县地名办公室：《武安县地名志》，《武安县地名志》，第 355—356 页。

③ 刘敦愿：《中国古代的鹿类资源及其利用》，《中国农史》1987 年第 4 期，第 88 页。

④ 盛和林：《中国鹿类动物》，华东师范大学出版社 1992 年版，第 267 页；另参王利华《中古华北的鹿类动物与生态环境》，《中国社会科学》2002 年第 3 期，第 191—192 页

⑤ 武安市地方志编纂委员会：《武安县志》卷 4《农业志》，第 207 页。

⑥ 河北省武安县民间文学集成编纂委员会：《武安民间故事卷续集》，第 314、409—411 页。

比较少见。但磁山遗址出土有獐骨，武安与峰峰交界地带有神麇山①，有此地名，亦可见古代獐子之多。

古代猎鹿的目的主要是食用和药用，鹿角用作手工业原材料，鹿皮用来制作衣物，此外猎鹿还用来作宗教崇拜、军事训练、观赏等②。

正如周本雄指出的那样，獐子一般生活在河岸边的芦苇丛中、湖边或山边丛林中，獐子的大量存在说明古代武安的沼泽湿地较多，森林植被也较为丰富。

王利华论述中古华北的鹿类动物时，所得出的结论也适用于历史早期的武安，试参照其论述来探讨古代武安猎鹿盛行背后的重要信息：其一，明代以前，鹿类是武安具有重要经济价值的野生动物门类，一直是人们重要的狩猎对象，鹿类资源丰富，往往也昭示了其他动物资源较为丰富；其二，鹿类对湿度、水分、植被等环境因素有较高的要求，且对生态环境变化的反应较为敏感，鹿类种群数量庞大，即可推测生态环境整体状况较好；其三，鹿类动物也是大型食肉猛兽的捕食对象，鹿类数量可观，则预示着食肉动物的数量也可达到一定的规模③。所以，鹿类动物是武安狩猎业兴衰的晴雨表，随着鹿类动物的减少乃至彻底消失，狩猎业也趋向衰微。

四　兔子

兔子是武安晚近时期捕猎的重要对象，明代武安人宋之韩有五言律诗《春早适近郊》，其中提及猎兔情形，称："醉归度古原，猎人逐兔走。纵鹰荆榛多，驰瞀山阪陡。得兔时一欢，蹉跎间常有。追忆古人心，惓惓叹烹狗。"④ 可见古代捕兔之风颇盛。民国县志即称："（兔子）耳大口开，身长尾短，性懦善逃，常被他兽所搏噬，猎者常巡逻之，山林原野均有。"⑤ 1990 年县志又称，"常社川野兔最多"⑥。

捕兔的主要动机有二，其一则为食其肉而获其皮毛。古代医家即指

① 麇，读［jūn］，即獐子的古称，而读［qún］则为群集之意。
② 刘敦愿：《中国古代的鹿类资源及其利用》，《中国农史》1987 年第 4 期，第 83—87 页。
③ 王利华：《中古华北的鹿类动物与生态环境》，《中国社会科学》2002 年第 3 期，第 199 页。
④ 民国《武安县志》附志卷 3《文征》，见《武安县志校注》，第 1231 页。
⑤ 民国《武安县志》卷 2《地理志》，见《武安县志校注》，第 650 页。
⑥ 武安市地方志编纂委员会：《武安县志》卷 3《地理志》，第 110 页。

出，"兔处处有之，为食品上味"，并认为深秋时节为吃兔之绝好时节，"八月至十月可食，余月伤人神气"。虽然有"妊娠不可食，令子缺唇"的禁忌，但却有"催生易产"的功效，还可治疗孩童的痘疹①。其皮可做裘，其毛可制笔，均有功效，故而人们热衷于捕捉野兔。

其二则为保护农田作物。兔子繁殖能力极强，虽有诸多天敌，但种群数量仍会维持在较高的水平。兔子喜欢在田间挖洞，尤喜豆类农田和菜田，喜食豆苗、白菜等，故常会导致豆类与蔬菜的大幅度减产。有俗语称："听见兔的叫还不敢种黄豆哩？"有人对此进行了解读，称："兔子最爱吃黄豆苗。一夜之间会全苗覆没，减产绝收。"② 在一则名为《虎妻》的故事中，主要情节的由头就与野兔吃黄豆苗的事情有关，摘录相关描述如下：

> 从前，太行山里有一个老头，身边有两个儿子，爷儿仨在山沟里开了一片荒地，种了许多黄豆，黄豆苗上来了，地里野兔常偷吃，老头叫两个儿子在黄豆地搭了一个草棚，每天夜里派一个人去地里看豆子。③

故事是虚幻的，但所描述的看豆子赶兔子的情景却是真实的。故而自古以来，人们都会尽力捕杀兔子。

《兔子寻死》的故事中有一段描述，形象地说明了兔子的遭遇，摘录如下：

> 兔子就想哩：世上谁也比我厉害，谁也敢欺负我，猎人见了拿枪打我哩，狼虫虎豹见了吃我哩，狗见了撵我哩，恶老雕见了转着圈想叼我哩，蛇见了缠我哩，就连小马蜂见了也要蜇我哩，每天提心吊胆哩，活着还不如死了痛快哩。④

《兔子为啥三片嘴》则提及喇嘛见到兔子都会追逐，摘录相关段落

① （明）李时珍：《本草纲目》（点校本第2版）卷51《兽部·兔》，第2886—2888页。
② 高音亮、高和平：《武安方言与韵辙》，第208页。
③ 河北省武安县民间文学集成编委会：《武安民间故事卷》，第337页。
④ 同上书，第316页。

如下：

> 兔子一跛一拐走在路上。喇嘛看到前面有一只受伤的兔子，就紧紧追赶。为了追上兔子，喇嘛把布袋里的馒头、帽子、鞋都扔到路旁。一会儿，兔子跑进森林不见了，喇嘛找不见兔子，来拿东西。[①]

另有一则名为《"瞄不准"打兔子》的故事，风趣幽默地描写了一位技术不精的猎人打兔子的经历，也可看出武安民间打兔子风气之盛。故事不长，摘录全文如下：

> 有个人爱打兔子，打了好长时间，一只也没打住。人们给他送了个外号，叫"瞄不准"。
>
> 这一天，"瞄不准"又去打兔子，跑了多半天，连根兔子毛也没打住。他累了，坐在堰根儿一堆树叶乱草上歇息。哧溜，从草窝里跑出一只兔子，眼看着跑远了。"瞄不准"想摸摸，看草窝里还有兔子没有，扑过去一摸，笑了，还真抓住一只。他高兴了，这回有话说了，不怕别人说瞄不准了。抓着兔子正要走，又想到兔子活蹦乱跳，身上没一处伤，不像是枪打的，人家见了不相信咱枪法好。他按住兔子，解下腰带，一头拦腰把兔子捆住，一头拴在树枝上，把兔子吊起来。他往后退了十几步，端起猎枪，瞄准兔子，咚地一声打出去，没打准兔子，打断了腰带。兔子掉在地上，拖着半截腰带跑了。[②]

近年来，武安西部旅游业发展迅猛，在管陶、活水两乡设立了洺河源国家森林公园，七步沟、京娘湖、长寿村、古武当山朝阳沟等旅游景区，发展势头良好，而各种山野风味也很受游客欢迎，野兔更是野味中的珍品[③]。故而，当代对野兔的捕猎行动更是如火如荼。但若不加钳制，可能

---

① 河北省武安县民间文学集成编委会：《武安民间故事卷》，第 122 页。"喇嘛"，原文为"喇麻"，笔者予以改正。

② 河北省武安县民间文学集成编委会：《武安民间故事卷续集》，第 390 页。笔者调整了若干明显不合适的字与标点符号。

③ 关于风景区的概况，可参看张华民、杨磊《魅力武安丛书》之《四季流韵：山水风光卷》，新华出版社 2011 年版，第 24—149 页。

会对生态系统造成不小的消极影响。

五 狐狸

历史上狐狸为武安常见的动物，民国县志称："（狐）食草兽，山野有之，剥其皮为制裘珍品。"[1] 将狐狸定为食草兽当然失之偏颇，但也能看出古人对其观察之细微，因为狐狸食性较杂，除了吃各种小动物外，偶尔也会采食植物。武安西部狐狸种群数量曾非常可观，民间故事《刘仙灭狐精》中即描述了阳邑多狐的情形，称：

> 阳邑镇东，有一座小山叫"狐子山"，山下有一条河，河岸是土岸，上有无数的洞穴，常有狐狸住在洞内。所以名叫"狐子河"。
>
> 据说，过去这里住着很多狐狸，经常出来糟害农田，吃家禽，还有的千年修炼成精，常到附近村上缠男害女，闹得当地很不安宁。[2]

而固镇有狐仙庙和圆楼庙会，足证历史上狐狸也不少，村志中有相关描述，称：

> 传说狐仙有老弟兄三人寻到此地安居，兄长居住村西土莲洞，二弟居住村东黄沙洞，三弟居住拐子街圆楼下，还有后窑上清沙洞居住为二弟子孙，老三门全家约有五六十口人，有事相帮，家教较严，扶正除邪，倍受人们信仰。
>
> 传说很早以前，圆楼地是一片麦场，麦秸垛几年保存原样。不知何缘故，引来狐仙居之，兴助善男信女平安无祸。尤其是外出"关外""口外"经商大兴。为了报答狐仙恩德，依照麦垛样子兴建了圆楼，并择四月十一日为诸神唱戏、立庙会贺之。1940 年废之。[3]

但随着时间推移，狐狸日渐减少。1990 年县志称："分布于县境山区

---

① 民国《武安县志》卷 2《地理志》，见《武安县志校注》，第 650 页。

② 河北省武安县民间文学集成编委会：《武安民间故事卷续集》，第 321 页。

③ 两段材料分见刘北方主编《固镇村志》第 12 编《文化篇》，第 327 页；第 13 编《社会篇》，第 369 页。

和丘陵，今已不多。"① 笔者也曾就猎狐问题访谈了几位在 20 世纪 40 年代及其以前出生的老人，据他们回忆，60 年代以前还常能见到狐狸，此后逐渐稀少，80 年代以后基本绝迹。环境变化是原因之一，而人们的猎杀行动也起到了推波助澜的作用。

与豹、狼等动物不同，狐狸不会攻击人，而皮毛又较名贵，李时珍指出，狐狸"日伏于穴，夜出窃食。声如婴儿，气极臊烈。毛皮可为裘，其腋毛纯白，谓之狐白"②。所谓"集腋成裘"，就是积累狐狸腋下皮毛可以做成名贵皮衣。故而也常遭捕猎。捕获狐狸的幼崽并不难，孩童们都可以很轻易地抓住，民间故事《狐女报恩》中即称："小保（主人公）看见几个小孩抓着一只小狐狸，这个说要摔死，那个说要砸死。小狐狸缩着身子，流着眼泪，怪可怜的。"③ 但捕捉成年狐狸则比较困难，古人称狐狸"性多疑审听，故捕者多用罝"④。俗语"狐的没打住，惹了一溜骚"，亦可看出狐狸并不容易捕捉。

但唐以后狐狸精与狐仙的说法风靡全国，武安亦不例外，所以猎人往往要在物质利益的追求与精怪禁忌的交互作用与博弈中进行抉择。猎狐也就成了最具有戏剧性、神秘性和刺激性的狩猎行为，也往往会衍生出极具张力的故事来。有一则名为《阎地石》的故事，讲述东周庄村猎人阎地石因一次奇遇而拥有了龙附土枪，从而成为神枪手，弹无虚发，但因执意要打狐子，以至于枪炸膛而手受伤，终因此而丧命⑤。

六　獾

獾，其实有猪獾、狗獾两种，武安民众并不细致区分，笼统称之为獾。磁山文化遗址中即有狗獾，文献记载则首见于乾隆县志。民国县志中有较细致描写，称："形如犬而腿短，有人脚狗脚之分，性懦怯，夜出觅食，其油滑肠，专治牲畜隔草症。"⑥ 1990 年县志指出，全境獾的数量还比较多⑦。

---

①　武安市地方志编纂委员会：《武安县志》卷 3《地理志》，第 110 页。

②　（明）李时珍：《本草纲目》（点校本第 2 版）卷 51《兽部·狐》，第 2878 页。

③　河北省武安县民间文学集成编委会：《武安民间故事卷》，第 338 页。

④　（明）李时珍：《本草纲目》（点校本第 2 版）卷 51《兽部·狐》，第 2878 页。

⑤　河北省武安县民间文学集成编委会：《武安民间故事卷》，第 341—342 页。

⑥　民国《武安县志》卷 2《地理志》，见《武安县志校注》，第 650 页。

⑦　武安市地方志编纂委员会：《武安县志》卷 3《地理志》，第 110 页。

　　獾肉极香美，本草书称："貒（猪獾）肥矮，毛微灰色，头连脊毛一道黑，短尾，尖嘴而黑。蒸食极美"，"其肉带土气，皮毛不如狗獾"。又称："狗獾，处处山野有之，穴土而居。形如家狗，而脚短，食果实。有数种相似，其肉味甚甘美，皮可为裘。"① 獾还可杀蛔虫，獾油还可治疗冻疮，功效显著。笔者家乡的人们常在秋后去猎獾，带回家后剁肉馅包饺子，为难得的美味。方言称猎獾为"哨獾"，或与猎獾总要纵狗捕獾有关，人常用口哨来指挥狗。獾性机敏，捕捉也殊为不易，邯郸县有名为《聪明的獾》的故事，摘录如下：

　　　　饿狼遇见一只獾，它恶狠狠地说："可该我解馋了。自古道，英雄同样怕饥寒，这话真不假呀！"说着就把獾扑在爪下。

　　　　獾很沉着，它说："你真笨，连怎么个吃法都不懂，还自称什么英雄。"

　　　　狼说："我从来都是扑在脚下，咬断气管，喝了血，吃了肉。你怎么敢说我不懂？"

　　　　獾说："你父亲吃我父亲就不这样。"

　　　　狼问："怎么不一样？"

　　　　獾说："你父亲把我父亲逮住，不是先咬气管再喝血，而是先把我父亲高高举起，从路这边往路那边扔三次，再从路那边往路这边扔三次，然后再吃。"

　　　　狼一听，心想：这还不容易？于是它把獾高高举起，从路这边往路那边使劲扔了过去。獾见狼一扔，心里很高兴，它就势一滚，滚下山坡，到了自己洞口，往里一钻，堵住了洞门。

　　　　狼上了当，跑到洞口，恶狠狠地说："小东西，你骗我，以后看，轻饶不了你。"

　　　　獾轻蔑地说："狼心狼，没什么了不起！我父亲过去就是这样捉弄你那蠢父亲的。"②

---

　　① （明）李时珍：《本草纲目》（点校本第2版）卷51《兽部·貒》《兽部·獾》，第2882、2883页。

　　② 杜学德主编：《邯郸市故事卷》下册，第204页。

情节诙谐搞怪，但倘若不是獾本来就极为机警，捕猎难度较大，恐怕不会形成这样的故事。

七　狼

武安历史上即有狼分布，但明清方志不载。民国县志称："（狼）状如犬，嘴大尾拖，色杂黄褐，或苍灰，凶猛贪毒，食野兽，更垂涎人。数十年前累出为害，自山荒日辟，此物罕见，皮制褥甚暖。"① 1990 年县志称："县境西部深山区尚有，已为数不多。"② 李时珍称："（狼）处处有之，北方尤多，喜食之。"肉味"胜狐、犬"。有调和肠胃之功效，狼膏可以护肤，狼牙、狼尾可以辟邪。狼"性善顾而食戾践藉"，"狼心狗肺""一片狼藉"等成语即与狼的这一习性有关。而狼又喜食羊，武安西部山区历来养羊较多，狼患严重，羊或其他家畜遇害后，圈舍血腥异常，惨不忍睹，尤为惹人恼怒③。所以，历史上常有人猎狼。

马店头村老人魏林的（女）娘家在台上村，曾向晚辈讲述过幼年时经常见到狼的事情。当年其家在台上村西光棍脑山上种山地，经常会见到狼。长辈教导其见到狼后就说是狗，则狼不会攻击；如果说是狼，狼立即会向人发起攻击。④

又据家父赵长拴讲述可知，1940—1943 年期间，武安年景不好，不少人经由摩天岭峻极关逃荒至山西辽县（今左权），部分人永久定居在了那里。还有不少人则往返多次，最终又回到了家乡。这些往返山西的人常会讲述武安、辽县交界地带狼群出没的场景，人狼之间的接触与碰撞也颇为频繁。有两则民间故事反映了人与狼之间的紧张关系，其一为《割狼尾巴的人》，摘录如下：

从前，有一个人家里很穷，给财主当长工哩。

一天，他在地割草哩，割着割着觉得瞌睡，就轱辘在地上睡了。

---

① 民国《武安县志》卷 2《地理志》，见《武安县志校注》，第 650 页。

② 武安市地方志编纂委员会：《武安县志》卷 3《地理志》，第 110 页。

③ 以上关于狼的特点与习性的材料出自（明）李时珍《本草纲目》（点校本第 2 版）卷 51《兽部·狼》，第 2884、2885 页。

④ 魏林的老人于 2003 年去世，享年 75 虚岁，生于 1929 年，则其所叙述的事情约 20 世纪 30 年代后期、40 年代前期。相关事情系家姐赵彦琴转述给笔者，家姐为老人的儿媳妇。

脸上觉得毛茸茸哩，睁眼一看，呀！有只狼用尾巴扫他的脸哩。

这只狼来了很久，想吃这个人哩，不知道他是个活人还是死人，就用尾巴在他脸上扫起来了。

人见了狼很害怕，心想，这会儿准得叫狼吃了，他往四周看了看，没有一个人，突然他瞅住镰刀，心想，不能让他白吃，他心一横，猛地抓起狼尾巴，使劲把狼尾巴砍下来了，狼叫唤了一声跑了。从此，这只狼和这个人结下了仇，非吃了他不可。

一次，这个人赶着牲口去驮煤，被狼知道了，路上领了一群狼，截住了这个人，这一次，人可真害怕了，他掉转驴头，使劲打了一下毛驴，毛驴冲开狼群逃回村里，他慢慢躺在地上，心想你来吃吧。

这一来，倒使狼起了疑心，尤其是被割掉尾巴的狼，心中更害怕，他记得上次就是这样躺着把自己尾巴割掉的。这回不知道这个人又……，狼想到这里，猛地一阵吼叫，掉头就跑了。其他狼也都跑了。

从此，这里的狼一见到这个人就逃得远远的，恐怕他割掉自己的尾巴哩。①

这则故事里反映出了狼的几点习性，首先是合群性，一般是大群狼一起行动，协作完成进攻任务；其次是报复性，对于遭受到的伤害，一般都会择机进行报复；最后是食性，喜欢吃鲜活的动物，不吃死去很久的尸体。

另一则故事名为《放羊人打狼》，只摘录打狼的部分如下：

这天晚上，他（放羊汉野二柱）看了一半戏，就从台下挤出来。他结记②山上的羊。果然，走到半路上就听见羊叫唤。他大步跑上山，远远就看见一只大灰狼正咬着绵羊往外拖。他顺手抄起那把铁铲，一下子跳过去，一把逮住狼尾巴。

狼害了怕，扔下绵羊，回头咬他，他不撒手，一只手拖着狼尾巴，一只手抡着铁铲打狼头。狼嚎叫着，头上流了血，咋着也挣不

---

① 河北省武安县民间文学集成编委会：《武安民间故事卷》，第380—381页。

② 结记，武安方言，惦记、挂念的意思。

脱。狼吓破了胆，一下子窜出一股热滚滚的稀屎，正好喷在放羊汉的脸上，他喊了一声松了手，狼也跑了，放羊汉脸上烧伤了。好了以后留了一脸疤。

从此，小寡妇嫌他丑，不再跟他来往了。野二柱放了一辈子羊，再也没见过一只狼。

有人说是那只狼吓破了胆，回去以后跟那一带的狼通了气，以后只要听见野二柱的吆喝和口哨声就都远远躲开了。①

这则故事又提供了一些信息：放羊人为了保护羊群，往往要充当兼职的猎人，且与狼发生正面冲突与近距离肉搏的可能性很大。狼很聪明，且记性很好，遇上了难缠的对手，以后便会远远躲开，再不发生直接对抗。另更有意思的一点，即狼粪滚热，可能还带有其他腐蚀性物质，可以烧伤人的皮肤，这又与李时珍的叙述相吻合，李氏称，"其肠直，鸣则后窍皆沸"②。

八　野猪

方言称山猪。六部县志中均未单独记载，不知何故。或许是以猪统摄了野猪与家猪，但两者实有本质不同。询之故老，则知武安历史上也曾大量存在野猪当无疑问。古代本草学家指出，野猪"形如家猪，但腹小脚长，毛色褐"，"其肉赤色如马肉，食之胜家猪，牝者肉更美"。野猪极为强悍，遇到危险时，野猪或快速奔逃，或负隅顽抗，"其肉有至二三百斤者，能与虎斗"，故有"狼奔豕突"这样的成语。冬天常在林中采食橡子，而作物生长季节，则喜欢到农田中觅食，"最害田稼"。故人们也常进行捕猎，但要冒极大的风险，还要注重技巧，因为野猪"作群行，猎人惟敢射最后者；若射中前者，则散走伤人"③。徐珂描述清代东北野猪之凶悍，称："然熊虎虽猛，尚不及野猪之为害。野猪皮毛凝脂及草叶，矢弹不能入。巨齿露唇外，利于锋刃。且知合群，出则十百成行，大者环外，夹小者于中，虎不敢与大者抗，惟尾之随行，伺隙攫小者去。冬日山

① 河北省武安县民间文学集成编委会：《武安民间故事卷续集》，第387页。
② （明）李时珍：《本草纲目》（点校本第2版）卷51《兽部·狼》，第2884页。
③ 关于野猪习性的材料，引自（明）李时珍《本草纲目》（点校本第2版）卷51《兽部·野猪》，第2835页。

积冰雪，野猪不得食，则偕出，人皆畏之。"① 武安野猪的活动情形，与东北完全相同。

近年来，西部山区又有野猪大量滋生，已经泛滥成灾。野猪在农田中采食时，不光采食籽粒、茎秆，还在农田中来回走动，常会一夜之间将数亩农田完全蹚平，庄稼倒伏，一片狼藉。近年多有人重新开始猎取野猪，一则保护农田，一则获取美食。旅游区的不少饭店也打出野猪肉的招牌来揽客，但因枪支管控较严，捕获殊为不易，又有人开展野猪养殖。还是借用邯郸市的一则名为《山猪》的故事来参证山猪对农田的危害和人们狩猎山猪的行为，故事内容如下：

> 山洞里住着一窝山猪，它们经常轮流外出找食儿吃。
>
> 一天，老母猪出去了。它在玉米地里吃得正香，来了一个光头汉子。他不声不响，走到母猪身边，照它的后腿就是一棍子。老母猪疼得大叫一声，跑了回去。两个小猪闻声慌忙迎出，问母亲怎么回事。
>
> 母猪说："孩子们，今后一定要牢记，光头汉子好打我们，今后外出寻食儿，见了光头的就跑。"
>
> 两个孩子记住了母亲的话。
>
> 一天，猪老大外出找食儿吃。它在红薯地里吃得正香，来了一个戴草帽的。他不声不响，走到猪老大身旁，照它的屁股就是一棍子，猪老大大叫一声跑了回去，母亲和猪弟弟闻声慌忙迎出，问怎么回事。
>
> 猪老大说："妈妈说错了，戴草帽的才打我们呢。"
>
> 猪老二记住了母亲和哥哥的话。
>
> 母猪和猪老大都受了伤，猪老二就外出找食儿吃。它在花生地里吃得正香，来了一个留胡子的。他不声不响，走到猪老二身旁，一棍子照头打来，猪老二一歪头，打掉了半个猪耳朵。猪老二疼得大叫一声，跑回家去。母猪和猪老大闻声慌忙迎出，问是怎么回事。
>
> 猪老二说："你们都说错了，留胡子的才打我们呢，要不是我头偏得快，说不定被打死了呢。"②

---

① 徐珂：《清稗类钞·动物类》，第 5528 页。
② 杜学德主编：《邯郸市故事卷》下册，第 206 页。

故事当然是艺术加工的结果，但透过故事仍可看出历史的真实，野猪对多种农田作物都有危害，而人们也会不遗余力地驱除猎杀野猪，这样的情景在古代显然经常出现。

九 豹

方言称土豹子，即金钱豹，或称华北豹。本草书称："豹性暴，故曰豹。"又称："豹毛赤黄，其文黑，如钱而中空，比比相次。又有土豹，毛更无纹，色亦不赤，其形亦小。"[1] 明清至民国五部方志中都未记载，1990 年县志才第一次收录，称"活动在县境西北高山中，现已罕见。"[2] 但磁山文化遗址即发现有金钱豹骨骼，所以该物种在整个历史时期都生息于武安，且有可能为人猎食。贺进镇有豹子峪村，"相传，建村于明末。初时，曹、李、刘、骞等姓迁此定居。因所居之初名豹子沟，故取村名豹子峪"。[3] 若其地没有豹子生存过，取这样的名字实难理解。

武安有名为《通人性的豹子》的民间故事，摘录其中的片段如下：

> 这天大五更，小孩背着粪筐子往山下走，从山神庙那边走过来一只狸花豹。小孩没见过豹子，以为是只大黄狗，一点也不害怕。他前边走，豹子在后边跟，小孩高兴了，扭回头来，还逗它几下，它也不恼，以后，每天清早都遇到它。
>
> 有一天，他从家里拿条绳子，在路上遇见豹子，把它拴住，牵着去拾粪。赶到店房，拾了一筐子，天还黑洞洞哩。他把豹子拴在店房门外的树上，自己坐在墙根睡觉了。天明，店主起来开门，见拴着一只大豹子，吓了一跳，豹子也受了惊，拽断绳子跑了。店主知道是小孩牵的，就对他说："你真有胆，玩只豹子。"小孩不服气，说："哪有豹子，是条狗。"
>
> 店主看小孩不把豹子当回事，就对他叔叔说了，叫他管好小孩。叔叔听了挺在心。婶子大五更又催小孩起来拾粪，叔叔说："不能

---

[1] （明）李时珍：《本草纲目》（点校本第 2 版）卷 51《兽部·豹》，第 2823、2824 页。
[2] 武安市地方志编纂委员会：《武安县志》卷 3《地理志》，第 110 页。
[3] 河北省武安县地名办公室：《武安县地名志》，第 429 页。

去，要去叫咱孩子陪着去。"婶子只好叫亲生儿子陪他。走到山神庙跟前，豹子又下山来，闻着有生人气，朝着叔叔小孩扑来。小孩急了，抡起锨把就打豹子，说："你还敢扑我兄弟哩。"豹子听了转身跑了。拾满筐回到家里，叔叔问他见啥来没有，小孩说："大黄狗还扑俺兄弟哩，我把它撵跑了。"

过了几天，叔叔婶子赶着毛驴去娘家串亲戚，走到山神庙近边，豹子从后边扑上去，把他亲儿子咬死跑了。①

虽为故事，但也能得出几点有用信息：其一，豹并不常见，小孩子往往不认识；其二，豹偶尔会袭击人。袭击人之后，就有可能遭到报复性的猎杀。

但豹为食肉动物，在食物链中所处位置决定了其种群数量不可能特别多，加上性喜夜间活动，行动又比较神秘，故晚近时期反倒不受人重视，也不再是主要的狩猎对象。但笔者依稀记得在 20 世纪 90 年代，活水村还有人因打死土豹子而获刑。

近年来，有民间志愿者在山西、河北的太行山中多次发现豹的踪迹②。而进入 21 世纪后，武安西部山区森林植被恢复良好，丛林密布，或许也还有土豹子存在。因其行踪神秘，暂时还无人目击过。

十 虎

虎是猫科动物中的霸主，至今动物学研究未发现其有天敌——人类除外。虎的体长可以达到 1.2—2 米，而体重可达 100—200 公斤，最重可达320 公斤③。可以确定的是，在历史的早期武安境内有老虎的踪迹，但明清时期已经非常罕见，所以几部县志中均未记载。邻近武安的涉县在1959 年还曾打死一只老虎，则邻近涉县的武安在明清时期或许也还有一定数量的老虎生存④。有较多的民间故事保留了民众对早期人虎冲突历史

---

① 河北省武安县民间文学集成编委会：《武安民间故事卷续集》，第 188—189 页。

② 参见宋大昭《华北还有豹》，《中国国家地理》杂志网站，网址：http：//www.dili360. com/cng/article/p55496f5a00b4148.htm。

③ 文榕生：《中国珍稀野生动物分布变迁》第 6 章《虎的分布变迁》，山东科学技术出版社 2009 年版，第 254 页。

④ 涉县地方志编纂委员会编：《涉县志》，中国对外翻译出版公司 1998 年版，第 103 页。

的记忆，试举几例：

《老虎山》，讲述原来有只老虎经常吃人，一次正衔着一个小孩准备吃掉时，被玉皇大帝看见，于是派二郎神去解救，二郎神制服老虎后将其变成了一座山。

《王小砍柴》，讲述了王小砍柴时，一只老虎想吃他，他便爬上了树，老虎向树上扑时被树卡住了脖子，王小放过了老虎并与老虎结拜为兄弟。后来，在老虎的帮助下，娶了财主家的小姐，王小过上了幸福的生活。

《王小与老虎》，显然与上述故事同源而异流，主要情节大同小异，这个故事中，老虎被树挂住了鼻子，而最后王小娶的则是公主。

《驴和老虎》，前文剖析猎鹿时已经提及，讲述了驴智斗老虎的故事。老虎被吓退后，在猴子的怂恿下再度来找驴子，驴子又说道："尖尖耳朵四蹄白，好个猴子你才来，昨天许我两只虎，为啥只领一只来？"老虎信以为真，一口吃掉猴子并再度落荒而逃。

前引《虎妻》的故事谈及哥俩轮流到地里看黄豆苗的事情，其中老二因为看豆子而结识了老虎精，老大藏起老虎皮而老虎精无法变回老虎，老二便娶其为妻。①

《老虎吃秤砣》，讲述了两口子出门走亲戚，把孩子锁在家里。一只老虎闯进院子，隔着窗户向屋里张望。小孩以为是黄狗，就拿火盆边烤着的柿子喂老虎，喂完了老虎还不走。就又烤土豆喂，喂完还不走。最后，小孩夹起烧红的秤砣逗老虎，不料老虎一口吞下，活活被烧死了。

《郎中与老虎》，讲述了一位郎中帮助母老虎接生而后老虎报恩的故事。

《白买箭》，其中有一段情节提及大山上的老虎吃了很多过路人，朝廷派人除虎无功，白买箭被迫上山打虎，误打误撞地成了打虎英雄。

此外，《老虎学艺》《老虎和蛤蟆》《虎儿》等故事也与虎有关。② 前文讲述桑葚采集和酸枣采集时分别引用的《卧虎岭和桑椹沟》和《"皇帝

---

① 河北省武安县民间文学集成编委会：《武安民间故事卷》，第 137—138、280—281、294—296、314、337—338 页。

② 河北省武安县民间文学集成编委会：《武安民间故事卷续集》，第 183—185、210—211、409—411、290—291、293、398—399 页。

岭"上的葛针为啥没有勾》两则故事也提及了老虎①。另有一则《郑升报
仇除害》的故事，讲述者抗战时曾在邯郸市的西部山区打过仗，该故事
或可反映武安历史上的虎害与打虎情形，摘录其中的打虎情节如下：

> 明朝末年，太行山里出了只老虎，常常伤人害畜，县官多次派人
> 去捕，都被老虎吃了。没办法，就贴出告示，悬赏千金招请打虎英
> 雄。有个好吃懒做的孤身二流子张山，因花光了家产，就想去揭告示
> 碰碰运气。他的舅舅傅向深知他没有真本事，不让他去冒险。他不
> 听，到底揭了告示，被请进衙门，大吃海喝了一顿。吃饱喝足了，他
> 也后悔了：明天咋打虎呢？他想了一整夜，想出个入山后寻机逃跑的
> 主意。
>
> 第二天，张山向县官讨了一张弓、一筒毒箭和一把钢刀，领了十
> 名兵丁就骑马进了山。他吩咐兵丁在山底破庙里等他，他独自进了山
> 岗。他在山岗胡转了半天，迷了方向。这时，天也快黑了，他心里着
> 急：万一碰到老虎咋办？正好眼前有个石洞，干脆躲它一夜，明早再
> 跑。于是，就一低头钻进洞里，打开随身带的酒葫芦，咕咚咕咚喝干
> 了，然后迷迷糊糊入了梦想。
>
> 张山一直睡到大天亮，才迷迷糊糊站起身来，准备逃跑。忽然，
> 他觉得脸上痒痒，睁眼一看，见有一根鸡蛋粗细的毛棍子扫他的脸。
> 这毛棍子连在毛团团的不知啥东西上。他定神仔细一看，呀！是老虎
> 屁股！登时吓得头发稍子都炸起来了。原来这洞是老虎窝，昨天没有
> 细看，误入这个地方，后悔也晚了。老虎习惯清晨回窝，次日午后再
> 出窝觅食。虎进窝是先进屁股，叫做老虎大偎窝。老虎不知窝里有
> 人，所以一直退到张山面前。张山吓得六神无主，忙去腰间拔刀，不
> 料心慌意乱，错把一筒箭拔了出来。他慌乱之中也不顾多想，只是拼
> 死力把一筒箭向虎屁股攮去，正巧攮进老虎屁股眼里，连半截箭杆子
> 都攮进去了。老虎万万想不到这一手，只疼得大吼一声，蹿出洞外一
> 丈多远，摔到半山坡上，滚下了山沟。一会儿，箭毒发作，老虎七窍

---

① 杜学德主编：《邯郸市故事卷》上册，第80—81页，河北省武安县民间文学集成编委
会：《武安民间故事卷》，第188页。

出血，翻了两个滚，死了。[①]

　　故事中对老虎与人的冲突、老虎的习性、打虎用的工具等都有较生动细致的描述，可见历史上邯郸西部山区当有一定数量的老虎，而人们对其有相当程度的了解。

　　曹志红、曾雄生等人都曾对历史上的人虎关系进行过深入探讨，对南方地区的分析颇为精当，或许相关的论述也适用于明清以前的武安地区[②]。在人虎之间的博弈过程中，随着人类的捕猎和山林的开发，武安境内老虎最终完全消失了。

十一　熊

　　在明清至1949年后的县志中都没有记载武安有熊，但历史上森林植被较好的时期，也可能有熊分布，列江村有名为"饿死人熊凸"的山凸，关于这一地名的来历，有名为《"饿死人熊凸"的来历》的民间故事，摘录如下：

> 　　在武安县列江乡列江村的西边，有一个山凸叫做"饿死人熊凸"，十分险恶。为啥叫做"饿死人熊凸"哩？这里头有一段故事哩[③]。
>
> 　　传说清朝末年，在这个山下，住着一个人。一年夏天，他到山上去打猎，正在一棵树下乘凉，听见不远处嚓嚓响哩，抬头一看，见有一个人熊，全身是毛，有六尺多高，张牙咧嘴向自己走来。他知道人熊饿极了要吃人，这时，他躲也躲不及，就猛地站了起来，举起乌枪向人熊射去。这一枪不偏不斜，正好打在了人熊的右眼上。人熊疼得放声大叫，像发了疯，向猎人扑来，猎人早已向山上跑去。人熊在后边紧追，追啊追啊，眼看就要追上了。猎人抬头一看，见跑到了山最高凸的崖根，知道上山凸只有一条路，沿着悬崖小道上了山凸。人熊

---

①　杜学德：《邯郸市故事卷》中册，第372页。

②　可参看曹志红《老虎与人：中国虎地理分布和历史变迁的人文影响因素研究》，博士学位论文，陕西师范大学，2010年；曾雄生《虎耳如锯猜想——基于环境史的解读》，《中国历史地理论丛》2008年第2期。

③　武安市原有列江乡，1996年撤区并乡时并入管陶乡。

追到了山凸根，就也跟着猎人上了山凸。可上去之后，转遍了整个山凸也没找见猎人，连下山的路也找不到。原来猎人上去以后，隐藏在一个大树后面，见人熊走过去了，急忙沿着悬崖小道下来了。可人熊找不到下山的路，山上一没有水喝，二没有食物充饥。过了一个多月，人熊在山凸上活活饿死了。后来人们就把这个山凸叫"饿死人熊凸"。①

　　按，人熊即棕熊，古人称羆，李时珍称："俗呼熊为猪熊，羆为人熊、马熊，各因形似以为别也。"② 哺乳纲食肉目熊科动物，体长可达 2 米，体高（四肢着地时）可达 1 米，体重可达 600 公斤，主要生活在欧亚大陆温带山林地区，食性较杂，吃植物的幼嫩部分和果实，也吃虫、鱼、鸟兽，特殊情况下会伤害人畜③。李时珍即称："羆，头长脚高，猛憨多力，能拔树木，虎亦畏之。遇人则人立而攫之，故曰人熊。"④ 徐珂称："虽弹丸洞胸，血流肠出，尚能掘泥土以塞伤口，奋追击者致其命，故虽精于枪技，独力不足以胜之。"⑤ 人熊之凶悍如此，上述传说当是以真实事实为依据的，《河北省志》中即称："大型兽类由于历史上森林植被的破坏，不少种类已绝迹，例如棕熊、黑熊、虎等，均在文献中曾有记录。"⑥ 而列江周边的气候特征，显然适合棕熊的分布。而传说中人熊凶猛的习性也与棕熊的生物特征相契合⑦。

　　除前述动物外，猕猴也早在磁山文化时代即成为武安民众捕食的对象。明代方志所记载的猴皆为猕猴，其体型中等，体长在 51—63 厘米之间，尾长在 20—32 厘米之间，体重在 4—12 公斤之间⑧。因其体貌与人颇

---

① 河北省武安县民间文学集成编委会：《武安民间故事卷》，第 149—150 页。

② （明）李时珍：《本草纲目》（点校本第 2 版）卷 51《兽部·熊》，第 2837 页。

③ 参见夏征农、陈至立主编《辞海》（第六版插图本），第 3075 页；中国社会科学院语言研究所词典编辑室编《现代汉语词典》（第 6 版），第 1732 页。

④ （明）李时珍：《本草纲目》（点校本第 2 版）卷 51《兽部·羆》，第 2841 页。

⑤ 徐珂：《清稗类钞·动物类》，第 5506—5507 页。

⑥ 河北省地方志编纂委员会编：《河北省志》第 3 卷《自然地理志》第 7 编《动物》第 2 章"动物分布区"，河北科学技术出版社 1993 年版，第 419 页。

⑦ 天下霸唱著畅销小说《鬼吹灯》之五《黄皮子坟》中有关于猎杀人熊的情节，虽出自小说家虚构，但也有助于我们理解人熊之凶猛，读者感兴趣可看看该书第 4 章"熊的传说"、第 5 章"剖掌剜胆"，安徽文艺出版社 2009 年版，第 19—30 页。

⑧ 文榕生：《中国珍稀野生动物分布变迁》第 2 章"猕猴属的分布变迁"，第 17 页。

为相似，晚近时期一般情况下人类不会进行捕食，但遇到战乱灾荒等极端情形则例外。

第二节　狩猎知识与技能

猎人需要丰富的知识与高超的技能，不然狩猎难有大的收获，还可能遇到各种各样的危险。狩猎行动中核心问题有四个：其一，对什么动物进行狩猎；其二，在什么时候狩猎；其三，在什么地方狩猎；其四，用什么方式狩猎。

一　狩猎对象的选择

为了获取肉食，则选取植食性动物或杂食性动物，因其种群数量较多，这是由生态学规律所制约的。

20 世纪 40 年代，美国生态学家林德曼深入研究了淡水湖泊生态系统中的能量流动情况后发现，生物量以绿色植物为起点，按食物链的顺序在向食草动物、初级食肉动物、次级食肉等不同营养级逐级转移时，呈现出稳定的数量级比例关系，通常后一级生物量只等于或者小于前一级生物量的 1/10。学界把生态系统中不同营养级的生物之间存在的这种必然的定量关系称为林德曼效率，也叫林德曼效应或"十分之一定律"。但后来的研究证明，林德曼效率的值不一定是 1/10，还有可能更高一些。有学者指出：

> 生态学家通常把 10% 的林德曼效率看成是一条重要的生态学规律，但近来对海洋食物链的研究表明，在有些情况下，林德曼效率可以大于 30%。对自然水域生态系统的研究表明，在从初级生产量到次级生产量的能量转化过程中，林德曼效率大约为 15%—20%；就利用效率来看，从第一营养级往后可能会略有提高，但一般说都处于 20%—25% 的范围之内。这就是说，每个营养级的净生产量将会有 75%—80% 通向碎屑食物链。①

---

① 孙泳儒等：《普通生态学》，高等教育出版社 1993 年版，第 207 页。

　　虽然不一定是 1/10，但营养级越高，生物种群数量越少，却依旧是必然的规律。中国历史上也有较多材料印证这一规律。学者研究古代动物和狩猎行为时经常引用两条材料，其一为《逸周书·世俘解》，称：

　　　　武王狩，禽虎二十有二，猫二，麋五千二百三十五，犀十有二，氂七百二十有一，熊百五十有一，罴百一十有八，豕三百五十有二，貉十有八，麈十有六，麝五十，麇三十，鹿三千五百有八。[①]

王利华曾对这一材料进行剖析，指出：

　　　　《逸周书》所载猎物，属食肉类的有虎、猫、熊、罴和貉，约占总数的 3%；食草动物，除鹿类之外，还有犀（犀牛）、氂（牦牛）和豕（野猪）等，所占比例高达 97%，食肉类与食草类的比例约为1:3。这一方面因为食肉类猛兽不易捕获，一方面更由于食肉类的种群数量原本即远低于食草类，因此这条记载符合"生态金字塔"理论。[②]

其二为曹魏时期高柔的奏议，称：

　　　　今禁地广轮且千余里，臣下计无虑其中有虎大小六百头，狼有五百头，狐万头。使大虎一头三日食一鹿，一虎一岁百二十鹿，是为六百头虎一岁食七万二千头鹿也。使十狼日共食一鹿，是为五百头狼一岁共食万八千头鹿。鹿子始生，未能善走，使十狐一日共食一子，比至健走一月之间，是为万狐一月共食鹿子三万头也。大凡一岁所食十二万头。其雕鹗所害，臣置不计。[③]

且不论高柔是否经过了严密的调查，就其列举的数字来说却是符合生

　　①　《汉魏丛书》，吉林大学出版社 1992 年影印本，第 278 页。
　　②　王利华：《中古华北的鹿类动物与生态环境》，《中国社会科学》2002 年第 3 期，第 190 页。
　　③　（西晋）陈寿著，（南朝宋）裴松之注：《三国志》卷 24《魏书·高柔传》裴注引《魏名臣奏》，第 689 页。

态学规律的，每年仅被吃掉的鹿就多达 12 万头，而虎、狼等动物的种群规模却为五六百头，亦可见植食动物远远多于食肉动物。

　　传统时代的武安猎人们当然不可能对林德曼效率有清楚的意识，但他们却在长时间的狩猎实践中对此有了感性的认识。所以自古至今，狩猎的主要对象均为生物量较多的食草动物和杂食动物。如前所述，早在磁山文化时代，人们猎取的动物中除了金钱豹外，其他都不是纯粹的食肉动物。此后的历代狩猎活动，也遵循了这样的模式。这是因为大量捕捉这些动物后生态系统所受影响较为轻微，而捕捉后其种群滋生恢复的速度又比较快，可以永续利用。在历史的早期，猎鹿较为常见。在晚近时期，猎兔、哨獾、捕野猪则是狩猎的重头戏。打狼、杀虎、驱豹，主要的目的往往不是纯粹的狩猎，而是保护牲畜或人，有些时候更只是单纯的报复。

二　狩猎时间的选择

　　狩猎时间呈现明显的周期性，动物学上有"猎期"的概念，指从生物学和经济价值两方面考虑的最佳狩猎时间。猎期存在周期性，因为动物活动表现出明显的周期性，一般应注意不在繁殖期、换毛期狩猎[1]。

　　武安的狩猎活动多安排在秋后，原因有二：一则是猎人大都兼营农业，秋收之后空闲时间较多，狩猎者是在秋冬进入山林，可以心无旁骛地专心进行狩猎[2]；一则是秋后动物为准备过冬，都在体内积蓄了较多的能量，更换了浓密厚实的毛发，此时猎取可以获得更多的经济价值。另外，冬天雪后为捕猎的极佳时机，因为容易根据动物留下的足迹进行跟踪，并判断动物的种类、数量、大小[3]。

　　但实际捕猎时也不拘泥于这些原则，比如捕猎野猪，就常在农忙时进行，因为不及早行动，庄稼就有可能遭到严重的破坏。猎杀野兔，也常在豆类未成熟时进行。

三　狩猎地点的选择

　　狩猎地点则依据狩猎对象而定，还要根据狩猎对象活动区域的时间差

　　①　刘凌云、郑光美主编：《普通动物学》，第 574 页。
　　②　钟敬文主编：《民俗学概论》（第二版），第 39 页。
　　③　苑利、顾军：《非物质文化遗产学》第 11 章 "生产知识与技能类遗产的基本范畴、普查申报要点及其开发与活用"，第 149 页。

异而调整。如农作物收获前狩猎野猪则要埋伏在农田周边，待其进入农田后再进行猎杀，前引《山猪》故事中人们的偷袭行动便为明证。而秋收之后要捕猎野猪则应埋伏于栎树林中，因其此时喜欢采食橡子。

哨獾，要直接寻找其巢穴进行捕捉。猎兔，在其经常奔走往返的道路上设伏待之，可一举擒获。捕狼，可在羊圈附近守羊待狼，也可在山林中人为选择捕猎阵地，以羊为诱饵引出群狼。

但是，狩猎不能纯靠"守株待兔"和"定点清除"，还需要打运动战，大踏步前进，迂回包抄，分进合击，同样很重要。武安俗语称："行围打兔的，跑些狂路的。"即强调了打猎时漫山遍野地搜寻猎物很重要，不可能每次搜寻都有收获，再有经验的猎人也必然要跑很多的冤枉路。

四　狩猎方法

（一）围猎

武安之所以称狩猎为"行围"，说明多个猎人一起行动进行围猎的方法当较普遍。有名为《蓝虎救狼精》的民间故事，其中关于狼躲避猎人的段落详情如下：

> 有一天，蓝虎打柴回家，走着走着，一个被猎人追赶的狼跑过来求蓝虎说："请你救我一命，我是一个狼精，被猎人追赶，没来及变化，落得这样。"蓝虎心里一惊，吓了一跳。没等他开口，狼精说："不要害怕，我不害人的，如果救了我，我会叫你富起来，若有二心，我一定提着我的头来见你。"蓝虎听了这些话，解开柴捆说："请躺在里边吧！"狼精变成一把破扫帚躺在柴捆中间，蓝虎捆紧柴，继续往前走。不一会儿，几个猎人跑了过来，见到蓝虎问："你看见一只狼跑过去了没有？"蓝虎指了指他走过的路说："那个狼已经从这跑过去了。"猎人们看了看他，就去追赶了。[①]

追捕狼精的有多个猎人，足证捕猎狼这样的活动敏捷、生性凶猛且又经常群体活动的动物，最好的狩猎方法显然是群起而攻之。

在历史的早期，猎鹿也需要诸多人分进合击，不然生性机警且奔跑迅

---

① 河北省武安县民间文学集成编委会：《武安民间故事卷续集》，第326—327页。

速的鹿就能迅速逃离，只有多人合作才能有较多收获。

（二）下套子

武安猎人还常用下套子的方法来狩猎，往往设置在山坡、丛林上，主要用于捕捉兔子，间或捕获一些其他动物，甚至能捕获体型更大的动物。20世纪90年代，笔者上山玩耍常能见到大量的套子。曾听闻有人不慎被套住脚踝而勒伤摔倒，也常有牛羊被套住。

关于下套子的方法，笔者未找到关于武安的文字材料，但结合其他区域的材料和笔者的见闻，可以大致描述一下本地的相关情况。首先要摸清楚野兽的活动规律，在其必经之路上布设套子。古代一般是用绳套，现代则用钢丝。所有的套子都是看似简单实际却很巧妙的活套，动物的腿踩入或身体穿过时，套子就会收紧，越挣扎则套子越紧，动物再也无法脱身，有时会被当场活活勒死，有时则会最终被人活捉。套子的圆圈可水平放置，也可竖直放置，前者是在猎物经过时套腿，后者则是猎物通过时套身体。套子一定要布置在草丛、石堆等隐蔽的地方，套子上不能有烟酒等人为的强烈气味，不然会引起动物的警觉。一般是在某一个地段一次性布设数十个套子，要两三天巡视一次，最好能每天检查一遍，不然猎物可能死亡而腐烂掉，或者会被其他动物吃掉[①]。

（三）陷阱

设置陷阱，捕捉各种鸟兽，亦为常见的狩猎方法。要捕捉较大的野兽，一般就是在其必经之路上挖一较大的坑，坑上进行伪装，要求看上去跟正常的地面一样。动物踩踏上去，就会跌落陷阱底部，无法逃脱出来，只能静待猎人前来擒拿。如果动物非常凶猛，陷阱底部可能还会布设竹签、钢锥，刺伤乃至杀死猛兽，降低擒拿时的危险。

要捕捉鸟类，常见的做法是用一根小木棍支起筐子，筐下放置诱饵，用绳子的一头绑缚小木棍，人则牵引绳子的另一头埋伏起来。待鸟进入筐下采食时，突然拉动绳子，木棍倒下而筐子也会扣下，鸟便被扣在了筐子下。笔者幼年也曾用这样的方法诱捕过麻雀。

还有的方法则是用油胶粘鸟。先要用植物油炼制油胶，方法是将油料大火熬煮，熬到黏稠后迅速倾倒到冷水中，即得油胶。将油胶涂抹在竹棍

---

① 另可参见苑利、顾军《非物质文化遗产学》第11章"生产知识与技能类遗产的基本范畴、普查申报要点及其开发与活用"，第149页。

上，斜靠在大树上，有鸟类落于竹棍上，双脚即会被粘牢而无法脱身。民国方志中的"立竿于树，粘鸟为戏"，采用的就是这样的方法①。

（四）借助动物

如前述哨獾，狗是必不可少的。在对抗狼、野猪时，狗也为重要的帮手。

此外古代富贵人家狩猎之戏还会用到鹰，特别是捕猎野兔时。前引宋之韩诗描述猎兔情形时有"纵鹰荆榛多，驰辔山阪陡"，即为明证。②

关于狩猎的知识与技能，武安民间主要靠家族传承，口耳相传。而宋以后，农耕发展迅速，狩猎为小众化的生计活动，越发不受人重视，文献资料非常少见。仍只能借助民间故事来提供一点佐证，有名为《狐狸和猎人》，是专篇讲猎狐的，去除掉精怪的部分，可以反映狩猎的一些细节，不妨摘录如下：

> 从前，在一座大山里，有一只千年修行的狐狸精，它的尾巴又长又大，毛茸茸，十分好看；它的皮毛油光闪亮，颜色华丽，特别鲜艳。
>
> 山下有许许多多的猎人，都想打到这只狐狸，因为它的尾巴和皮毛是无价之宝。他们从这山走到那山，从春天到冬天，谁也没能捉住它。
>
> 有一年冬天，外地来了一个特别机智的猎人，他家中只他一人，他的枪法百发百中。他扛着猎枪，带着干粮，踏着雪地朝山里走去。所有的山头都寻遍了，也没见到这只狐狸。到了第十天，他在一棵树下坐着，突然眼前闪过一道金光，只见一只美丽的狐狸正从雪地上奔过，他急忙端枪瞄准，"咚"地一声，狐狸不见了，雪地上留下了一条又长又大非常美丽的狐狸尾巴。他就拿着这条尾巴到京城去卖，卖的钱很多，可以把全村的土场买到手。
>
> ……
>
> 到了第二年冬天，他还想得到那只狐狸的皮，就又扛上猎枪朝山上走去。所有的山头都踏遍了，也没见到这只狐狸。又到了第十天，

---

① 民国《武安县志》卷9《社会志》，见《武安县志校注》，第835页。
② 民国《武安县志》附志卷3《文征》，见《武安县志校注》，第1231页。

他正在一棵大树下休息，突然眼前闪过一道红光，只见一只秃尾巴狐狸正在雪地上奔跑，他急忙端枪瞄准，"咚"地一声，狐狸不见了，雪地上留下一张非常华丽的狐皮。他就拿着这张狐皮到京城去卖，又卖了很多很多钱，可以把半个国度买到手。

……

到了第三年冬天，他还想得到那只狐狸的骨肉，就又扛枪上山了。所有的山头都踏遍了，也没见到那只狐狸。又到了第十天，他又在大树下打盹，突然眼前闪过一道白光，只见一只全身光秃秃没尾巴的怪物从面前跑过，他急忙端枪瞄准，"咚"地一声，那怪物掉到了堰头下。①

去除掉报应与说教的色彩，这则故事里透露出来的信息有这么几点：其一，猎狐具有相当难度，因为狐狸听觉发达、嗅觉灵敏，可以及早察觉风险并快速逃离，所以故事中很多猎人徒劳无功；其二，猎狐的最佳时间是在冬季，且最好在雪后，这是因为初冬狐狸膘肥体壮，皮毛厚实，同时丛林凋敝，雪地留踪，跟踪寻找狐狸会非常方便，其他猎人从春天找到冬天，漫无目的地狩猎，自然难有收获；其三，捕猎也是非常考验猎人的心性和定力的，认准目标后绝不放弃，坚忍不拔，方能有所收获，俗语称"行围的腿，媒婆的嘴"，不够执着，没有好体力，断难有大收获，故事中的主人公每次捕猎行动都是坚持了十天方才有所收获；其四，虽然有对精怪的畏惧，但物质利益的刺激还是会让不少人铤而走险，挑战精怪。

第三节　狩猎工具

在狩猎之风较盛的地区，往往会有具有地域特色且能代表当地先进狩猎技术水平的狩猎工具。武安自明清以来狩猎风气并不盛行，相关的工具与全国其他区域相比特色并不突出，择要介绍几种。

一　早期狩猎用具

磁山文化时期的狩猎工具当主要是石器和骨器，可能还有棍棒。考究

---

① 河北省武安县民间文学集成编委会：《武安民间故事卷续集》，第335—336页。笔者调整了若干明显不合适的字与标点符号。

出土的器物，有可能用于狩猎的当是砍砸器、石斧、石球、骨镞等，猎杀的方法可能是远射、抛掷、砍砸等①。

二　鸟枪

鸟枪，古人成为鸟铳，为明嘉靖中传入中国的火绳枪。其得名原因实与捕鸟有关，辞书直接定义为"打鸟用的火枪"②。实则鸟枪为明清时期重要的战场杀伐武器，不仅仅用作打鸟。茅元仪称："故十发有八九中，即飞鸟之在林，皆可射落，因是得名。此鸟铳之所以为利器也。"③　即使是后来用作狩猎，也不仅仅打鸟，而是广泛用于猎杀各种动物。其发射原理为枪管中填充火药与铅弹，击发起火，铅弹被弹射出去，实为一种较原始的散弹枪，杀伤面较大。宋应星对明代鸟铳的形制与威力有较详细的介绍，摘录如下：

> 凡鸟铳长约三尺，铁管载药，嵌盛木棍之中，以便手握。凡锤鸟铳，先以铁梃一条大如箸为冷骨，裹红铁锤成。先为三接，接口炽红，竭力撞合。合后以四棱钢锥如箸大者，透转其中，使极光净，则发药无阻滞。其本近身处，管亦大于末，所以容受火药。每铳约载配消一钱二分，铅铁弹子二钱。发药不用信引（岭南制度，有用引者）。孔口通内处露消分厘，捶熟苎麻点火。左手握铳对敌，右手发铁机逼苎火于消上，则一发而去。鸟雀遇于三十步内者，羽肉皆粉碎，五十步外方有完形，若百步则铳力竭矣。鸟枪行远过二百步，制方仿佛鸟铳，而身长药多，亦皆倍此也。④

晚清民国时期，随着新式武器的传入，鸟枪逐渐退出了战争，可在民间狩猎行动中却一直留存了下来。在 20 世纪 80 年代后期，武安西部山区农村还有不少人家保留有鸟枪。

---

① 孙德海、刘勇、陈光唐：《河北武安磁山遗址》，《考古学报》1981 年第 3 期，第 307—314 页。

② 中国社会科学院语言研究所词典编辑室编：《现代汉语词典》（第 6 版），第 949 页。

③ （明）茅元仪：《武备志》卷 124《军资乘·火·火器图说三》，华世出版社 1984 年版，第 5098 页。

④ （明）宋应星：《天工开物》下卷《佳兵第十五·火器》，钟广言注释，广东人民出版社 1976 年版，第 402—403 页。

三 三眼枪

前文已经介绍过,三眼枪常在举行祭祀仪式时点放,原本为武器,其实有时也会用作狩猎工具。武安有歇后语称"三眼枪打兔子——没准",虽为戏谑之语,但也有现实的背景,询之故老,必要的时候,三眼枪还会用作自卫的武器,用于狩猎更是不在话下。

四 气枪

气枪是不利用火药而利用空气压力发射铅弹的枪支①,在国内曾一度非常盛行。在笔者家乡,20世纪90年代经常有年轻人带着气枪上山打鸟、打兔子、哨獾等。阳邺庙会时,还常有人做相关的生意,在一面布墙上绑扎数十个气球,在几米开外架设气枪,交纳一定费用后可以用气枪射击气球,射击了一定数量后还有奖品。随着国家对枪支管控力度的加大,气枪几乎完全消失了。

第四节 狩猎信仰

武安境内信仰的神灵谱系中没有专职的猎神,猎神往往由山神兼任。传统时代猎人进山时往往要祭拜山神,祈求保佑自己狩猎顺利且不会反遭野兽伤害。由于国人信仰的现实功利性,山神崇拜远不如土地崇拜普遍,只有在多山区域才会有较多山神崇拜,这在武安境内表现也很明显。

据武安市第三次全国文物普查工作的统计,全县境内存留的明清时期山神庙或山神庙碑主要位于西部山区,共有18处,其中管陶乡9处,占50%,分别是水磨头山神庙(明嘉靖乙酉年)、岩角村山神庙(清嘉庆年间)、冶峪五神庙(清道光二十九年,除山神外,另有土地、水神、五道神、火神、谷神诸神)、赵水沟山神庙(明万历三十九年)、东沟山神庙(清嘉庆九年)、里富山神庙(明、清)、大水峧山神庙(明清,有清嘉庆四年重修碑)、三神庙村山神庙(清,约三百年历史)、西涧沟山神庙(存嘉庆二十一年碑志1通、道光二十七年题记1通)。

活水乡4处,占22.2%,分别是后柏山山神庙(清光绪二十三年重

---

① 中国社会科学院语言研究所词典编辑室编:《现代汉语词典》(第6版),第1027页。

修）、里沟山神庙（清宣统元年重修）、长寿山神庙碑刻（清道光十一年）、黄土堖村东有重修山神庙创修药王赵爷碑（中华民国六年）。

贺进镇1处，杨庄山神庙（清）；矿山镇1处，连凡村山神庙（清同治年间）；马庄乡1处，武家庄长岭山重修山神庙碑（清嘉庆年间）；徘徊镇1处，后崄岭山神庙（清乾隆年间）；冶陶镇1处，安子岭山神庙（清代）。①

值得注意的是，上述统计资料远不能反映明清时期山神崇拜的全貌。大量的山神庙在国共的政治运动中被毁弃，如冶陶镇固镇村原来的山神庙位于虎头山的古城墙与大山的连接处，"孤庙一大间，无院落"，始建年代无从查考，或许远较县内一般山神庙为早，因固镇早在春秋战国即建城，汉隋间武安县治。该山神庙在1928年国民政府发动的"打偶像"运动中被拆毁，此后再未重建②。

另外，许多村落的山神不单独建庙，而是与土地庙合建一处。如马店头村现有七星宫，原称山神土地庙，即是如此。类似的情形，在西部山区很普遍。

除了村落之中外，山头之上也往往会有山神庙，如马店村旁的门场脑山顶即有山神庙，庙宇颇为简陋，也是只有一间石砌房屋，没有院落。笔者幼年与小伙伴上山刨柴胡时还曾进庙参拜过，旧址现在仍存。在门道川沿岸的大山中，大小只有两尺见方的袖珍型山神庙更是比比皆是。

采集与狩猎是人类在数百万年时间里最重要的生计方式之一，所以传统狩猎文化承载了大量的远古人类生活信息，深入探究狩猎，就找到了一把打开远古历史大门的钥匙，尘封在历史烟云之中的远古祖先的生产生活场景将有可能借此而再现。

祖先们的生活情状会通过文化演绎与生理遗传深刻地影响了后代们的生产生活，我们的很多喜好与憎恶都留有祖先生活情状的印记。或许可以类比心理学上所宣称的单个人的童年经历对个体的深刻影响，整个人类的"童年时代"的生活经历也深深地影响了我们后来的生活状况并映射到我们文化的方方面面。通过分析童年生活经历，能找出人类的心理状况、性

---

① 上述山神庙资料分见武安市文物保管所编《武安市第三次全国文物普查资料汇编（初稿）》，第170、178、179、182、183、189、190、203、247、256页。

② 刘北方主编：《固镇村志》第12编《文化篇》，第327页。

格特征与行为模式形成的原因；而深入探究早期人类的生活情状，也会找出很多文化现象形成的前世因缘。拨开技术进步加诸我们身上的层层迷雾，我们会发现，现代人依旧与先民有不少共通之处。要知道，人类在丛林与荒野中生活了上百万年，而农业时代才一万多年，工业时代更是只有三百多年，在我们心灵中留下的印记的深度，工业时代不如农业时代，农业时代又不如前农业时代。如果平心静气地仔细聆听的话，或许我们都能听到自己血脉深处还有祖先们留下的乐符在永不休止地跳跃。要之，通过狩猎，我们可以更好地了解我们的祖先和我们自己。

传统狩猎文化浸透了我们先辈与周边自然环境打交道的智慧，如何从自然界中获得维系人类生存的必要的动物蛋白质与皮毛资源，还要确保这样的生计方式可以持续，不会对环境造成不可逆转的改变。在传统智慧中哪怕是最血腥的狩猎也存有对大自然的敬畏与珍爱之心，这在生态问题日趋严重的当代，尤其值得我们当代人认真学习。

所以建设生态文明，系统总结武安传统狩猎文化，也有其独特的现实意义与学术意义。

第五章　畜牧习俗

　　传统民俗学中多在物质生产民俗中列出"游牧民俗"，甚至指出牧业生产的最大特点就是游动性①。但笔者更倾向于采用畜牧民俗这样的说法，游牧主要是在草原地区"逐水草而居"的放牧生产方式，而畜牧则可涵盖农耕地区，武安地区实际是采用"舍饲＋放牧"的方式来喂养牲畜。武安地区畜牧与草原牧区的另一大区别则表现在饲养牲畜的目的上，武安是为了获得农耕、粮食加工、运输所需的畜力能源，获取肉、奶、皮毛从来都不是最主要的动机，但是，绝不意味着后者不重要。民国县志中对晚清民国武安的畜牧业有粗线条的勾勒，摘录如下：

> 　　畜牧以牛羊为大宗，县西、北两方多山岭，富水草，适于牛羊生活，颇多牧场可资蕃息，惟骡马等畜则仍购自外方。养猪养鸡俱为农家副产，乡村饲者甚多，养鹅鸭者殊少。养蜂间亦有之，惜对分窝割蜜墨守旧法，不知改良。近来又能购外国蜂种，用西法饲养以图厚礼者尚鲜成效。②

　　但介绍太过疏略，而养蜂又几占一半篇幅。其实关于畜牧生产的民间知识非常丰富，比如各种动物的怀孕时间长短，人们认识得就非常清楚，有俗语称"猫三狗四马八驴一年"，即这几种动物的孕期分别为三个月、四个月、八个月和一年。又对各种动物的生活习性与正常寿命长短有清晰的认识，详录民间故事《为啥人能活八十岁》的相关内容如下：

---

　　① 钟敬文主编：《民俗学概论》（第二版），第39页；苑利、顾军：《非物质文化遗产学》第11章"生产知识与技能类遗产的基本范畴、普查申报要点及其开发与活用"，第150页。
　　② 民国《武安县志》卷10《实业志》，见《武安县志校注》，第841页。

很久很久以前，人、马、牛、猪、鸡、狗都在天上，吃同样的饭，做同样的活，玉皇大帝想叫他们到地上生活，为了把人、马、牛、猪、鸡、狗区别开来，就把他们召集在一起。分别封了他们到地上吃什么、干什么、寿命多长。

玉帝先封人，叫人到地上用自己的双手来种地，吃地长的粮食，寿命为二十年。人嫌寿命短，求玉帝增添几年。玉帝说："不行。"人想了个办法，说："如果其他几位不愿意活，那么给了我行吗？"玉帝答应了，继续往下封。

玉帝又封马，一世吃草料，拉车驮人，寿命三十年。马想了想，不高兴地向玉帝说："我拉车驮人这么受罪，还叫我活这么大寿命，求玉帝给我十五年寿命吧。"玉帝就把马剩下的十五年给了人。

玉帝又封牛，让它在世间吃草料，听人使唤，拉犁拖耙，寿命三十年。牛想了想，说："玉帝，我不愿活三十年，活十五年就够了。"玉帝又把牛剩下的寿命给了人。

玉帝封鸡吃糠，给人打鸣、下蛋，寿命十五年。鸡听后一愣，说："我吃这么赖，活五年就算了。"玉帝把这剩下的十年寿命也给了人。

玉帝封狗吃屎头，为人看家护院子，寿命十五年。狗想了想，说："看家护院白天黑夜不得安宁，就叫我活五年吧。"玉帝又把狗的十年寿命给了人。

最后封猪，叫猪不干活，每天吃人剩下的饭菜。寿终了让人杀了吃肉，寿命十一年。猪听后不高兴地说："我活十一年还得让人杀了吃我的肉，不如叫我活一年。"玉帝就把猪的十年寿命也给了人。

人把马、牛、鸡、狗、猪剩下的寿命全要去，加起来能活八十年，于是人也满意了。[①]

类似故事颇多，笔者将在后文具体介绍每种驯养动物时再做进一步的分析。笔者将梳理相关材料，还原传统时代武安畜牧生产面貌与相关民俗。为了讨论方便，笔者将驯养的哺乳动物与禽类动物都列入畜牧部分来分析，主要有马、牛、驴、骡、羊、猪、鸡、鸭、鹅、狗、猫等。

---

① 河北省武安县民间文学集成编委会：《武安民间故事卷续集》，第169—170页。

第一节　役畜饲养

与华北其他地区一样，武安历史上饲养的役畜也主要是四种，即马、牛、驴、骡。试分述之。

一　马

马在动物学分类上属于马科马属，由野马进化而来，被驯化后经过自然选择和人工选择形成了诸多品种①。在人类历史上扮演了极为重要的角色，谢成侠即曾指出：

> 自从人类在生产劳动过程中，把野生的马属动物驯养成家畜以来的数千年中，它们始终是人类创造物质文明的忠实助手，在社会经济及国防建设上的贡献，在不同的社会里均具有重要的意义。②

郭物也将马与其他大型哺乳动物做了对比，充分肯定了马在人类历史演进中的作用，他指出：

> 马既有野兽的爆发力，又有食草动物持久的耐力；既有猛兽的威武仪态，又有食草动物的驯良；不讲究吃喝，又任劳任怨；有高大的身材，又有适合在各种地面奔跑的耐磨蹄子。种种得天独厚的优点使高尚的马成为了蒸汽时代之前人类最好的动力。③

在历史上，武安马的数量当颇为可观。苏秦游说赵王时称赵国"当今之时，山东之建国，莫如赵强。赵地方两千里，带甲数十万，车千乘，骑万匹，粟支十年"④，武安位于赵国腹里地区，马匹数量当不在少数。

---

① 《中国家畜家禽品种志》编委会该书编写组：《中国马驴品种志》，上海科学技术出版社1987年版，第18页。

② 谢成侠：《中国养马史》，科学出版社1959年版，第3页。

③ 郭物：《国之大事——中国古代的战车战马》，四川出版集团、四川人民出版社2004年版，第18—19页。

④ （西汉）刘向编集，贺伟、后杨军点校：《战国策》卷19《赵策二》，第199页。

　　魏晋南北朝时期，干戈扰攘，人口锐减，农耕萧条，蒿莱丛生的荒原增多，适于养马的空间又有所扩大。而掌控华北地区的又多为北方游牧民族，对养马极为重视，华北的养马业重又兴盛了起来。前引史料证明，石勒被卖为奴后，依靠相马术而与牧率汲桑较好，并曾"佣于武安临水，为游军所囚"[1]。石勒以骑兵起事，战斗中也善于以骑兵克敌制胜，建立后赵，以华北南部的襄国、邺城一带为腹心地区，则其时武安之养马当也较多。

　　宋代设置14监牧以发展养马业，其中广平监位于洺州（今永年县周边），安国监位于邢州（今邢台市周边）、安阳监位于相州（今安阳市周边），皆武安紧邻之区域[2]。置身三监之间，则武安之养马规模当也非常可观。

　　民间传说中也有很多故事可以透露出历史早期武安马较多的信息，如前引名为《马店头》的故事中有马精[3]。石洞乡一带还有民间故事名为《石马的传说》，主要情节也是马精祸害百姓而终被人们制服，摘录如下：

　　　　在武安县石洞乡曹子巷村西，有个蛤蟆岩。蛤蟆岩上有块黑石头，很像一个石马，说起这个石马，还有一个传说。

　　　　很久以前，有一天黑夜，刮了一阵子狂风，不大一会黑云就布满了天空，后来下起了瓢泼大雨。曹子巷村曹刚的院子上方出现了一匹高头白马，摇身一变，变成个身体高大，红头发，蓝眼睛的妖怪，妖怪在黑云里哈哈一笑，就落在曹刚的院子里了。曹刚急忙把门闩上，他家里人都吓得不敢动弹了。妖怪就施展法术，破门来到屋内，要曹刚把闺女嫁给他，还要当夜成亲。曹刚不肯答应，跪在地上求饶，妖怪连眼都不眨，还对曹刚说："如果你说半个不字，就杀死你全家，还要烧了你的房子。"曹刚的三闺女为了保护她的全家，只好答应了。

　　　　第二天，这件事叫一个老道知道了，老道对曹刚的闺女说："妖怪今天黄昏还来哩，他来了之后，你就往他背上插一个带红线的

---

　　① （唐）房玄龄：《晋书》卷104《石勒载记上》，第2708页。按，临水或即今峰峰矿区临水镇，在历史的早期，武安辖境远比当代大。

　　② （元）脱脱：《宋史》卷198《兵志十二》，第4928页。

　　③ 河北省武安县民间文学集成编委会：《武安市民间故事卷》，第165—166页。

针。"黄昏妖怪又来了，曹刚的闺女就往妖怪背后插上了早已准备好的针和线。鸡叫一遍的时候，妖怪走了，他没走多远就摇头一变，变成了一匹黑马。

第二天早晨，老道带乡亲们顺着红线找到了这个石马，石马的背上果然插着那个针。老道和乡亲们七手八脚就把这个石马给砸成两段了，后来这个石马就再不能做精害人了。①

仔细梳理各地的传说故事便会发现，若某地有某种动物精怪，则这种动物在该区域必然极为常见。在武安常被提及的狐狸精、狼精、兔子精、蛇精、狗精等，都是武安常见的动物。而大象、犀牛、鳄鱼、狮子、长颈鹿等动物，要么很早就绝迹了，要么完全是域外的动物，所以也不闻有相应的精怪。因此由这则故事反推，则历史早期武安的马匹数量当较为可观②。

宋以后，随着燃料危机的加剧和农垦的深入发展，华北养马业不断衰落③。武安亦不例外。马在传统社会末期数量已非常少，1949 年全县只有485 匹，而牛为 12722 头，马的数量只相当于牛的 3.8%④。1949 年后政府较为重视，除 1959 年至 1962 年大幅下滑外，20 世纪 80 年代之前大部分时间在稳定增长。1983 年，武安有马 3471 匹，较 1949 年增长了 6 倍以上。1981 年武安有牛 8244 头，马为牛的 42.1%。同年全国有马 1080.6 万匹，河北省有马 71.9 万匹，武安在全省占比 0.48%，在全国占比0.0032%，相对而言，马的数量并不多。1975 年之后，马的数量持续下降。

受地形与气候限制，武安并非马匹的最佳生长区域，所以所需马匹大都购自外地。又因为饲养比较麻烦，所以总的饲养规模一直比较有限。如《固镇村志》即指出："马的性能仅次于骡子，能繁殖，马能拉善跑。好的品种在张家口一带，多为外购。"⑤

---

① 河北省武安县民间文学集成编委会：《武安民间故事卷续集》，第 69—70 页。

② 比较有意思的历史现象是狮子这一中国不产的动物却对中国文化产生了极为广泛且深远的影响，值得深入探究。因与本书主旨无关，此处不赘。

③ 详情可参看拙著《古代华北役畜饲养结构变化新考》，《中国农史》2015 年第 1 期。

④ 武安市地方志编撰委员会：《武安县志》卷 4《农业志》，第 201 页。

⑤ 刘北方主编：《固镇村志》第 6 编《农业篇》，第 125 页。

在历史上，或许还有人远赴河南漯河购买牲畜。固镇一带流传有名为《申家戏楼传说》的故事，其中提及申家的骒马病死之后，"申家老头携30两纹银去洛河购买牲畜"，在洛河遇到了其当年帮助过的人，被免费赠予100多头上好骒马，从而发家致富①。按，洛河当为漯河，漯河历史上有较大的牲畜市场，清末形成了闻名全国的牛行街②。

武安养马者不多，因其较骒子难喂养，主要是抗病力弱。常见的疾病有炭疽、破伤风、马鼻疽、马传贫、传染性脑脊髓炎、马腺疫等，据武安畜牧局统计，1951年以前每年死亡大牲畜多达1700多头，其中马不在少数。

历史上武安境内马的品种主要是蒙古马，平均体高128.6厘米，体长134.6厘米，体重约300公斤。武安境内马的用途亦较广泛，民国县志称："马，备骑乘、耕田、挽车之用。牡曰马儿，牝曰骒马，本土亦产之，惟多数贩自塞外。"③ 实则耕田较少，挽车稍多，更常见的则是骑乘。多为上层人士使用，明代邑人冀体有《谒李卫公祠四首》诗，称："系马荒村问古祠，太原想象起兵时"，此为骑乘④。清代贡生王照在《春日游桃源寺》中称："乘春策马访招提，碧草含烟翠欲迷。"⑤ 明代邑人宋之韩《春早适近郊》称出游时"呼仆驾巾车，傍挂一壶酒"，此则为驾车⑥。

但在历史上，耕田的情形当也有，比如有故事名为《马歇息时一条腿不着地的传说》，即有农夫以马耕田的细节描写，摘录如下：

> 汉王刘秀被王莽追杀得没头躲没处藏，刘秀这个时候有个地缝也想钻进去。已经快被追上了，眼前有个犁地的，正在歇息，套着两匹马，刘秀躲到了马肚下的墒沟里。刘秀爬在马肚下伸不展腿，还露着

---

① 刘北方主编：《固镇村志》第12编《文化篇》，第295页。
② 漯河牛行街的历史，可参看李甫君、李锦熙、李祥君《招四方之客　聚八方之货——漯河市牛行街牲畜交易市场见闻》，《中国经济体制改革》1987年第5期。
③ 民国《武安县志》卷2《地理志》，见《武安县志校注》，第649页。
④ 民国《武安县志》附志卷3《文征》，见《武安县志校注》，第1260页。按，天启《武安县志》卷6《祀典》、康熙《武安县志》卷8《祀典》及乾隆《武安县志》卷8《祀典》均载："灵显王祠，在徘徊镇，祀唐李卫公靖。"分见《武安县志校注》，第61、149页。民国《武安县志》卷5《建置志》称："灵显王祠，在县西四十里徘徊镇，祀唐李卫公靖，始建无考。"见《武安县志校注》，第740页。冀体所访或即此祠。
⑤ 民国《武安县志》附志卷3《文征》，见《武安县志校注》，第1254页。
⑥ 同上书，第1231页。

上半身，刘秀说了句："抬起一条腿来才好。"马抬起了一条后腿，刘秀正好伸展腿，平卧在墙沟里，没有被发现。做帝王的是金口玉言，后来马在歇息的时候就总是抬着一条腿。①

峰峰矿区有名为《骡子为啥成了六畜之首》的民间故事，远比上述故事要细致，但大致的故事是相似的，称"骡马牛驴休息时，总是三条腿着地，将另一只蹄提起来，或是蹄尖轻轻点地"，只是将两匹马换成了两头骡子②。两则故事显然是同源而异流。

若现实生活中不曾出现过，则断然不会在故事中出现这样的场景。同时，这一故事还反映了古人对马的生活习性有精细的认识。

此外，民众还注意到了马都是站着睡觉的习性，并创造出名为《马为啥站着睡觉》的故事来进行解释，指出马是在被狼咬了屁股后，"就再也不敢卧了，连黄昏睡觉也站着睡"③。武安有俗语"好牛不立，好马不卧"，反映的就是牛休息或睡觉时卧倒在地，而马却很少窝在地上睡觉，这是符合实际情况的④。

虽然马对生态环境的适应性较强，但同时又对环境极为敏感，极容易发生新的变异，又不喜炎热而耐低温，温度较低、海拔较高、降水较少的区域才会出产良马⑤。同时马对饲料的要求也较高，倘若管理不到位，马又极容易虚弱多病乃至倒毙。另外，马对圈养空间也有较高要求，1949年后畜牧学家即曾指出，农耕区域养马最好的方式是"敞圈通厩，户外运动"，即不采用全舍饲方式，不必每匹马住一个单间，只需在大厩舍内为每匹马固定槽位，白天放任马匹在厩舍前的栏内自由运动。到夜间再限制其活动，在专门的槽位内补给草料。这样的饲养方式可以"加强运动，锻炼体质，节省劳力，降低成本"⑥。武安民间传统养马方法，实际也符合这样的原则。

为了使马保持良好的状态，饲料中有较大比例的精饲料，包括豆类、

---

① 河北省武安县民间文学集成编委会：《武安市民间故事卷续集》，第133页。伸展，武安方言，即完全伸开的意思。

② 杜学德：《邯郸市故事卷》上册，第66页。

③ 河北省武安县民间文学集成编委会：《武安市民间故事卷》，第180—181页。

④ 参见高音亮、高和平《武安方言与韵辙》，第186页。

⑤ 《中国家畜家禽品种志》编委会该书编写组：《中国马驴品种志》，第23页。

⑥ 同上。

谷物和糠麸，古人称之为"秣"，俗称为"料"，其中大部分需煮熟再饲喂，据明代《新刻马书》记载，需煮熟喂马之饲料有多种，列表如下：

表 5.1　　　　　　　　　　　喂马熟料种类①

熟料	饲喂方法
大麦	煮半熟，用井花水淘过。
黄豆	煮熟用之，生者，作斜。味甘，性温，无毒，生心血，实膝理，厚肠胃，长肌肉，乃为诸料之美业。
黑豆	其功与黄豆同。
绿豆	熟用，去心火。生用，泄五脏热，解诸毒，大有功。
豌豆	味甘，性温，无毒。
红豆	味酸，性平凉，无毒。
白豆	即今饭豆是也。味酸，性温，无毒。

备注：豌豆、红豆、白豆未注明煮熟，但以理度之，当亦煮熟饲喂最理想。

在合作化和公社化时期，武安本地为骡、马制定的饲料标准为每头每年 500 斤。由于会有马料与人粮之争，且有煮料用燃料和人烹饪取暖用燃料之争。这也是养马数量远不如牛多的重要原因。

在历史上，民众不大量养马，还与规避外在风险有关。因为马在冷兵器时代有着极高的军事价值，故而养马常会因政府与军阀大肆搜刮而造成损失，武安地缘位置较为重要，历史上兵连祸结，马常会被征调为军用。

金人控制黄河南北后，战事不断，前期不断攻伐南宋，后期又极力抵御蒙古的进攻，故而不遗余力搜刮民间马匹，仅正隆四年即括得民马 56 万匹②，出自武安者恐亦不在少数。元政府为防范民众的武力反抗，不断搜刮民马，对汉人尤为严厉。仅元世祖在位期间即刷马五次，动辄上万匹，仅至元三十年（1293）三月一次即"括天下马十万匹"，大都周边及腹里地区是重要的搜括区域。元世祖以后，对华北地区影响重大的括马行动还有多次，如大德二年（1298）十二月，"括诸路马，除牝携驹者，齿三岁以上并拘之"；大德三年正月，"括诸路马"；延佑七年（1320）四

---

① 资料取自（明）杨时乔《新刻马书》，吴学聪校，农业出版社 1984 年版，第 23 页。

② （元）脱脱：《金史》卷 5《海陵纪》，中华书局 1975 年版，第 110 页。

月，"括马三万匹，给蒙古流民，遣还其部"；天历元年（1328）十月，"令广平、大名两路括马"；至正十二年（1352）正月，"拘刷河南、陕西、辽阳三省及上都、大都、腹里等处汉人马"。①

到明代，整个彰德府地区分得的官督民牧种马数量只有1015匹，分给武安者当更是寥寥②。明代还有马头赋，颇为繁苛，"诸赋中马头尤甚，秣马月费数千钱"，"马日驰骤易耗，或阅月即死"③。所以相沿至民国，武安人养马的积极性一直都不高。

武安的役畜饲养结构特点，也反映出了民众独特的传统智慧。

二　牛

武安境内耕牛的种类主要为黄牛，为偶蹄目牛属动物。自古以来，武安牛的数量远多于马，民国县志称："畜以耕田挽车，种多黄牛，雄曰牤牛，雌曰牸牛，农家多养之。"④ 牛与马相比，耐粗饲，抗病性强，易于繁殖，所以民间更喜喂养，饲养规模也相对稳定。谢成侠即指出：

> 凡是养牛的地区，未必一定也养羊，但养羊的地方几乎都有牛，所以用"牛羊成群"来形容畜牧业的兴旺，并描绘成生动的牲畜美景。这是社会生产发展中自然的现象，是我国各族人民长期以来从事畜牧和农业的重要反映。⑤

1949年，武安有牛12722头，全国有牛4393.6万头，武安占全国比为0.029%。1988年，武安有牛13404头，全国有牛7808万头，武安占比为0.017%⑥。

---

①　（明）宋濂：《元史》卷17《世祖纪十四》，卷19《成宗纪二》，卷20《成宗纪三》，卷27《英宗纪》，卷32《文宗纪一》，卷42《顺帝纪五》，中华书局1976年版，第371、421、426、601、718、895页。

②　（明）申时行等：《大明会典》卷150《兵部二十三·马政一》，《续修四库全书》第791册史部政书类，上海古籍出版社2013年版，第546页下。

③　嘉靖《彰德府志》卷4《田赋志》，第7页a。

④　民国《武安县志》卷2《地理志》，见《武安县志校注》，第649页。

⑤　谢成侠：《中国养牛羊史（附养鹿简史）》，农业出版社1985年版，第1页。

⑥　相关数据参见武安市地方志编撰委员会《武安县志》卷4《农业志》，第201—202页；《中国家畜家禽品种志》编委会该书编写组：《中国牛品种志》，上海科学技术出版社1989年版，第12页。

牛的繁殖力较强，俗称"喂上一母牛，三年两具的牛"，刘北方等人谈及这一俗语将"具"写作"驹"，显然有误①。按，"具"实际就是"犋"，意指能拉动一辆车、一张犁、一张耙等农具的一头或几头牲口，多指两头，但也有可能一具三牛或四牛。如《农桑辑要》引《韩氏直说》中即称"牛一具三只"②，王祯指出元代"中原皆平旷，旱田陆地，一犁必用两牛、三牛或四牛"③，清人王士禛称"今江淮以北，谓牛四头为一具"④。就武安来看，一般为二牛一具，少有用三牛、四牛的。则养一头母牛，三年可下四头小牛。

传统时代，耕牛需用役畜，而最重要者为牛。自汉以降，牛一直受到人们的重视。东汉应劭在《风俗通义》中即称："牛乃耕农之本，百姓所仰，为用最大，国家之为强弱也。"⑤ 元代王祯在剖析农家蓄养动物时虽将马列于第一却只做简单介绍，却细致分析了牛的饲养方法，他指出："今农家以牛为本，虽以马为首，略序于此。"⑥ 可见在传统时代的华北乃至全国，牛的实际经济意义要重于马。历代政府也极力保护耕牛，多有禁止屠杀耕牛的政策。王祯强调了饲养牛的方法，他指出人必须爱惜耕牛，不应忽视养护工作。应该对牛的饥渴、困苦、瘦弱、疾病、生育感同身受，注意为其防寒、防暑，有节制地使用，适度饲喂料草，"卧牛衣而待旦，则知牛之寒盖有衣矣；饭牛而牛肥，则知牛之馁盖啖以菽粟矣。衣以褐荐，饭以菽粟，古人岂重畜如此哉，以此为衣食之本故而"，这样"力有余而老不衰，何困苦羸瘠之有！"⑦

距今 7700 年以上的河北武安磁山遗址中有若干短角牛骨骸，不能肯定是否家畜，但牛类动物已经开始影响人们的生活则并无疑问⑧。数千年来，武安民众一直都极为重视牛的饲喂与管理工作。武安民间传说中与牛

① 刘北方主编：《固镇村志》第 6 编《农业篇》，第 125 页。

② （元）大司农司编撰：《元刻农桑辑要校释》卷 7《孳畜》，缪启愉校释，农业出版社 1988 年版，第 481 页。

③ （元）王祯著，王毓瑚注：《王祯农书》农桑通诀之二《垦耕篇第四》，第 23 页。

④ （清）王士禛著，靳斯仁点校：《池北偶谈》卷 21《谈异二》"十具牛"条，中华书局 1982 年版，第 502 页。

⑤ （唐）欧阳询：《艺文类聚》卷 85《百谷部》引《风俗通》，汪绍楹校，上海古籍出版社 1982 年版，第 1446 页。

⑥ （元）王祯：《王祯农书》农桑通诀集之一《蓄养篇第十四》，王毓瑚校，第 58 页。

⑦ 同上书，第 58—59 页。

⑧ 周本雄：《河北武安磁山遗址的动物骨骸》，《考古学报》1981 年第 3 期，第 340 页。

相关的很多，间接证明了牛在人们心目中的地位。如《卧牛山的传说》讲述了郭二庄、罗峪一带崇拜金牛星的现象。《五牛寨》讲述了北西井一带的五牛寨的来历，提及五牛看护天帝宝库的故事。《十二属相的来历》讲述了属相排位时牛排第二的原因，刻画了勤奋朴实的耕牛形象。《小金牛》讲述了杏花村少年宝洞得金牛帮助人们耕田的故事。《神牛遭贬》讲述了神牛星因同情人间疾苦而被贬落凡间，化身老黄牛而帮人耕田的故事。①

关于饲喂方法，一般是白天放牧，晚上入圈。在西部山区，一年四季都要上山放牧，因冬季山上还有大量枯草，可供牛采食。同时，常放养，接受光照，加大的活动量，可以使牛的筋骨更为健壮。而晚间则四季有别，春夏秋季各家的牛均关入共用的露天大牛圈之中，刮风下雨都不怕，此为马、驴、骡所不及。深秋、冬天与早春的夜间则会关入院落中专门预留出的小屋内，称为暖间，以确保不会冻伤。

非农忙时节，牛只吃草即可满足正常生活的需要，不用食料。其食量虽大，食谱却广，多数野草皆可食用；农忙时节，需要添加一定量的精料，原来一般是大豆，玉米种植增多后，还使用玉米糁。牛进食极快，俗语称"顿饭吃饱牛"，即人吃完一顿饭的工夫，在田边地头的牛也就吃饱了，因其为反刍动物，先将草匆匆咽下，之后再慢慢反刍消化。

因为牛比较合群，最适合成群放牧。在西部山区，一般每个村子都会有专职放牛的人，全村的牛由其放牧，每家都支付给其一定的报酬。由于长期放牛，放牛人的一声呼喝，牛群就会领悟其意思，不会到处乱跑。放牛人携带上干粮，早上赶牛上山，傍晚才返回村里。放牛人把牛赶到野草丰美的地方后，任由牛群吃草栖息，远远看着，只要牛不跑散即可，其自己或坐岩石之上，或躺青草之上，倒也颇有几分诗情画意。但也有危急的情形，突遇雷雨天气，既要防雷击，还要躲避风雨，更要防止牛群受惊吓到处乱跑。另外，牛坠下山崖摔死的事情也时有发生，一旦摊上，则放牛人还要承担相关损失②。所以看似简单的职业，也需要丰富的经验和知识，所以相关职业也往往是世代相传。除了成年人外，武安的牧童也并不

---

① 河北省武安县民间文学集成编委会：《武安民间故事卷续集》，第74—75、86—87、162—163、227—229、229—230页。

② 牛从山上坠亡，武安方言称炮了牛。人或其他动物坠亡亦称"炮"。

罕见，也时有牧童吹笛唱歌之事。如民间故事《龙女洞》开篇就描述道："从前有一年，老龙王带着龙子、龙女出外游玩，回去时路过南山村，听见山下传来悠扬的笛声，原来是一位放牛牧童吹的。"① 若非日常生活中常见到牧童放牛，人们也不会在故事中设定这样的情景。另有名为《小孩屁股一盆火》的民间笑话，其中也提及有个财主雇了三个放牛娃②。

用牛耕田时，一般会避免烈日暴晒，故往往在日出之前。王祯总结元代北方的饲养方法时指出："牛皆夜耕以避昼热。夜半仍饲以刍豆以助其力，至明耕毕则放去，此所谓节其作息以养其气血也。"③ 武安民间也大都在四五点中耕田，至日出之前耕完，已保证耕牛不会受热。明代宋之韩《春早适近郊》诗中称："斗柄初指寅，东郊已鞭丑。"④ 即形象刻画出明代武安农民在寅时已经驱牛耕田的情形，寅时即为凌晨三点至五点。

邯郸县和峰峰矿区的民间故事中都有关于夜间饲喂的描述，可以参证武安县的饲喂情形，有故事称："农村有个习惯，不管是谁借用牲口，主家都要在三更天喂喂，四更天再加把料（粮食），这样五更天使的时候，牲口有劲，不会累出毛病来。"⑤ 又有故事称："长工白天下地耕地干活，晚上担水、锄草、喂牲口，一点也不得闲。夜里给牲口添完三次草，已是半夜时分了。"⑥

牛皮、牛肉都有一定的经济价值，民间娱乐与祭祀常用的鼓即多用牛皮制成，所以有死牛不少卖钱的说法。但民间几乎不杀牛，多是老死、病死或从山上跌下后，人们才舍得食其肉而用其皮。听说某地庖了牛⑦，三乡五里之人都会跑去买牛肉开荤，因为平时几乎吃不到牛肉⑧。

民国四年（1915）创设了屠宰税，分宰牛地方与不宰牛地方区分征税额度，武安为不宰牛地方，可为了增税，地方政府无所不用其极，"查

---

① 河北省武安县民间文学集成编委会：《武安民间故事卷》，第 116 页。
② 同上书，第 532 页。
③ （元）王祯：《王祯农书》农桑通诀集之一《蓄养篇第十四》，王毓瑚校，第 59 页。
④ 民国《武安县志》附志卷 3《文征》，见《武安县志校注》，第 1231 页。
⑤ 故事名为《紫山塔的传说》，载杜学德主编《邯郸民间故事卷》上册，第 504 页。
⑥ 故事名为《锁柱巧斗"二阎王"》，载杜学德主编《邯郸民间故事卷》下册，第 167 页。
⑦ 即发生了牛从山上坠亡之事，见前注。
⑧ 20 世纪之初，这样的事情还很常见。后渠村庖了一头牛后，马店头的村民往返奔波 8 公里赶去买牛肉吃。因笔者二姨家住后渠村，还专门往笔者家送了好几斤牛肉，当时吃牛肉的场景，至今记忆犹新。

武安地方，向来不杀耕牛，全县并无卖牛肉者，屠宰税局，遂以牲畜作牛，乃宰牲者亦不易觏，凡自毙之牲畜，若马若骡若驴等，概令纳税二元，自毙之牛更无论矣。"① 虽反映了苛捐杂税之酷虐，但武安民间对耕牛之珍爱，亦可见一斑。

因为牛较为贵重，所以历史上偷牛的现象并不罕见。有俗语称："偷牛哩跑了，逮住拔橛哩了。"指的是人们常在劳作的间隙里，在田间地头楔上一个木橛子，将牛拴在上面，让牛自由吃草，而人则回家吃饭休息。这时常会有偷牛的事情发生。又有俗语称："二人不看牛。"也是说的一旦耕牛丢失或发生了意外，没法明确责任问题。

1949 年以后，地方政府重视牛的饲养，品种改良方面，先后引进南阳种公牛和济南种公牛进行杂交。设立兽医站，加强疾病预防与治疗。但耕牛数量较之 1949 年增长不明显，除了 60 年代后期 70 年代前期突破 20000 头外，其他时期波动起伏，1988 年只比 1949 年多 600 余头②。

三　驴

驴为奇蹄目马科马属动物，与马有共同的起源。就整个华北地区而言，驴的饲养持续上千年，且规模不断扩大，武安亦是如此。畜牧学家曾对驴的特点做了精辟的分析，摘引如下：

> 从西汉两千多年来，我国养驴生产持续发展，其主要原因，除养驴可减少征调军用外，乃是驴的优良生物学特性和它对小农经济的良好适应性。驴的体格较小，但体质结实，对于贫瘠环境条件的适应能力很强，对草料的利用率高，不易得病，容易喂养，所以驴比牛省草，比马省料，即所谓"穷养驴、富养马"，凡养不起牛马的农户，只好养驴。驴乘、挽、驮均宜，富有耐力，善爬山越岭，走崎岖小道，很适宜山区役用。③

杨再曾撰文专门探讨了养驴史，也总结了驴的优点，指出：

---

① 民国《武安县志》卷 6《财政志》，见《武安县志校注》，第 763 页。
② 武安市地方志编纂委员会：《武安县志》卷 4《农业志》，第 196、201—202 页。
③ 《中国家畜家禽品种志》编委会该书编写组：《中国马驴品种志》，第 107 页。

驴性情温驯，体格轻小，对饲料不苛求，能耐粗放的饲养管理条件，食量小，采食细，对饲料利用率高，抗病力强，不善跑而善走，最适于驮运，能从事各种农活。所以这种役畜能适应我国数千年来一家一户的小农经济制度。[1]

驴的饲料需求量相对于马、牛为少，唐人已有相关记载：

> 凡象日给藁六围，马、驼、牛各一围，羊十一共一围（每围以三尺为限也），蜀马与骡各八分其围，驴四分其围，乳驹、乳犊五共一围；青刍倍之。凡象日给稻、菽各三斗，盐一升；马，粟一斗、盐六勺，乳者倍之；驼及牛之乳者、运者各以斗菽，田牛半之；施盐三合，牛盐二合；羊，粟、菽各升有四合，盐六勺。（象、马、骡、牛、驼饲青草日，粟、豆各减半，盐则恒给；饲禾及青豆者，粟、豆全断。若无青可饲，粟、豆依旧给。其象至冬给羊皮及故毡作衣也。）[2]

则驴的粗饲料需求量是马与牛的 2/5，至于精饲料的需求量差异却语焉不详。黄宗智曾对晚近华北各种牲口的饲料需求量进行分析，他指出：

> 不过，和这些好处相对的是饲养牲口需要相当大的成本。马、骡、牛，每头一天消耗约 10 斤"粗饲料"（玉米和粟秆、高粱和玉米叶之类），相当于约 15 亩至 20 亩粮食作物的"副产"。一头驴约需 5—6 斤粗饲料。在耕畜工作期间，还要辅以"精饲料"（高粱、玉米、大豆）。马、骡或牛每头一天约需 2 斤，约为成年男子粮食消耗的两倍。驴子所需为 1 斤。[3]

王建革据满铁资料所进行的估计则略有不同，他认为马的粗饲料需求量要比牛多 1/3，精饲料量则是牛的 5—6 倍；马、骡的粗饲料需求量为

①　杨再：《中国养驴史话》，《豫西农专科研汇刊》总第 3 期，1983 年，第 47 页。

②　（唐）李林甫等撰：《唐六典》卷 17《太仆寺》，陈仲夫点校，中华书局 1992 年版，第 484 页。

③　黄宗智：《华北的小农经济与社会变迁》，中华书局 1986 年版，第 153 页。

每天 15—20 斤，精饲料需求量为每天 1—5 斤，驴为每天 0.5—3 斤①。两者的观点虽有较大差异，但驴的饲料消耗量远比马、牛小则是没有疑问的。

武安驴的饲养数量较大，民国县志称："农家畜之，牡曰叫驴，牝曰草驴，外购本产均有。"② 刘北方等人概括了固镇村的养驴情况，称：

> 驴是农家普遍饲养的耕畜，个子有大有小，多自繁自养，当地交易。有叫驴（公驴）、草驴（母驴），还有阉驴。叫驴通过阉割后，发大个，增耐力、性情温驯好使唤。驴饲养广泛，极易喂养，能拉能驮，适宜小户小家喂养。③

与牛不一样，驴不耐风雨，夏天也不能放在露天的圈舍中。且驴的体型较小，容易被盗。所以，武安人养驴，都是舍饲，很少放牧，一般是在院子中设置一个单间，称为驴马房，不使用驴时就将其关入屋中，喂草喂料。驴马房一般也位于院落的西南角，紧邻厕所④。名为《偷驴》的故事中，神偷和其本家叔叔打赌，要在三天之内偷走叔叔家的驴⑤。叔叔为了不让神偷得逞，"给毛驴备上鞍子，骑到上头，睁着眼，不睡觉，心想：看他小子咋着来偷我驴。他还叫孩子藏在门头上的窑棚⑥上看，看他咋进来"。最后，驴还是被偷走了，但也可以看出驴养在院中的情形⑦。

---

① 王建革：《传统社会末期华北的生态与社会》，生活·读书·新知三联书店 2009 年版，第 185、188 页。

② 民国《武安县志》卷 2《地理志》，见《武安县志校注》，第 649 页。武安方言中常用草来指导雌性禽畜，如母鸡一般称为草鸡。

③ 刘北方主编：《固镇村志》第 6 编《农业篇》，第 125 页。

④ 厕所习称"茅的"，武安方言中常将名词中的"子"读作"的"，如勺子读"勺的"，筷子读"筷的"，"茅的"或本当为"茅子"。厕所建在西南方向，是华北农家建筑布局所共有的特点，一则与风水认知有关，一则与对风向的掌握从而减少臭气对居室的侵袭有关。将来探究武安建筑时，还将深入分析，此处不赘。

⑤ 本家叔叔，在武安并非指亲叔叔，而是一个家族的叔叔辈儿的人，一般关系已经比较疏远了，将要出五服甚或已经出了五服。

⑥ 窑棚，武安人常在大门门楣上方用木板或其他材质构建一个平台，平台至门洞顶部还有一定距离，可以存放杂物，称为窑棚。储藏杂物的房间顶部也常会设置窑棚，有时构筑的木材会是屋主提前为自己准备的寿材。

⑦ 河北省武安县民间文学集成编委会：《武安民间故事卷》，第 495 页。

从品种上来看，武安驴主要为太行驴，但与华北其他地区的驴没有特别大的差异，故统称为华北驴，属小型驴，体高在 110 厘米以下，体重介于 130—170 公斤之间。其特点是调教容易，用途较为广泛，举凡推碾、拉磨、骑乘、驮运、打场、耕地等，皆能胜任，尤以善于翻山越岭且步伐稳健著称[①]。不过在武安境内，用于耕田的情形并不多见。这是因为，驴的牵引力毕竟要小得多。齐如山即指出，用两匹骡马拉犁，可以翻土四五寸深；可用两头驴拉犁，翻土深度就只有三寸，再深驴就拉不动了[②]。

武安人常用驴来推碾子拉磨，而过年前后使用更为频繁，家家户户都要磨面，驴与碾子都要排号使用。实在排不上的人，只好人工推碾，非常辛苦。工作时，要用一整块布裹住驴的眼，两端各有一段绳子可以挂在驴的耳朵上，称为蒙眼，主要目的是防止驴因连续不断的转圈而眩晕，同时也可以防止驴偷吃加工中的粮食。蒙眼可以是特制的，也可以临时用衣物代替。特制的还有不同的形制，有的直接缝制成筒状，使用时，从驴嘴部向上套至头顶；有的分成两个圆布片，中间用线绳连接，可直接扣在驴的眼部。原材料也可变化，用布之外，还可用秸秆编织，可用皮革剪裁。在华北其他区域，对这一物件更普遍的称谓为"驴碍眼"。

有名为《掌柜拉磨》的民间故事，提及一位掌柜对学徒的母亲有非分之想，于是学徒的母亲和父亲设计惩治掌柜，先将其骗至家中，然后假装学徒父亲突然回来敲门，之后的桥段虽然说的是掌柜拉磨，但从中也可以想见驴拉磨的情形，相关描述如下：

> 小宝娘心里想笑，假装对掌柜亲热地说："不要慌。"一边朝大门外边答应："俺在后院套驴磨面哩，一会就去开门。"答应罢，又小声给掌柜说："来，跟我到后院磨坊。"
>
> 掌柜连声答应："对对对，你快想个法儿。"
>
> 小宝娘领着掌柜到后院磨坊，往磨上倒了二斗红高粱，然后，把掌柜套上。这时候，门外边的瓦匠又是打门又是喊叫，小宝娘一边对

[①] 《中国家畜家禽品种志》编委会该书编写组：《中国马驴品种志》，第 127 页。

[②] 齐如山：《华北的农村》，辽宁教育出版社 2007 年版，第 16 页。

外答应，一边嘱咐掌柜："俺那瓦匠，脾气顶赖①，听他进了家，你要使劲拉，让磨响出声来。"

掌柜赶忙连声应承。小宝娘去开了街门②，掌柜在磨坊里听着，听得人家两口子进了院，急忙使劲拉，发出"隆隆"的磨面声。

掌柜一边拉着，一边留神听前院瓦匠两口子的对话：

"你咋这么大工夫才开门？"

"我在后院套驴磨面哩！"

"那驴懒！别让他不走了，我去看看。"

掌柜一听，一下把心提到了嗓子眼儿，只怕瓦匠来后院看，赶紧使劲拉，把磨拉得溜溜转，发出"隆隆隆"的响声。

"听，磨响得多欢！驴使劲拉，你快坐下歇着，甭去了。"

听了小宝娘的这句话，掌柜才把悬着的心放回肚里。可是，他本来好过惯了，如今推了几圈磨，早使得上气不接下气了③。可是，才稍拉慢一点，瓦匠就在前院喊："驴咋又不走了？让我去看看。"掌柜就赶紧使劲拉磨。直到天傍黑儿，眼看着二斗高粱也快磨完了，小宝娘才走过来悄悄说："俺那瓦匠不走了，乘傍黑儿，我把你送出去。"掌柜早使得骨头架子都散了，听了这句话，像得了皇恩大赦。小宝娘一边说着，一边给掌柜卸了套，让他顺着墙根溜出去了。

掌柜回去后，一连三天躺着没动弹。④

故事当然不是真事，但情节却有现实的影子，驴拉磨显然大大减轻了人的劳动强度，而半天磨两斗高粱面，当也是驴可以达到的工作效率。

又有名为《驴过河为啥要撒尿》，讲述了驴本来是吃肉的，强横霸道，河神向玉皇大帝告状，摘录此后的描述如下：

玉皇听后也发了怒，降下圣旨："蠢驴狂妄自大，扰乱山林，爪

---

① 武安方言中常用赖指代"坏""不好"。武安方言常用否定的方式来表达肯定的意思，比如好不说好，而是说不赖；闷热不说闷热，而是说不凉快。但要在"不"后加个"太"字，则意思顿时会有大的变化。比如评价某人厨艺，说"不难吃"，其实是非常好吃的意思；但若说"不太难吃"，则实际就是相当难吃了。这是武安方言的一大有趣特点，不再赘述。

② 在北方地区，临街的大门都称为街门，武安方言中也是这一含义。

③ 使，武安方言，即累。比如使得慌即累得慌之意。

④ 河北省武安县民间文学集成编委会：《武安民间故事卷续集》，第542页。

子变成蹄子，尖牙变成方牙，今后只准吃草，不准吃肉，发配人间替人做苦役。听到'哒'就走，听到'唷'就停，任人打骂，不得反抗，违旨便杀！"

驴子到了人间，拉车拉碾累得够呛，对如实反映情况的河神非常痛恨，因此过河时，总要撒泡尿，算是对河神的报复。①

这则故事还形象地指出，武安使用驴子时吆喝的口令为"哒"和"唷"两种，前者为走，而后者为停。还指出驴子在人们日常生产生活中发挥了重要的作用，任劳任怨。另外，人们还观察到驴子一个有趣的习性，即故事标题所表述的情状。

使用驴时，驴若不小心跌倒而爬不起来时，当地人常用的办法是拉驴的尾巴，因为驴会感觉疼痛，便会挣扎着站起来，故俗语称："老驴跌倒抽尾巴。"②

驴可以骑乘，日常生活中极为常见，谚语"六月六，骑上毛驴看谷秀"亦反映了人们骑驴较为频繁。峰峰有名为《骑毛驴》的歌谣，详细描述了一年十二个月骑毛驴的场景，也可以参证武安地区人们经常骑驴，内容如下：

> 正月正，骑上毛驴儿观花灯。
> 二月二，骑上毛驴儿去看戏儿。
> 三月三，骑上毛驴把花观。
> 四月四，骑上毛驴儿去种地。
> 五月五，是端阳，骑上毛驴儿去碾场。
> 六月六，骑上毛驴儿看谷秀。
> 七月七，骑上毛驴儿走亲戚。
> 八月八，骑上毛驴儿去摘瓜。
> 九月九，重阳节，骑上毛驴儿去赏菊。
> 十月初十日，骑上毛驴赶会哩。
> 十一月，数了九，骑上毛驴儿雪地走。

① 河北省武安县民间文学集成编委会：《武安民间故事卷续集》，第120—121页。
② 抽，在武安方言中指"扶"，比如"扶起来"称"抽起来"。

进腊月，年快到，骑上毛驴买鞭炮。①

仍以武安民间故事来参证，《万年村》中种芝麻老人初遇神仙时，神仙即骑着驴。《偏良寺》中神仙惩治恶僧，出场时的桥段为："中午时间，山路上慢慢悠悠地上来一位骑着毛驴的老者。老者来到寺门口，下了驴，停下不走了。守门的和尚看老者那驴毛色发亮，膘肥体壮，就打了主意。"《拐腿儿娶豁嘴儿》，讲述一位媒婆撮合两个有缺陷的人，相亲时跛腿的男青年为了掩盖缺陷，便骑着毛驴，而这却没有让人觉得不正常，可见骑驴之风颇盛。《白胜基的故事》提及主人公帮别人要账，也是骑着毛驴往返。②

古代常见的骑驴景象还有妇女骑驴回娘家，因为妇女裹小脚，行走不便，驴便成为最好的代步工具。笑话《骂驴》中提及，主人公"赶着驴送他媳妇回娘家串亲戚"③。故事《丢绣鞋》中更是一再提及骑驴，女主人公腊梅娘家唱戏，其父"赶一头毛驴亲自来接闺女"；赵大货想妻子腊梅了，"就赶一头毛驴去孙家沟了"；腊梅鞋子被丈夫偷走后，惊慌失措之下连夜要回婆家，"只求隔壁送脚的王大爷赶一头毛驴去送她"；腊梅上吊之后，赵大货误以为腊梅已死而弃之水井中，去岳父家兴师问罪，又是"赶着毛驴去孙家沟了"④。

驴还用来驮运物品，对于驮东西时相关物件放置的部位，有名为《驮》的简短的歌谣进行了描述，称："驴驮后，马驮前，骡子驮到正当间。"⑤ 前文分析农具时提及笼垛即为用驴向农田拉粪之工具，拉粪在武安极为常见，笑话《讽刺驴》中就描述了相关情形，称："有一个老农，赶着毛驴车往地里送粪，不管这个人咋吆喝，驴总是走得很慢。"⑥ 大抵用驴拉粪时，山区用笼垛，而平原地区用驴车。

---

① 张文涛：《邯郸市歌谣卷》，第25—26页。赶会，即赶集。本书中较多引用了武安周边磁县、峰峰、涉县、邯郸县的相关资料，因为很多事项是相通的，可以相互参证。

② 参见河北省武安县民间文学集成编委会《武安民间故事卷》，第109、113、378、498页。

③ 河北省武安县民间文学集成编委会：《武安民间故事卷续集》，第569页。

④ 参见河北省武安县民间文学集成编委会《武安民间故事卷》，第405、406、407页。

⑤ 张文涛主编：《邯郸市歌谣卷》，第7页。按，该书收录为邯郸县徒歌，其实在武安县也有流传。

⑥ 河北省武安县民间文学集成编委会：《武安民间故事卷续集》，第596页。

驴常被用来驮运粮食。《万年村》中，种芝麻老人信守承诺，给骑驴老人送芝麻，即赶着驴，"驮了两布袋芝麻上路了"①。

驴还被用来驮煤，《李大汉》中称："有一天，李大汉赶着毛驴去远处驮煤，在回来的路上碰到朝廷官员，这个路正好两边高，中间低，李大汉躲避不及，就用力把毛驴连同煤布袋一起搬到地沿上。"《恶有恶报》中提及一位儿媳妇在馒头中下毒，想要谋害婆婆，可儿媳妇的弟弟赶着驴去驮煤，误打误撞捡走了馒头，结果没毒死婆婆反倒毒死了亲娘。②

驴粪还为农田常用的肥料，民间歌谣《驴儿怨》称："小小的驴儿，大大的劲儿；少吃根草儿，多攒点粪儿。"③

武安所需之驴，有从本地买，有从外地买。《小三买驴》讲述了就近买驴的事情，称："一天，邻村过会，是骡马大会，上会的牲口很多，骡、马、牛、驴各样都有。"而小三就在会上买了头被人作假的老驴，作假的方法是"把驴的牙口做手了做手，驴的牙口槽凿得深了些，就像一头刚齐口的毛驴"④。

笑话《还短一头驴》中开篇就讲："有一个人，去外地买了三头驴，赶着往回去。"⑤故事《蛇悬崖》中称："据说宋朝时，这里（笔者按：指万谷城村附近的山崖）是武安、涉县一带通往山西的必经之路。有一天黑夜，三个庄稼汉从山西买驴回来，路过这里，走在最前面的是赵三，接着是三头毛驴，再就是李五，最后面的是杜强。"则山西也为武安人购买毛驴常去的地方，且常会多人结伴前去购买。

武安民间对驴的态度颇为有趣，鄙视与喜爱并存，而又不显矛盾。人们常用驴来形容人蠢笨，甚且用驴来比喻人懒，有"懒驴上套屎尿多"。前述名为《驴过河为啥要撒尿》的故事中浸透着人们对驴的蔑视之情，驴自诩的"头大耳朵长，山中我为王，饥时吃头牛，饱时吃俩羊"也成了其狂妄自大的证明。而《驴和老虎》虽也提及驴之懒，但着力刻画了驴的聪敏，驴虎相争，老虎最终落败，与黔之驴大异其趣，而对驴的喜爱之情溢于言表。前文谈及狩猎问题时已提及，今详细摘录如下：

① 河北省武安县民间文学集成编委会：《武安民间故事卷》，第109页。
② 同上书，第46、416—417页。
③ 张文涛主编：《邯郸市歌谣卷》，第31页。
④ 河北省武安县民间文学集成编委会：《武安民间故事卷续集》，第399页。
⑤ 河北省武安县民间文学集成编委会：《武安民间故事卷》，第520页。

一天，一头驴正在深山老林里低着头吃草，忽然刮起一阵风，驴抬头一看，原来对面跑过来一只大老虎。驴非常害怕，但它马上想起了师傅的话。师傅常说："碰到比你厉害的东西，如果它不知道你的底细，你要能沉住气，说不定它还会害你的怕哩。"驴装模作样地瞪圆了眼睛，竖直了耳朵，对着老虎大声说："尖尖耳朵四腿长，高高山上我为王，昨天吃了两只鹿，今天要把虎肉尝。"老虎一听，吓得扭头就跑。

老虎正拼命地奔跑，被猴儿碰上了。猴儿忙问："大王咋着了？为啥这么慌里慌张？"老虎累得上气不接下气，对猴儿说："我在山那边碰到一个大怪物，它口口声声要尝我的肉哩！"猴儿又问那怪物是个啥样儿，老虎把驴的长相一五一十告诉了猴儿。猴儿听罢笑了笑说："大王你上了当了，那是一头毛驴，最笨不过了，不信咱俩一块去看看。"

老虎领着猴儿去找到了那头驴。驴一看，老虎又领着猴儿回来了，就又瞪圆了眼睛，竖起了耳朵，对着老虎和猴儿大声喊道："尖尖耳朵四蹄白，好个毛猴你才来，昨天许我两只虎，为啥只领一只来？"老虎一听，原来是自己上了猴儿的当了，猴儿正要解释，老虎一嘴把猴儿吃了，逃命去了。①

与其他役畜不同，驴在武安很早就有肉用功能，驴肉也一直深受武安喜爱。驴肉卷饼为本地的一大特色美食，食用时现烙饼，饼要比较薄，以脆软适度为宜，将提前烹制好的酱驴肉切成肉末，拌入葱花，用饼卷起来食用。有意思的是，称饼卷驴肉才恰如其分，但人们更喜欢称之为驴肉卷饼。

驴油也有独特的食用功效，旧时过庙会，街头往往会有一道独特的美

---

① 河北省武安县民间文学集成编委会：《武安民间故事卷》，第314页。另有名为《漏》的故事，讲述了一个贼躲在农家梁上想偷小黑驴，而一只老虎则进入农家想吃黑驴，适逢老农感慨："咱家不怕虎也不怕贼，就怕漏。"贼与老虎都不知道"漏"是什么东西，受到了惊吓，贼掉到了老虎身上，互相以为对方是漏，贼借机爬到树上。老虎落荒而逃，遇到了猴子。猴子又带老虎回来查看"漏"是什么东西，为防万一，猴子用绳子一头拴在老虎脖子上，一头拴在自己脖子上。猴子上树查看，贼在树上看见后，吓得拉了猴子一头屎，猴子用手甩屎，老虎以为猴子示意逃跑，于是一路狂奔，猴子被拖死了。见同书，第414—415页。

食吸引人们的注意力，那边是驴油煎灌肠。灌肠，用荞麦面加水和成糊状，置入特制匣中上笼蒸熟，出笼后切成较薄的细长片状，长宽比大约为5厘米×3厘米，之后，在鏊子或平底锅上涂抹薄薄一层驴油，加热后，放入荞麦面片，两面都煎熟煎透后出锅。灌肠放入小碟子中，然后加上蒜泥加水调配成浓汁，食客即可尽情享用。近些年来，商贩们为了节约成本，开始使用一般油来制作灌肠，口感远远比不上驴油制作的灌肠。武安周边地区流传有名为《小麦和荞麦》的故事，称荞麦"果实粗糙，味道不佳，人们不愿常食用，也不用他款待客人"，并用"不经冷，不经热，不迎人，不待客"来评价荞麦[1]。可与驴油相结合，竟然成为受人喜爱的美食，亦可见驴油之奇特。

武安亦有专门以杀驴卖驴肉为业的家庭，西通乐村张家尤为有名。现在的户主张利兵，即掌握了祖上传下的杀驴与制作驴肉的技巧，拥有独特的制作工艺，通乐驴肉因此声名鹊起，在武安声名远扬，在邯郸地区亦有较好的口碑，通乐驴肉列入了武安市级非遗名录[2]。

历史上，民众也注重选种育种，太行毛驴具有与小农经济完美契合的生理特质。1949年后，又先后引进了青海种公驴、关中种公驴、渤海种公驴等，改进驴的体质，提高使役能力。1949年，全县有驴18534头，1957年达23525头，此后有所下降，1988年为14591头[3]。

四 骡子

骡子体力强壮，耕田、役使、骑乘等性能均极好，民国县志称："骡，为驴马混种，牡马交合亦生骡，牡马牝驴交合生骡。健壮有力，为农家主要牲畜，县产少数，外购甚多。"[4] 1990年县志称："骡，马、驴杂交种，比驴挽力大，比马抗病力强，并耐粗饲料。"[5]

武安民间极重视骡子，常将其排在家畜的首位，《固镇村志》即首列骡子，称："骡子，是马驴杂交后代，骡不自繁，无生殖能力。个大，身

---

① 杜学德主编：《邯郸市故事卷》下册，第231页。
② 参见武安市文化馆网站非物质文化遗产部分的《通乐驴肉》条，网址：http://www.wawhg.com/News_View.asp？NewsID=228。
③ 武安市地方志编纂委员会：《武安县志》卷4《农业志》，第196、201—202页。
④ 民国《武安县志》卷2《地理志》，见《武安县志校注》，第649页。
⑤ 武安市地方志编纂委员会：《武安县志》卷4《农业志》，第196页。

壮力壮，能拉善驮，为耕畜中之首。多数从外地购进，好的产地是神木（陕西）。山西省昔阳县双河庙村有牲畜交易市场，骡子很多，品种优良，多从此购进。也有少量自繁者叫'家生驹'。"①

前引峰峰矿区名为《骡子为啥成了六畜之首》的民间故事，标题亦可证明人们对骡子的重视，称骡子帮助刘秀摆脱了危险，刘秀事后册封了骡子，"从此，骡子就成了六畜之首，什么骡马牛羊，骡马大会，骡马成群，都把骡子排在了首位"。②

骡子常用来耕田，挽力远胜驴子，耕作效率又高于牛，所以最为民众所看重。耕田之外，还常用来驮运东西。如民间故事《黑大岗赶集》称常杨庄人黑大岗到离村四五十里路的继城镇（今贺进镇）去赶集，为主家置办年货，"赶着两匹大骡子"。《两世桥》中，主人魂魄离体后，飘荡至山西附到了一个病号身上，身体养好后，"牵上两头骡子，驮上银钱"，赶回武安修桥③。改革开放后，骡子还有一般妙用，产铁区域常有人用骡子牵引着特制的小车收集路面的铁粉，车后有特制的带状物不断转动，可将铁粉吸附起来并自动卸入车厢。

骡子在传统时期一直有着相当高的军事用途，为驮运军需物资的重要役畜。比如邯郸、武安、磁县一带流传的一首名为《打磁州》的歌谣，前四句即称："提起楚金仓，两眼泪汪汪。各庄上，抢骡马，回家买机枪。"④ 楚金仓为抗战时期磁县境内的汉奸，常到村庄上抢骡子、马等牲畜。

骡子在武安还有独特的功效，便是在结婚时使用，往往是新郎赶着牲口到女方家迎亲，返回时，新娘骑骡子，新郎步行。有条件的话，赶两头骡子，则新郎也可骑行。骡子所扮演的角色，等同于 20 世纪 80 年代以后的婚车。《固镇村志》中称："困难时期低指标，人吃驴料，耕畜死亡过半。六十年代初，固镇全村只有两头骡马，青年结婚骑骡马，还得从外村借用。"⑤

民众也尝试解释骡子不能繁殖的生理特点，有故事名为《骡子不下

---

① 刘北方主编：《固镇村志》第 6 编《农业篇》，第 125 页。
② 杜学德：《邯郸市故事卷》上册，第 66 页。
③ 河北省武安县民间文学集成委会：《武安民间故事卷》，第 160 页。
④ 张文涛主编：《邯郸市歌谣卷》，第 45 页。
⑤ 刘北方主编：《固镇村志》第 6 编《农业篇》，第 126 页。

驹的传说》，称：

> 骡子并不是从来就不下驹的。汉朝皇帝刘秀与王莽征战，东挡西杀，南北转战。刘秀骑的是头母骡子，在一条河边，眼看着王莽就追到跟前了，正在这生命攸关的时候，骡子快要下驹了，刘秀没办法，就对骡子说："尿泡儿算了，不要下了。"刘秀是真龙天子，金口玉言，这么一说把骡子给封了，从这往后骡子就不下驹了。[①]

说刘秀骑骡子作战当然荒诞不经，但对役畜的生理特质进行思考的精神还是难能可贵的。

骡子本地虽也出产，但数量极少，大都要从外购入，较为金贵。骡子的交易也非常普遍，有俗语称"噘嘴骡子卖了个驴价钱"，即是市场上买卖骡子的生动写照。

1949 年全县有骡 2796 头，数量只及牛的 1/5 强。1988 年，共有骡 11298 头，与牛的数量持平[②]。1949 年后政府较为重视，加大了本地繁殖的力度。1988 年，全年为大型役畜配种准胎 5354 头，其中骡 236 头，占比 4.4%；繁殖 4112 头，骡 199 头，占比 4.8%。所占比例虽仍不高，但比 1949 年前已有了长足发展[③]。

骡子与马、驴一样一般采用舍饲，喂养方法也相近。

20 世纪 80 年代较之于 1949 年，马的数量增加，驴的数量减少，骡子数量则有显著增加。自 20 世纪 90 年代开始，农村大型役畜饲养规模开始显著萎缩。西部南、北洺河上游为例，那里密布狭长的梯田，难以采用机械化大生产，但大型役畜却在 21 世纪完全绝迹了。马店头村在 40 年代土改之前共有牛、马、骡、驴 80 余头，1949 年后一度壮大，达到 120 头左右。90 年代后又趋衰落。至 2010 年左右，大牲口已完全绝迹了，这对耕作有着极大的消极影响，现在有的家庭在春天人力刨地翻土，更多的家庭则完全放弃耕地。

再如固镇村，在 20 世纪 70—80 年代，全村平均年养大牲口约 180

① 河北省武安县民间文学集成编委会：《武安民间故事卷续集》，第 133 页。

② 武安市地方志编纂委员会：《武安县志》卷 4《农业志》，第 201—202 页。

③ 同上书，第 197 页。

头。1996 年骡、马合计 129 头，驴、牛合计 45 头，共计 174 头①。此后亦一路下滑。至今，大牲畜亦几乎完全绝迹。

在历史上，华北地区的役畜饲养结构和饲养规模都发生过剧烈的变动，而其重要的原因则是燃料与饲料的变动。在燃料危机不太严重的情况下，燃料主要是木柴。宋元以降，在燃料危机的压力下，秸秆在燃料格局中所占比例越来越高。以田间野草与作物秸秆为主要饲料的家庭饲养业的发展空间因而被严重压缩。多数动物不能直接以木质为食物，故而以木柴作为主要燃料时，不会出现燃料与饲料争夺的情形，家畜饲养不会因使用木柴而受到太大的影响。多数农作物的秸秆虽不能作为人类的食物，却可以为家畜所食用。在秸秆大量用作燃料的情形下，家畜饲料供应必然会受到影响②。

可最近 20 多年的变化则与历史上的变化恰恰相反，随着燃料更新换代的完成，煤炭、液化气、天然气已经成为主要的燃料来源，作物秸秆逐渐摆脱了燃料主力的角色，这本应为农村役畜饲养的发展创造条件。可历史却异常吊诡，饲料资源极大丰富的情况下，役畜饲养规模反倒以远超宋以后的速度在缩减，个中奥义，颇为耐人寻味。

20 年间，役畜饲养发生了颠覆性的巨变，农村畜力能源消耗殆尽。如何在工业化的浪潮中进一步提高农村的能量利用效率，更好地摆正现代能源利用模式与传统能源利用模式的位置，如何让适合现代的归于现代，让适合传统的仍坚守传统，这值得我们所有人深思③。

第二节　猪羊饲养

一　猪

猪，偶蹄目猪科动物，养猪是中国畜牧业的重要内容，可能是人类养殖业发展的最初成果。猪的采食范围为典型的广谱性，对食物质地要求不高，对各种地理环境和气候特征又有很强的适应性，可以长期生活在同一地区而无须不断迁徙，所以从其被人类饲养的时候开始就完美地契合了定

---

① 刘北方主编：《固镇村志》第 6 编《农业篇》，第 126 页。
② 详情可参看拙著《古代华北役畜饲养结构变化新考》，《中国农史》2015 年第 1 期。
③ 相关情形依据笔者于 2015 年 7 月下旬的实地考察和口述史访谈，访谈者有贺红旺、白锁柱、闫凤林及家父赵长拴。

居农业的需要①。猪的育肥性能极佳，据学界研究，猪每吃 100 磅饲料，大约可转化为 20 磅肉，而牛吃同样重量的饲料却只能长大约 7 磅肉，从产肉效率来看，猪是牛的 3 倍。所以中国人更多更早将猪作为主要的肉用牲畜，是符合生态最优原则的②。

中国的家猪养殖，最早或可前推至 9000 年前，广西桂林甑皮岩遗址与河北徐水南庄头遗址都曾出土这一时期的家猪骨骼③。但学界尚有争议，袁靖即认为上述两个遗址中的猪骨均属野猪④。

武安境内的家猪养殖最早可以上推至磁山文化，倘若上述两个遗址中的猪骨确属野猪，则磁山文化仍是国内发现家猪最早的遗址。磁山遗址出土的猪骨数量比较多，主要是未成年的幼小个体，肱骨都比较细小。周本雄在 20 世纪 80 年代初称："华北新石器时代出土的家猪骨骸，以磁山的时代为最早。"⑤ 这样的结论可能到现在仍不过时。

猪在传统时代饲养较为普遍，为逢年过节时最主要的肉食来源。民国县志称："住户及粉房皆饲之，仅供肉食。"⑥ 1990 年县志称："传统品种称黑猪，耳大下垂，背稍凹，四肢粗大，生长较慢，产仔率较高（一胎高达 18 头）。"⑦ 武安歇后语"老母猪养儿——在者算数"也可参证本地猪种的高产崽率，以至于母猪都分不清自己究竟有多少猪崽了。固镇"解放前群众生活水平低，无力养猪，只在粉坊、豆腐坊、糖坊来养，群众家养极少"。

①　徐旺生：《中国养猪史》，中国农业出版社 2009 年版，第 1—2 页。

②　同上书，第 285 页。

③　甑皮岩遗址中的猪骨遗存情况可参看李有恒、韩德芬《广西桂林甑皮岩遗址动物群》，《古脊椎动物与古人类》1978 年第 4 期，第 247—248 页；北京大学历史系考古专业 ¹⁴C 实验室、中国社会科学院考古研究所 ¹⁴C 实验室《石灰岩地区碳 – 14 样品年代的可靠性与甑皮岩等遗址的年代问题》，《考古学报》1982 年第 2 期，第 248—249 页；河北徐水南庄头遗址中猪骨遗存情况可参看河北省文物研究所、保定市文物管理所、徐水县文物管理所、山西大学历史文化学院《1997 年河北徐水南庄头遗址发掘报告》，《考古学报》2010 年第 3 期，第 361、378 页。

④　袁靖、Rowan K. Flad：《论中国古代家猪的驯养》，英文版标题 Pig Domestication in Ancient China，发表于英国杂志 Antiquity 的第 176 卷第 293 号。袁靖、李君：《河北徐水南庄头遗址出土动物遗存研究报告》，《考古学报》2010 年第 3 期，第 389 页。

⑤　周本雄：《河北武安磁山遗址的动物骨骸》，《考古学报》1981 年第 3 期，第 342 页。

⑥　民国《武安县志》卷 2《地理志》，见《武安县志校注》，第 649 页。

⑦　武安市地方志编纂委员会：《武安县志》卷 4《农业志》，第 198 页。

民国六年（1917），全县存栏猪 5633 头，出栏 2330 头①。民国时期曾对户口数进行统计，民国十七年有户 70639，有口 365491；民国二十三年有户 67697，有口 377115②。即以民国二十三年的户数和民国十七年的口数来折算民国六年的养猪比率，折合每 12 家或每 65 人养一头猪。1949 年后，养猪情况有较大的波动起伏，1963 年后稳定在 3 万头以上，1987 年为 40242 头，是年武安有户 168747，有口 587931 折合，每 4 家或 15 人养一头猪③。

猪所吃的东西，都是人吃剩下的、不喜欢吃的或者从来不吃的东西，刷锅之后的泔水、糠皮、麸子、做豆腐剩下的豆渣、做粉条剩下的粉渣、杂草等，猪都可食用。放馊了、变质的食材，猪吃了以后也很少会有不良反应。所以养猪于农家而言，性价比极高，可以将种种无用的下脚料转换为鲜美可口的猪肉。俗语称："猪往前拱，鸡往后刨，各有各哩食道。"④说明了猪的食性特点，倘若直接将猪食槽放入圈舍之中，猪嘴不断地往前拱，浪费大量的饲料，所以人们都是将猪食槽做成长盒形，在垒砌圈墙时将食槽竖直卡在墙里，圈内露一部分，圈外露一部分，这样人在圈外添加饲料和水非常容易，而猪又不会将猪食拱出槽外。在很多地方，猪食槽都是用石材做的，最考究的是青石猪食槽。

关于猪的饲料，徐旺生总结出了 12 大类，分别是青饲料、水生植物类、枝叶饲料类、发酵饲料类、干草类、块根块茎及瓜类、藻秕类、糠麸类、发芽饲料类、矿物质类、籽实类、其他杂类。而饲料的加工方法，他又总结出 6 种，分别是机械截短法、物理破碎法、加温蒸煮法、发酵法、炒、发芽。⑤ 所述为全国之情形，武安喂猪之饲料及饲料之加工方法，也相去不远。1990 年县志中提及的自然草、作物秸秆与秕壳、树叶、菜糟渣皆可为养猪所利用。20 世纪 80 年代，每年产薯秧 1800 万斤，秕壳 9173 万斤，干树叶 9600 万斤，红薯渣 500 万斤，豆腐渣 500 万斤，玉米渣 150 万斤，酒糟 100 万斤，都可用来养猪。

---

① 民国《武安县志》卷 6《财政志》，见《武安县志校注》，第 761 页。武安市地方志编纂委员会：《武安县志》卷 4《农业志》，第 198 页。

② 民国《武安县志》卷 4《民政志》，见《武安县志校注》，第 660 页。

③ 武安市地方志编纂委员会：《武安县志》卷 4《农业志》，第 202 页；卷 19《社会志》，第 856 页。

④ 高音亮、高和平：《武安方言与韵辙》，第 218 页。

⑤ 徐旺生：《中国养猪史》，第 155—162 页。

武安家猪的饲养方式多为圈养，大部分地区的猪圈紧挨着厕所，位于院子的西南方向。在河北省，"连茅圈"曾非常普遍。所谓连茅圈，即人厕与猪圈相连，人的粪便直接进入猪圈。这样的厕所历史悠久，出土的大量的汉代陶猪圈模型即为"连茅圈"，出土地点分布较广，而河北省名列前茅①。人畜粪便合二为一，方便了污秽处理和农家肥的沤制。但这样的厕所使得粪便几乎完全暴露在了空气里，也使得蚊蝇滋生越发严重。常日里庭院气味熏人，雨后对环境的影响更为严重。河北省近年来的改厕重点便是整治连茅圈，截至 2014 年底，已基本完成了治理②。这样的厕所，在武安也有一定的分布，1949 年前后还较常见，武安有俗语称："猪吃人屎，人吃猪肠，到底谁净谁脏。"③ 若非连茅圈较多，恐不会形成这样的俗语。但 20 世纪 50 年代后，武安的连茅圈就很少见了。到 80 年代，已经完全绝迹。厕所为坑厕，粪便存在粪坑之中，用粪桶担到地里。而猪圈则单独存在，猪粪要拌入土，用排子车拉到地里。

在不少地区，也有些猪为半放养状态，在 20 世纪 90 年代之前的不少农村里，猪满大街乱窜的景象并不罕见。半放养虽然有碍观瞻，但猪可自主采食，营养更全面，而肉质也更肥美，所以不少养猪农户也往往对于猪跳圈而出的事情听之任之。这其实也是一种复古，因为在历史的早期，猪本来也是放养的。有时候，猪还可以用来为农田除草，方法是往地里撒上一些黑豆，然后把猪赶到地里，猪便会拱动土层，吃掉各种杂草的根茎。前文曾引用过的民间故事《除三害》就谈及了用猪来根治锁草、马食菜和抓地秧的故事④。

但人们更普遍的饲养方式还是纯圈养，目的不是卫生。因为传统的农家圈舍都是露天的，下雨之后，粪水淋漓，流出庭院，一直流到街上，这样的情形直到 20 世纪末还很常见。所以，圈养并不比放养更卫生。人们之所以倾向于圈养，是因为这样可以最大限度地积累猪的粪便。而收集猪粪肥田，是养猪的首要目的，全国不少地方流行的农谚"养猪不挣钱，回头看看田"便是最佳证明，而武安也有类似的例子，"种地必须养猪，

① 参见贾文忠《与猪有关的几件文物》，见《中国文物报》2007 年 2 月 14 日第 5 版。
② 参见建伟《河北农村告别"连茅圈"》，《中国农村卫生》2015 年第 9 期；《河北日报》记者：《年内全省彻底消除所有"连茅圈"》，《河北日报》2014 年 9 月 29 日第 6 版。
③ 高音亮、高和平：《武安方言与韵辙》，第 217 页。
④ 杜学德主编：《邯郸市故事卷》下册，第 232—233 页。

养儿女更需念书"，也反映了养猪在沤粪肥田方面所扮演的重要角色。

猪粪尿在圈舍中大量存留，猪在其中走动栖息，极容易生病并出现寄生虫。所以需要不断地垫猪圈，到野外割取植株高大的蒿莱投入圈中，适度填入黄土，既可以保证圈内干爽，又可以增加积肥的数量，可谓一举两得。

为了让猪长得更好，还需要进行阉割，阉割之后的猪性情温顺，增肥较快，且肉质鲜美。武安当地方言中，常用的字眼有劁、骟等，一般用劁指代阉割雌性动物，用骟指代雄性动物。如"秧苗不薅不长粗，养猪不劁不长肉"，"猪一月，牛半年，不做种用就骟蛋"等谚语在武安也有流行。常见的是对公猪进行阉割，但不用来繁育小猪的母猪也常要进行阉割，人们发现多次生育后的母猪肉质和口感均不理想。所以养猪时往往是到市场上买回小猪饲养，而不是自家繁育。有名为《秀才买猪》的笑话开篇即称："秀才去赶集，邻居大嫂托他买头小猪。"① 清代张宗法指出，"豚生，雄者一月去其势，雌者两月势其蕊。"② 亦即公猪出生一月后进行阉割，母猪出生两月后进行阉割。具体操作上来说，则是公猪摘除睾丸，而母猪摘除卵巢。在武安民间多有擅长劁猪者，游走在三乡五里间，帮助养猪户对猪进行阉割，收取一定的报酬。

传统时代武安民众一年到头吃不上几次肉，猪肉是最主要的肉食来源，却也只有过年时才能买回三五斤。人们一说肉，指的就是猪肉。民国以前，"山村人民，终年不知肉为何物"③。有名为《狗不会吃肉》的笑话，也可看出传统时代民众吃肉之少，摘录如下：

> 古时候有个老实巴交的人，一辈子没吃过肉。有一天，他走到一家卖肉的跟前，很想买块肉回去吃，又不懂咋个吃哩，就问卖肉的："我听说肉很好吃，能做上等美味佳肴，我想好好地饱食一顿，可就是不会做，能不能告诉我？"卖肉的听了，把烹调方法给他写了个谱子。买了一大块肉走了。出村时，身后跟着一条狗，他走在路上，狗总是身前身后转来转去，嘴里流着涎水，眼巴巴盯着那块肉。走了一

---

① 杜学德主编：《邯郸市故事卷》下册，第499页。

② （清）张宗法著，邹介正等校注：《三农纪校释》卷19《畜属》，农业出版社1989年版，第585页。按"势"字为上秋下刀，读［lì］，用刀割之意。

③ 民国《武安县志》卷9《社会志》，见《武安县志校注》，第829页。

会儿，这个人急着解手，就把肉挂在路旁的树上，到隐蔽处去了。狗趁机把肉叼下来，狼吞虎咽地吃起来。他看见了，也不扯急，还在一边瞧哩，边瞧边说："狗呀狗，你不会吃肉，吃肉的谱子还在我口袋里装着哩。"①

民众极喜欢猪肉，故有俗语称："诸肉没有猪肉好，百菜没有白菜鲜。"② 猪肉相关的食品中，人们尤为喜欢排骨，时至今日炖上一锅排骨，全家人坐在一起大快朵颐，仍为美事一桩。炖排骨时，往往配上土豆或白萝卜，即可用作米饭配菜，也可作为拽面的卤子。在武安城中颇为有名的三街大队拽面馆，招牌美食即是排骨面。除了常见的炒、烧、焖、炖等烹饪方法外，武安人还常用的加工猪肉方法有水煮、油炸，这两种方法加工之后的肉都鲜而不腻。油炸之后的肉称烧肉，在正月里招待亲戚时为熬制大锅菜极好的配料。

此外，在伯延等地还制作熏肉，味道鲜美，肥而不腻。制作时一般选用猪头和猪下水，用烧红的火柱烫掉猪毛，再用石头捣，去掉毛发根，然后用刮刀刮干净。猪下水则必须反复清洗，加上花椒、盐、醋、碱等揉搓以去除异味。清洗完之后进行煮肉，放入各种特制调料，先用大火猛煮，而后改用小火慢煮。煮好后开始熏制，方法是将猪头肉和下水放在铁篦子上，悬空放置，上覆瓦盆，下燃锯末，有强烈气味的松柏等锯末不能使用，其他皆可。由人掌握火候，熏透后便可取下，最后再抹一层香油③。

在武安民间，以前食用油资源不充裕，常用猪板油、肥肠、肥肉放入热锅中熬制出油脂来，称为腥油，作为烹饪用油。熬完油后剩余的部分称为"支刷的"，仍会放入大锅菜中食用。随着生活条件的改善，这样的饮食习惯逐渐消失了。

杀猪时则往往需要多人合作，将感受到异样气氛而"狼奔豕突"的猪围堵起来并按倒在地，用绳索将两条前腿和两条后腿分别捆起来，放置于较高的地方，猪头悬空，下方放置口径较大的瓷盆。用较锋利的尖刀刺入猪脖子，切断动脉，放血入盆。猪一开始会尖叫，随着流出的血越来越

---

① 河北省武安县民间文学集成编委会：《武安民间故事卷》，第 525 页。
② 高音亮、高和平：《武安方言与韵辙》，第 218 页。
③ 参见杨新民《魅力武安丛书》之《历史文化卷·万千气象》，第 232 页。

多，叫声逐渐微弱，最终失去生命体征。必须把血放尽才好，不然"窝了血"，肉的品相不好看，口感也会受到影响。有民间故事《为啥杀羊羊不叫杀猪猪叫唤》即提到了杀猪时的情形，摘录如下：

> 猪和羊整天吃饱肚子没事干，不是偷吃这户山上的菜，就是吃那家地里的黄瓜，人们都很讨厌，土地神就把这事告诉了玉皇大帝。玉皇大帝传旨，叫人把猪羊杀了当菜吃。
>
> 土地神领旨回来，向人们传达了玉皇大帝的旨意，人们就逮羊捆猪要杀。猪羊不愿意叫杀它，对人说："让我们去天上问问玉皇大帝，看是不是真叫你们杀俺吃肉哩？"人就放了猪羊，让它们去问。猪羊相跟着走了，走了七七四十九天还没有走到天宫。猪对羊说："羊老弟，我走累了，实在动弹不得了，你去问问吧。"羊就独自上天上问去了。
>
> 过了几天，羊回来了，猪还躺在半路上。猪问："羊老弟，是真叫人杀我们哩？"羊老实地点了点头。
>
> 猪羊回到村里，人们就把猪羊逮起来，人问羊："玉帝是让我们杀你吧？"羊规规矩矩地点了头，只是合不上眼皮，恨玉帝不留一点情面。人们把羊杀了就去杀猪，刚要开刀，猪叫喊起来："我还没去问玉皇大帝哩！"人问："你不是和羊一起去来？"猪说："我走到半路上累了没有去。"人听了都哈哈大笑。羊问过玉皇大帝，所以杀它的时候，羊不叫唤，猪没问玉皇大帝，所以杀它的时候它就大声乱叫。①

此为民间自家杀猪，而专职从事杀猪卖肉之人即为屠夫，经营之门面称肉铺或杀坊。民国时期武安城中有较大规模的经营，共有六家大的肉铺，其中盛兴架最为有名，而各乡镇的猪肉屠宰业则多半不成气候②。有名为《一伙杂碎》的笑话，讲述了一家开杀坊的与一家烧砖的共住一家大院，有些小别扭，往大门口写对联时闹出了笑话。其中开杀坊的所写一联为"猪肉羊肉杂毛肉"，猪肉排在了第一位，可见杀猪为主业。民间故

① 河北省武安县民间文学集成编委会：《武安民间故事卷》，第178—179 页。
② 民国《武安县志》卷 10《实业志》，见《武安县志校注》，第 852 页。

事《屠夫驸马》颇为有趣，讲述因为急着解手而误撕了皇榜的杀猪人与外国使者伸手指打哑谜，最后外国使者认输，杀猪人当了驸马。但对于伸手指的含义，却有不同的解释，摘录相关描述如下：

> 有个大臣问外国使臣对的哑谜是啥意思，外国使臣说："我伸出一个指头是说俺国有一尊活佛，他伸出两个指头来对，是说恁国有两尊菩萨①。我伸出三个指头是说俺国三皇治世，他伸出五个指头，是说恁国五帝为君。我拍了拍肚，是说我怀揣日月，他甩了甩袖子说他袖拂乾坤。"大臣们一听，各个佩服杀猪的有学问。皇上立刻招他为驸马，选了个良辰吉日完了婚。
>
> 皇姑入了洞房，心里很高兴，就问杀猪的："你是咋着胜了外国使臣哩？"杀猪的说："他伸出一个指头，说他有一头大猪。我伸出两个指头，说给他两吊大钱看他卖不卖。他伸出三个指头是嫌钱少哩，想要三吊大钱。我伸出五个指头，是说只要想卖五吊大钱我也肯出。他拍了拍肚是说大猪还怀着小猪哩，我甩了甩袖子是说母猪不要，母猪肉不好卖。"皇姑一听，心里凉了半截儿，不过已经拜了天地，入了洞房，后悔也没法了。②

据徐旺生考证，猪在中国文化中的形象有从正面向负面转化的过程，明清以降猪在武安文化中的形象则几乎纯为负面的，蠢猪、笨猪、懒猪之类的评价深入人心，这与明清以后人口压力加剧息息相关，猪的生存状况恶劣化，生存空间狭小化，食料粗鄙化，圈舍肮脏化，这些都影响了人们对猪的观感③。但猪在传统时代却又扮演了极为重要的角色，为民众提供主要的动物蛋白来源，为农田提供主要的粪肥资源。贡献极多，评价极低，令人不由得要为猪振臂一呼。

二　羊

家羊为偶蹄目牛科绵羊山羊亚科动物，常见的山羊、绵羊分属山羊属

---

① 在武安方言中，"恁"指你、你们，在不同乡镇发音有较大差异。
② 河北省武安县民间文学集成编委会：《武安民间故事卷》，第469页。
③ 徐旺生：《中国养猪史》，第287页。

和绵羊属。两者习性有较大不同，山羊面部平直，绵羊面部略有隆起；山羊没有泪窝腺，绵羊则有；山羊角呈弓形或镰刀形，向上向后伸展成倒八字形，绵羊角呈螺旋形向两则伸展，两者角的断面形状也不同；山羊颌下有髯，绵羊没有；山羊体型清瘦，绵羊体型丰满；山羊前后蹄没有趾间腺，绵羊则有；山羊毛粗短刚硬且缺少毛脂，绵羊毛细软稠密而多毛脂；山羊公羊尾下有臭腺，绵羊公羊没有；山羊尾巴短小上翘，绵羊尾巴肥大下垂（又有长瘦、短瘦、长脂、短脂等诸多分类）；山羊活泼喜斗，绵羊则非常温顺①。

武安盛产羊，明代年贡中即有白硝羊皮 619 张。民国县志称："羊，有绵羊、山羊两种，成群畜之，为农家附业，积粪肥田，尤其主因。"②虽然常先称绵羊，实则武安境内山羊始终比绵羊多，1949 年，全县共有羊 58354 只，而绵羊 21503 只；1988 年，全县有羊 97348 只，而绵羊为31803 只③。武安俗语称："有羊还怕赶不到山上哩。"④ 也可见山羊为最常见的饲养用羊。

武安山羊，从全国羊品种分类上来看属于太行山羊，为肉绒兼用型的优良品种。山羊对环境的适应性极强，谢成侠有精当的评述，称"在产绵羊的地区一般都有山羊，而山羊的产地在我国未必也有绵羊"⑤。山羊体质结实，体格中等，颈部短粗，胸深且阔，背腰平直，后躯略高于前躯，四肢强健，蹄质坚实，翻山越岭如履平地，耐粗饲，抗病力强。西部山区"炮牛"之事时有发生，但"炮羊"极为罕见。成年公羊平均体高约 56.7 厘米，体长约 65 厘米，体重约 36.7 公斤；成年母羊品均体高约53.6 厘米，体长约 61.6 厘米，体重约 32.8 公斤。2.5 岁公山羊屠宰前平均重量可达 39.9 公斤。山羊较容易管理，肉质细嫩鲜美，膻味较小，脂肪分布均匀。历史上曾出口到阿拉伯地区、中国香港、东南亚，评价颇

---

① 《中国家畜家禽品种志》编委会该书编写组：《中国羊品种志》，上海科学技术出版社1989 年版，第 1 页。

② 嘉靖《武安县志》卷 1《食货志》，民国《武安县志》卷 2《地理志》，分见《武安县志校注》，第 11、649 页。

③ 武安市地方志编撰委员会：《武安县志》卷 4《农业志》，第 201—202 页。

④ 《武安方言与韵辙》，第 216 页。

⑤ 谢成侠：《中国养牛羊史（附养鹿简史）》，第 150 页。

高。西部山区饲养较多，尤以门道三川及管陶川饲养数量最多，品质最好①。固镇村志中亦指出："羊适宜在山区放牧养殖。新中国成立前，群众基本不养，只有少数富户养，数量不大。屠宰铺也靠从山里购羊。"②

武安绵羊，本地羊种，肉毛兼用，毛色多为白色，少量夹杂黑色。公羊有角而母羊无角，角长而弯曲，角尖前伸。成年羊的体重可超过50公斤，爬坡能力较强，耐粗饲，但不善于在陡峭山坡上行进觅食，在深山区养殖较少，而在丘陵、平原地区则养殖较多。本地绵羊肉质较肥，膻味也较大，故而人们食用时更喜欢选择山羊。

羊必须专人放牧看管，既要避免走丢，又要防止猛兽的侵袭，还要提防有人偷羊。所以，最好是成群放牧，最多可以一人放上百头羊，故俗语称："养羊不成群，反正误个人。"③

放羊人又称羊倌，有专门为他人放羊的，比如民间故事《万大脉的传说》中称万大脉到管陶川给财主放羊，先前放羊的人都会遇到无赖偷羊，万大脉放羊后，他们想给其一个下马威，不料万功夫惊人，用绝技吓退了他们，从此羊群得保安全④。《一门二进士》中二进士的父亲是个放羊的，在上山放羊时偷听了南方人的对话，为自家选择了上佳的风水宝地，当也是专职为他人放羊的⑤。

有为自己放羊的，如民间故事《因祸得福》中白菜垴上只住着张、王两家人，"小孩儿们从小就在一起玩耍，稍大点又一起上山放牛羊"，两家发生矛盾后，"一天前晌，王家的大孩子赶着自家的羊在山上放"⑥。自家放羊有时候采取粗放式的看管，即将羊带至山上后，任其自己吃草，而人则返回家中。如马店村里养羊数量曾达一千五六百头，多数家庭一家即有一二十头，常有家庭放牧过程中上山找羊，从村西山脚下一直找到海拔过千米的门场山顶。近些年来，有些养羊人家依旧采取这样的放养方式，十天半个月才去看一次，任由羊自己觅食，不过设备也更新换代了，往往购置军用望远镜，进行远程监测。

---

① 以上分析参见武安市地方志编撰委员会《武安县志》卷4《农业志》，第199页。《中国家畜家禽品种志》编委会该书编写组：《中国羊品种志》，第94—95页。

② 刘北方主编：《固镇村志》第6编《农业篇》，第126页。

③ 高音亮、高和平：《武安方言与韵辙》，第214页。

④ 河北省武安县民间文学集成编委会：《武安民间故事卷》，第40页。

⑤ 同上书，第66页。

⑥ 同上书，第474—475页。

　　放羊人颇为辛苦，常常要在山上长期生活，如民间故事《牧羊小儿与牡丹仙子》称：“有个小孩叫王余，在王员外家当长工，给员外放羊哩。每到夏天，羊群都要赶到山上，一上山就是好几个月，王余就得拿上铺盖、米面到山上去住，自己做饭吃。”①

　　武安民间牧羊人历经世代摸索，总结出一整套放牧的经验，四季有不同的放牧方法，冬季严寒，要在阳坡放牧；春季风大，要在背风坡放牧；夏季炎热，要在地势较高的山头岭脊放牧；秋季收获之后，田间残留的秸秆、谷茬较多，可在田地里放牧。民间有牧羊四季歌，内容如下：

　　　　冬季：一九二九，圈边圪囚②；三九四九，坡边游走；五九六九，爬岭担沟；七九八九，跑青招手。
　　　　春季：二月羊，飞过墙；三月羊，跑断肠；青草生长跑青快，过了谷雨好时光。
　　　　夏季：夏放岭头找顺风，远放早返摸性情。会放一条线，不会放一大片。
　　　　秋季：七月阳坡八月背，九月黄蒿顶谷穗。谷茬花茬能肥羊，山沟坡岭不如地。③

　　武安与峰峰交界地带还流传有名为《背羊羔》的歌谣，虽为大人逗孩童的玩闹之词，但也反映了人们对放羊地点的了解，总结出许多不适合放羊——特别是不适合放羊羔——的地点，其详细内容如下：

　　　　背，背，背羊羔，
　　　　背到哪儿？
　　　　背到鼓山尖，
　　　　俺不去，鼓山尖老鹰啄俺哩。
　　　　背，背，背羊羔，
　　　　背到哪儿？

① 河北省武安县民间文学集成编委会：《武安民间故事卷》，第 236 页。
② 圪囚，方言，有待着不动的意思。如人冬季守着火炉不动，便可说“在火边圪囚的”。
③ 武安市地方志编撰委员会：《武安县志》卷 4《农业志》，第 201—202 页。

背到风门寨，

俺不去，风门寨风大刮俺哩。

背，背，背羊羔，

背到哪儿？

背到野峧沟，

俺不去，野峧沟葛针扎俺哩。

背，背，背羊羔，

背到哪儿？

背到北响堂，

俺不去，北响堂烧香呛俺哩。

背，背，背羊羔，

背到哪儿？

背到漫天垴，

俺不去，漫天垴老狼吃俺哩。

背，背，背羊羔，

背到哪儿？

背到老石崖，

俺不去，老石崖没草饿俺哩。

背，背，背羊羔，

背到哪儿？

背到小鬼道

俺不去，小鬼道上怕着哩。

背，背，背羊羔，

背到哪儿？

背到姥姥家，

俺去，俺去，姥姥见俺亲着哩。①

　　放羊人常会与野兽发生正面冲突，最常见的便是狼。狩猎部分曾引述的故事《放羊人打狼》中，野二柱即曾与狼发生激烈肉搏，因狼窜出的

---

① 张文涛主编：《邯郸市歌谣卷》，第 311 页。

滚烫稀屎而毁了容①。

羊与牛相仿，夜间多为露天圈养，不畏风雨，但与牛不同的是，羊的自卫能力极弱，所以还需要夜间防狼入圈偷羊。羊圈要保持干燥，张宗法指出："羊性恶湿，利居高燥，作栈须高，常除粪秽。"② 养羊除了野外采食外，还要定期饲喂食盐，这样羊才能保持机体健康。放牧时，要选取体格强壮的羊作为头羊，这样统领群羊，依序前进，不会混乱，前文所引牧羊四季歌中的"会放一条线，不会放一大片"即是这种含义。

羊在放牧过程中，若不细心看管，便常会窜入别人的田地里损伤庄稼，前引故事《为啥杀羊羊不叫杀猪猪叫唤》也反映了这一问题，羊主与田主间往往因此而发生纠葛。有些时候，为了保护庄稼，人们在种庄稼时会将砒霜等毒物③拌入种子中。羊被毒死的现象并不罕见，发生激烈冲突的事件也时有发生。

羊的进食习性颇为独特，与马、牛、驴、骡只吃地表茎叶不同，羊进食时往往要将草根也拽出来吃掉，故而对植被的影响尤为显著。山区地势陡峻，土层疏松浅薄，植被破坏会显著加剧水土流失。以河北武安西部山区为例，1957—1960 年，初修沙阳公路；1975 年至 1978 年改建为平涉线的一段。两次工程途经三道门（口上村至李家庄村）时均需要开山筑路，尤其是第二次，工程量尤其艰巨。施工人员从开山的剖面处发现山上密布的松树林之下的土层大都只有 50—60 厘米厚。④ 植被若遭破坏，土层会迅速流失殆尽。20 世纪 80 年代后，政府开始重视森林植被的恢复，不提倡养羊，在不少地方禁止养羊，导致养羊数量不断减少，但一刀切的做法也产生了消极后果。如固镇即被定为林区后禁止养羊，可"固镇实际情况是山场宜草不宜林"，一味禁止养羊的做法当引起人们的反思⑤。

武安人喜欢喝羊汤。羊汤需要用羊架子来熬制，羊架子是宰杀后剔除掉肉和油脂之后剩下的骨架，卖价颇高。羊头、羊血与羊内脏都是最重要的原材料，不可或缺。但整治却极其费工夫，羊头最麻烦的是去毛，反复

① 河北省武安县民间文学集成编委会：《武安民间故事卷续集》，第 387 页。
② （清）张宗法著，邹介正等校注：《三农纪校释》卷 19《畜属》，第 580 页。
③ 西部山区称拌入种子中的剧毒农药为"杏"。
④ 据家父赵长拴口述，时为武安县交通局工程队技术员。该段公路修筑情形可参看武安市交通局史志编纂领导小组《武安公路史》，第 49—50、86—89 页。
⑤ 刘北方主编：《固镇村志》第 6 编《农业篇》，第 126 页。

火烤、熨烫后清洗干净；羊血则需要"紧"，接到羊血后撒盐拌匀，等凝成固体状后上锅蒸熟，再切成条状；羊内脏清洗尤为麻烦，要将胃与大小肠翻转，将粪便冲洗干净，县境内的大部分地区只能在家中或村边接水反复冲洗，而门道川上游因常年有地表径流，故常到河里清洗，但河水冰凉彻骨，也着实辛苦。

熬制羊汤时，用柴火大锅炖煮羊架子、羊头、羊血和羊内脏，煮熟后还要捞出羊架子，将上面附着的肉再撕下切碎，即为重要的汤料。农家多是一次熬制一大锅而保存起来，分多次饮用。喝羊汤时，一定要用滚烫的汤汁冲烫葱花，味道极为鲜美，但也有人不喜欢其味道。羊汤适合在冬天进食，可滋补暖身。若在夏天食用，则容易上火流鼻血[1]。

武安人还喜欢包羊肉饺子。逢年过节若能买到几斤羊肉，首先想到的便是剁馅包饺子，饺子馅一般会搭配白萝卜、胡萝卜等，为款待亲朋好友的上品。但包饺子膻味远比喝羊汤明显，所以也有人不喜欢其味道。

羊在社会文化中也占有一席之地。如冀南不少地区麦收之后，出嫁之女性要带上馒头回娘家，而娘家则要送外孙面羊，故有歌谣称："麦子打了场，扒着茅篮去瞧娘。瞧娘不是瞧娘哩，是给孩子要羊哩。"[2] 考究送羊的寓意，一则可能是姥爷、舅舅为了增进与外甥的感情，一则可能是取小羊跪乳之意而奉劝外甥孝敬父母[3]。

与全国多数地方相同，武安人也认为属羊人命不好，而属羊女性尤其不好。但更看重的是出生八字的组合，所以俗语又称："宁生正月羊，不生腊月马。"人们分析年景时，还认为羊年非常好，故有谚语称："羊马年，广收田，就怕鸡猴这二年。"

第三节　其他动物饲养

一　鸡

鸡，鸡形目雉科原鸡属动物，种类极多，多数为肉蛋兼用型。1960

---

①　关于武安羊汤的制作流程，可参看杨新民《魅力武安丛书》之《历史文化卷·万千气象》，第237—238页；左根川：《千年古镇拾遗》第28节"习俗文化"，第162—163页。

②　张文涛主编：《邯郸市歌谣卷》，第79页。

③　邯郸有同名为《送羊》的两则故事，可参看杜学德主编《邯郸市故事卷》中册，第177—180页。在武安民间的方言中，外孙与外甥不加区分，均称为"外甥的"，"甥"读[chēng]。

年举办全国第一次家禽科学研究座谈会上不完全统计的鸡种即达 100 多个，80 年代后期修品种志仅列入 27 个，实际种类远超此数。我国鸡种自然生态适应性极广，抗逆性强，耐粗饲，觅食能力较强，蛋、肉品质优良①。

武安养鸡历史最早可上溯至磁山文化时期。据考古学家研究，磁山文化遗址出土的鸡跗蹠②骨长度介于 72.0—86.5 毫米之间，平均长度为 79.0 毫米，较现代原鸡为大，而比现代家鸡小。磁山文化时期所养的鸡为原鸡属的可能性最大，应当是已经驯养了的早期家鸡。时间约为公元前 5400 年，这是国内外目前已知最早的记录③。

武安传统农家饲养较为普遍，鸡种称柴鸡，体型较小，成年母鸡体重约 3 斤，成年公鸡体重约 4 斤。母鸡产蛋量较高，年产可达 140 枚以上，鸡蛋较小，重 35—40 克。母鸡抱窝性较好，产蛋一年后的夏季便会抱窝，一般母鸡会连年抱窝，传统时代农家都是用母鸡自然孵化小鸡，有母鸡的照顾，小鸡更容易存活。若无母鸡照看，小鸡会面临各种风险。民间故事《赵神医选徒弟》中，神医考察徒弟的方法就是照看小鸡，摘录相关描述如下：

> 一天，王家送来了一个孩子，赵神医说："好，留下试试吧。"赵神医把孩子领到院子里，交给他五只小鸡吩咐说："你帮我照看一会，别让它们跌进沟里淹死了，别让野猫吃掉了，也别让它们受到伤害，一会我就来。"说完就走了。过了一会，赵神医到院子里一看，五只小鸡都没有了。④

赵神医用这样的方法居然先后淘汰了四个孩子，直到第五个孩子才圆满完成任务，故事虽不一定真实，但仍可看出小鸡成长过程中面临的种种风险。

---

① 《中国家畜家禽品种志》编委会该书编写组：《中国家禽品种志》，上海科学技术出版社 1989 年版，第 11 页。

② 跗，读［fū］，脚背、足下之意；蹠，读［zhí］，同跖，脚掌、足上之意。跗蹠，鸟类的腿以下到趾之间的部分。

③ 周本雄：《河北武安磁山遗址的动物骨骸》，《考古学报》1981 年第 3 期，第 343—345 页。

④ 河北省武安县民间文学集成编委会：《武安县故事卷》，第 387 页。

母鸡有黑、白、花等多种颜色，以杂花色最多。公鸡冠高且颌下肉垂也较大，羽毛色彩艳丽，白、红、黑、花诸色皆有，而以黄、红、绿兼备者居多。少数公鸡攻击性极强，见人即啄，尤其会追逐小孩，亦为不少人童年的恐怖经历之一。

民国县志称："雄者司晨，雌者产卵，村村有之。"① 1952 年，全县有鸡 129501 只；1961 年为最低迷时期，全县有 97892 只；1987 年存栏量最高，达 1038229 只②。

传统时代养鸡虽普遍，但富裕之家才舍得平时食用，而穷苦人家则往往将鸡蛋积攒起来，数量较多时卖掉来换取其他日用品，主要是油盐酱醋③。民间有俗语称："鸡蛋换盐，两不找钱。"即反映了人们没钱买盐时，用鸡蛋去换盐的做法，因为小卖铺也收购鸡蛋④。《刘志贤的故事》就提及小贩收购鸡蛋的事情，还提及常用的工具便是扁担与筐，即前文提到过的"不篮"。摘录如下：

> 一天，（刘志贤）在街上玩耍，见一个卖鸡蛋的小商贩，正和一群妇女吵嚷，走近一看，才知道是商贩故意缺斤少两，糊弄这些不识数的妇女，他心里就起了惩治这个商贩的主意。等小商贩卖罢，挑着鸡蛋筐出了村，刘志贤随后撵上，对商贩悄悄说："我家还有半筐鸡蛋，我娘没在家，卖给你，我只要能换两个烧饼钱就行。"小商贩一听，心想这小孩好糊弄，可自己又不敢进村大明大亮去拿，就对刘志贤说："小孩，你看我沉甸甸的，不想进村了。"志贤说："这好办，用你筐我悄悄拿来就行了。"小贩忙说："那筐里的鸡蛋咋办？"刘志贤说："地不平不能放，那边有个碾磙子，咱把它竖起来，你用胳膊抱住，不正是个圆筐？"小商贩一听，觉得也是，就挑着担子来到碾磙子跟前，把碾磙子竖了起来，自己半蹲下去，使胳膊围住碾磙子，刘志贤赶紧把鸡蛋放在小商贩的胳膊里，拿着空筐转身走了。过了好

① 民国《武安县志》卷 2《地理志》，见《武安县志校注》，第 647 页。
② 武安市地方志编撰委员会：《武安县志》卷 4《农业志》，第 204 页。
③ 武安市地方志编撰委员会：《武安县志》卷 4《农业志》，第 203 页；刘北方主编：《固镇村志》第 6 编《农业篇》，第 127 页。
④ 高音亮、高和平：《武安方言与韵辙》，第 189 页。

大一会儿，小商贩左等也不来，右等也不来，两只胳膊困得不着了①，工夫一大，两个胳膊一松，一筐鸡蛋滚落地下，变成了黄汤。等进村去找志贤，哪里还有他的踪影？②

因为鸡蛋常用来换钱，所以在普通人家看来，鸡蛋为上好的营养品，产妇或卧床的重病之人才能较多食用。这一习俗相沿至今，对人们的观念与行为仍有深刻影响。现在人们照顾产妇，让其一天吃十几个煮鸡蛋的情形极为常见。亲朋好友生病了前去探望，或者逢年过节去亲友家做客，买上5斤或10斤鸡蛋是最常见的做法。20世纪90年代，西部山区曾流行姑姑给侄儿送煮鸡蛋以辟邪免灾的做法，笔者的两个姑姑每人给笔者送了十多个，收到后还必须在一天内吃完，当时笔者就险些彻底吃伤了。

传统时代的饲养方式主要是放养，早上放出，任由鸡群外出自由觅食，傍晚鸡群自动上架回窝。适量投放饲料，主要是糠与麸子之类，但用量不多。这样的饲养方式好处较多，鸡更健壮，肉与蛋的营养价值也较高。但容易发生鸡蛋丢失的事情，有些母鸡在野外产蛋，被称为"丢蛋鸡"。放养状态下，鸡也更易遭受黄鼠狼、狐狸、鸡豹子③等动物的侵袭，也不利于鸡粪的收集。同时，鸡常跑到农田中去寻找食物，性喜刨食，所以对刚播种的作物危害尤大。前述人们往种子中拌入毒药的做法也针对放养的鸡群，鸡中毒而死的事情发生频率更高。

鸡窝，又称鸡洞，多为石砌，偶尔也有砖砌，顶铺石板，前方正中略高处开一出入口，以一只鸡可自由出入为宜，出口前可铺砌小型的两三级台阶，供鸡进出鸡窝用。鸡窝前墙之内平行于出口平面的位置设置有卡槽，内可贯通一块长木板，鸡全部进窝后推至尽头，可有效封闭鸡窝，防止黄鼠狼、狐狸、鸡豹子夜里祸害。早上抽出，鸡便可以依次出来。鸡窝内略低于出入口的位置平铺一层木棍，木棍之间留较大缝隙，底部有单独隔离出来的空间，夜间鸡粪便落入其中，另有出粪口，定期清理，用以肥田。

---

① "不着了"，武安方言中表示程度的语词，意为"顶点""极点"之意，可直接对应普通话的"不行了"。

② 河北省武安县民间文学集成编委会：《武安民间故事卷》，第503页。

③ 即狸，又称山狸猫，常捕杀鸡。见武安市地方志编撰委员会《武安县志》卷3《地理志》，第110页。

　　1949 年以后多采用半放养状态，在院中用砖石、木板围挡出长方形的区域，上面用网覆盖，称为鸡罩。鸡罩内隔空夹起一些木棍，供鸡飞到上面栖息。鸡罩往往是直接对接鸡窝，早上拉开鸡窝挡板后，鸡群直接进入鸡罩。傍晚打开鸡罩大门，让鸡外出自由活动至夜幕降临。鸡窝上方再垒砌一层，供母鸡下蛋之用。当然，形制没有一定之规，也有的鸡窝与鸡罩不相连，鸡早上出窝后，人将其赶入鸡罩。下蛋场所也可以是放置一个破篮子、破筐子，内装麦秸秆、谷草或豆秸以防鸡蛋被坚硬的地面撞坏。

　　农家养鸡数量一般是十多只，往往只长期保留一只公鸡。同年孵化的小鸡可能会有多只公鸡，但一般都会在过年时宰杀或卖掉。农家肉用的主要是公鸡，往往舍不得宰杀母鸡。这样的习惯早在磁山文化时期即已形成，考古发掘所得家鸡的跗蹠骨中除一根无距的属于雌鸡外，其余全部属于雄鸡，这是鸡骨标本中最为引人注意的一点。周本雄指出：

　　　　也可能由于当时人们像现代人们一样，为了留下产卵的母鸡，而把多余的公鸡杀掉。所以磁山的这批标本集中地保留了公鸡带距的跗蹠骨。由此也可以间接证明磁山的标本确实属于家鸡，因为这种人工选择的结果，也正是家畜和家禽的特征之一。

　　鸡吃食时有用双爪向后刨食的习惯，应该是从其野生祖先继承而来的习性，故俗语称："猪往前拱，鸡往后刨，各有各哩食道。"[①] 但这一食性在人工给予饲料的情况下会造成极大的浪费，农家有应对的方法，常见的是食盆中间放入一块大石头，让鸡无从下脚。另有一种方法是，鸡罩留出空隙，空隙宽度以鸡能伸出头部为宜，紧贴鸡罩横置木质食槽，鸡也无从刨食。

　　没有公鸡，母鸡群也可以井然有序地生活并产卵，但不抱窝，且卵未受精也无法孵化。保留公鸡，当然是为了确保母鸡所产卵可以受精，并促使母鸡抱窝。还有一大功效是用来司晨，一般公鸡早上打鸣的时间在早五点至七点间。现代一般形容公鸡的叫声为"喔喔喔"，其实与实际的声音相去较远，本来的声音当为"根儿根儿根儿"，武安有一有趣的歌谣，摘录如下：

―――――――――――

　　① 　高音亮、高和平：《武安方言与韵辙》，第 218 页。

根儿根儿根儿，

上门墩，

门墩高，

耍拳刀，

拳刀快，

割韭菜，

韭菜辣，

捏疙瘩，

疙瘩生，

摊煎饼，

煎饼黄，

撵二郎，

二郎戴的个皮帽子，

嗖嗖念臊子。①

但公鸡其实全天都在叫，而母鸡产卵后也会不停鸣叫，故邯郸武安一带又有俗语称："鸡叫巳时半，狗咬该吃饭。"② 描述的情形就是上午十点左右，母鸡下蛋后发出"咯咯哒"的鸣叫声，公鸡听到后也鸣叫，鸡罩中热闹非凡。

武安孩童在对人或物做随机选择时，往往会在嘴里念叨："公鸡头，草鸡头，不在这头在那头。"③ 同时在所有"选项"上点数，一个字点一个选项，最后一个字落在哪个选项上，就选中哪一个。

人们呼唤鸡来吃食时，常发出"咕咕咕"的声音，而母鸡下蛋后则发出"咯咯哒"的叫声，这些生理现象老早就引起了人们的注意，并尝试对此进行解释，有名为《鸡的传说》的故事，颇为有趣，摘录如下：

---

① 以上为笔者幼年时从长辈那里学来的版本，另有版本稍有不同，内容为："哏哏哏，上门墩，门墩高，跌折腰，腰刀快，割韭菜，韭菜辣，拌疙瘩，疙瘩生，摊煎饼，煎饼黄，撵二郎，二郎戴的个皮帽子，嘘嘘打哨子。"见武安县文化馆编《武安民间文学》，第94页。

② 张文涛主编：《邯郸市歌谣卷》，第26页。

③ 也有版本的最后一句为"不占这头占那头"，见高音亮、高和平《武安方言与韵辙》，第186页。

很久以前，有户人家住在吴家庄，家里三口人，有一个六十岁的老婆儿，一个闺女，一个小子，小子到二十一岁时娶了媳妇。媳妇每天起早搭黑地干活，没个闲，不管受多少负累，也不吭声。闺女娇生惯养，好吃懒做。

一天晌午，婆婆做了一顿面条，剩下一碗放到了桌子上。到了黄昏吃饭的时候，见面条少了半碗，婆婆以为是儿媳妇偷吃了嘴，大骂起来。骂了一阵子，不见媳妇还口，婆婆想：难道是闺女偷吃了？我去问问她。去问了问，闺女说不知道。

又一天晌午，吃的羊肉饺子，剩下一碗，到傍黑时，婆婆见又少了半碗，问媳妇和闺女，儿媳妇赌咒说："我要偷吃了马上死了。"闺女赌咒说："我要是偷吃了就不是人。"到第二天清早，她闺女出去时，突然跌倒了，变了个像鸟的动物，一家人顿时愣住了。婆婆说："闺女变成的动物像个鸟，咱是吴家庄人，就叫她个鸡吧。"

后来家里添了个孙子，孙子长大后，经常拿上吃的去喂鸡，奶奶见了对孙子说："这是你姑姑。"这个孩子喊鸡的时候就叫："姑姑、姑姑。"有一天，鸡繁了蛋，小孩子看见拿在手里，不知道这是啥东西，去问奶奶，奶奶也没见过这东西，叫不上名来。只听鸡在一旁叫道："姑姑蛋，姑姑蛋。"后来鸡繁了蛋叫唤时，都叫姑姑蛋。①

另有名为《姐妹俩》的故事，也与鸡有关，摘录如下：

从前有姐妹俩，姐姐是个瞎子，会算卦，家里有钱，妹妹家里很穷，经常到姐姐家借米。姐姐看不见，每当妹妹来借米时就用笋装米，用手抹平，送给妹妹。妹妹还米时，就把笋扣转装上米，用手抹平，还给姐姐。

有一年妹妹得病死了，姐姐知道后，哭了好几天。这天姐姐正在哭，一只母鸡跑到了姐姐的身边，"咯咯"地叫着，咋着也撵不走。后来，母鸡天天下蛋，十三年光景从没断过。一天黄昏，姐姐刚躺

---

① 河北省武安县民间文学集成编委会：《武安民间故事卷》，第176页。这则故事也反映了传统时代姑嫂关系亦为老大难，其复杂程度堪比婆媳关系，相关民间故事与歌谣极多，将来研究武安社会关系民俗时再做深入探讨，此处不赘。邯郸县有情节相近的故事，名为《喂鸡为啥喊"咕咕咕"》，见杜学德主编《邯郸市故事卷》下册，第185—186页。

下，就听到窗台下母鸡"咯咯"地叫，接着就听到一个女人的声音："仰箩借米扣箩还，填还姐姐十三年。"姐姐忙起来开门，到窗台下一摸，那只大母鸡死了。

原来，妹妹活着的时候，还米亏了姐姐，死后转了个母鸡来到姐姐家，填还了姐姐十三年。①

鸡与大部分鸟类一样，没有膀胱，直肠较短，其尿液往往与粪便一起通过泄殖腔排泄，所以几乎不会专门排尿。人们也老早就注意到了这一现象，故而有俗语称："鸡的不尿，自有便道。"

与其他地方相同，鸡在武安文化中也基本是正面的形象。母鸡努力下蛋，自不待言，如民间故事《三鸡眼和鸡子峰》即讲述了三只大母鸡照顾贫穷老汉的故事。

在民间文化中，地位最为独特的则是公鸡，其主要的象征意义有辟邪、吉祥与祭祀。《春秋说题》称："鸡为积阳，南方之象，故阳出鸡鸣，以类感也。"徐铉称："鸡者，稽也，能稽时。鸡者，几也，灵鸟也，能知天地之机，当太阳转地子位而鸣。"《山海经》称："祀鬼神以雄鸡，故鲁郊以丹鸡祀日。"《青史子》称"东方牲也。雄祀门，雌祀户。"《风俗通》称："鸡主御，死辟邪物也。"② 本草家亦认为鸡有灵性，称："凡人家无故群鸡夜鸣者，谓之荒鸡，主不祥。若黄昏独啼者，主有天恩，谓之盗啼。"又称："古人言鸡能辟邪，则鸡亦灵禽也，不独充庖厨而已。"③ 考古学家指出，或许早在磁山文化时期，人们就利用鸡来执行各种宗教仪式了④。

武安民间传说故事中，一如其他地方，各种鬼怪夜间活动，而听见鸡叫即要遁去。

---

① 河北省武安县民间文学集成编委会：《武安民间故事卷》，第176页。这则故事旨在宣扬因果报应，另有名为《仰箩借米扣箩还》的故事，大致桥段相近，只是改作一位巧媳妇向一位盲人老太太借米，结果巧媳妇死后转成驴身偿债三年，见河北省武安县民间文学集成编委会《武安民间故事卷续集》，第489页。

② 以上古人论述均转自（清）张宗法著，邹介正等校注：《三农纪校释》卷19《畜属》，第588—589页。

③ （明）李时珍：《本草纲目》（点校本第2版）卷48《禽部·鸡》，第2583页。

④ 周本雄：《河北武安磁山遗址的动物骨骸》，《考古学报》1981年第3期，第344—345页。

　　前文所引的《石马的传说》中即有相关描述："鸡叫一遍的时候，妖怪走了，他没走多远就摇头一变，变成了一匹黑马。"①《兄弟山》中，兄弟们制服妖怪的方法是，"他们俩把村里的鸡狗都集中在河边，打着他们一起叫唤，连叫三天三夜，把妖怪给除掉了"②。类似故事颇多，不再一一列举。

　　凤凰是吉祥美好的象征，在武安民间，常将公鸡与凤凰相提并论。有名为《骑龙抱凤》的故事，讲述咸丰皇帝要选宫女，谋士给出的建议是到某荒郊野外寻找骑龙抱凤之人。差役们苦苦寻找多日后，在一个小村中看到了一个傻姑娘，怀中抱着一只漂亮的大公鸡，差役认定这就是骑龙抱凤之人，要将其接入宫中，后来这傻女就成了慈禧太后③。故事情节当然荒诞不经，但人们将鸡与凤等同起来的观念于此可见。又有名为《公鸡和凤凰》的故事，也将公鸡与凤凰做了一番比较，详细摘录如下：

　　　　很早以前，玉皇大帝下了一道圣旨，凡是下界的动物，都可以报名参加赛跑会，跑到前头的十二名，可以年年去天上参加舞会。天下的动物，报名可多了，都抢着去赛跑，得个头名。公鸡和凤凰也来参加赛跑会。赛跑的时候，公鸡较着劲往前跑，不愿意落在后面。别的动物觉得自己本事大，在路上耍，它却一直跑，得了个第九名。凤凰在路上只顾看景，没心思跑，没选上。玉帝赏给公鸡一件光闪闪的宝衣，公鸡回到家以后，还和平常一样做活儿④。

　　　　到了第二年天官开舞会的时候，公鸡穿上新宝衣，飞到了天官。这时，参加舞会的都到了，大家让公鸡跳舞，公鸡推托不了，就穿着宝衣跳起舞来。大家都说公鸡跳的不孬。

　　　　公鸡飞回家给凤凰说了天上的事，凤凰都听迷了。

　　　　第二年、第三年公鸡都去参加天上的舞会。到第四年开舞会这天，凤凰对公鸡说："鸡弟弟，你年年去天上参加舞会，把我丢在家里，今年让我也去天上开开眼吧！"凤凰要求了半天，公鸡同意了。凤凰飞到天上，也穿着公鸡宝衣跳舞，得到大家赞赏。往回走的时

————————

①　河北省武安县民间文学集成编委会：《武安民间故事卷续集》，第69—70页。

②　同上书，第100页。

③　河北省武安县民间文学集成编委会：《武安民间故事卷》，第161—162页。

④　做活儿，武安方言，勤快之意。

候，凤凰心想：天上这么好，有公鸡的宝衣，倒不如住在天上，不回下界算了。公鸡一直等到天黑，还不见凤凰回来。从此，公鸡每天清早都"喔喔喔"地叫，据说这是公鸡叫凤凰回来哩。①

普通民众祭祀时，杀牛、羊、猪成本较高，而杀鸡则成本较小，故而公鸡常用作牺牲，而最常见的则是白公鸡。徘徊村流传有一段故事，讲述穷人张大年的母亲去世后无钱安葬，便到关帝庙请求神灵帮忙，摘录其后的描述如下：

> 当天夜里，有一只白公鸡在恶霸大门口叫个不停，家丁出来一看是一只大白公鸡，便要撵它走。
>
> 白公鸡扑闪着两只翅膀拍打家丁，家丁追打着它来到台阶下，白公鸡不停地用嘴啄着地上的一封信。家丁感觉十分奇怪，便捡起信看，由于他目不识丁，只好拿着信回到家里交给了账房先生。
>
> 账房先生拆开信一看，心里惊呆了。信中写到让他给张大年去送十两纹银，署名是关公。他哪里敢做主，便来到上房向主子一五一十地说了一遍。主人一听，心里便犯了难：给张大年送去吧，不忍心；不送吧，又怕关老爷再找事，白公鸡可不是好惹的主儿。
>
> 最后还是送给张大年十两纹银，并说明了原因。
>
> 张大年埋葬了老娘。后来他便现身说法，把关公庙前白公鸡显灵的事到处传扬，更加敬奉这为救世神灵。据传说白公鸡是赵云显身，他一直在辅佐着关公造福于民。②

如冶陶镇固义村祭龙王时，即要把提前准备好的一只白公鸡当场一刀剁头，将鸡身抛至西北方向。③

当然，也有用红公鸡的，如徘徊村人祭祀狐仙时，"大都是年长的人，他们每逢敬奉时总要捉上一只漂亮的活蹦乱跳的大公鸡。据说来这里

---

① 河北省武安县民间文学集成编委会：《武安民间故事卷续集》，第289—290页。
② 左根川：《千年古镇拾遗》第27节"庙宇、神树"，第97—98页。
③ 依据杜学德《武安市固义村迎神祭祀及社火傩戏》，载杜学德、杨英芹、李怀顺编著《邯郸地区民俗辑录》，天津古籍出版社2006年版，第81、88页。另参杜学德编著《武安傩戏》，第69—70页。

上供的人别的贡品拿不拿都无所谓，只是红公鸡是必须的，所以村民们每家都要养几只红公鸡。"[1]

养鸡多为女性负责，"妇女爱鸡如子，如死一只鸡能气得三天不吃饭"。[2] 而杀鸡却都由男性操办，因女性多不忍心，血腥屠杀多由男性来承担。笔者所见的武安人杀鸡的方法大致有三种：其一，将鸡脖子向后弯曲紧摁倒背部，用刀隔断气管与动脉，放完血后鸡即毙命；其二，一刀剁头，最简洁干脆，但鸡的躯体不再完整；其三，用鸡的一根坚硬的尾羽直接刺入其脑部，不那么血腥，而鸡的痛苦程度也较小。

杀鸡后常将鸡嗉子的内膜剥离下来收存，称为鸡内金，治疗小儿积食与消化不良极有效。

鸡毛也有独特用处，传统时代常用来制作鸡毛掸子，可以拂拭桌面与器物上的灰尘。公鸡的尾羽色泽艳丽，又较长大，有时还用来制作羽扇。

二 鸭、鹅、鸽

（一）鸭

鸭为雁形目鸭科动物，有蛋用型、肉用型和兼用型三大类型。传统时代最常见的是中小型的麻鸭，多采用放牧形式，宅旁、草地、稻田、沟渠、圩塘、湖泊、海涂等都是较理想的放牧场所[3]。武安本地的鸭多为兼用型，晚近时期，武安养鸭数量非常有限，民国县志即称："鸭，临水村庄，偶有饲养者，雄供蔬食，雌产卵。"[4] 1990年县志称："昔时在临水村庄偶有饲养，雄供食肉，雌供产卵，多为高邮鸭和麻鸭。"到1984年，养鸭量达到巅峰，全县也不过5000余只[5]。但在历史的早期，地表径流量较丰富，养鸭量或当非常可观。

鸭没有抱窝的习性，传统时代孵化时多需用鸡代孵，且必须吃荤才能长得比较健壮，蛋的质量才会较好。

（二）鹅

鹅，亦为雁形目鸭科动物，是由鸿雁驯化而来的家禽，多数地区养鹅

① 左根川：《千年古镇拾遗》第27节"庙宇、神树"，第105页。
② 刘北方主编：《固镇村志》第6编《农业篇》，第127页。
③ 《中国家畜家禽品种志》编委会该书编写组：《中国家禽品种志》，第12页。
④ 民国《武安县志》卷2《地理志》，见《武安县志校注》，第648页。
⑤ 武安市地方志编撰委员会：《武安县志》卷4《农业志》，第204页。

主要为了获取鹅蛋与鹅毛，吃肉较少。鹅与鸭不同，对人工饲料要求不高，需要有足够的放牧场地，除了农田剩谷与沟渠水草外，河谷草滩、平原草地和山区草坡所提供的天然青饲料也可为鹅所利用①。武安历史上养鹅更少，民国县志称："鹅，富家偶饲之。"② 武安人饲养鹅的目的，还为了看家护院，因鹅领地意识极强，又好斗，故而不仅会对闯入家中的陌生人进行攻击，对从门前经过之人往往也不依不饶。养鹅区域的孩童，多半有过被鹅追得落荒而逃的尴尬经历。人们极少吃鹅肉，或与本草家的判断有关，李时珍即指出："鹅气味俱厚，发风发疮，莫此为甚，火熏者尤毒。"③ 主要的品种为中国白鹅和天津鹅，在20世纪80年代后期境内有鹅400余只。

鹅虽然不常见，但民众似乎仍有较多了解，故而有一些关于鹅的故事，比如《傻小子买鹅》，摘录如下：

> 地主为了让儿子给自己争气，给他拿上钱，让傻小子出门去买鹅，临走时教给他，让他见了鹅再付钱，傻小子说行，就出门买鹅去了。
>
> 走到一条小河边，见河里跑着一群野鹅，就高兴地问："这是谁的鹅呀？我要买一只。"
>
> 一个人见他要买野鹅，就说："这鹅是我的，你多少出个钱全卖给你。"
>
> 傻小子一听，把五吊钱丢在那人手里，就去赶鹅，没想一撵都飞到天上了。傻小子一见，跑着去追，不一会儿，连鹅的影子也看不见了。
>
> 他跑累了就坐在地下休息，忽然听见有俩人说话哩。一个男人问："你想俺不想？"一个女人说："想。"男人说："咋个想来？"女人说："想你想得都上了天了。"
>
> 傻小子一听，急忙过去拽住女的胳膊问："你到天上见俺的鹅来没有？"④

---

① 《中国家畜家禽品种志》编委会该书编写组：《中国家禽品种志》，第15—16页。
② 民国《武安县志》卷2《地理志》，见《武安县志校注》，第648页。
③ （明）李时珍：《本草纲目》（点校本第2版）卷47《禽部·鹅》，第2564页。
④ 河北省武安县民间文学集成编委会：《武安民间故事卷》，第530页。

按，野鹅实际就是鸿雁，民间习称大雁，人们显然对鹅与鸿雁之间的亲缘关系有一定的感性认识，才能演绎出这样的故事来。

故事《千里送鹅毛礼轻人意重》提及四海去探望朋友五湖其妻专门让其带上家里的两只大鹅作为礼物，显然民间对鹅颇为重视①。

（三）鸽子

在武安境内，还有不少人养鸽子。民国县志称："鸽，性好群，喜栖楼房，粪作肥料奇燥。"② 1990 年县志称："本地鸽，分灰、白两种，肉鲜美，喜群居，繁殖能力很强。于无人居住的楼房内，或较高的过道上挂竹器、瓦盆，即可繁育。"20 世纪 80 年代后期，武安全境有 2 万余只鸽子③。

三 狗与猫

（一）狗

狗，犬科犬属动物，在武安民间饲养极为普遍，民国县志称："守夜，家家有之。"④ 武安养狗历史亦可上溯至磁山文化时期，遗址中出土了大量狗骨，有少量完整骨架，大部比较破碎。据考古学家测量，发现的狗骨可以肯定属于家犬，显著的特点是"额部明显隆起，吻部较短，臼齿适合于杂食习性，下颌骨的角突明显向上弯成钩形"，"成年个体的体型都不算大，鼻骨长度明显小于狼的"⑤。本地犬种以黑、白、黄、苍诸色毛为主，黑白间杂者亦极常见，体形有高、矮两种。主要特点是食性杂、对粗劣食物有较好的适应能力，奔跑能力较强，性凶猛，忠诚度高，对陌生人有较强的识别能力且会主动发起攻击。

民间养狗的主要功效是看家护院，保护牲畜——特别是羊群，帮助狩猎。养作宠物多是富家所为，甚且有纨绔子弟纵狗伤人。而贫穷人家养狗的目的在于防止猛兽入村进户侵害人，而放羊之人更是必备狗以防狼⑥。

---

① 河北省武安县民间文学集成编委会：《武安民间故事卷》，第 472 页。
② 民国《武安县志》卷 2《地理志》，见《武安县志校注》，第 648 页。
③ 武安市地方志编撰委员会：《武安县志》卷 4《农业志》，第 207 页。
④ 民国《武安县志》卷 2《地理志》，见《武安县志校注》，第 649 页。
⑤ 周本雄：《河北武安磁山遗址的动物骨骸》，《考古学报》1981 年第 3 期，第 342 页。
⑥ 武安市地方志编撰委员会：《武安县志》卷 4《农业志》，第 203 页。

　　常见的狩猎是前文提及的哨獾。但打狼时也会用到，故有俗语称："狗撵狼，两害怕。"意指论体力和凶猛程度，狗都略逊于狼，但狗与人协作，实力便超过狼，狗追狼之时，借助人之气势，但人若落后狗，狗便落入险境。而狼虽可略胜于狗，但若人也赶上则必吃大亏。所以双方各有忌惮①。

　　狗的数量在特定时期会发生急剧的变化，如抗战时期，狗叫声会招来日伪军，根据地掀起打狗运动，西部山区的狗显著减少。1960 年，民众生活最为艰难的时候，人们都过着"糠菜半年粮"和"瓜菜代"的生活，挤占了狗的口粮，狗大量饿死，几乎完全绝迹。20 世纪八九十年代，政府多次管控养狗行为，甚至组织打狗队予以捕杀，但随着人们生活的改善，养狗有增无减②。

　　武安民众养狗，原为粗放式，狗几乎常年吃不到骨头与肉。就笔者所见，不少人家冬天以白菜、南瓜、红薯、土豆等来喂狗。狗窝往往建在院中，冬天没有任何防寒保暖功能，但却不会发生狗被冻死的事情。人对狗还非常苛刻，俗语称"狼吃了看不见，狗吃了撵出屎"，意指人们管不住狼，受到狼的侵害也只能徒叹奈何，可狗要是吃了家里的东西必然要被人们严格追究。在这样的饲养条件下，狗居然还可以维持比较强健的体质，而且对主人不离不弃，所以有"狗君子，猫小人"的说法，又有"儿不嫌母丑，狗不嫌家贫"之语。20 世纪 80 年代以后，人们生活条件改善了，喂狗也变得讲究起来了，天天买肉喂狗，甚至用火腿肠喂狗，这样的情形并不罕见。

　　人们对狗的诸多生理特征也有细致入微的观察，并尝试予以解释。人们最感兴趣的问题便是狗为什么可以看家护院，有名为《狗看家的由来》的故事，指出狗原来没有家也没有伴儿，非常孤单，便尝试寻找合作伙伴。依次找了兔子、狼、老虎和人，摘录最终找到人以后的情景：

> 　　人一思想，这几天黄鼠狼一直来吃鸡哩，叫它给看看门儿还可以，就答应了。夜里黄鼠狼又来偷鸡，狗一听到动静就叫唤，把黄鼠狼给吓跑啦。天明了，人觉得狗给看了门儿，就饱饱地喂了喂狗。狗

---

① 高音亮、高和平：《武安方言与韵辙》，第 184 页。
② 武安市地方志编撰委员会：《武安县志》卷 4《农业志》，第 203 页。

一思想：还是人好，啥也不怕，还叫吃饭哩。

　　以后，狗就一直跟了人，给人守家护院，黑夜一听动静就叫唤。[1]

　　有名为《狗尿尿抬腿的来历》的故事，就分析了狗撒尿时抬起一条后腿的现象，称一位县官跌折了一条腿，一位名医给换上了轿夫的腿，又给轿夫换上了一条狗腿，又给狗安了一条泥腿，所以"狗在尿尿的时候，总是抬起那条泥捏的腿，生怕尿湿了泥腿不能走路哩"。[2] 又有名为《狗腿子的来历》，与前述故事桥段大致相近，只是名医成了华佗，而被去掉腿后换上狗腿的则是衙役而非轿夫，指出这就是帮着主子做坏事的人被称为狗腿子的原因，而狗尿尿抬腿则也是因为有一条腿是泥做的[3]。

　　人们对狗的态度也是充满了矛盾，一则比较喜欢，给予正面的评价，故有"好狗不挡道""好狗护三邻，好汉护三村"之谓。一则又充满了蔑视之情，故有俗语称："狼走千里吃肉，狗走千里吃屎"，又有"狗肉盘的不上排场"的说法，即宴会不会用狗肉，或者说狗肉不上席面。[4]

　　不过就算对于狗吃屎这样的现象，有的故事仍能透露出人们对狗的喜爱之情。摘录名为《狗为啥吃屎》的故事内容如下：

　　和人一起相处的狗，据说在很久以前不吃屎，它也是吃粮食，靠人来按顿喂养，只因一件事，惹怒了玉皇大帝，才不准狗吃粮食，改成吃屎。

　　相传有一个讨饭的到一个富人家要饭，他走到富人家的院子里，见一个光屁股小孩坐在一张白面油饼上，旁边有个穿红挂绿的女人，正在逗孩子玩。讨饭的喊道："可怜可怜穷人，给口饭吃吧。"那女人用眼瞟了瞟，就顺手从孩子屁股下面的油饼上撕下一块，扔给了讨饭的。讨饭的接过油饼，吃着向外走去。

　　玉皇大帝听说了这件事，非常恼怒，他下令要把这家的粮食全部烧光，这时候有人上了句话，说他家还有一条狗，它也是个命儿，应

---

①　河北省武安县民间文学集成编委会：《武安民间故事卷续集》，第118页。

②　同上书，第117页。

③　河北省武安县民间文学集成编委会：《武安民间故事卷》，第204页。

④　亦作"狗肉不上攒板"，见高音亮、高和平《武安方言与韵辙》，第197页。

该给它留一份，玉皇大帝也答应了。

没过几天，天降大火，把这家的粮食整整烧了五天，最后只剩下一间没有被烧掉，这就是玉皇大帝专给狗留的。

富人家遭了天灾，全家人颗粒粮食也没有了。这时候狗出于对主人的同情，就把自己吃的粮食让主人吃了。玉皇大帝听说后更加恼怒，狗竟然做出这种事情来，可怜恶人只能使恶人更凶。他要让天下狗绝种。狗听说玉皇大帝要让它绝种，心里很害怕，就向玉皇大帝苦苦哀求。玉皇大帝看见狗那可怜的样子，心软了，就饶了狗。但规定从此以后，不准狗再吃粮食，只许吃屎，于是狗就吃起屎来。[①]

（二）猫

猫，猫科猫属动物，在武安乡间也很常见，主要用来抑制鼠害，民国县志称："猫，捕鼠家畜。"[②] 1990年县志称："猫擅长捕鼠，城乡多蓄养。解放后，曾一度大量使用灭鼠药。猫二次中毒严重，几乎绝迹，近年猫繁衍较快，饲养户日益增多，全县现有猫约万余只。"[③]

猫与其武安其他驯养动物相比，有着显著的不同，或者可以这么说，猫不是完全意义上被驯化的动物。首先，猫是真正意义上的自由身，不用像马、驴、骡、鸡那样被禁闭，不用像牛、羊那样被监视，不用像狗那样被绳系。猫天马行空，来去自由，或许是所有家养动物中生活得最惬意的一种。

其次，猫是所有驯养动物中唯一不会被人食肉寝皮的一种，不论是老猫、大猫、小猫，一般不会受人宰杀，往往会寿终正寝，所以武安有"猫老归山"之说，即其魂归何处，主人往往亦无从查考。虽然国内有些地区有"龙虎斗"这道菜，但武安几乎无人食用，只是流传着猫肉酸的说法。

再次，猫是完全奉行个人主义者的家养动物，我行我素，独来独往，

---

① 河北省武安县民间文学集成编委会：《武安民间故事卷续集》，第119页。其实，吃人的粪便是很多家养动物的习性，因为人的粪便中还残留有大量未吸收的营养物质，传统时代家养动物的食物极为粗劣，满足不了必要的营养需求，通过采食人的粪便，可以补充必要的营养物质。前文所述连茅圈，就是将人的厕所通入猪圈，猪吃人的粪便。但比较有意思的是，人们却紧紧盯着狗吃人粪便的现象，而对其他动物的相关习性视而不见。

② 民国《武安县志》卷2《地理志》，见《武安县志校注》，第649页。

③ 武安市地方志编撰委员会：《武安县志》卷4《农业志》，第203页。

几乎不会成群结队行动，最具有神秘色彩。被驯化的动物一般都是营群体生活，就连往往是单独饲养的狗，一旦遇到同类也会兴奋不已，但猫不是这样，它们宁愿过孤寂的生活。

最后，从食性上看，猫虽然也能进食一定量的淀粉类食物，但更多地保留了肉食动物的本色。与其活动自由相对应，其食物更多靠自己捕获，无须人类大量投放。除了老鼠之外，鱼、小鸟等也是其重要的食物来源。

人们对猫也特别重视，古人称："人家三保，犬保家，猫保物，灯保身。犬为人家藩外守将，猫为人家阃内良相。赏食则受之，不与食则自求之，呼之应声而至，吻之含点而去。觉无荣宠惊恐，态可伴侣，可赏玩。善通人意，觉有眷慕亲爱之貌，故唤曰籍媚。其形豹，类虎，柔毛利爪，身轻眼疾，自掩泄溺。"[1] 猫性不耐寒，冬季常趴在火炉周边取暖，夜间喜欢钻入人的被窝，而人们也往往容忍，甚至以揽猫睡觉为乐。

人们试图解释猫吃老鼠的原因，同时也注意到了十二生肖中没有猫的事实，试图将两者联系起来。故事《为啥猫吃老鼠》认为玉帝要选拔十二生肖，猫怕自己睡过头迟到，就让好朋友老鼠叫自己。可老鼠出于私心而未叫醒猫，致使猫落选。猫因此非常生气，与老鼠恩断义绝，此后见到老鼠就追赶着要吃掉。[2]

人们又发现狗经常追赶猫，民间故事《猫狗结冤仇》试图对此解释，称猫和狗一起去帮主人追回丢失的财物，可返回家中后，猫却独占功劳，因此惹得狗非常生气，见到猫就追，而猫于心有愧，此后也常躲着猫[3]。

人们也注意到了猫有吃过东西后用爪子洗脸的习惯，故事《猫为啥先吃后抹脸》讲述了这一习惯的来历，称猫抓到一只鸟后要吃，可鸟劝猫洗过脸后才吃，猫觉得有道理，便放下鸟来洗脸，鸟趁机飞走了。猫受过骗之后，就决定此后先吃猎物再抹脸[4]。

人们还发现头白体黑的猫特别多，有故事《黑猫白头的传说》试图解释，认为"老鼠来了见猫头上的白以为是馒头就扑过去"，从而容易被猫捕获，而这样的猫也更有生存优势[5]。

---

① （清）张宗法：《三农纪校释》卷19《畜属》，邹介正等校注，第600页。
② 河北省武安县民间文学集成编委会：《武安民间故事卷续集》，第125页。
③ 河北省武安县民间文学集成编委会：《武安民间故事卷》，第223—226页。
④ 河北省武安县民间文学集成编委会：《武安民间故事卷续集》，第121页。
⑤ 同上书，第125页。

武安民间认为猫极有灵性，故有关于猫神的传说，认为其像一个三四岁大小的小孩，夜里会推着小车在街上巡行，如有人向他寻求帮忙，则所有的心愿都可以达成。猫神能予能取，若得罪了猫神，其家中的财物也会被不断偷走，其原形则是一只大花猫①。

而黑猫尤其给人以神秘感，有名为《黑猫告状》的故事，提及一个叫李齐善的人救助了一位山东人，后李被妻子及妻子的情夫谋杀。山东人几年后回来探访，多次遭到黑猫的骚扰，其带来装着准备还李的钱的布包也被猫衔走了。后来县官下令打开坟墓，发现了布包，同时也搞清楚了李的死因，凶手伏法②。

另有稍可注意者，武安方言中对雄性家养动物多称公，雌性家养动物的称呼则不同，马、牛、羊、狗多称母，驴、鸡称草，而猫则称女。

四　水产品

（一）总述

晚近时期，武安的渔业生产规模非常小，聊胜于无。但在历史上水文条件较好时，水产品或比后来要丰富得多。

民国县志中记载的相关水族有：鲤鱼，"产洺水池泽中"；鲇鱼，"身滑无鳞"；鲫鱼，"体促脊隆"；鳝鱼，"俗呼为蛇鱼"；鳖，"洺水有之"；蚌蛤，"长者曰蚌，圆者曰蛤"；金鱼，"今人多畜之缸中"；虾蟹，"生泉水池泽中，瘦小无肉，不中食品"。此外，还提及有鳅③。

1990年县志的相关描述如下：

> 鱼类：洺水沼泽中产鲤、鲇、鲫、鳅、鳝等，后河水干涸，唯上游存草鱼、泥鳅鱼等。近年水库引进鲤、鲫等新品种，鱼类才得以繁衍。
>
> 两栖动物：青蛙、蟾蜍，分布遍及全县各地。蟾蜍俗称疥蛤蟆，产蟾酥，为中药材，常栖于堰头和墓穴中。
>
> 爬行动物：……鳖，南、北洺河上游河道及下游康宿河道有，为

① 读者感兴趣的话，可参看名为《猫神》的故事，见河北省武安县民间文学集成编委会《武安民间故事卷》，第242—243页。

② 河北省武安县民间文学集成编委会：《武安民间故事卷续集》，第269—270页。

③ 民国《武安县志》卷2《地理志》，见《武安县志校注》，第650页。

数已极少。

……

虾：多分布在南、北洺河上游河道，有时村庄水塘也有。

蟹：白云川及定晋岩山泉中均有，但体态较小，不中食用。

河蚌：洺河下游处有，个小，数量亦少。[①]

（二）鱼类

在洺河上游，鱼类虽无法像江南水乡那样为人们提供主要的食物来源，却也是人们摄入动物蛋白的重要来源。人们对鱼的习性有较清晰的认识，俗语称："七上八下九归滃。"即农历七月鱼群逆流而上产卵，八月鱼群顺流而下，九月则集中到深水区越冬[②]。20 世纪 50 年代以前，十多岁的男孩在夏天中午到河中戏水，不费劲就可以抓数十条三四寸长的小鱼，用狗尾巴草逐个从鱼鳃穿入从鱼嘴穿出，最终拎着一串鱼回家，亦为一家人难得的美味。笔者幼年时，也曾与玩伴们到河里捕鱼，用一两个小时可以轻松捕到一脸盆鱼。后来河流量变小，鱼仍较常见，但体形比以前要小很多。据有些老人讲述，这与森林植被的改善有密切关系，大量水分被拦蓄在了山上，河流径流量因而变小。

常见的捕鱼方法有几种：其一，直接伸手到石头下面摸鱼，这需要一定的技巧，因为鱼体表光滑，若没有一定时间的实践，即使摸到了也不一定能抓住。而这种摸鱼方式也具有危险性，因为石头下也会有水蛇栖息。20 世纪 80 年代，马店头村曾有人摸鱼时摸到了水蛇，蛇的躯体缠在了其胳膊上，怎么也掰不开，最后用刀子将蛇一段一段割断才解脱，而胳膊上已经满是肿胀的条形伤痕[③]。

其二，拿着大锤到河流中间猛砸石头，石头下的鱼便会被震晕而漂浮到水面上，虽也会继续挣扎，但身体的平衡性已完全丧失，有的鱼甚至直接被震死，捕捉起来会更容易。

其三，向河流里倾斜生石灰，石灰顺流而下，河中鱼类便会全部翻到水面上了，俗称"药鱼"。这种捕鱼方法对河流小生态有着严重的消极影

① 武安市地方志编撰委员会：《武安县志》卷 3《地理志》，第 111 页。

② 高音亮、高和平：《武安方言与韵辙》，第 197 页。

③ 这样的伤痕在武安方言中成为"不岭"。上述抓鱼遇蛇事件系由笔者姐夫贺胜利讲述，事主系其童年玩伴，其目睹了整个经过。

响，笔者幼年时还常见到，现在已经无人使用了。

其四，用雷管、炸药炸鱼，在 20 世纪八九十年代，国家对这些爆炸物的管制相对较松，使用这一方法抓鱼的也大有人在。一般是点燃导火索后将爆炸装置抛入水中，随着一声巨响，水面上便会漂浮一层死鱼。有些鱼甚至会被炸飞，落在岸上。这一方法亦过于简单粗暴，对生态环境有严重影响。

其五，用电网捕鱼，采用特制的可通电的渔网，架好网后通电，网络内的鱼便会触电而死，同样对环境有严重的损害。

（三）虾蟹

虾、蟹的体形虽然较小，但味道却非常鲜美，并非方志中所说的"不中食用"。蟹在门道川上游也极多，并非仅产于白云川及定晋岩泉水中。捕虾常用笊篱、漏勺，也可制作专门用具，上用铁丝弯成圆圈，下用纱网绑缚在圆圈上，下部做成封底。将这些器具探入水中有虾的区域，然后猛向上捞即可。为了增大作业面与作业深度，还可加装长柄。盛虾的器皿可以是水盆，也可以是水桶。带回家后可以炒食，加入葱花、酱油、醋，笔者自己亲手烹饪过，味道不错。

抓河蟹的方法相对更简单，因河蟹喜欢栖息在浅水区漏出水面的石头之下，或者是溪畔石头之下的潮湿沙土之中，所以抓河蟹直接在浅水区或溪畔翻石头即可。但是翻哪些石头，不翻哪些石头，也是有门道的，需要长时间琢磨。发过大水之后，则河蟹会显著减少。若未发大水，则两三个小时抓上百只河蟹并非难事。带回家中可油煎、可水煮，味道亦极鲜美。

（四）鳖

在历史上，武安鳖的数量亦非常可观，笔者幼年时门道川上游还有人以扎鳖为业。所谓扎鳖，即以两股铁叉为主要用具，到河边上观察，有冒气泡的地方，即用铁叉挑动，待鳖腹部朝上后，可用铁叉将其扎死。当然，也可将其挑上岸后活捉。人们对鳖的习性有较清醒的认识，故有俗语称："冬占圪岭夏占潊。"即鳖常在冬天在向阳的沙滩中营巢穴冬眠，而夏天则潜入深水中避暑[1]。鳖盖子为药材，而在门道川不少农家以之作为

---

[1]　高音亮、高和平称老鳖"冬天爱在浅滩的沙子里晒太阳"，恐不确，因鳖冬天会冬眠，不会专门爬到浅滩沙子中去晒太阳。也有可能上述俗语完全说反了，"夏占圪岭冬占潊"或许更合适些。见氏著《武安方言与韵辙》，第 181 页。

从面缸向面盆舀面的用具，笔者童年时还经常看到。

（五）蛙、蟾蜍

青蛙、蟾蜍遍地皆产，但人们很少食用，偶有顽皮男童至河中捕杀青蛙后用火烧烤后吃掉，但多为游戏之作。蟾蜍有药用价值，但专门捕捉之事亦少有。

第四节　畜牧崇拜与对现代畜牧生产的反思

一　畜牧崇拜

（一）马王爷

畜牧崇拜中最重要的神灵就是马王爷，牲畜的生老病死皆由其掌管，在武安影响亦颇大。马王爷的造型与全国其他地方相同，也是三眼、四臂且身着戎装，最早可能在西周时期就开始出现了。关于马王爷的身世，民间传说中颇多矛盾，有的说法还将其与火神联系起来，说其原是如来佛身边的"至妙吉祥"，犯错后下凡投胎于马家而为马王爷，又犯错二次投胎于王家而为王灵官，再犯错三次投胎为火神[1]。

马王爷在武安人心目中的地位极为重要，所以三年自然灾害时期，武安农林局局长武耀清于1961年向邯郸地委请求改变大牲畜饲养的相关政策，洋洋洒洒3000言的报告，即声称是"替马王爷告状"[2]。

武安境内的马神庙，首见于天启县志，称位于"城东聚金山上"，为明代武安文人冀体倡议首建，改文昌阁而成。入清又修筑另一座马神庙，在城中县衙西侧，由知县陈灏于康熙二十九年（1690）捐建。每年祭祀三次，分别是春、秋二季的仲月和四月初三。此外，坤贞门外另有一马神庙，当建于乾隆之后。至民国，清代修建的两座马神庙都已倒塌，而明代马神庙依旧存留[3]。一城之中而修三座马神庙，则马王爷在县城周边影响之大自不待言。

现在有据可考的仍旧存留或还保有遗址的明清时期马神庙共有15座，

---

① 刘北方主编：《武安市元宝山游览区百神诠释》，内部印行本，第31、33页。
② 武安市地方志编撰委员会：《武安县志》卷4《农业志》，第197页。
③ 天启《武安县志》卷6《祀典》，康熙《武安县志》卷8《祀典》，乾隆《武安县志》卷8《祀典》，民国《武安县志》卷5《建置志》，分见《武安县志校注》，第60、148、361、735页。

遍布全市，均称马王庙，而以马家庄乡最多①。

马家庄乡有四处：其一，石井河马王庙，兴建于清代，坐北朝南，庙宇宽、进深均为1间，近年曾重修。

其二，王家庄马王庙，建于清代，面宽3.8米，进深4.75米，高4.26米。

其三，宋家井马王庙，建于清代，面宽为1间，进深3层，分为前后两殿，中贯一条通道，两殿顶部均覆盖筒瓦，前殿为拱式背，后殿为硬山背，台基为条石，柱础为覆盆式，梁柱枋架等保存完好。

其四，刘家庄马王庙，建于清代，面宽8.5米，进深5米，台基为条石，屋脊嵌有莲花砖雕，廊柱间拦楹彩画与对联保存相对完好。

磁山镇有两处：其一，西万年马王庙，兴建于清代，分前后两殿，前殿为卷棚式，筒瓦覆顶，面宽6米，进深2.6米，高3.1米。后殿为硬山式，正脊为花草砖，阴阳瓦覆顶，面宽4.2米，进深2.3米，高3.3米。

其二，花富马王庙，建于清代，庙宇坐东朝西，有院落一进，正殿面阔1间，进深2间，已残破不堪，仅保留了廊厦两侧的山墙。

徘徊镇一处：张家庄马王庙，兴建于清代，庙坐南朝北，面宽1间，进深1间，屋脊上装饰有莲花砖雕，以筒瓦覆顶。庙中残存石碑1座，碑首已破坏，记述了重修经过及捐款人姓名。

淑村镇一处：野河马王庙，兴建于明代，清代重修，坐北朝南，由拜厅及大殿组成，东西长6.46米，南北宽5.95米。

贺进镇两处：其一，前临河马王庙，重修于清道光六年（1826），坐北朝南，砖、石、木混合结构，硬山式瓦覆顶，面宽1间，进深1间，西山墙嵌入石碑一座，碑额题"重修字记"。

其二，忽雷山马王庙，兴建于清道光年间，坐西朝东，硬山式瓦覆顶，砖、石、木混合结构，面宽2.23米，进深3.89米。

活水乡一处：东岭玉马王庙②，兴建于清宣统元年（1909），坐北朝南，硬山式红砂石板坡顶，面宽1间，进深1间，内墙壁画保存相对完好。

---

① 按，下文简要介绍各地之马王庙，涉及若干建筑学术语，笔者不一一解释，将来另书探讨武安传统建筑时将深入剖析。

② 东岭玉为活水乡秋树坪行政村下辖的自然村。

上团城乡一处：高村马王庙遗址，原建筑兴建于清嘉庆二十一年（1816），残留题记 1 块、石质香炉 1 个。

阳邑镇两处：其一为龙务马王庙，兴建于清代，坐北朝南，面宽 3 间，进深 1 间，前出廊，五架梁，自然材，铺望砖，筒瓦覆顶，石砌台基，垂带踏步。

其二为土岭马王庙，兴建于清咸丰五年（1855），坐北朝南，面宽 3 间，进深 1 间，前出廊，明间檐柱为石柱，五架梁，用叉手、异形拱，筒瓦覆顶，石砌台基。

伯延镇一处：杨二庄马王庙，坐北朝南，前后两殿相连，前殿为卷棚式，现仅存基础及东山墙，面宽 7.4 米，通进深 9.8 米。①

此外，固镇村原有马神庙，村志称："位于永济桥东北 10 米处，孤庙一大间，始建时间不详，1952 年重修永济桥时拆毁。"② 后又在该村的元宝山游览区重建，位于老君观景区内。

详考各地之马王庙，发现大都年久失修，而人们重修的愿望也不强烈，这与最近二十年来畜牧业衰落密切相关。随着机械化的发展，役畜的地位一落千丈，而主管役畜的神灵也便不再为人所重视。一如前文提及的那样，中国人信仰的现实功利性于此可见。

另，邵庄有白马天神庙，或亦与马神崇拜有些关系，始建于明正统十三年（1448），现仅存遗址，庙前保留有石质香亭一个，香亭存留底座、中柱及上座，正面记事，其他部位记录了布施人姓名。③

（二）土地

土地神原来的职能是主管农业的收成，但随着时间的推移，其功能朝多元化方向发展，神格逐渐转化为村落守护神或地方保护神，保护村落平安与六畜兴旺成为其新的职责。所以在全境之内，土地神亦为畜牧崇拜的重要对象④。民间俗语亦称："土地灵，虎豹不入境。"

笔者翻检武安的文物普查资料时发现了一个有趣的现象，就是很少发

---

① 现存马王庙相关资料见武安市文物保管所编：《武安市第三次全国文物普查资料汇编（初稿）》，第 235、236、241、242、248、254、158、169、171、178、208、210、211、220 页。

② 刘北方主编：《固镇村志》第 12 编《文化篇》，第 327 页。

③ 武安市文物保管所编：《武安市第三次全国文物普查资料汇编（初稿）》，第 159 页。

④ 苑利、顾军：《非物质文化遗产学》第 13 章"仪式类遗产的基本范畴、普查申报要点及其开发与活用"，第 195 页。

现有土地庙登记在册，这并非境内土地庙极少，其实恰恰相反，土地庙遍布全境。但因其在传统信仰中极重要，所以人们会不断整修，往往三五十年即大修一次，反倒不容易保留下古建筑。以马店头村为例，笔者幼年尚能见到晚清民国风格的山神土地庙，21世纪初，庙宇被彻底翻新，改称七星宫，其实主要的神祇仍是山神土地。另外，从中也可看出，在山区，往往将山神与土地合祀于同一庙宇之中。

（三）山神

武安境内的山神崇拜，已在狩猎部分做了深入剖析，其实山神不仅掌管狩猎，也兼顾畜牧。因为山神掌管狼虫虎豹，这些动物既是狩猎的对象，又是畜牧的大敌，故而放牛牧羊之人上山必拜山神，祈求保佑人畜平安。如有人分析徘徊村兴修山神庙的原因时即称：

> 据说当时南山上狼虫虎豹十分猖獗，一直危害着群众的安全，为了保护群众的生命财产安全，群众自发在那里修建了一座山神爷庙，以镇住那些狼虫虎豹。说起来还真灵，自从这座庙宇修好后，那些狼虫虎豹再也没有危害过群众。[①]

由于前文已对武安境内的山神庙概况做了介绍，此处不赘。

二　对现代畜牧生产的反思

不同生产模式都是对所处环境的适应，不存在优劣高下之分。1949年后，武安地方政府也在努力改造武安的传统畜牧生产，努力改善家畜、家禽的品质，增强其体力，提高肉、蛋的产出率，取得了较大的成就，但也产生了一系列的问题，大致包括以下几个方面：

其一，片面重视引进高质高产品种，忽视了对传统品种的保护。这样做，一方面对本地家畜家禽造成了严重的冲击，损害了生物多样性，对生态系统与人们的生活都造成了一定的消极影响。另一方面，忽视了传统品种对本地生态环境的良好适应性，高质高产品种意味着要摄入更多的营养物质，因而对周边环境也会有更大的影响。追求高质高产的过程，必然加重环境的负担。

---

① 左根川编：《千年古镇拾遗》第27节"庙宇、神树"，第104页。

其二，片面重视集约化、产业化养殖，排斥家庭小规模养殖。这使得我们在与传统文化越来越隔膜的同时，也导致了巨大的物质能源浪费。传统的畜牧养殖，核心的思想是变废为宝，野外的青草与作物收割脱粒后的秸秆养马、牛、驴、羊，人吃剩下的饭菜、泔水喂猪，加工粮食剩下的边角料养鸡。在传统时代，农家几乎不会向环境中释放废料，更不会有餐厨垃圾。可在当代农村，餐厨垃圾的问题已经非常严重了，而秸秆白白焚烧的现象也屡见不鲜。

同时，高密度的养殖，只能向家畜家禽投放单一的饲料，这就使得禽畜的肉质口感并不理想，所以人们更青睐家养禽畜。在门道川附近，每年腊月有人要杀掉家养的猪时，三乡五里的人都会蜂拥而至进行抢购，原因无他，只不过是家养的猪肉更鲜美罢了。

另外，家畜家禽生活在过于拥挤的空间里，极容易滋生各种各样的传染疾病，为了控制疾病，就需要大量地喷洒消毒制剂。同时，为了缩短成长期，为了使肉质更符合大众消费需求，还可能要注射大量的化学物质。这些物质最终都通过动物而进入人体，可能会影响到人体健康。

其三，机器排挤家畜的现象日渐明显，深刻地改写了乡村地区的能源结构。化石能源替代畜力能源，对社会与生态都带来深刻的影响，个中待发之覆颇多，笔者将另书探讨，此处不赘。

倘能平心静气地审视传统畜牧生产，而非居高临下一味轻视否定，便能总结出一整套有较高技术含量且独具地方特色的畜牧生产知识与技能，这不仅有助于我们更好地理解传统时代武安的畜牧生产，也可以更好地克服现代畜牧生产的种种弊端。以古人为师，向古人学习，这是我们发展现代畜牧业时必须具备的觉悟。

第六章　手工业习俗

　　所谓手工业，是指仅靠手工或只用简单工具进行生产的工业①。它是伴随着社会生产力的发展和社会大分工的出现，而从原始经济群体中独立出来的，一般都是从事专业化的生产，产生了各种专职的工匠。不少民俗学家，将手工业生产的相关民俗称为工匠民俗，而研究非遗的学者则往往称之为手工业生产知识与技能，笔者还是倾向于对两者进行调和，统称为手工业民俗②。

　　武安虽仅为一县之域，但手工业生产部门却也极为繁杂，举凡全国其他地方所拥有的产业类型，在武安也均能找到。手工业是武安传统经济的重要支撑，其社会组织则构成了武安商业活动中的行帮。手工业的生产方式，有单人生产的，有合作经营的；有走村串乡的，有固守店面的；有面向本地的，有四海为家的。细究武安之手工业门类，有冶铁业、陶瓷砖瓦业、编织业、纺织业、造纸业、木作业、石料加工业、棉纺织布业、榨油业、制糖业、制香业、制粉业、建筑业等，不一而足。可谓麻雀虽小、五脏俱全，势不能一一备述。仅择其紧要者予以分析，大致分为四大类：冶铁、陶器、编织、纺织，此外尚有必要予以分析者则归入其他。

第一节　铁器

一　冶铁发展概况

　　武安冶铁生产最早可上溯到战国时期，在午汲古城中出土了较多铁

---

①　中国社会科学院语言研究所词典编辑室编：《现代汉语词典》（第 6 版），第 1196 页。

②　钟敬文主编：《民俗学概论》（第二版），第 45 页；苑利、顾军：《非物质文化遗产学》第 11 章"生产知识与技能类遗产的基本范畴、普查申报要点及其开发与活用"，第 151 页。

器，其中的一件铁齿轮尤为引人注目，该齿轮残存一半，系由单模铸成，一面平，一面略凸起，斜齿，整体形状像风车，中心有贯穿的方孔，远较同时代其他地区发现的齿轮制作精良①。杨新民等人认为，战国时期邯郸以冶铁业发达著称，而冶铁基地当在武安，因为从邯郸周边区域来看，具有露天铁矿、燃料较为丰富且距离邯郸较近的只有武安，其论述还是可以让人信服的②。

战国以后，武安冶铁生产持续发展，一连串的考古发现可以参证，而文献资料也多有记载。如固镇有汉代冶铁遗址，出土了大量工具、部分熟铁半成品、残炉基、残炉壁和数量较多的炉渣等杂物。阳邑也有汉代冶铁遗址，主要遗迹为料石场、炼铁炉等。西营井曾保存有20多座隋唐时期的冶铁炉，后大部损毁，牛头村尚存留1座隋唐时期冶铁炉。矿山村保留有两座宋代炼铁炉，崔炉村则保留有1座宋代炼铁炉。固镇还发现2座金元时期冶铁炉③。

文献资料更可以看出武安古代冶铁业之发达。据史料记载，汉代全国共设置铁管49处，而武安居其一。北宋磁州武安县固镇冶务年铁课额一般为1814261斤，而全国铁课数量为5486831斤；元丰元年产铁量达1971001斤，同年全国铁课额5497316斤④。则固镇铁课数量在元丰元年之前占全国的33.07%，元丰元年占全国的35.85%。即北宋大部分时候，固镇一地上交的铁课数量即超过了全国的三分之一，武安冶铁业之发达，可见一斑。不唯产量较高，宋代冶铁技术也极发达，沈括至磁州锻坊，"观炼铁，方识真钢"，才知道了什么是真正的百炼钢⑤。

如前所述，武安境内发现有金元的冶铁遗址，其时冶铁业当还有一定的规模，但较之北宋已显著没落，元代铁课数额以湖广、江浙、江西为最多。

至明代，武安的冶铁业进一步没落。据《大明会典》记载，明洪武

---

①　孟浩、陈慧、刘来城：《河北武安午汲古城发掘记》，《考古通讯》1957年第4期，第46—47页。

②　杨新民：《魅力武安丛书》之《历史文化卷·万千气象》，第44—47页。

③　何抚顺：《河北武安冶铁考古及新发现》，《文物春秋》2012年第5期，第22—24页。

④　（清）徐松：《宋会要辑稿》第137册《食货三十三之十三》，中华书局1957年版，第5380页。记载中的原课额总额为5482770斤，元丰元年课总额5501097，与分项合计不一致，或是有些州的数字缺载、错讹所致，笔者予以修正。

⑤　（宋）沈括：《梦溪笔谈》卷3《辩证一》，侯真平校点，岳麓书社2002年版，第17页。

七年置十三大铁冶，江西三个，湖广两个，山东一个，广东一个，陕西一个，山西五个。其中山东的铁冶位于莱芜，华北地区竟无一上榜。在洪武初规定各省铁课总数为 18475026 斤，北平仅有 351241 斤，占全国的1.9%。此外河南全省 718336 斤，河南的黄河以北部分冶铁则很发达，但纵然将河南铁课数量的一半计入华北，华北占全国的比重也超不过 4%，这与宋代的情形有天壤之别①。整个华北如此，武安冶铁业之惨淡可想而知。

至永乐年间始设置遵化铁冶，供应北京的钢铁需求，不闻于武安设置铁冶。但正德四年的巅峰产量生熟铁与钢铁合计也不过 70.6 万斤，而一般情况下都只有 30 万至 40 万斤，与宋代武安固镇冶的产量相比仍有较大差距。

早在汉代，武安铁矿开采规模已经比较大，且开采技术比较成熟，曾在团城铁矿发现汉代采矿洞，内有铁锤、独头镐等采矿工具。明代以后，武安铁矿开采完全中断。民国时期的采矿业煤炭一枝独秀，而铁矿虽有人尝试开采，终未成功。抗战时期，日本人在磁山盗掘铁矿石数十万吨②。

在古代冶铁业的没落过程中，燃料扮演了至关重要的角色。传统柴炭燃料不足，而煤炭的使用又严重影响了铁的品质，此为武安冶铁业衰落的决定性因素之一③。

直至晚近时期，借助现代冶铁技术，武安的钢铁产业重又腾飞，武安亦凭此而跻身全国百强县市行列。但是当时间进入 2010 年代以后，随着环境问题的日渐严峻，武安钢铁业再次遭遇发展瓶颈。历史的发展，总是会有如此多的惊人轮回。未来何去何从，还需有识之士认真规划。

二　铁匠

由于清代以来武安的铁矿开采陷于停顿，故而冶铁业生产集中在了铁

---

① （明）申时行等：《大明会典》卷一百九十四《工部十四·窑冶》，《续修四库全书》第792 册，第 338 页上—339 页下。

② 武安市地方志编撰委员会：《武安县志》卷 6《工业志》，第 267 页。民国《武安县志》卷 10《实业志》，见《武安县志校注》，856—857 页。

③ 与本书主旨相去较远，笔者不展开分析相关问题，读者若感兴趣，可看拙著：《古代华北燃料问题研究》第 5 章第 3 节，博士学位论文，南开大学，2012 年，第 387—393 页。

器的加工与翻新方面。①

（一）大铁匠

铁匠一般有固定店面，其人往往被称为大铁匠，其店面被称为铁匠铺。铺中常备器具有煤炉、风箱、水槽、锤子、钳子。经常用到的方法便是锻打，将铁料放在炉上加热至通体发红，然后进行锻打成型，锻打完毕后放入水槽中淬火，锻打一件器具需要反复加热反复淬火。为了增大火势，还需要不断地拉动风箱进行鼓风，所以一般需要两人以上协作，多为父子，亦有无血缘关系的师徒。生产的大都是铁锨、镢头、镰刀、锄头等可以简单锻打成型的农用器具，此外也可打制盖房子上梁、上石板常要用到的铁链。大铁匠还常收购各种废铁，经过熔化锻打后做成各种日常用品。

一般较大的村庄都会有铁匠铺，如新中国成立前固镇即有两家铁匠铺常年生产，制造各种小型农具。马店头村也常年有一个铁匠铺在生产。相关技艺多为家族传承，父传子，子传孙。铁匠工作时，环境温度极高，颇为辛苦，在盛夏劳作尤为不易。

抗战时期，敌占区的铁匠大部停业，而根据地的铁匠却非常忙碌，经常为抗日军民打造大刀、长矛等武器，甚且参与枪炮、地雷等武器的生产。

抗战胜利后，武安全境成为解放区，铁匠队伍又有壮大。1950年，全县有铁匠铺130家，铁匠275人，全年共生产了150部深翻犁，3万件小农具，6万件生活用具，牲畜蹄掌11.9万副。

开始合作化后，1954年先后成立了铁业社、白铁社、蹄炉社等，到1955年生产规模进一步扩大。但"大跃进"运动中生产急速下滑，产量锐减。后来又在各公社兴建修配厂、小五金厂，铁器加工业仍未恢复。1979年以后，个体的铁匠重又出现，在自家安炉进行生产。

20世纪90年代后，铁匠行业又遭遇了工业化生产出的农具的冲击，重又走上了下坡路。

铁匠一般不会完全脱离农业生产，这是因为农具的生产、维修也随着农业生产的节律而呈现波动，不可能常年都有旺盛的需求。所以铁匠一般

---

① 以上分析主要依据武安市地方志编撰委员会：《武安县志》卷6《工业志》，第312—313页；民国《武安县志》卷10《实业志》，见《武安县志校注》，第847页。

都兼营农业，进入铁匠铺后成为专职的铁匠，而走出铁匠铺后即成为普通农民。

铁匠加工铁器主要的工艺为锻造，间或也有铸造。新中国成立前固镇有一个土翻砂厂，就是用模子浇灌熔化的铁汁来生产铁器的，生产的主要器物有炉支、犁铧、耧铧、秤砣等，但一般只在冬春农闲之时生产，一年开不了几炉。①

武安的锻铁技术远比铸铁技术发达，宋以后全国的冶铁业也有这样的特点。其根源与用煤炼铁导致铸铁质量下降，这对历史的发展产生了深远的影响②。

武安铁匠队伍中涌现出了一代能人李明。李氏祖籍河南林县张西村，为铁匠世家。20世纪40年代，李氏随其父迁至武安北白石村落籍，仍经营铁匠生意，而工艺水平之高，远超本土铁匠之上。故而于1956年被推为午汲铁木手工业合作社社长，到60年代，合作社生产的"李明"字号锄板、镘头以端正、光洁、锋利、耐用著称，畅销整个邯郸地区。除了小农具外，李明还拓展业务，生产道钉、道板等。此后，又研究铸造技术，到60年代末，又生产出了脱粒机、铡草机、水管等器具。70年代，又领导人们生产铸铁球、轧钢。80年代，又尝试生产螺纹钢。李氏全国到处奔波，虚心学习经验技术，每一次转型都契合市场需求。李氏领导的合作社，后来改为午汲农具修配厂，又改为午汲轧板厂，最后成为武安县钢材轧制厂，李氏担任党支部书记兼厂长。李明生于1929年，1986年因胃癌去世。③

（二）小炉匠

小炉匠实际也是铁匠，但没有固定店面的，故被称为小炉匠。经常挑着家伙事儿，游走在城乡之间，现场为人们打造各种零部件。常用的道具是小型的煤炉，可以制作小农具或钉马掌等。合作化以后，从事这一行当的人明显减少。改革开放之后，又有所恢复。20世纪90年代后，急剧减少，现在几乎完全绝迹了。有些地方也将小炉匠与补锅匠混同，今仍按武

---

① 刘北方主编：《固镇村志》第8编《工业篇》，第145页。

② 读者对相关问题感兴趣的话，可参看李弘祺《中国的第二次铜器时代：为什么中国早期的炮是用铜铸的》，《台大历史学报》第36期，2005年12月，第1—34页。

③ 关于李明的事迹，主要参考了武安市地方志编撰委员会《武安县志》卷20《人物志》，第921—922页。

安传统习惯，予以区分。

三 补锅匠

民国及其以前，补锅为武安手工业之首，民国县志谈及旧式工业，即首列补锅，而补锅匠群体也极为庞大。武安人习惯上称补锅业为锢漏锅或补漏锅，称补锅匠为锢漏锅的。1990 年县志将补锅归入修理业，但考究其主要工作对象与相关技术，实际也是以铁器加工为主，若定义一广义上的铁匠，似也可将补锅匠纳入。今暂从前人惯例，将其单列出来。

历史上的补锅匠，主要来自西庄、南庄、团城、营井、东万安、西万安等村，尤以团城周边为盛。民国时期从事这一行业的超过了 3000 人，民国二十三年（1934）全县有 377115 人口①，依据这一人口数字来折算，则补锅匠约占总人口的 8‰，比例高得惊人。

而团城周边补锅匠比例更高，据统计，1955 年北西庄全村共有 130 户，600 余口，从事补锅业的就多达 70 户，200 余人；北庄村共有 200 余户，1000 余口，从事补锅业的有 100 余户，300 余人。就这两个村庄来看，以人口计占比均约三分之一，以户计则均超过了五成。

补锅匠行走江湖时，常是三人同行，一般为师徒关系，一师二徒，称为一副担子，携带大件物品包括一个风箱和一个火炉，其余是钉子、锤子、砧子、凿子钢锉、钻和各种零件。所有的物品分装在两个木箱里，肩挑行走即可。每到一个村庄，师父掌管火炉，一个徒弟进行具体的操作，另外一个徒弟则走街串巷吆喝招揽生意，多是拉长了声调喊："修——理——缸——锅。"因为补锅匠还可以修补开裂的水缸，缸还排在了锅的前面。因为传统时代缸的使用也非常普遍，用来储水，用来存粮，甚至有人熬了一大锅羊汤后也要放入缸中存放。而缸使用时间长了也容易出现细小的裂缝，补缸防漏，亦为补锅匠的专长。补锅匠的吆喝声极具特色，笔者幼时经常模仿。

人们将补锅匠视为九佬十八匠的行当②，他们行走江湖，夜晚不到旅

---

① 民国《武安县志》卷 4《民政志》，见《武安县志校注》，第 660 页。

② 九佬指的是阉猪、杀猪、骟牛、打墙、打榨、剃头、补锅、修脚、吹鼓手这九个行当，十八匠则包括金匠、银匠、铜匠、铁匠、锡匠、木匠、雕匠、画匠、弹匠、篾匠、瓦匠、垒匠、鼓匠、椅匠、伞匠、漆匠、皮匠、织布匠、绒匠、染布匠、弹花匠、铸造匠、磨剪铲刀匠、窑匠等，远不止十八项。

馆客栈中投宿，都是到山洞庙宇中栖息。补锅匠浪迹天涯，却苦中作乐，流传有《江湖》歌，摘录如下：

> 走江湖，浪悠悠，五湖四海任我游。
> 南京淹了我不怕，北京旱干我不愁。
> 他有金银堆北斗，我有手艺度春秋。
> 白昼不惜君子借，夜晚无妨小人偷。①

补锅匠修补锅与缸时，常见的方法有以下几种：针对裂缝，通过楔入锔子来收紧裂隙，避免渗漏，如锔缸时就在裂缝两旁钻眼，借助锔子的拉力来弥合裂隙；针对较小的漏洞，采用"打补丁"的方法，用铆钉钉上铁皮堵漏，或者用锡焊接铁皮堵漏；针对较大的漏洞，则用坩埚熔化铁水，浇铸修补。除了铁锅与缸外，补锅匠往往还能修补瓷器、金银铜器、雨伞等。

补锅匠有严格的师承关系，民国以前均为学徒制，拜师学艺，三年为期。收徒弟时有严格要求：心术要正，必须尊师敬祖，遵纪守法；头脑要灵光，悟性要高。除了传授实际的补锅知识与技能外，还要传授行规、行话。徐珂称："吾国之工艺，类有秘术。"② 除了工艺技术保密外，还要用行话来交流。行话又可细分为行业术语与行业隐语两种，前者为行业内部使用的不具有保密功能的专用话语体系，通用话语中没有相应的表述，之后另创一套；后者则是具有保密功能的专用话语体系，通用话语中本有相应表述，却另创一套，目的在于使外行人听不懂③。

民国以前，由师父负责徒弟的生活开销，但不发给工钱。等三年期满后，徒弟出师时由师父赠予徒弟全套家伙事，徒弟可以自立山头闯天下。进入民国，规矩发生变化，学徒也可从师父那里获得适量的报酬。在20世纪20年代，学徒第一年全年可得工钱5—6元，第二年可得7—8元，第三年所得则可达10元以上。而师父的收益颇为可观，除了衣食开销及给徒弟发工钱之外，一般结余可达80—90元，有的甚至能到100元以

---

① 取自杨新民《魅力武安丛书》之《历史文化卷·万千气象》，第161页。
② 徐珂：《清稗类钞·工艺类》，中华书局2010年版，第2356页。
③ 参见钟敬文主编《民俗学概论》（第二版），第243—244页。

上，当时长工的年工资一般为 30—40 元，最多也不过 60 元①。补锅匠收益之高，可见一斑。

30 年代中后期，天下多故，土匪横行，自民国二十年（1931）、二十三年、二十五年，悍匪刘桂堂先后三次进扰武安，第一次"奸淫烧杀，人心惶恐"，第二次"沿途杀戮甚多，焚掠极惨"，第三次"全县十区，被刘匪蹂躏几遍。所过村庄，奸淫抢掠一空，可谓千古浩劫"，而进剿之政府军也趁机勒索供应，武安农村经济遂告破产②。随着农村的凋敝，补锅匠的黄金时代也宣告终结，此后复有抗日战争与内战，民生艰难，生意急剧减少，报酬也明显下降，只能勉强糊口而已。但谋生相对容易，又无须资本，故而从业人员有增无减。

武安补锅匠行踪遍布北方各省，民国时期常前往的区域有河南、河北、山东、山西、绥远、热河、察哈尔、陕西、甘肃、宁夏以及东三省，凡用铁锅之处，就有武安补锅匠的身影。

新中国成立后，随着生活水平的提高，补锅匠的队伍明显缩减，而其营业范围也发生了变化。但走街串巷的补锅匠，并未完全消失，直到 21 世纪初，乡村地区仍可经常听到他们的吆喝声。只不过已经不再挑担翻山越岭了，而是与时俱进，开上了农用三轮车甚或小货车了。补锅技艺现为邯郸市级非遗项目③。

还有一个有趣的现象，就是传统时代武安的补锅匠更喜欢出远门，而在本地补锅的反倒有不少外地人。一如今日做小买卖的人也喜欢开赴外地，而在本地做小买卖的又往往是外地人。外来的和尚会念经，古人诚不我欺。

有一则名为《补锅匠补火车》的故事，讲述武安人高老满在辽西做补锅生意，某天遇到日军伏击中国军队的列车，炸坏了车头的蒸汽锅炉，

---

① 长工之工资报酬，参见民国《武安县志》卷 10《实业志》，见《武安县志校注》，第 844 页。

② 刘桂堂进犯武安之情形，可参看民国《武安县志》卷 1《大事记》，见《武安县志校注》，第 612—614 页；武安市地方志编撰委员会：《武安县志》卷 2《大事记》，第 13 页。

③ 以上关于补锅匠的论述主要参考了民国《武安县志》卷 10《实业志》，见《武安县志校注》，第 846、849 页；安市地方志编撰委员会：《武安县志》卷 6《工业志》，第 314 页；杨新民：《魅力武安丛书》之《历史文化卷·万千气象》，第 161—162 页。还可看看武安市文化馆网站非物质文化遗产部分的《补锅技艺》条，网址：http：//www.wawhg.com/News_ View.asp？NewsID＝76。

击退日军后，中国军队长官为火车无法走而犯愁。高老满挺身而出，将补锅技术用在了补火车头上，终于使火车又能开动了，摘录关于补锅炉的过程如下：

> 　　老满来到车头一看，好家伙，那窟窿看似不大也能钻进去个脑袋，补了半辈子锅还没遇见过这么大而难的活计，心里直发怵，后悔不该多嘴，今儿个也只好硬着头皮来干了。他取过工具，先用锤子把窟窿口夯平，又用钢钻钻下眼子，安上铆钉。又找来铁皮照窟窿的大小剪成圆形，打上眼儿，套在铆钉上，然后就用锤子叮叮当当地夯起铆钉来。不到一个时辰，那窟窿就补好了。当官的一声令下，加水一试还真行，滴水不漏。这一下全场官兵一起欢腾跳跃起来，有人拍着老满的肩头，学着日本腔道："你的，大大的有功，犒劳犒劳的有。"说着便拉他同当兵的一道去吃饭。吃了饭，当官的拿着20块大洋和一张字据亲自交给他，要他日后凭此字据可去军部请功领赏。老满接过，连忙点头道谢。
>
> 　　下半晌时，火车启动了。老满望着火车远去，拿出条子看看，心里话："还领什么赏？留我这条命就不错了。"遂撕碎条子，挑起家什离去。①

第二节　陶器

　　武安的陶器生产起步较早，且一直比较兴盛，但终未发展出更高层次的瓷器，境内所需瓷器多取自磁州窑，即位于今峰峰矿区的彭城镇。武安砖瓦业也一直比较发达，论者一般将其与陶瓷器分开论列，而究其实，砖瓦实为陶器的特殊形式，《说文》称："瓦，土器已烧之总名。"② 段玉裁亦指出："凡土器未烧之素谓之坏，已烧者谓之瓦……《古史考》曰：'夏时昆吾氏作瓦。'按有虞氏上陶，瓦之不起于夏时可知也。"③ 今将武安境内的陶器与砖瓦合并为一节来分析。

---

① 杨新民：《魅力武安丛书》之《历史文化卷·万千气象》，第163页。

② （东汉）许慎：《说文解字》（大字本）第12篇下《瓦部》，（宋）徐铉校定，中华书局2013年版，第1053页。

③ （清）段玉裁：《说文解字注》第12篇下《瓦部》，中华书局2013年版，第644页上。

一　陶器

（一）历史脉络

武安之陶器制作最早可上溯至磁山文化时代，距今至少 7400 多年。出土的陶器中以夹砂红褐陶为主，其次为泥质红陶，陶器烧成温度有较大差异，有的在 700℃ 左右，有的达到了 930℃，这些都证明磁山陶器烧制技术已经达到了较高水平[①]。出土的陶器以素面为主，少量有细绳纹、泥条附加纹等。出土器具种类情形为：盂，42 件，数量最多，器形大体相同，分七式；支架，11 件，大部分为圈足，少量为实足，分三式；侈口深腹罐若干，大小不等，分二式；小口双耳罐若干，分四式；双耳罐 1 件；碗 6 件，分四式；钵，1 件；豆，1 件；三足器若干；四足鼎若干；盘若干，分三式；簋，1 件；杯，大量，分三式；罐，2 件；纺轮，4 件，分二式；此外还有若干小型陶饰品[②]。可见当时的陶器种类已较为丰富。

在磁山文化遗址附近发现有两处与其年代相当的遗址，一为牛洼堡遗址，发现的陶片以夹砂红褐陶为主，细泥红陶较少，器形有侈口罐、盂等，胎较薄；一为西万年村南岗遗址，年代与磁山文化相当，也曾采集到夹砂红粗陶盘、盂片、红顶碗、罐等文物。

稍后，又有同属仰韶文化类型的三个遗址中出土有陶器。一为上泉后堰地遗址，采集到细泥红陶钵、夹砂红褐陶罐等；一为大温村东坡顶遗址，采集到细泥红陶钵、折沿红陶罐、陶环、磨光黑陶器盖等；一为城二庄遗址，出土陶器共 37 件，主器形有盆、高领罐、钵等，夹砂红褐陶、夹砂灰陶和泥质灰陶所有陶器数量的七成，细泥红陶不足两成，磨光黑陶约占一成，彩陶比例较高。

再稍后又有同属龙山文化类型的三个遗址中出土有陶器。一为招贤村郝家垴遗址采集到大量陶片；一为柏林东寨上地遗址，采集到大圈足瓮底、黑陶敛口瓮、绳纹敛口罐口沿等；一为东万年村遗址，出土陶器中，泥质灰陶占 45%，泥质黑陶占 14%，夹砂红陶占 24%，泥质红陶占 17%。主要的器形有高领罐、钵、甑、杯等。

---

① 安志敏：《裴李岗、磁山和仰韶——试论中原新石器文化的渊源及发展》，《考古》1970年第 4 期，第 338 页。

② 邯郸市文物保管所、邯郸地区磁山考古队短训班：《河北磁山新石器遗址试掘》，《考古》1977 年第 6 期，第 361、365—370 页。

商周时期的遗址，则有南营井家谱场遗址，出土有夹砂灰陶、泥质灰陶、夹砂褐陶、磨光黑陶等，纹饰主要为绳纹，间有弦纹。①

历史时期，除了有较多文献记载之外，在诸多古城遗址中也都发现了大量的陶器，较著名的有午汲古城。出土陶器多为泥质灰陶系，有学者对主要类型、数量、特点做了总结，摘录如下：

> 较完整的甑两个，体大壁薄，口侈近平，腹外凸而箄孔较小，肩有弦纹三周，这与汉代的通身弦纹甑显然不同。陶纺轮两件，一为深灰色而表皮磨光者，其断面近似椭圆形。一呈黄灰色，底平而上部隆起并附有压纹数周。其次，还有矮把豆座及小而浅的豆盘。器口残片又多平口，上有弦纹，腹片多绳纹并横加凹弦纹。还有素面残瓦当及带有瓦钉孔的凸面绳纹、凹面斜方格纹的筒瓦、外绳纹内方格纹的平瓦等。②

此外，店子古城、固镇古城、邑城古城、北田村古城、曹子巷古城、武家庄古城、小店古城等均为战国至汉代的古城址，均有陶器发现，不再一一赘述③。

武安还有一些村名也印证了陶器制造业历史之悠久，如冶陶、小冶陶、管陶等即是如此。其中冶陶村"相传，建村于唐代。初时，有黄、张、刘、陈等姓相继迁此定居。因以冶制陶瓷为业，故取村名冶陶"④。

（二）晚近时期的烧盆匠

汉代以后，武安陶器制造业继续发展，制陶技术仍有相当规模。但明以前史料湮没无闻，而明以后记载方才丰富起来。晚近时期制陶集中在了瓦盆、瓦缸、瓦罐等少数几种器具上，之所以加个瓦字，是因为制作方法和使用的炉窑与砖瓦较为相似。这些器具在传统时代用途都比较大，瓦盆可以用来洗衣服，可以储存水，可以用作花盆种养花草，而用来生豆芽效

---

①　以上分析主要参考了河北省文物管理处、邯郸地区文物保管所、邯郸市文物保管所《河北武安洺河流域几处遗址的试掘》，《考古》1984 年第 1 期，第 1—14、36 页；武安市地方志编撰委员会：《武安县志》卷 17《文化志》，第 785—786 页。

②　孟浩、陈慧、刘来城：《河北武安午汲古城发掘记》，《考古通讯》1957 年第 4 期，第 45 页。

③　参见武安市地方志编撰委员会《武安县志》卷 17《文化志》，第 786—788 页。

④　河北省武安县地名办公室：《武安县地名志》，第 417 页。

果尤其好，瓷盆无此功效。葬礼上孝子要摔碎的盆子也是瓦盆。瓦罐较小，多用来储存鸡蛋、豆类等。瓦缸较大，常用来储存米面粮食，也可以储存馒头、麻糖等熟食。

从事这一行当的人则被称为烧盆匠，杨新民等人将该行业归结为黑陶业，而黑陶就是新石器时代出现的陶器，特点就是表面漆黑光亮①。武安的瓦盆匠可谓源远流长。

民国及其以前，烧盆匠主要出自上焦寺、下焦寺、顿井、寺庄等村，全县操此业者达 2000 人以上，为武安从业人数第二多的手工业部门。其中，上焦寺"操手工业出外谋生者多种，而制陶业约达五百人"；下焦寺"烧制陶器，为村人唯一副业"，"统计全村操是业者，五百零七人"；西寺庄"制陶工匠尤夥"②。主要前往的区域有山西、山东、河北、河南、甘肃、宁夏、绥远、察哈尔。1949 年后有人还向北抵达蒙古、俄罗斯，向南到达江苏、江西、海南。据统计，20 世纪 50 年代到 70 年代，中寨村有600 余户，1500 余口人，超过半数的劳动力外出烧盆，这一行业的兴旺，可想而知。抗战爆发之前，人均每年可得盈余约 50 元，亦颇为可观。

烧盆匠很少在本地生产，往往要走远路，常年漂泊，故而武安有俗语称："有女莫嫁烧盆汉，三年守寡两年半。"生产的模式有三种，一是租别人现成的窑炉来烧盆，一是租地而建窑营业，一是受雇于人而赚取工钱，最常见的是第一种情形。一般都是少则 6—7 人，多则 10 余人，一起组成班子，每年初春外出作业，至年前而回家。

具体的制作过程，先要和泥、捶泥、转盘制坯，转完之后放入场地晾晒，同时进行进一步的加工，加上耳朵、鼻子等附属造型，必要的还要上釉。晒干后，再入炉烧造。火候要比陶瓷、砖瓦为轻，烧制熟透后撤火，还要关闭窑室进行闷窑，出炉后的瓦盆、瓦罐呈青灰色。

烧盆匠不仅要烧制瓦盆，还要进行销售，这也是他们更倾向于租窑烧造的原因所在。烧制一窑瓦盆，即外出销售。售完，再租窑烧造。

烧盆匠卖盆也是传统社会独特的风景。他们外出卖货，或肩挑，或车推，但更常见的是肩挑，因为这样虽很辛苦，但在当时的交通条件之下，

---

① 杨新民：《魅力武安丛书》之《历史文化卷·万千气象》，第 155 页；中国社会科学院语言研究所词典编辑室编：《现代汉语词典》（第 6 版），第 531 页。

② 民国《武安县志》附志卷 2《区村镇分述（下）》，见《武安县志校注》，第 1188、1190、1191 页。

要翻山越岭，肩挑反较车推更为方便。一般会负重上百斤，每天步行80里以上。

卖盆也需要有营销技巧，常见的有以下几种：其一，用棍子猛敲瓦盆，发出巨大的响声，这可以吸引人们出门来围观，同时也很直白地告诉别人，自己的瓦盆质量过硬，用力猛击都不会破碎；其二，取大盆放在地上，如同玩杂耍的一般，双脚踩在盆边相对的两点上，通过变换两脚的力道，使盆来回移动，通过酷炫的效果证明瓦盆质量过硬；其三，将大瓦缸放在地上，人则跳进缸内，双手扶着缸沿，如同手提布袋般带着瓦缸跳跃前进，也是为了告诉瓦缸非常结实；其四，将瓦盆戴在头上吆喝，用诙谐幽默的行为艺术来打动顾客。所有这些都是需要技巧，倘若力道拿捏不好，质量再好的瓦盆也会破碎掉。倘若不小心失手了，还要学会随机应变，捡起碎片让观众看茬口都烧透了。

1949年后，人们生活条件改善，烧盆匠逐渐改变了经营方式，不再出远门。随着陶瓷、塑料等物品的大量应用，制陶业渐趋没落。笔者幼年所常见到的，已经是卖瓷碗、瓷盘、瓷碟子之人了。但近二十年来，随着城市化和房地产业的发展，越来越多的人住进了单元楼，与大自然日渐疏远，于是人们开始重视在室内营造小的绿色环境，种花种草越来越多，而花盆以用瓦盆为最好，所以瓦盆或许还会有一定的发展[1]。

民国时期，上焦寺村有著名的烧盆匠傅锁贵，出身烧盆世家，技术过人。傅氏20岁时即长年在保定做盆，主要任务是站轮搓盆[2]。当时一般匠人每天可以搓盆150套，而傅氏可以搓300套，不光效率高，质量亦超出同侪，盆壁薄厚均匀，经久耐用。傅氏还在美观上下功夫，盆边的花样有麻花边、八字边、狗牙边等。同时，又研发新品种，独创了可以盛4担水的特号盆缸，可以替代酒杯的特号牛眼。在他的努力之下，盆的种类从50余种发展到了100余种。在上焦寺、下焦寺，人们信服其手艺，推其为"一把手"，并有歇后语"锁贵瓦盆——没治了[3]"流行。在保定，其

---

① 以上关于烧盆匠的分析，主要依据民国《武安县志》卷10《实业志》，见《武安县志校注》，第846、849页；安市地方志编撰委员会：《武安县志》卷6《工业志》，第314页；杨新民：《魅力武安丛书》之《历史文化卷·万千气象》，第155—158页。

② 即站在轮子之前制作陶坯之意。

③ 没治了，武安方言，有两种含义：其一，用于最顶级的赞誉，形容事情做到了极致，无法超越；其二，事情非常糟糕，毫无办法。此处为前一种意思。可参见高音亮、高和平《武安方言与韵辙》，第109页。

人声名赫赫，人称"盖保府"。傅氏生于1894年，1937年因病英年早逝。[1]

此外，民间还流传有《武安花盆进皇宫》的传说，主人公是祖籍下焦寺的魏小喜，晚清人，流落北京做烧盆匠，主要负责销售。一次推独轮车往缸瓦市送货时，适逢宫中太监李公公出来购买花盆，看重了魏小喜的花盆，便让魏跟着进宫送盆，误打误撞碰上了珍妃娘娘，又精灵乖巧地拜珍妃为母，珍妃了解到陶质花盆透风透水最适宜培土养殖花草后，下令宫中统统改用武安花盆。魏小喜为窑厂打开了宫中的销路，窑厂越发注重提高瓦盆生产技艺，武安匠人们精雕细刻，质量与美观并重，生产的花盆、鱼盆、鱼缸等都堪称当时的绝品[2]。故事中珍妃相关的桥段当然不可信，但清代武安花盆打入宫中的可能性还是比较大的。

二 砖瓦业

（一）历史脉络

就目前的考古成果来看，最早的瓦发现于陕西岐山凤雏村早周宗庙遗址中，数量较少，均用盘泥条法制成，背面有绳纹。部分瓦有突出的瓦钉或瓦环，瓦钉可压入屋顶泥内，瓦环则可通过草绳将瓦片固定在木构件上。砖的出现晚于瓦，约略春秋时期出现了早期的方形薄砖，至战国而更为普遍，易县燕下都与邯郸赵城都有大量发现。当时的砖主要用来铺地而非砌墙，主要分为两类，一为实心方砖或长方砖，铺砌地面；一为大型空心砖，多做踏步和台阶[3]。但在明代以前，砖的烧造远不如瓦普遍，砖更多用来装饰而非砌墙。

武安的砖瓦使用，与全国发展趋势同步。至战国时期，使用瓦已非常普遍。《史记》记载战国时秦伐赵，"秦军军武安西，秦军鼓噪勒兵，武安屋瓦尽振"[4]。可见其时武安城中瓦之使用已较普遍，可能多数民居已

---

① 关于傅锁贵的事迹，主要参考了武安市地方志编撰委员会《武安县志》卷20《人物志》，第897—898页。

② 魏小喜的故事主要参考了杨新民《魅力武安丛书》之《历史文化卷·万千气象》，第158—159页。

③ 傅熹年：《中国科学技术史·建筑卷》，科学出版社2008年版，第75—76、103—105页。

④ （西汉）司马迁：《史记》卷81《廉颇蔺相如列传》，第2445页。

经用瓦覆顶①。

武安境内的考古发现亦可以参证战国秦汉时期大量用瓦的事实。午汲古城中出土有素面残瓦当及带有瓦钉孔的凸面绳纹、凹面斜方格纹的筒瓦、外绳纹内方格纹的平瓦等②。固镇古城出土有绳纹格布纹瓦和筒瓦，有些布瓦形制特别巨大。店子古城出土有筒瓦、板瓦、瓦当等。邑城古城、曹子巷古城均出土有筒瓦。北田村古城、武家庄古城、贺进古城均出土有筒瓦、板瓦③。

武安境内使用瓦的情形，自战国直至明清都较为普遍。但也有明显的地域差异，在西部深山区，民众一般用石板铺砌房顶，仅在若干庙宇之上铺砌瓦片。武安有"无阁不成村"的说法，遍布各地的阁也往往以瓦覆顶。在东部丘陵、盆地区域，用瓦相对较多，但更多也是富贵人家居室与庙宇之上使用，贫民往往用不起。以城乡之分来看，县城之中使用较多，一些商业繁荣的大镇使用也较多，而乡村使用较少。

在历史上，影响更为深远的，却是砖的使用范围的扩大。如前所述，明代以前，砖的使用较少。武安境内仅在战国时期的店子古城中发现少量空心砖，并非用作主要的建筑材料。

但是到了明代，砖的使用得到了普及，用砖砌筑城墙蔚然成风，京城、省城、府城、州城，县城，纷纷建起了砖城。现代所保留下来的砖城墙，几乎全为明代所建造，而建于明中后期者最多。武安亦不例外，武安城兴建砖城始于明代，保留下的古建筑也多为明代之后的砖砌结构。

明中叶以前，武安只有夯土城墙。嘉靖二十三年（1544），知县熊瑶倡导之下，修筑砖城，"动支官银，设法烧造砖灰"④，城高 3 丈，宽 2 丈 5 尺，筑北、西砖门 2 座，角楼 4 座，紫金楼 1 座，四周修筑深壕。到崇祯七年（1634），知县寇遵典又主持修筑了武安外城，总长 13 里，设 13 门，修筑墩台 40 余座。康熙四十七年（1708）、雍正十三年（1735）、咸

---

① 按，此时之武安当位于今固镇村附近，前文已有分析，此处不赘。

② 孟浩、陈慧、刘来城：《河北武安午汲古城发掘记》，《考古通讯》1957 年第 4 期，第 45 页。

③ 古城出土各种瓦的情形，主要依据武安市地方志编撰委员会《武安县志》卷 17《文化志》，第 786—789 页。

④ （明）王科：《砖城隘口记》，载嘉靖《武安县志》卷 4《艺文志》，见《武安县志校注》，第 42 页。

丰五年（1855），三度重修[1]。

与夯土墙相比，砖墙优势非常明显。其所能承受的竖直负荷更大，城墙的强度更大，雨水冲刷之下，不易侵蚀倒塌。墙体表面更加坚硬光滑，冷兵器袭击不易造成严重损坏，而士兵攀爬攻城的难度也大大增加。宋元以降，火器越来越多地应用于战争，传统的土墙在火器的攻击之下脆弱不堪，而砖墙则表现出极强的抵御火器的能力，这是全国也是武安修筑砖城的根源所在。

明清时期存留下来的砖木古建筑也非常多，如武安城中保存最完好的古建筑城隍庙，建于明洪武三年（1370）。遍布全境的288处古民居中，有不少是砖木结构的四合院，最早的建于清乾隆年间[2]。

所有这些建筑成就，都与武安砖瓦匠的辛勤劳动密不可分。

（二）砖瓦匠

从砖瓦被发明并应用于建筑的时刻起，砖瓦匠这一行业也便应运而生了。砖瓦匠的劳动强度极高，因其生产的砖瓦与一般陶瓷器具的最大不同之处便在于用量极大。如康熙四十七年重修武安外城墙，仅工程各标段明确提及的用砖量即有大砖560469块，小砖889273块。详情参见表6.1。

表6.1　　　　　　康熙四十七年重修武安外城用砖数[3]　　　　（单位：块）

标段	砖数	
	大砖	小砖
1	0	90000
2	57000	0
3	50500	0
5	29464	13300
6	0	83000
7	125080	0
8	0	84880

---

[1]　民国《武安县志》卷5《建置志》，见《武安县志校注》，第712、715页。

[2]　郭海祥、田双成：《魅力武安丛书》之《城乡风貌卷·古城春秋》，新华出版社2011年版，第62—65页，第107页。

[3]　依据康熙《武安县志》卷5《城池》，见《武安县志校注》，第122—129页。

续表

标段	砖数	
	大砖	小砖
9	72700	0
10	0	56800
11	42750	0
12	17130	0
13	38000	0
14	34000	0
15	62000	0
16	0	77293
17	0	52000
18	0	60000
20	0	20000
29	0	30000
33	0	32000
34	0	120000
35	0	100000
36	31845	0
41	0	70000
合计	560469	889273
	1449742	
备注	19 与 22 标段为乡耆何深自工，21 标段为生员张泽深自工，23 标段为监生张克谭自工，24 标段为生员张熙载自工，25 标段为生员王钦如等三人捐修，26 标段为生员齐肇渭自工，27 标段为寿官李在中自工，28 标段为生员张随谦自工，30 标段为贡生张源湛自工，31 标段为监生王世昌自工，32、40 标段为监生王璘自工，37 标段为监生李范芳自工，38 标段为贡生王晶捐工，39 标段为监生王休滋捐工。以上 16 标段砖数均不详。 　　以标段数占总标段数的比例来粗略折算，则这些标段用砖数约为 565753 块，总的用砖数当在 2000000 块以上。	

　　此为一次重修，明末之创建用砖必然更为惊人，而雍正、咸丰年间的重修用砖量也不容小觑。修城为一时之举，而建房需求则绵延不绝。故而

武安境内的砖瓦匠们劳碌奔波，不断为武安物质文明的发展"添砖加瓦"，做出了卓越的贡献。

砖瓦匠的劳动技巧相对简单。瓦脊、瓦兽的捏造则有较高的艺术性，往往需要有多年的制砖瓦经验且心灵手巧者才可为之。

烧瓦时，先掘地取土，需要用无沙黏土。模子为圆筒，中间有隔板将筒分为四个部分，将和好的熟泥填入模中，填瓷实后，将顶端抹平。待晾干之后，从模中取出，自然分成四块。将瓦坯堆入窑中进行烧制，燃料多用薪柴。一般需要不间断地大火烧 24 小时，但不拘泥于此数，如果量多则要继续延长时间，有的可能要烧 48 个小时。停火后马上自上而下浇水，瓦片便会呈现蓝黑色。瓦也有不同的形制与名称，铺在屋檐处的称滴水，铺在屋脊两侧的称云瓦，铺在屋脊的称抱同。如果烧制琉璃瓦，工序更为复杂，烧成出窑后，还要进行上色，然后二次烧造[1]。

烧砖时，也是选择黏性较强且不含沙的泥土和成熟泥，填入砖模之中，刮平表面，制成砖坯，晾干后入窑烧造，可以用薪柴，也可以用煤炭，起火烧制也至少需要一昼夜，烧制过程中的火候控制颇为讲究，过与不及都会影响砖的质地。若用煤炭的话，还需将煤炭做成饼状，与砖间隔分层罗列，要用芦苇柴点火。砖的种类较多，有砌墙用的眠砖，有铺地用的方墁砖，有屋顶承接瓦片的楻板砖，有砌筑拱桥、拱门和墓穴拱圈的刀砖。前文曾引过名为《一伙杂碎》的笑话，其中提及烧砖的一家所贴的上联为"青砖红砖水磨砖"，亦可看出古代砖的主要种类[2]。烧砖时，和泥、扣坯、装窑、出窑，都为纯人工劳作，体力消耗极大。

传统时代烧砖，还可从颜色上区分为两类，分别是红砖与青砖。写两者的烧制方法完全相同，而最终外观不同，显色由铁元素的化合形式决定，直接决定因素则是冷却方法的不同。烧制结束后，完全自然冷却，铁元素最终以三氧化二铁的形式存在，即呈现红色，此为红砖。如果冷却阶段加水冷却，铁元素以硅酸铁的形式存在，则呈青色，即青砖。青砖在抗氧化、抗水蚀等方面的性能均优于红砖，故而传统时代社会名流的居室多用青砖，全国多数的城墙也用青砖，而北边的长城同样呈现出青黑色而非红色。

---

[1]　以上分析主要参考（明）宋应星《天工开物》卷中《陶埏第七》，钟广言注释，广东人民出版社 1976 年版，第 181—183 页。

[2]　河北省武安县民间文学集成编委会：《武安市故事卷》，第 521 页。

不过，青砖和红砖的硬度相差并不多，红砖自然冷却，烧制工艺更简单，方便进行机械化作业，1966 年后，烧制红砖逐渐成为主流。

武安砖瓦匠最多最有名的地方是三王村，这里的烧砖瓦手艺至少已传承了 650 年以上，"耍泥蛋子上砖瓦"成为村民们重要谋生手段。以前一到春秋两季，村中就有数百人外出烧砖瓦，砖瓦技艺享誉河北、山西、河南多地①。其他地区的砖瓦匠也颇多，在马店头村北、禁坡村南曾留有清代一处砖窑，后虽荒废，但在 20 世纪 50 年代初，孩童玩耍时还常能从中捡到烧剩下的砖，今已不存。新中国成立前，固镇村也有土砖窑一座，春秋时节人工生产，产量较小②。20 世纪 80—90 年代，武安各地小砖窑非常多，不少人还远赴山西、河南烧砖。

最近二十年来，环境问题的日渐突出，挖泥烧砖对地表环境有较大的影响，政府开始控制泥土砖的生产。红砖的使用日渐减少，或许烧砖瓦这一行业将在不远的将来完全消失③。

第三节　编织与纺织

编织与纺织，有着本质的不同，但又有着相通之处。所用材料各不相同，但均是用一定的手法技艺，将彼此独立的茎秆、丝线等连接为紧密结合的整体。今合为一节，分而述之。

一　编织

（一）张箩

张箩，武安人习惯写为张罗。张箩人主要从事箩、簸箕、蒸笼的生产、销售和修补活动。

所谓箩，是传统时代人们常用来筛面的工具，具有圆形边框，一侧底面缀上纱网，用传统技术磨完的白面、玉米面或杂面中常夹杂有糠皮、粗粝或其他杂物，将面放入箩中晃动，面粉落下，其他东西则被分离开。因为使用频率较高，箩常会发生损坏，这就需要专门的技术人员来换箩底。

---

① 参见杨新民《魅力武安丛书》之《历史文化卷·万千气象》，第 159—161 页。

② 刘北方主编：《固镇村志》第 8 编《工业篇》，第 145 页。

③ 以上分析主要参考（明）宋应星《天工开物》卷中《陶埏第七》，钟广言注释，第 184—188 页；武安市地方志编撰委员会：《武安县志》卷 6《工业志》，第 285—286 页。

簸箕，多用柳条、竹篾等制成，至今仍很常见，为分离粮食与杂质的利器，使用方法为簸动，利用密度的差异进行分离，也易损坏。传统的蒸笼多为柳木圈板加衬竹条做成，随着使用次数的增加，也会逐渐受到损伤，而有更换的必要。

以上三种事物在日常生活中用处较大，所以市场需求较为旺盛；传统民众的生活理念是物尽其用，修修补补可以解决问题的话，就绝不弃旧换新，所以修补这些器物的需求也很强烈。这就为人们从事这一行业创造了条件。据民国时期的统计资料来看，全县从事这一行业的大约有 1500 人。人们外出张笋时，往往是单兵作战，一般是一人一条扁担走江湖，称为串担子，携带的用品有成品的笋、簸箕、笼，也有修理相关器具要用到的柳木圈板、竹条、皮线、笋底、纱网等。20 世纪 20 年代，张笋人每年获利可达 100 元以上，平均盈余也可达 60 元。

张笋人也有独特的招揽生意方式，道具是用七块薄铁皮做成的带有木柄的响板。他们进入村镇后，手握木柄抖动响板，发出清脆悦耳的声音。这是张笋人的标志性声响，人们听到后便知道是张笋人来了。有需要的人，或者将张笋人延入家中进行修补作业，或者带着笋、簸箕、笼到门外让张笋人给帮忙。

少部分有钱人则会在城中开店面，专门卖成品，也卖原材料，修补反倒不是主业，收益颇为可观，但资本要求也高，故而不是业界的主流。

民国以前，张笋人主要出自高壁（实有西、北、南三个村落）、梁庄（有东、北、西三个村落）一带。此外，贺赵、万安（有东、中、西三个村落）也较多。再向周边辐射，营井、北庄、南井、土岭、贺进、焦寺、团城、马庄、土山、崇义、百官、丛井、阳邑、沙洺、活水等村也有一定数量的张笋人。以北梁庄为例，新中国成立前有 160 户，家家都有张笋人，有的举家从事张笋。

武安张笋人的足迹所至，遍布华北诸省，东至山东、天津，西抵陕西、甘肃，南至河南，北至口外，不少人落籍外地，再未返回故土。

张笋现为邯郸市级非遗项目，典型的村庄为万安村，民国县志称："居民多数务农，补锅张笋于山陕甘之野者，达六百人，作木石工业，亦几占百数，生活竞争，可谓力矣。"[1]

---

[1]　民国《武安县志》附志卷 2《区村镇分述》（下），见《武安县志校注》，第 1170 页。

随着人们生活条件的改善，人们可以找到更好的谋生手段而无须四处奔波，同时相关物品的材质不断改良，张箩人的生存空间受到了明显的挤压。但直到20世纪90年代，笔者还常能见到张箩人的身影。此后，日渐稀少①。

（二）柳编

柳编，主要是用杞柳条来编织各种器物，常见的有盛放食物的簸箩，扬米去糠的簸箕，挑水用的笤，打水浇地的栲栳，送饭用的柳斗或柳盆，装针线的缝纫筐子，盛放衣物的柳箱，吸烟用烟灰簸箩。柳器具有以下优点：轻巧灵活，便于携带；亲近自然，不产生任何污染；柔韧而富于弹性，不怕磕碰，经久耐用；物美价廉，普通人家也买得起。因民间需求较大，故而该行业在民国时期非常兴旺。

武安境内的柳编，主要出自河渠村，该村被誉为武安的柳编之乡。在民国以前，编柳之原材料杞柳条并非产自本地，而是从沙河、大名等地大量购进。技艺传承方式为学徒制，一般学满五年方才出师，多为至亲之人互相传承，师父不发工资，只提供伙食。倘若没有亲缘关系，则学徒还要自己负担伙食开销。出师之后，则可受雇于柳编业主，领取计件工资，20世纪20年代每天的报酬为2—3角。

人们要根据柳条的不同品质来编织不同的器具。柳条按收割时去皮与否可分为白条、红条，按收割的时间可分为伏条、秋条、芽条。用白条编制而成的称为白货，多为较精美的器物，如筐箩、簸箕、柳箱、柳盆等；用红条编织而成的是黑货，多为粗笨耐磨的器物，如栲栳、水斗、柳帽等。

柳编的主要工具有18种，包括大镰、小镰、打棒、大拔吊、小拔吊、线轴、梁板、挺板、喳板、钻锥、槽锥、掏勾、线瓜、线刀、线蹾、夯石、水缸、水瓢。

河渠柳编除了本地销售外，还销往邯郸、磁县、沙河等地，颇受当地人们的欢迎。

随着生活水平的提高，金属、塑料制品猛烈地冲击着柳编业，柳制品

---

① 以上分析主要参考了民国《武安县志》卷10《实业志》，见《武安县志校注》，第846、849页；杨新民：《魅力武安丛书》之《历史文化卷·万千气象》，第164页。关于张箩，还可参看武安市文化馆网站非物质文化遗产部分的《张箩技艺》条，网址：http://www.wawhg.com/News_View.asp？NewsID=77。

的需求量急剧下滑，从业人员也急剧减少。在河渠村，民国时期从业人员多达 550 人，而今只有寥寥数人，前景堪忧。文化部门已将河渠柳编列入邯郸市级非遗项目，积极进行保护。[①]

（三）荆编

荆编，即用荆条来编织各种器具，常见的有肩挑或提拿用品如筐子、篮子、篓子、"不篮"、笤头，存放粮食的荆圈，排子车推拉粪、土、雪等固态物时要用的前后围子（门道川一带称荆耙），作为炊具的蒸笼、苕篱，隔离庭院与道路的篱笆，平整土地的耙、耢等。相关器具，笔者在采集民俗时曾予以探讨，此处不赘。民国时期，荆编最为有名的村庄为葫芦峪，"民多农耕，冬春暇隙，由他乡购买荆条，编织筐篓，售销全县"[②]。大宗的荆条需要从沙河境内的册井村购买。实际武安西部山区的村庄荆编都较发达，只是多数人编织荆器是为了自家使用，而非为了上市销售，不像葫芦峪那样专门以投放市场为目的。

荆编没有严格的师承关系，多为父子相传。传统时代的男子，多半都会编织荆器。在农闲之时，进行少量的编织，荆条也系上山采集而来，无须从他处购买。民国时期统计从业人员 300 人，实际偶尔编荆器之人极多，远不止此数。在 20 世纪 20 年代，专门的编荆人员平均每年工作一个季度，大约可结余 20 元。

山区民众该县在民国期间即曾通过出售荆编换回粮食、盐、火柴等生活必需品，抗日战争时期还用荆编换回的资金来支前。1949 年后曾在葫芦峪村成立荆编合作社，入社者达 300 人，产品除供应本地外，还销往邯郸、沙河。1963 年特大水灾发生之后，武安全境开展的"三割""四编"生产自救运动，当年收割荆条 70 多万公斤，民众借助荆编渡过了灾年。1952—1985 年全县收购荆条 552 万公斤。

随着生活条件的改善，荆编器具的使用也在急剧减少，荆编技艺也面临着失传的危险。文化部门已经将武安荆编列为武安市级非遗项目，积极

---

① 以上分析主要参考了民国《武安县志》卷 10《实业志》，见《武安县志校注》，第 846、849 页；杨新民：《魅力武安丛书》之《历史文化卷·万千气象》，第 165 页；武安市地方志编撰委员会：《武安县志》卷 6《工业志》，第 314 页。关于柳编，还可参看武安市文化馆网站非物质文化遗产部分的《河渠柳编》条，网址：http：//www.wawhg.com/News_ View.asp？NewsID =74。

② 民国《武安县志》附志卷 2《区村镇分述》（下），见《武安县志校注》，第 1190 页。

予以保护。[①]

（四）草编

武安境内的草编，主要以玉米的二层皮为原材料。主要制作的器物有提篮与坐垫，尤以坐垫最为常见，武安方言称为草拍的[②]。传统时代，不少人家在收获玉米之后，会将二层皮收集起来做坐垫。坐垫导热不良，冬天坐不凉，夏天坐不热，妇女做针线活，常坐其上。平时吃饭时坐门口与邻居边吃饭边聊天，只带一个坐垫足矣。坐垫只供自家使用，很少有人拿到集市上进行销售。

1968 年，武安曾设立草编厂，向荷兰、英国、日本出口，但销路不理想，至 1970 年停产。

近些年，随着生活条件的改善，草垫对年轻人失去了吸引力，已经越来越少见了[③]。

（五）纸编

武安境内的纸编，主要是串门帘子。方法是用毛衣针将硬纸卷成紧实而中空的长筒，用糨子[④]粘好。做好大量的长筒之后，根据实际需要，截为不同长短，根据图谱上各色漆，待漆晾干后用，用细而结实的线绳将一串纸筒按一定顺序串联起来，数十串紧挨着排列，最终呈现独特的图案，常见的有丹凤朝阳、喜鹊登梅等。所有绳串的一头固定在方形长木条，另外一头都串上彩色塑料长条作为下坠儿。挂门帘时，在门头上合适的位置钉入钉子，将长木条卡在钉子上即可。这样的门帘在夏天、秋天使用，比较美观，又可以有效阻挡蚊蝇。但不挡风，所以冬天不用，冬天用布门帘。也怕水，所以阴雨天必须摘下放入屋内。

这样的帘子历史还比较短，可能是在 20 世纪 80 年代以后才兴起，因为其成本较高。首先，需要大量的硬纸，为一般农家所无法承受。笔者幼年每逢寒暑假，就会有亲朋好友来索要已经学完无甚用处的课本、练习册等，因为书本纸质较硬，为串帘子的最佳原材料。其次，还需要上漆，耗

---

① 以上分析主要参考了民国《武安县志》卷 10《实业志》，见《武安县志校注》，第 846、849 页；武安市地方志编撰委员会：《武安县志》卷 6《工业志》，第 313 页；河北省地方志编纂委员会：《河北省志》第 17 卷《林业志》第 6 篇《森林经济利用》第 4 章 "林副产品"，河北林业网，网址：http://www.hebly.gov.cn/menu/show.php?pid=37。

② "拍"读［piā］。

③ 以上分析主要参考了武安市地方志编撰委员会《武安县志》卷 6《工业志》，第 314 页。

④ 用面粉加水置于火上猛煮后形成的黏稠面糊，用来粘贴东西。

费一定数量的漆，在传统时代漆的数量有限且昂贵，也缺少各种鲜艳的色漆。再次，帘子太过娇气，怕雨，天气有变就要摘下来，这对于经常要下地劳动的人们来说很不方便。

附带一提，在传统时代，人们更喜欢用草珠子来串帘子。草珠子是薏苡的籽粒，多为黑色、黑灰色，也有少量的白色、黄色，自身泛光泽，无须涂漆，质地坚硬，中有孔道，为串帘子的绝佳材料。操作又比较简单，不像纸帘子那样要按顺序排列。相对而言，不像纸帘子那样怕雨，所以使用较为普遍①。随着生活条件的改善，人们的审美要求提高，于是草珠子逐渐为制作精良、颗粒匀称、五颜六色的塑料珠子取代。利用塑料珠子，人们也可串出带有各种漂亮图案的帘子来。近年来，在武安城乡，塑料珠帘已经成为绝对的主流，珠帘几乎绝迹，纸帘也已式微。

二　纺织

（一）弹轧花

在历史的早期，武安的丝织业应当也比较发达，已见前述。但与丝织业相比，棉纺织有着独特的优势，主要表现在：其一，棉花适宜小农种植，而从事桑蚕生产则必须以拥有数十亩桑田为前提，管理上来看棉花也远比桑树栽培要简单；其二，织造加工方面，棉纺要比丝织业更为简单；其三，功效上，棉花兼具麻布与丝绸的功用。正因为如此，宋以后，华北——当然包括武安——的丝织业便被棉纺织业取代了②。但是，棉纺织业早在汉代就已经在局部地区出现，却一直到宋元以后才扩展开来③。原因即在于，从丝织业向棉纺织业转换的过程中，存在着两大技术瓶颈：其一，需要将棉花纤维与棉籽分离开；其二，需要将棉花纤维开松，去除杂质和泥沙。针对前一项，需要发展出轧花技术；针对后一项，需要发展出弹棉花技术。这两道工序，为此前的丝织业、麻纺织业所没有的，看似简单，但演化出成熟的技术需要较长时间的摸索④。只有发展出这两项技术

① 其实没有绝对不怕雨的帘子，对于草珠子而言，雨淋之后也容易沤断串绳。
② 参见邢铁《我国古代丝织业重心南移的原因分析》，《中国经济史研究》1991年第2期，第109—111页。
③ 赵承泽：《中国科学技术史纺织卷》，科学出版社2002年版，第146—151页；赵冈、陈钟毅：《中国棉纺织史》，中国农业出版社1997年版，第13—21页。
④ 赵冈、陈钟毅：《中国棉纺织史》，第29—30页。

了，棉纺织业的扩大才能成为现实。

所以，轧花与弹花是棉纺织业极重要的基础，在武安亦不例外，弹轧花为传统时代武安极重要的手工业门类。元以前，去籽靠手工，效率较低。元以后用搅车，核心工作部件是两个轴反向转动，挤轧之后棉纤维与籽粒分离。后来形制虽有变化，而原理则大致相同①。至民国而开始采用新式压轧车。民国武安棉纺织业也远不如南方发达，每年出产的棉花经过轧花之后，大部分卖给花店，再经中间商卖至天津、汉口、山西等地。

倘若要留下自家所种棉花来织布，则轧花之外还需要弹花。西部山区不宜种棉之地区的民众买了棉花以后，也需要进行弹花。传统弹棉器械虽也不断发展，但原理大致相同，最紧要的物件为弹弓。弹花人左手执弓，弦置于棉花之中，右手执槌，以槌击弦来，使棉花不断地应弦而起，再不断地四散开来。弹好以后的棉花，才可以纺纱织布②。

弹棉花的一整套工具，在旧时人们心目中地位极为重要。笔者外祖父有亲兄弟三人，皆为大会庄人。家父曾提起他们的名字，听其读音，笔者误以为是有功、有贤、有垂，曾非常惊讶，数十年前的小山村中居然能取得如此好的名字，着实令人佩服不已。可家父一解释，笔者才搞清楚，原来是有弓、有弦、有槌，是以弹棉花的主要用具来给人命名的。

方言中有词语"不沾弦"，高音亮、高和平解释为："原是音乐术语，指唱腔跟弦音差得很远，根本不沾边。"③ 恐是俗意雅解了，笔者以为当是与弹棉花有关，棉花连弦都没碰到，要弹好自然是不可能的，引申为水平、能力远远不够之意。另有歇后语称："柳木棒槌弹棉花——不沾弦。"寓意也是水平、能力不够。这些民间语词的流行，也可看出弹轧棉花在传统社会中的影响力之大。

在民国时期，全县从事弹轧棉花的人约有 400 人，一般在秋后农闲时进行，轰轰隆隆的轧棉花谈话声音不绝于耳。20 世纪 20 年代，每年所得收入约为 40 元。

时至今日，虽然传统的弹轧棉花技术已经被现代技术取代，但弹轧棉花需求依旧非常强烈。这是因为武安冬季寒冷，在 20 年以前，家家户户

---

① 轧棉花的相关机器与技术的发展详情，可参看赵承泽《中国科学技术史纺织卷》，第151—153 页。

② 同上书，第 153 页。

③ 高音亮、高和平：《武安方言与韵辙》，第 58 页。

冬天都要做新棉袄，这需要大量棉花。而今无人穿自制棉袄了，但另一项习俗则顽固地保留了下来，那便是年轻人结婚时要制作大量的被褥，现在条件好了，男女双方父母之外，姑姑、舅舅、姨均要送给新人被褥。在武安各地的婚房中，最为壮观也最吸引人眼球的便是摞得高高的被褥，从床上堆砌得碰到房顶的景象绝不罕见。要做棉被，就需要弹轧大量棉花。在门道川内，现在人们往往跑到贺进弹棉花①。

（二）织布

元以后，武安境内主要为棉纺织业。棉花种植主要在中东部，而棉纺织则遍布全境。从事棉纺的主要为女性，但也偶有男性，故有歌谣《明奶奶》，内容如下：

> 明奶奶，天挂挂，爹织布，娘纺花，孩子在炕叫喳喳，买个烧饼哄哄孩，爹咬嘴，娘咬嘴，咬了孩子胳膊腿。②

旧时男女结婚时，女方多陪送粗布，粗布以能够做出一床被面或床单为一幅，每幅即称为"一条大手巾"，旧时比较讲究的人家往往陪送数十条大手巾。这些大手巾一般皆为自家纺织，所以女儿刚刚几岁时，母亲就要辛勤织布为女儿攒嫁妆了，俗称"赶嫁妆"。武安当地人总结织布有72道工序，较重要的除轧花、弹花之外，还有整棉条、纺线、拐线、染线、降线、落线、经布、印布、掏综、梆机、织布、晒干、修布等。粗布除了用作被面、床单外，还常用作棉衣的衬里，也可制作门帘③。

农家常采用老式织布机，效率较低，但粗布质量较好。西部山区织布多供自家使用，且原来女性多裹脚，做其他工作均有不便，唯居家织布最为便利，所以虽有洋布冲击，土布生产却一直顽强地保留了下来。抗战爆发后，根据地妇女大力纺织支援抗战，1942年至1943年，4万名妇女被组织起来，共纺线织布200余万匹，换回粮食800多万斤，帮助根据地渡

---

① 以上分析还参考了民国《武安县志》卷10《社会志》，见《武安县志校注》，第847页。

② 武安市地方志编撰委员会：《武安县志》卷17《文化志》，第772页。民国县志称"明奶奶，呱呱呱"，似与流行说法不同，见民国《武安县志》卷9《社会志》，见《武安县志校注》，第839页。今从前者。按，方言中大人对小孩子讲话时，常称月亮为"明奶奶"。

③ 粗布门帘绘制工艺亦为武安市级非遗项目，参见武安市文化馆网站非物质文化遗产部分的《粗布门帘绘制工艺》条，网址：http：//www.wawhg.com/News_View.asp？NewsID=235。

过了最困难的时期。

1949 年后，开始了产业化的进程。1986 年规划建设三武棉纺厂，1988 年投产，但 90 年代初即告倒闭。此后，武安棉纺织工业一直不发达。而随着女性裹脚习俗的废除，女性劳动力得到了释放，更多地投身到农业与工业建设之中，家庭纺织业也宣告解体。

可随着生活水平的提高，人们对传统粗布的需求又有增加。粗布拥有良好的透气性，不易产生静电，结实耐用，远非一般机织布可比。所以近年来在西部山区又有不少农家妇女开始用传统方式织布了，多为三五个人结伙，共同织布。织完后按投入的物料与人工进行分割，或留自用，或卖给他人，价值不菲。

武安粗布现为武安市级非遗项目，当代市场前景又较好，未来或将还有进一步发展。[①]

（三）纺绳

武安历史上麻纺织业并不发达，虽然也适量种麻，但主要不是用来织布，而是用来纺绳。又可细分为纺大绳、纺小绳两种。纺大绳，即民国县志中所提及的纺绳业，20 世纪 20 年代从业者有 200 多人，主要出自温村、下泉、上团城、下团城等村，每人每年可得报酬约 40 元。一般使用传统方法，有在城中开设专门铺面进行生产的，也有在乡村庭院中自行生产的。

收割麻后要晒干，然后捆扎起来放入水塘中进行沤制，待麻纤维呈束状裸漏出来后即沤好了，剥下麻皮并清洗好，晾晒干收存备用，这些麻皮即成为麻坯。第一步先将麻坯纺成细绳，使用木制纺车，让一缕麻坯不断地旋转，然后接连向上续麻坯，最终形成的细麻绳称为麻经子，缠裹成球状，称为经蛋子。以之为基础，就可以制作各种器具，包括麻绳、麻袋等。以一股麻经子不断旋转，接连向上添加麻经子，最终就可做成大绳[②]。

大绳有很多用途，可以用来捆扎东西，民间传说《江世有偷缸》《郑

---

① 以上分析还参考了武安市文化馆网站非物质文化遗产部分的《武安粗布》条，网址：http://www.wawhg.com/News_View.asp?NewsID=213。

② 以上关于纺绳的论述主要参考了民国《武安县志》卷 10《实业志》，见《武安县志校注》，第 847、849 页；武安市地方志编撰委员会：《武安县志》卷 6《工业志》，第 308 页。

老笨的故事》的主人公均曾借助绳子来肩挑大缸①。民间过年做豆腐，笨重的大水缸、大瓷盆等也绑上绳子，两人或多人抬着走。武安民间采伐树木时②，并非完全锯断茎干，而是锯断一多半后，在树干上绑上大绳，几个人喊着号子朝断口的反方向拉动，使树倾倒。还有一般重要用处，即人去世后出殡时，要用大绳绑缚捆扎好棺材，8 人或 16 人抬赴墓地。

小绳则相对简单，一般由妇女在小腿上搓捻而成，先搓捻两股麻皮，然后再续上一股，搓成即可使用。也可两人拿着两股麻皮，反方向搓动，也可搓成麻绳。以前者最为常见，妇女搓绳亦颇为辛苦，经常搓得小腿通红，有些人皮肤过敏，可能还会起小疙瘩，甚至会搓破皮肤出现很多小出血点。搓成的麻绳除了用作日常捆扎外，更多的是用来纳千层底布鞋。20世纪 90 年代之前，农村地区几乎家家都穿布鞋，每人每年都需要制备三五双新布鞋，五口之家就需要十几双，搓绳工作量也是颇大的。在收麻季节，街上、庭院之中，常能见到妇女们卷起裤管在搓绳，双手不停搓动，嘴里还要衔着麻皮，不停地挥洒着汗水。民间传说《马奶奶的故事》中也反映了农村女性要经常搓绳的现象，摘录如下：

相传，马奶奶是马庄村的，她四五岁上，爹娘就去世了。他和哥嫂一起生活。嫂子待她很不好，让她吃的残渣剩饭，做的繁重活。嫂子让她上山放牛，为了在牛吃草时不让马奶奶闲着，嫂子每天给他一把麻，让她在牛吃草时搓成绳。开始，嫂子给她一小把麻，放牛回来时，麻都搓成绳了。以后，嫂子给她的麻一天比一天多，放牛回来时，麻都搓成绳了。

嫂子感到很奇怪，给了她一大捆麻。马奶奶和往常一样又赶着牛上山了，嫂子紧跟在后面。到了山上，马奶奶坐在一个石头上，不大会就睡着了。过了一会儿，麻雀、喜鹊许多鸟来替马奶奶搓绳，一个麻雀衔住麻的一头儿，另一个麻雀衔住另一头儿上劲，不一会儿一根一根麻绳都搓成了。等马奶奶醒了回家时，麻就全部搓成绳了。③

① 河北省武安县民间文学集成编委会：《武安民间故事卷》，第38页，第61页。
② 方言称砍树为"出树"。
③ 河北省武安县民间文学集成编委会：《武安民间故事卷》，第246—247页。另有名为《丑女做皇娘》的故事，也有嫂嫂让小姑子搓麻绳而喜鹊来帮忙的相似桥段，当是同源而异流，见《武安民间故事卷续集》，第185—186页。

　　搓麻的情景最近十多年来也已经非常少见了，随着生活条件的改善和人们审美情趣的转变，运动鞋、皮鞋等席卷乡村地区，千层底布鞋逐渐式微。

　　（四）染布

　　织成布匹后，为了满足人们多种多样的审美和实际需求，还要为布匹染色。传统时代的染料多取自天然。用靛蓝染蓝色，有生染、熟染两种方法，熟染需要用草木灰进行处理，还需加热水。用茜草染红，大都需要在50℃—60℃的温水中进行。紫草染色时，则要在染液中加入椿木灰煎煮。苏木染红色时，需将苏木入水煎煮，加明矾、倍子等化学物品。黄檗、槐花皆需煎水温染。栀子则需要入水煮沸，温凉后用来染色。[①]

　　在传统时代，武安染工主要是为布匹染深浅程度不同的蓝色或蓝黑色，武安城中的少数技术较高染工可以染出藏青色、皂青色、月白色等。20世纪20年代，全乡染工有1000余人，根据染布颜色的深浅来收费，大致标准是每尺最低6—7枚铜圆，最高15—16枚，平均每年可得报酬约40元。

　　武安境内最著名的染布匠出自城里和高村，而高村尤为有名。高村人除了在村中开染坊外，还有人远赴邯郸、永年，青花印染技术拥有较好的口碑[②]。

第四节　其他

一　造纸

　　武安境内的造纸业，主要分布于骈山村，该村原有供奉祖师爷蔡伦的庙宇，庙内原有石碑，今已不存，据村中老人回忆，碑文称当地造纸业最早当出现于元代，系从外部引入技术。

　　民国时称为缥纸业。当时全村有纸坊多达20多家，坑池共有50多个，每个坑池每天可以生产小麻纸12刀或大麻纸6刀，年产大小麻纸10

---

　　①　参看赵承泽主编《中国科学技术史·纺织卷》，第272—283页。

　　②　以上论述主要参考了民国《武安县志》卷10《实业志》，见《武安县志校注》，第847、849页；杨新民《魅力武安丛书》之《历史文化卷·万千气象》，第168页。

万余刀①。产品主要销往周边的邯郸、磁县、永年、安阳、大名等地,抗战之前还曾一度打入东北市场。

抗战时期,部分碈山人赴山西黎城县石碑底村建立纸厂,生产的纸张被冀南银行用来印刷济南票。沙河县杜旮旯纸厂的主要技术人员也来自碈山,生产的纸张还曾被用来印刷《新华日报》。

造纸所用的主要原材料为破烂麻头、绳头等,中经砍、切、淘、洗、碾、轧、蒸、冲、泡、晒等一系列的程序,最后装订成刀。就全国常见的造纸技术而言,主要的工艺环节包括:其一,原材料准备工艺,包括纸药制作和原材料选择;其二,制浆工艺,包括洗涤、浸灰水、蒸煮、舂捣、打浆;其三,抄纸工艺,包括散浆、除杂、打浆、配制添加剂、治疗混合、抄纸;其四,压榨工艺,压紧成型;其五,干燥工艺,包括表面施胶、干燥、压光、卷取成纸;其六,揭纸工艺;其七,成品加工工艺,包括裁切、包装②。

造纸过程中最重要的技术人员称缫工,多从外地延请,月工资9元,每个坑池要配备2名;一般的工作人员称粗工,都是本地人,月工资4元,每个坑池要配备3—4名。此外还有学徒,一般是每年获得5—6元的报酬,需要5年方可出师。

造纸投资较大,工序繁复,但回报亦较多。碈山纸坊所生产的纸除了供印书、写字之用外,还有很重要的用途,便是城乡人家的糊窗户之用。窗户纸至少每年更换一次,过年前用量尤其大,仅此一项即可获利不少③。

二　饮食相关

(一) 粉坊

武安人嗜食粉条,移居他乡后若无粉条便会想尽一切办法搜寻,甚至不远千里从家乡捎带或邮寄。

传统时代,粉坊遍布全县各地。新中国成立前,固镇村有两家粉坊,

---

① 刀,造纸术语,指刚制成而未经裁剪的一叠纸。张数则不固定,或70张,或100张。大致可理解为一个生产批次的纸。

② 参见苑利、顾军《非物质文化遗产学》第10章"工艺美术类遗产的基本范畴、普查申报要点及其开发与活用",第137页。

③ 关于造纸业的论述主要参考了民国《武安县志》卷10《实业志》,见《武安县志校注》,第846、849页;杨新民《魅力武安丛书》之《历史文化卷·万千气象》,第166—167页。

可制一定数量的粉条①。马店头村也曾有一家粉坊，粉条主要供应村内。

制作粉条时，第一道工序是选料，含淀粉较多的粮食皆可以做粉条，旧时常见的原材料有玉米、绿豆、红薯、土豆等。如果用玉米、绿豆还需要先加水浸泡，籽粒泡软之后再带水上磨打浆。红薯、土豆则直接上磨打浆即可。打完浆后要沉淀约 12 个小时，取出沉淀物上方的浆水再加清水进行搅拌，过滤两次后，取沉淀物入纱布袋拧干水分。将湿淀粉切块晾干，再加水调成透明均匀的糊状，即为芡糊，然后加入湿淀粉做成软面团。下一步要用到漏瓢，旧时一般都是用葫芦做成，底部开挖粗细均匀的小孔洞，口径大小根据要制作的粉条粗细而定。面团放入漏瓢，均匀拍打面团，使其成条状缓缓落入烧开的水锅之中，煮熟糊化。待冷却之后，捞出来切成合适的长度，然后挂到架子上晾晒，最后打包收藏，整个工序即告完成。若制粉皮，则更为简单，打成芡糊后，摊到相关器皿上薄薄的一层，晾干即可。

粉坊会生产大量的下脚料，最适合用来养猪，故养猪常为粉坊的重要副产品。据民国时期统计，全县在粉坊工作的人数约 550 人，人均每年可得报酬约 50 元。

武安人喜食粉条，做大锅菜，粉条必不可少；包鸡蛋馅饺子，粉条必不可少；拌疙瘩汤、下挂面汤，粉条必不可少。最让人诧异的是，有时煮水饺时也要放粉条。武安人称为喝茶汤的煮饺子方法，先用干锅将玉米面炕熟后取出，锅中加水烧开，放入粉条、海带丝、花生米，将已制备好的玉米面加水调成面糊，用饭勺舀出均匀的晃入水中，油烹调花后撒入锅中，然后下饺子，饺子煮熟后出锅，连饺子带浓汤及粉条等物一起食用。

武安人还喜欢吃粉丸子。粉丸子，又称粉疙瘩，皮扎，粉条搭配若干调料制成。制作时先将中等粗细的粉条泡软，放入开水锅中大火 4—5 分钟，出锅后切成 4—5 厘米的小段并晾凉。取容器放入各种调料拌匀，一般用到的有葱碎、姜粉、蒜末、盐、酱油、小茴香粉、花椒粉、淀粉、猪油、虾皮、猪高汤等。之后把煮好并切段的粉条倒入调料中拌匀，放入笼屉，堆叠密实，再用大火蒸 30 分钟左右，出笼时即已胶结成型。粉丸子切块搭配蔬菜炒食或搭配蔬菜凉拌，口味均极佳，就是为熬制大锅菜的上佳配菜，红白喜事的宴席上也常能见到其身影。武安粉丸子制作技法现为

---

①　刘北方主编：《固镇村志》第 8 编《工业篇》，第 145 页。

武安市级非遗项目。①

（二）糖坊

1949 年前，糖坊主要集中于城中，主要生产糖果，腊月、正月过节期间效益最好。有的糖坊终年生产，有的则只在旺季生产。较大的村镇也有少量分布，如固镇有糖坊两家，主要产品为芝麻灌糖，也集中在春节期间生产、销售②。民国时期，制作技艺不断发展，样式日渐丰富。糖果之外，散糖销量更大，1949 年全境食糖销售额为 421 吨。③

（三）油坊

武安境内的食用油都是本地产销，民国中期共有油坊、油店 13 家，集中于县城。但其他地方也有，如固镇有两家④，马店头有 1 家。20 世纪20 年代，全县榨油工有 300 余人，每人每年报酬约为 50 元。榨油的原材料丰富多样，西部山区多用核桃，西南山区多用木樑，中东部产棉区多用棉籽（境内习称为卫生油）。此外，芝麻、蓖麻、油菜、花椒等也常用来榨油。榨油剩余的渣滓量极大，可以用来饲养牲畜，也可用作农田的肥料，也是油坊的重要收入来源。⑤

武安榨油所用之器械，与元代之器械相比无大变化，王祯的描述可以参证武安榨油之情形，摘录如下：

> 油榨，取油具也。用坚大四木，各围可五尺，长可丈余，叠作卧枋于地，其上作槽，其下用厚板嵌作底盘，盘上圆凿小沟，下通槽口，以备注油于器。

> 凡欲造油，先用大镬炒芝麻，既熟，即用碓舂，或辗碾令烂，上甑蒸过，理草为衣，贮之圈内，累积在槽；横用枋楻相楼，复竖插长楔，高处举碓或椎击，擗之极紧，则油从槽出。此横榨，谓之卧槽。

---

① 以上论述参考了民国《武安县志》卷 10《实业志》，见《武安县志校注》，第 847—848、849 页；另参武安市文化馆网站非物质文化遗产部分的《武安粉丸子制作技法》条，网址：http：//www. wawhg. com/News_ View. asp？NewsID = 227。

② 刘北方主编：《固镇村志》第 8 编《工业篇》，第 145 页。

③ 以上分析主要参考了民国《武安县志》卷 10《实业志》，见《武安县志校注》，第 848、849 页；武安市地方志编撰委员会：《武安县志》卷 7《商业志》，第 357 页。

④ 刘北方主编：《固镇村志》第 8 编《工业篇》，第 145 页。

⑤ 以上分析主要参考了民国《武安县志》卷 10《实业志》，见《武安县志校注》，第 848、849 页；武安市地方志编撰委员会《武安县志》卷 7《商业志》，第 337—338 页。

立木为之者，谓之立槽，旁用击楔，或上用压梁，得油甚速。①

（四）酒业

武安历史上造酒始于何时，已无从查考。明清时期已经非常兴旺，到清末，造酒较有名的地方有和村（今属峰峰）、继城（今贺进）、阳邑、冶陶、柏林、沙洺等村，全县共有酒坊数十家。民国以后，粮食价格一路走高，造酒利润空间被压缩，不少酒坊停业。到抗战前夕，酒坊已只剩13家。全县每年总效益最高为3000元。② 考其产量，宣统元年（1909）共产酒约168842斤，民国二十四年产量降为7万斤，到1949年产量又回升到了84吨，与清末持平③。

也有故事谈及了酒业，故事《刘全卖酒》中称："刘全在镇上开了家酒馆，本钱不大。有天清早开张时，打开酒罐一看，装满的一罐酒少了一半。"④

武安人喝酒时，气氛极为热烈，划拳行酒令，"撒网打鱼""唬豹子"等不一而足。所谓撒网打鱼，就是每人发四根火柴，每次伸出一个拳头，其中可以攥1—4根。擂主喊："手里拿×根火柴的喝酒。"被说中了的人就要喝酒，如果没有人被说中，则擂主喝酒，接着喊。轮流做擂主。

"唬豹子"，就是猜骰子，武安人称骰子为豹子。常见的玩法，是每人一个小碗，每个碗中五个骰子。双方都手拍小碗，然后轮流猜十个骰子中某一数字的数量，其中一点可以代替任何数。但第一个喊的人如果说"断一"，则一点只能表示一点。若不"断一"，则起步就得喊"四个×"，下一个人喊的时候，要么数量＞4，要么数量不变而点数变大。只要实际数量大于等于所喊的数量就算正确。双方不断加码，直到其中有一个人喊完而另一个人不相信时即可喊开，然后两人一块研究最后所喊的具体点数的数量。若确有相应数量，则喊开的人喝酒；若不够，则喊的人喝酒。

1949年后，在沙洺村建立酒厂，20世纪80年代，"宋宫御液"畅销

---

① （元）王祯：《王祯农书》农器图谱集之九《杵臼门》，王毓瑚校，第268—269页。
② 民国《武安县志》卷10《实业志》，见《武安县志校注》，第852、853页。
③ 民国《武安县志》卷6《财政志》，见《武安县志校注》，第761页；武安市地方志编撰委员会：《武安县志》卷7《商业志》，第356页。
④ 河北省武安县民间文学集成编委会：《武安民间故事卷》，第331页。

县内。1986 年，清泉啤酒厂建成投产，迅速占领了县内市场。但 90 年代以后，本地酒产业迅速没落。白酒没落尚不奇怪，最奇怪的是经营得好好的清泉啤酒也销声匿迹了。详考其原因，与今二十年来片面的重视钢铁产业有关，在这一时期武安很多本来效益不错的产业被取缔，钢铁则不断上马，武安逐渐丧失了产业的多样化。日积月累，至今钢铁业面临问题时，整个武安经济也陷入了困境。回望武安三十年经济发展史，有许多东西值得武安人深入检讨。相关问题，笔者将来另书探讨，此处不赘。

三 建筑相关

（一）石工

武安西部山区，建房多用石料，墙体用长方石块堆砌，而屋顶则铺砌大幅石板，石料用量颇大。民间修建寺庙立碑为记的做法也非常普遍，所以石碑用料也较多。县内有较多石匠，民国时期统计有 600 余人，都领取日工资，不管伙食则每天 5 角，若提供伙食则每天 1 角。石匠一般还兼营农作，有人雇请则出而加工石料，无人雇请则归而力田。

武安石匠往往技艺过人，有故事名为《修牌坊的传说》，对石匠技艺有形象的描述。故事的背景是县城中要为生员王养滋的母亲修贞节牌坊，招募石匠，张、李两位石匠都要揭榜，争执不下，摘录之后的描写如下：

> 县大堂上，知县问俩石匠："你们既敢揭我的告示，咋着让我试试你们的手艺哩？"
>
> 张石匠笑模笑样地看了看李小山，意思是让他先亮本事。小山也没谦让，从家具褡裢里掏出一件东西，放在地上，是一只石算盘。知县命张石匠亮本事。张石匠也从褡裢里掏出一件东西，放在地上，是一只小石罐。知县看看算盘，看看石罐儿，然后命衙役把小算盘呈上。知县端详着算盘：石框、石轴、石算珠，小巧精致，用手一拨拉，上下灵活，哗哗儿响。
>
> 张石匠看一眼旁边的李小山，只见他像个斗胜的公鸡，满面笑容地看着知县大人玩他的小算盘。张石匠看知县大人把他的小石罐儿给忘了，就说："老爷既然无心起用，小民告辞了。"说着捧起小罐儿，哗啦倒出一件东西，转身就走。
>
> 知县忙命衙役把刚倒出的东西呈上，原来是一串精心雕琢的小石

链。它一环接一环，一环扣一环，手艺实在非凡。知县命衙役传话，叫张石匠留步，命张、李二位石匠共同修建贞节牌坊。

……

开工以后，他俩遇事共同商量，干活当中，他们各施绝技，你雕一个凤凰展翅，他刻一个孔雀开屏，你这里来个五龙盘柱，他那里是蛟龙戏水，牌坊修得很快。

这天，李小山凿好一个龙头，想在龙嘴里雕一个小石球。正在这时，知县来了。他指手画脚地说："你不能叫龙嘴里衔个环套环吗？"李小山这下可作了难。他虽然雕过石算盘，可从来没雕过环套环啊。张石匠一看小山没招了，走过来对知县说："我来试试看。"他抡锤操凿，叮叮当当，很快就在龙嘴里造成了大中小三个相套的环中环。轻轻吹一口气，环还能转动哩。

不久，牌坊就修成了，正中间刻着一个斗大的"旨"字，老远就能看见。彩云文饰和奇花异草图案围在字的四周。①

故事或有夸张渲染之处，但从中仍可看出能工巧匠之高超技艺。

除了有专门技艺的人外，山区成年男子多半都略通石匠手艺。人们建房子时，往往采用换工方式，张三家盖房子，李四、王五一干人等一同前去帮忙打石头；李四家要盖房子时，张三、王五等又会前来帮忙，以此类推。

石块要选择坚硬的石材，用锤子、凿子切割成型，不停地用锤子击打，颇为费力。而制石板则费力之外还需技巧，要选择分层平整的红砂岩，用锤子、凿子等器物在合适的红砂岩的特定部位进行敲击，则可揭下理想的石板，理想的尺寸是三指厚。搬运石材与向房顶拉伸石板则都要用到铁链、大绳。

有必要一提的是，传统时代的石头房子是节能环保的，冬暖夏凉，住着比较舒服。房屋老旧之后，可以拆卸下石板、石块，重新整修一下，大部分的材料还可以使用。所以传统时代山里人虽也会盖新房，但更多的是翻盖旧房，基本不会出现大量的建筑垃圾。

随着社会的发展，人们的审美情趣发生了变化，近二十年来，山区盖

---

① 河北省武安县民间文学集成编委会：《武安民间故事卷续集》，第 109—110 页。

房子也大量使用砖、现浇顶、钢筋、混凝土、空心楼板，原材料都需要从山外采购。房屋一旦破旧，拆毁之后几乎没有什么材料可以重复利用，全部变为建筑垃圾。

同时，新型建筑不够节能，冬季室温较低，需要消耗更多的燃料来取暖。夏季屋顶隔热性能较差，屋内温度又偏高，需要消耗更多的电能来吹风扇或开空调。建筑变革对乡村环境的影响，是一个值得深入探讨的课题。

还有一种特殊的石匠，专营碾磨生产。历史上以丰里、康二城、北山底等村较为有名。丰里、康二城两地的碾磨业为量化生产，制成后远销河北、山东。而北山底村的碾磨生产者则是有的放矢，农闲时节则走街串巷寻找生意，有人需要碾磨了，再代为生产，收取报酬。20 世纪 20 年代，平均每人每年可得报酬 40 元[①]。

（二）木工

历史上，武安境内盖房建屋修寺筑庙，都需要大量的梁檩椽苫板[②]，对木料需求量极大。此外，居室内所用的桌椅板凳与衣柜笼箱等也需要较多木料。另外，寿材也需要大量木材，常用的是柏木、松木。所以，武安境内的木匠与木材店也较多。1935 年左右，全县境内共有木匠一千数百人，报酬大约分每日一角、二角、三角三等。专门经营木材生意的门店有 21 家。[③]

家中要加工木材时，常从木材店购置木材，然后延请木匠到家中进行工作，常用之器具有锯、刨子、凿子、墨斗、斧子、角尺、皮胶等。

武安有村庄木作即因木工而得名，地名志称："古时此处林木茂盛，居民王氏经营木业，取村名木凿。后将'凿'写为'作'，改称木作。"[④]

（三）烧灰

石灰，细分为生、熟两种。生石灰是将以含碳酸钙（$CaCO_3$）为主的天然岩石，经高温煅烧而成，主要成分为氧化钙，化学式 CaO。熟石灰亦

---

① 以上关于石匠的论述参考了民国《武安县志》卷 10《实业志》，见《武安县志校注》，第 847、849 页；武安市文化馆网站非物质文化遗产部分的《武安石板房》条，网址：http://www.wawhg.com/News_ View.asp? NewsID = 226。

② 苫板，武安方言中指椽上铺砌的小薄木板。

③ 以上关于木匠的论述参考了民国《武安县志》卷 10《实业志》，见《武安县志校注》，第 847、849、851、853 页。

④ 河北省武安县地名办公室：《武安县地名志》，第 505 页。

称消石灰，是生石灰加水熟化而成，主要成分为氢氧化钙，化学式
Ca（OH）$_2$。在历史的早期，其主要用途有两种，其一为用作涂料，将石
灰加大量水稀释成石灰乳，用于室内墙壁的粉刷；其二为用作灰土和三合
土，消石灰粉与黏土拌和后为灰土，灰土加砂或石屑、炉渣等则成三合
土，两者均用于建筑物的基础和道路的垫层。自砖砌城垣兴起后，石灰的
最主要用途是用作石灰砂浆，用于抹灰和砌筑。

据傅熹年考证，石灰出现较早，但在历史的早期使用并不普遍。他指
出，在新时期时代即有用白灰掺和碎石做三合土地面的，但主要还是用于
墙壁抹面或者草泥抹面上的粉刷材料。在汉代，才偶尔用白灰泥浆和砖来
砌筑墓室[1]。陶弘景指出，"古今多以构冢，用捍水而辟虫"[2]。汉唐间，
土木建筑与夯土城墙仍为我国最常见的建筑模式，故而石灰使用量并未发
生质的变化。

宋以后，随着火器使用的普遍，砖开始大量用来砌墙。为了增强砖墙
的稳定性，人们将胶结材料由黄泥浆转为石灰砂浆，明代又发明了用石灰
砂浆和糯米汁一起搅拌后再来胶结砖的方法，石灰的使用遂越发普遍。除
了建筑，还有其他功效，宋应星称："凡石灰经火焚炼为用，成质之后入
水永劫不坏，亿万舟楫、亿万垣墙窒隙，防淫是必由之。"

烧灰，需采挖石灰石，起窑烧制。关于选择石料及烧造方法，宋应星
也有描述，称：

> 百里内外，土中必生可燔石，石以青色为上，黄白次之，石必掩
> 土内二三尺，掘取受燔，土面见风者不用。燔灰火料煤炭居十九，薪
> 炭居什一。先取煤炭，泥和做成饼，每煤饼一层，叠石一层，铺薪其
> 底，灼火燔之。[3]

明后期烧制石灰时的燃料主要用煤，且使用量极为巨大，一层青石即
需要叠放煤饼一层。当然，用柴的情形也不少，烧制方法与用煤相似，李
时珍指出，"（石灰）今人作窑烧之，一层柴，或煤炭一层在下，上累青

---

[1]　傅熹年：《中国科学技术史·建筑卷》，科学出版社 2008 年版，第 107 页。
[2]　（梁）陶弘景：《本草经集注》，转自（明）李时珍《本草纲目》卷 9《石部》，第
572 页。
[3]　（明）宋应星：《天工开物》卷中《燔石第十一·石灰》，钟广言注释，第 283—284 页。

石，自下发火，层层自焚而散。入药惟用风化、不夹石者良。"①

民国时期，武安全境从事烧灰业者共计 400 余人，"烧时最重火候经验，出货以不留渣滓者为良"。早年为冬、春两季烧灰，后来渐有终年烧造者。1935 年以前，他们的报酬一年约有 40 元。②

除了上述几类外，制香业也较为兴旺。民间拜神需求较大。民国时期最有名的香产自广村，其他村庄也间或有之。1935 年之前，全县从业者有 200 多人，报酬多少不固定，一般每年只工作一季，是不少农家的副业。人们一般在农闲时进行生产，常用的原材料是柏树叶、榆树皮等。制作时，先将原材料碾碎成粉末状，然后调水称糊状。与制粉条的方法相类似，用漏瓢漏制成长条状，取直、截断、晾干，最后打包即可。为了使燃烧的过程中散发特殊的气息，还可加入特定香料。香的粗细、长短、颜色等名目繁多，不一而足。

本县出产的香还远不够本地使用，所以人们还要大量到山西采购，往返于山西与武安之间贩香之人络绎不绝。

1949 年以后，在政府的努力管控之下，传统信仰受到了压制，相应地制香业也趋于式微。但改革开放以后，传统信仰又明显反弹，制香业又兴盛了起来，已经显著地机械化和产业化了。

关于烧香，民间也有很多习俗，笔者将来分析民间信仰时再深入探讨，此处不赘。

此外，还有金银加工、刻字、缝衣、烹饪等，在传统时代影响较小；钟表修理、电器修配、自行车维修、掌鞋等又都在新中国成立以后才出现，就不再详细剖析。

武安传统手工业的生产规模较小，生产效率较低，此为不争的事实。所以，1949 年后政府极力推行现代化、产业化，以求扩大规模，提高产量。当然，发展的成就是显著的，也值得肯定。但传统手工业发展了上千年，虽也在一定程度上造成了生态问题，却并未导致严重的后果，碧水蓝天始终可见。大规模发展现代工业，至今不过 70 年光景，却已导致了严重的生态危机。空气污染、水文恶化、山林破坏、生物多样性丧失，这些

---

① （明）李时珍：《本草纲目》（点校本第 2 版）卷 9《石部》，第 572 页。

② 民国《武安县志》卷 10《实业志》，见《武安县志校注》，第 847、849 页；武安市地方志编撰委员会：《武安县志》卷 7《商业志》，第 342 页。

在全国性的环境问题，在武安均有表现，而且还非常严重。十八大以来，生态文明理念深入人心，建设美丽中国也成为全民诉求。如何兼顾金山银山与绿水青山，值得所有国人深思，更值得所有武安人深思。认真审视传统时代的手工业生产，从中汲取有益的经验，或许有助于我们打开发展过程中的死结。

结　　语

　　以上各章，已就传统时代武安的农耕、采集、狩猎、畜牧、手工业五大物质生产门类的历史发展脉络、生产格局、风俗习惯等问题分别进行了讨论。在各章节，我们都对传统时代人们的物质生产智慧做了系统的阐释，力图站在更客观的立场上来审视传统物质生产与现代物质生产的功过得失。

　　综合全书，传统时代武安物质生产给我们的主要启示有以下几点：

　　首先，传统物质生产注重亲近自然，常对自然心存敬畏。即使是看似严重影响环境的生产门类，也在小心翼翼地维系着人与自然之间的微妙平衡。而平衡的奥妙恰恰就表现在规模与产量的控制上，不过分地从大自然中索取原材料，不过多地向大自然输出废物，从而将对环境可能产生的不可逆伤害控制在了一定的范围内。

　　农耕生产不过度追求密植，尽量不过度压榨土壤，将其物质能量消耗控制在较低的水平。注意选种育种并保护品种的多样性，不搞大面积的单一作物种植，有效控制病虫害的大面积集中爆发。注重废物的利用，化废为宝是人们天然具备的觉悟，这就使得农业生产形成闭合的循环链条，几乎不会向环境排放废物。此外，对时令节气的重视、对诸多神灵的崇拜和内涵丰富的祈雨仪式则充分显示了人们对自然的敬畏之情。

　　采集生产注重收集资源的多样性和永续性，不竭泽而渔，注意对生物资源的适度保护。传统采集文化同样浸透了我们先辈与周边自然环境打交道的智慧，如何直接从自然界中获得维系人类生存的必要的食物与药材资源，如何确保这样的生计方式可以持续，不会对环境造成不可逆转的改变，古人有一整套行之有效的准则予以应对。在进入农业时代以后，采集经济却能一直顽强地存留了下来，这就是传统时代人们最大限度地善待自然的最有力的证明。

　　狩猎生产同样充分彰显了武安先民与周边自然环境打交道的智慧，通过自身的努力从自然界中直接获取必要的动物蛋白质与皮毛资源，按照一定的理念，遵循一定的规则，以使这样的生计方式可以持续，不会严重影响环境。看似最血腥的狩猎，其实也满含人类对大自然的敬畏与珍爱之心。当然，我们也看到不少传统时代的重要狩猎对象后来在本地消失了，这与历史上的气候变化与山林开发有关，更与最近几十年的经济发展有关，非狩猎之过。

　　畜牧生产注重对禽畜品种多样性的保护，培育了很多对本地生态环境有良好适应性的禽畜品种。适度控制养殖规模，盛行家庭养殖，与现代养殖业相比节省了大量的物质能源。传统畜牧养殖的核心思想是变废为宝，传统农家几乎不会有餐厨垃圾。传统养殖还为传统社会提供了重要的能源——畜力，看似效率不高，却为低熵能源，利用天然青草、秸秆和少量粮食即可获得，善加利用还取之不尽用之不竭，与化石能源相比也有着独特的优势。

　　相较于其他生产部门而言，手工业生产对自然环境的影响尤为巨大，铁器、陶器、造纸等行业更为明显。但传统时代依旧巧妙地将对自然环境的影响控制在了较低的水平上。生产的规模一直保持在了较低的水平上，生产的时间则往往只在一年中的特定时节，注重在原材料产地附近作业，注重材料的循环利用，这些在当代仍值得我们虚心学习。

　　其次，传统的物质生产，格外注重能量的集约利用。在所有的生产门类中，直到很晚近的时候，人们利用的能源类型主要的仍是"生物型"的，或者称之为"肉体能源模式"，大部分的机械能由人或动物的肌肉来提供。农耕、采集、狩猎、畜牧与手工业无一例外地主要借助纯人力，间或利用有限的畜力、水力。表面上看，这样的能源远不及利用化石能源来得高效。肉体能源有着明显的局限性，即使是用猛力，单个人的最高功率也只有100瓦左右，即使传统时代最有权威的帝王，正常情况下也不过聚集数万人达到数百万瓦的功率而已。这在当代社会，或许仅仅是一个大型挖掘机手所拥有的能力。借助化石能源，人类社会实现了突飞猛进的发展，改天换地，移山填海，我们的先辈们做梦都难以想象的事情，在当代都变成了事实。

　　但传统的能量利用方式也有其独特的魅力，最大的特点是低熵，整个生产流程额外消耗的能量或者说散逸掉的废能远较现代为低。现代物质生产的能量威力当然极为巨大，但往往为我们所忽视掉的是其实际能量利用效率的低下。前文曾列举过的事例，在农业生产中，不计算人力之外能源的消耗的话，20 世纪 80 年代机械化农业下农民的生产效率是传统农业下农民单位人力消耗产出比的 600 倍，可一旦计入所有的能耗，则前者单位能量消耗产出比只有后者的 10%[①]。当代环境问题实与我们的能源利用模式息息相关，大量挥霍化石能源，意味着要有更多的燃烧和废气排放。热力学知识告诉我们，随着能量的消耗，有序会不断地向无序转化，此为熵增。当代的能量利用模式，大大加剧了环境破坏的进程。

肉体能源的最大特点是可再生。再生的方式非常简单，用时极少，人畜通过进食即可在极短时间内迅速补充并再次投入到生产中。同时，储存又非常方便，直接收纳于人与牲畜的体内。调用更为方便，借助简单的器械即可做功，无须复杂的机械进行转换。这些，远非化石能源可比。

借助化石能源，人获得了空前的解放，人类的闲暇时间大幅增加。但与我们想象的不一样，技术的演进并未真正意义上节省人力，只不过是减少了生产过程中的人力消耗，节省出来的那部分人力还是在别的地方挥霍掉了。从这个角度上来看，技术的发展反倒造成了人力利用效率的降低。

心平气和地去审视，为了要发展绿色产业，要降低能耗，还需虚心学习传统的经验。[②]

再次，当代人们在保护传统文化遗产时，越来越深刻地意识到保留遗产原生态、本真性的重要性。对于很多物质生产来说，产业化的同时，也意味着工艺风格的单调化与艺术水准的粗劣化。一方面，产业化深入发展，思想观念的剧烈变动，使得我们与传统时代变得越来越隔膜，传统物质生产技艺大量失传；另一方面，随着生活条件的改善，人们的口味与审美需求越来越多样化，朴实典雅古典范儿追求渐成潮流。两种倾向之间的矛盾，越来越清晰。

要缓解上述矛盾，需要在政策上加以引导。众所周知，政府最大资源不是资金，而是政策。通过宣传、扶持、免税等措施，在推进产业化的同时，给传统物质生产保留一片自由发展的天地。

---

① ［美］杰里米·里夫金、特德·霍华德：《熵：一种新的世界观》，吕明、袁舟译，第124 页。

② 关于肉体能源的分析，参考了 ［美］J. R. 麦克尼尔《阳光下的新鲜事物：20 世纪环境史》第 1 章"序幕：世纪特征——挥霍"，第 9—11 页。

　　同时，传统物质生产也可利用自身优势，积极突破困局。可以考虑与旅游业结合起来，进行捆绑式开发。将相关知识、智慧、经验与技能活用于社会现实，将能创造极高的价值。利用西部山区旅游业大发展的契机，将传统的耕作、采集、狩猎、畜牧、手工业等相关的生产知识与技术展示出来，以此作为重要的文化景观，可以为旅游景点增色不少。同时可以向游客销售相关产品，创造直接的经济效益。

　　另外，生产知识与技能也可为文化创意提供大量有益的灵感。散文、随笔写作可以为之主要内容，可围绕其制作纪录片。影视剧、动漫、游戏中的细节创意也可从中取材。

　　市场经济的大潮之下，传统物质生产方式亦有其生存之道，善加利用，不仅可以保留我们的文化血脉，而且可以为从业者带来很好的经济效益。

　　总之，传统物质生产深刻地决定了武安的社会演进脉络并塑造了武安的社会风貌。在武安的历史文化格局中，物质生产是极为重要的组成部分。我们并不一味为传统唱赞歌，传统的物质生产方式也并不是化解武安社会发展困境的终极武器，传统不会也不能包治百病。传统物质生产方式，自有其自身的局限，也存在着一系列的问题。我们也不一味贬低工业化，没有最近数十年来的发展，也就不可能有现在的便利生活。因噎废食，空发慕古之幽情，侈谈回到过去，甚为无谓。但认真总结过去，方能清楚认识现在，更好规划未来。但我们也绝不过分贬低传统物质生产的重要价值，设身处地、平心静气、抱有同情心地去看待古人的物质生产文化，系统总结古人的经验教训，显然有助于我们更好地发展当代的物质生产。在笔者看来，传统物质生产创造过且仍在创造着历史。"古人不曾见今月，今月曾经照古人"，诚哉斯言！

　　由于时间与精力的问题，本书只是就武安的传统物质生产问题进行了粗线条的梳理。要真正体认武安民间在利用自然和与自然维系平衡方面的智慧，这本小书的研究显然还很不够，有必要做更全面、更深入的探究。同时，还有必要将研究的对象进一步扩大到物质生活、岁时节日、社会关系、精神信仰等领域。这些只能留待将来了。

参考文献

（各部分均以文中引用先后为序）

一 基本文献

武安市地方志编纂委员编：《武安县志》，中国广播电视出版社 1990
　　年版。

张午时、张茂生、李栓庆校注：《武安县志校注》，武安历史文化研究会
　　内部印行本 2009 年版。（内含嘉靖、天启、康熙、乾隆、民国五部
　　县志）

河北省武安县地名办公室编：《武安县地名志》，内部印行本 1984 年版。

（东汉）班固：《汉书》，中华书局 1962 年版。

（北齐）魏收：《魏书》，中华书局 1974 年版。

（唐）魏徵：《隋书》，中华书局 1973 年版。

（宋）欧阳修、宋祁：《新唐书》，中华书局 1975 年版。

（宋）薛居正：《旧五代史》，中华书局 1976 年版。

（宋）欧阳修：《新五代史》，中华书局 1974 年版。

（元）脱脱：《宋史》，中华书局 1977 年版。

（清）顾祖禹：《读史方舆纪要》，中华书局 2005 年版。

康熙《磁州志》，康熙刻本。

民国《磁县县志》，《中国方志丛书·华北部分》第 167 号，成文出版社
　　1968 年版。

（唐）李吉甫：《元和郡县图志》，中华书局 1983 年版。

（宋）乐史：《太平寰宇记》，中华书局 2007 年版。

刘北方主编：《固镇村志》，中国社会出版社 2003 年版。

（西汉）司马迁：《史记》，中华书局 1956 年版。

（宋）司马光：《资治通鉴》，中华书局 1956 年版。

（唐）令狐德棻：《周书》，中华书局 1971 年版。

河北省武安县民间文学集成编委会：《武安民间故事卷》，内部印行本
　1988 年版。

杜学德：《邯郸市故事卷》（上中下册），中国民间文艺出版社 1989 年版。

（清）张廷玉：《明史》，中华书局 1974 年版。

河北省武安县民间文学集成编委会：《武安民间故事卷续集》，内部印行
　本 1988 年版。

（元）王祯：《王祯农书》，王毓瑚校，农业出版社 1981 年版。

武安县文化馆编：《武安民间文学》，内部印行本。

（明）李时珍：《本草纲目》（点校本第 2 版），人民卫生出版社 2014
　年版。

许维遹著：《吕氏春秋集释》，梁运华整理，中华书局 2009 年版。

《大方广佛华严经》，三宝经社印行本。

刘北方主编：《新固镇村志》，内部印行本 1997 年版。

嘉靖《彰德府志》，《天一阁藏明代方志选刊》，上海书店出版社 1964
　年版。

张文涛主编：《邯郸市歌谣卷》，中国民间文艺出版社 1989 年版。

徐珂：《清稗类钞·农商类》，中华书局 2010 年版。

（宋）陈旉：《陈旉农书》，万国鼎校注，农业出版社 1965 年版。

民国《武安县志》，《中国地方志集成》之《河北府县志辑》第 64 册，上
　海书店出版社 2006 年版。

（西晋）陈寿：《三国志》，（南朝宋）裴松之注，中华书局 1954 年版。

（北齐）魏收：《魏书》，中华书局 1974 年版。

（后魏）贾思勰：《齐民要术》，缪启愉校释，中国农业出版社 1998 年版。

（西汉）刘向编集，贺伟、后杨军点校：《战国策注》，齐鲁书社 2005
　年版。

（晋）张华：《博物志校证》，范宁校证，中华书局 2014 年版。

［意］利玛窦：《利玛窦中国札记》，中华书局 1983 年版。

（刘宋）范晔：《后汉书》，中华书局 1965 年版。

（后晋）刘昫：《旧唐书》，中华书局 1975 年版。

王世襄：《〈髹饰录〉解说》，文物出版社 1983 年版。

（唐）房玄龄：《晋书》，中华书局 1974 年版。

涉县地方志编纂委员会编：《涉县志》，中国对外翻译出版公司 1998 年版。

《汉魏丛书》，吉林大学出版社 1992 年影印本。

（明）茅元仪：《武备志》，华世出版社 1984 年版。

（明）宋应星：《天工开物》，钟广言注释，广东人民出版社 1976 年版。

（明）杨时乔：《新刻马书》，吴学聪校，农业出版社 1984 年版。

（元）脱脱：《金史》，中华书局 1975 年版。

（明）宋濂：《元史》，中华书局 1976 年版。

（明）申时行等：《大明会典》，《续修四库全书》第 791 册史部政书类，上海古籍出版社 2013 年版。

（元）大司农司编撰：《元刻农桑辑要校释》，缪启愉校释，农业出版社 1988 年版。

（清）王士禛：《池北偶谈》，靳斯仁点校，中华书局 1982 年版。

（唐）欧阳询：《艺文类聚》，汪绍楹校，上海古籍出版社 1982 年版。

（唐）李林甫等撰：《唐六典》，陈仲夫点校，中华书局 1992 年版。

（清）张宗法：《三农纪校释》，邹介正等校注，农业出版社 1989 年版。

（清）徐松：《宋会要辑稿》，中华书局 1957 年版。

（宋）沈括：《梦溪笔谈》，侯真平校点，岳麓书社 2002 年版。

（东汉）许慎：《说文解字》（大字本），（宋）徐铉校定，中华书局 2013 年版。

（清）段玉裁：《说文解字注》，中华书局 2013 年版。

二　今人论著

（一）著作

习近平：《摆脱贫困》，福建人民出版社 1992 年版。

［美］J. 唐纳德·休斯：《什么是环境史》，梅雪芹译，北京大学出版社 2009 年版。

［法］埃马纽埃尔·勒华拉杜里：《蒙塔尤》，许明龙、马胜利译，商务印书馆 2007 年版。

钟敬文：《民俗学概论》，高等教育出版社 2010 年版。

苑利、顾军：《非物质文化遗产学》，高等教育出版社 2009 年版。

王娟编著：《民俗学概论》，北京大学出版社 2002 年版。

谭其骧主编：《中国历史地图集》第 1 册《原始社会·夏·商·西周·春
　　秋·战国时期》，中国地图出版社 1982 年版。

中国科学院《中国自然地理》编辑委员会编：《中国自然地理·总论》，
　　科学出版社 1985 年版。

武安县农业自然资源考察和农业区划委员会农业气候组编：《武安县农业
　　气候资源和农业气候区划报告》，内部印行本 1982 年版。

杨新民：《魅力武安丛书》之《历史文化卷·万千气象》，新华出版社
　　2011 年版。

李荣等主编：《中国语言地图集》，（香港）香港朗文（远东）有限公司
　　1987 年版。

高音亮、高和平：《武安方言与韵辙》，中国文史出版社 2014 年版。

中国社会科学院语言研究所词典编辑室编：《现代汉语词典》（第 6 版），
　　商务印书馆 2012 年版。

夏征农、陈至立主编：《辞海》（第六版插图本），上海辞书出版社 2009
　　年版。

武安市交通局编：《武安公路史》，内部印行本 1992 年版。

何红中：《中国古代粟作研究》，博士学位论文，南京农业大学，2010 年。

张巍巍、李元胜主编：《中国昆虫生态大图鉴》，重庆大学出版社 2011
　　年版。

刘代文、胡志伟、武俊和：　《群众语汇选编》，山西人民出版社 1983
　　年版。

秦永洲：《中国社会风俗史》，山东人民出版社 2000 年版。

左慧云编：《黄河金石录》，黄河水利出版社 1999 年版。

左根川编：《千年古镇拾遗》，北方文艺出版社 2014 年版。

固镇村村委会编：《古城今影》，内部印行本 2014 年版。

刘北方主编：《武安市元宝山游览区百神诠释》，内部印行本。

杜学德编著：《武安傩戏》，科学出版社 2010 年版。

武安市文物保管所编：《武安市第三次全国文物普查资料汇编（初稿）》，
　　内部印行本 2009 年版。

［英］J. G. 弗雷泽：《金枝》，刘育新、汪培基、张泽石译，新世界出版社 2006 年版。

［美］柯文：《历史三调：作为事件、经历和神话的义和团》，杜继东译，江苏人民出版社 2000 年版。

中国农业博物馆农史研究室编：《中国古代农业科技史图说》，农业出版社 1989 年版。

［美］J. R. 麦克尼尔：《阳光下的新鲜事物：20 世纪环境史》，商务印书馆 2013 年版。

［美］杰里米·里夫金、特德·霍华德：《熵：一种新的世界观》，吕明、袁舟译，上海译文出版社 1987 年版。

［美］富兰克林·H. 金：《四千年农夫：中国、朝鲜和日本的永续农业》，程存旺、石嫣译，东方出版社 2011 年版。

［德］瓦格纳著：《中国农书》，王建新译，商务印书馆 1936 年版。

中国农业科学院、南京农学院中国农业遗产研究室编：《中国农学史》（初稿）上册，科学出版社 1959 年版。

中国农业科学院、南京农学院中国农业遗产研究室编：《中国农学史》（初稿）下册，科学出版社 1984 年版。

丘光明、邱隆、杨平：《中国科学技术史度量衡卷》，科学出版社 2001 年版。

王利华：《人竹共生的环境与文明》，生活·读书·新知三联书店 2013 年版。

尹文：《漆水寻梦》，书海出版社 2004 年版。

程超寰、杜汉阳编著：《本草药名汇考》，上海古籍出版社 2004 年版。

金善宝主编：《中国农业百科全书·农作物卷》上册，农业出版社 1991 年版。

刘凌云、郑光美主编：《普通动物学》，高等教育出版社 1997 年版。

盛和林：《中国鹿类动物》，华东师范大学出版社 1992 年版。

张华民、杨磊：《魅力武安丛书》之《四季流韵：山水风光卷》，新华出版社 2011 年版。

文榕生：《中国珍稀野生动物分布变迁》，山东科学技术出版社 2009 年版。

曹志红：《老虎与人：中国虎地理分布和历史变迁的人文影响因素研究》，

博士学位论文，陕西师范大学，2010 年。

孙泳儒等：《普通生态学》，高等教育出版社 1993 年版。

《中国家畜家禽品种志》编委会该书编写组：《中国马驴品种志》，上海科学技术出版社 1987 年版。

谢成侠：《中国养马史》，科学出版社 1959 年版。

郭物：《国之大事——中国古代的战车战马》，四川出版集团、四川人民出版社 2004 年版。

谢成侠：《中国养牛羊史（附养鹿简史）》，农业出版社 1985 年版。

《中国家畜家禽品种志》编委会该书编写组：《中国牛品种志》，上海科学技术出版社 1989 年版。

黄宗智：《华北的小农经济与社会变迁》，中华书局 1986 年版。

王建革：《传统社会末期华北的生态与社会》，生活·读书·新知三联书店 2009 年版。

齐如山：《华北的农村》，辽宁教育出版社 2007 年版。

徐旺生：《中国养猪史》，中国农业出版社 2009 年版。

《中国家畜家禽品种志》编委会该书编写组：《中国羊品种志》，上海科学技术出版社 1989 年版。

《中国家畜家禽品种志》编委会该书编写组：《中国家禽品种志》，上海科学技术出版社 1989 年版。

赵九洲：《古代华北燃料问题研究》，博士学位论文，南开大学，2012 年。

赵承泽：《中国科学技术史纺织卷》，科学出版社 2002 年版。

赵冈、陈钟毅：《中国棉纺织史》，中国农业出版社 1997 年版。

傅熹年：《中国科学技术史·建筑卷》，科学出版社 2008 年版。

（二）论文

陈文胜：《中国县域发展的基本特征与历史演进》，《中国发展观察》2014 年第 6 期。

周兵：《微观史学与新文化史》，《学术研究》2006 年第 6 期。

陈启能：《略论微观史学》，《史学理论研究》2002 年第 1 期。

李根蟠：《环境史视野与经济史研究——以农史为中心的思考》，《南开学报》2006 年第 2 期。

常建华：《历史人类学应从日常生活史出发》，《青海民族研究》2013 年第 4 期。

孙继民：《汉代武安县的北界与东南界》，《邯郸职业技术学院学报》2004
　　年第 4 期。

李荣：《官话方言的分区》，《方言》1985 年第 1 期。

侯精一：《晋语的分区》，《方言》1986 年第 4 期。

沈明：《晋语的分区》，《方言》2006 年第 4 期。

杨兰春口述，许欣、张夫力整理：《杨兰春自述》，分载《东方艺术》
　　2001 年第 1、2、3、4 期。

许欣、王一峰：《杨兰春戏剧创作年表》，《读者欣赏》（理论版）2012 年
　　第 1 期。

邯郸市文物保管所、邯郸地区磁山考古队短训班：《河北磁山新石器遗址
　　试掘》，《考古》1977 年第 6 期。

孙德海、刘勇、陈光唐：《河北武安磁山遗址》，《考古学报》1981 年第
　　3 期。

周本雄：《河北武安磁山遗址的动物骨骸》，《考古学报》1981 年第 3 期。

王仁湘：《新石器时代葬猪的宗教意义——原始宗教文化遗存探讨札记》，
　　《文物》1981 年第 2 期。

卜工：《磁山祭祀遗址及相关问题》，《文物》1987 年第 11 期。

闫凯凯：《磁山文化研究》，硕士学位论文，山东大学，2012 年。

晓虹、程佳伟：《明清时期黄河流域金龙四大王信仰的地域差异》，载中
　　国地理学会历史地理专业委员会《历史地理》编辑委员编《历史地理》
　　第 25 辑，上海人民出版社 2011 年。

杨新民：《冀南的龙神崇拜及祈雨文化》，载杜学德、杨英芹、李怀顺编
　　《邯郸地区民俗辑录》，天津古籍出版社 2006 年版。

杜学德：《武安市固义村迎神祭祀及社火傩戏》，载杜学德、杨英芹、李
　　怀顺编著《邯郸地区民俗辑录》，天津古籍出版社 2006 年版。

赵九洲：《古代华北役畜饲养结构变化新考》，《中国农史》2015 年第
　　1 期。

朱显灵、丁兆君、胡化凯：《大跃进期间的深耕土地运动》，《当代中国史
　　研究》2011 年第 2 期。

王星光：《中国古代中耕简论》，《中国农史》2000 年第 3 期。

王政尧：《18 世纪朝鲜"利用厚生"学说与清代中国——〈热河日记〉
　　研究之一》，《清史研究》1999 年第 3 期。

李伯重：《粪土重于万户侯》，《历史学家茶座》2007 年第 3 辑（总第 9 辑），山东人民出版社 2007 年。

余新忠：《嘉道之际江南大疫的前前后后——基于近世社会变迁的考察》，《清史研究》2001 年第 2 期。

赵九洲：《燃料消耗与华北地区丝织业的兴衰》，《中国农史》2014 年第 1 期。

不载著者：《新型饮料——酸枣汁》，《中国水土保持》1987 年第 5 期。

李宝库、李爱军：《野生酸枣汁乳酸菌饮料的研究》，《食品科技》2007 年第 7 期。

关传友：《论中国的槐树崇拜文化》，《农业考古》2004 年第 1 期。

扈新起：《洪洞大槐树的风俗及其传说》，《民俗研究》1990 年第 4 期。

林鸿荣：《漆树考略》，《中国农史》1984 年第 4 期。

曹金柱：《中国秦至清代漆树地理分布的史料考证》（前篇），《中国生漆》1982 年第 1 期。

曹金柱：《中国秦至清代漆树地理分布的史料考证》（续篇），《中国生漆》1982 年第 3 期。

不载著者：《除四害战斗迅速扩展，成千成万单位做到四无，迟缓地区正在迎头赶上》，《人民日报》1958 年 2 月 19 日。

赵胜、苏智良：《新中国的“除四害”运动》，《当代中国史研究》2011 年第 5 期。

袁靖：《论中国新石器时代居民获取肉食资源的方式》，《考古学报》1999 年第 1 期。

王利华：《中古华北的鹿类动物与生态环境》，《中国社会科学》2002 年第 3 期。

刘敦愿：《中国古代的鹿类资源及其利用》，《中国农史》1987 年第 4 期。

曾雄生：《虎耳如锯猜想——基于环境史的解读》，《中国历史地理论丛》2008 年第 2 期。

李甫君、李锦熙、李祥君：《招四方之客 聚八方之货——漯河市牛行街牲畜交易市场见闻》，《中国经济体制改革》1987 年第 5 期。

杨再：《中国养驴史话》，《豫西农专科研汇刊》总第 3 期，1983 年。

李有恒、韩德芬：《广西桂林甑皮岩遗址动物群》，《古脊椎动物与古人类》1978 年第 4 期。

北京大学历史系考古专业[14]C实验室、中国社会科学院考古研究所[14]C实验室：《石灰岩地区碳－14样品年代的可靠性与甑皮岩等遗址的年代问题》，《考古学报》1982年第2期。

河北徐水南庄头遗址中猪骨遗存情况可参看河北省文物研究所、保定市文物管理所、徐水县文物管理所、山西大学历史文化学院：《1997年河北徐水南庄头遗址发掘报告》，《考古学报》2010年第3期。

袁靖、Rowan K. Flad：《论中国古代家猪的驯养》，英文版标题 *Pig Domestication in Ancient China*，发表于英国杂志 *Antiquity* 的第176卷第293号。

袁靖、李君：《河北徐水南庄头遗址出土动物遗存研究报告》，《考古学报》2010年第3期。

贾文忠：《与猪有关的几件文物》，《中国文物报》2007年2月14日5版。

建伟：《河北农村告别"连茅圈"》，《中国农村卫生》2015年第9期。

该报记者：《年内全省彻底消除所有"连茅圈"》，《河北日报》2014年9月29日第6版。

孟浩、陈慧、刘来城：《河北武安午汲古城发掘记》，《考古通讯》1957年第4期。

何抚顺：《河北武安冶铁考古及新发现》，《文物春秋》2012年第5期。

李弘祺：《中国的第二次铜器时代：为什么中国早期的炮是用铜铸的》，《台大历史学报》第36期，2005年12月。

安志敏：《裴李岗、磁山和仰韶——试论中原新石器文化的渊源及发展》，《考古》1970年第4期。

河北省文物管理处、邯郸地区文物保管所、邯郸市文物保管所：《河北武安洺河流域几处遗址的试掘》，《考古》1984年第1期。

郭海祥、田双成：《魅力武安丛书》之《城乡风貌卷·古城春秋》，新华出版社2011年版。

邢铁：《我国古代丝织业重心南移的原因分析》，《中国经济史研究》1991年第2期。

　（三）网络资料

中国园林网病虫害资料，网址：http：//zhibao. yuanlin. com/bchDetail. aspx？ID＝826。

郭广义：《武安祈雨民俗》，武安市人大常委会网站，网址：http：//

www. ward. gov. cn/news_ view. asp？newsid = 3034。

武安市文化馆网站非物质文化遗产部分的《黑龙爷与洺寿源山泉》条，
　　网址：http：//www. wawhg. com/News_ View. asp？NewsID = 243。

武安文化馆网站非物质文化遗产部分的《土山诚会》条，网址为：ht-
　　tp：//www. wawhg. com/News_ View. asp？NewsID = 70。

武安文化馆网站新闻动态的《2015 年武安市国家级非物质文化遗产"土
　　山诚会"活动在东西土山村开展》条，网址为：http：//www. wawhg.
　　com/News_ View. asp？NewsID = 418。

武安文化馆网站的相关资料，参见非物质文化遗产的《通乐赛戏》条，
　　网址：http：//www. wawhg. com/News_ View. asp？NewsID = 60。

武安文化馆网站的相关资料，参见非物质文化遗产的《犁耧耙灯》条，
　　网址：http：//www. wawhg. com/News_ View. asp？NewsID = 78。

司建平：《武安发现一株特大木橑树》，武安传媒网站文章，网址：
http：//www. wuan. ccoo. cn/news/local/2450822. html。

不载著者：《武安发现柴油树》，武安传媒网站文章，网址：
http：//www. wuan. ccoo. cn/news/local/856770. html。

宋大昭：《华北还有豹》，《中国国家地理》杂志网站，网址：
http：//www. dili360. com/cng/article/p55496f5a00b4148. htm。

武安市文化馆网站非物质文化遗产部分的《通乐驴肉》条，网址：
http：//www. wawhg. com/News_ View. asp？NewsID = 228。

武安市文化馆网站非物质文化遗产部分的《补锅技艺》条，网址：
http：//www. wawhg. com/News_ View. asp？NewsID = 76。

武安市文化馆网站非物质文化遗产部分的《张箩技艺》条，网址：
http：//www. wawhg. com/News_ View. asp？NewsID = 77。

武安市文化馆网站非物质文化遗产部分的《河渠柳编》条，网址：
http：//www. wawhg. com/News_ View. asp？NewsID = 74。

河北省地方志编纂委员会：《河北省志》第 17 卷《林业志》第 6 篇《森
　　林经济利用》第 4 章《林副产品》，河北林业网，网址：http：//
　　www. hebly. gov. cn/menu/show. php？pid = 37。

武安市文化馆网站非物质文化遗产部分的《武安粗布》条，网址：
http：//www. wawhg. com/News_ View. asp？NewsID = 213。

武安市文化馆网站非物质文化遗产部分的《武安粉丸子制作技法》条，

网址：http：//www. wawhg. com/News_ View. asp？NewsID＝227。
武安市文化馆网站非物质文化遗产部分的《武安石板房》条，网址：
http：//www. wawhg. com/News_ View. asp？NewsID＝226。

后　记

　　这部小册子能够顺利完成并即将出版，与一众师友的鼓励和支持是分不开的。我自幼即对家乡历史有着浓厚的兴趣，也一直在努力积累相关资料。但却从未想过，对家乡历史文化的研究，会越过硕士论文与博士论文，成为自己第一部正式出版的专著。

　　首先要感谢我的领导石家庄学院历史文化学院院长柳敏和教授。柳院长和蔼可亲，眼光独到，与其交流，如沐春风，还常有独到见解，令人受益匪浅。最初的选题，就是在他的提点之下敲定的。此后，整个写作过程中，也一直得到他的鼓励和支持，并在经费使用方面给予很多照顾。最终能够顺利敲定出版事宜，也是柳院长悉心关照的结果。

　　感谢我的导师王利华教授。九年半以前，我历经波折才终于投入王老师的门下，当时对科研还懵懵懂懂。而今回头想想，真觉得庆幸，师从王老师是我最好的选择，九年多来我学会了一套独特的理论框架与思维方法。本书虽不是专门的环境史论著，但观察角度与分析方法却都打上了环境史的烙印，这些都与王老师的言传身教是分不开的。

　　感谢马店头村中耆老贺红旺前辈，老先生生于1926年，对家乡历史文化有极其深刻的认识，又博闻强记，村中90年来的重要人物、事件都能娓娓道来，而武安全境的重要事项也了如指掌。最近五年来，我多次与老先生座谈，积累了丰富的口述史资料。老先生委托我为其整理回忆录，我当争取早日梳理完成。

　　能完成这部小书，还要感谢家父赵长拴先生。三十多年来，父亲在我身上投注了太多太多的心血。我求学的道路上的每一点成就，都离不开父亲的指点与帮助。父亲的主业是公路施工技术人员，走遍了武安的山山水水，对各地风土人情有较多切身体会，也经常将其独到见闻讲给我听。本书写作过程中，父亲一直在鼓励和支持我。凡有疑难之处，我第一时间会向父亲请教。本书中相当部分的口述史资料取自对父亲的访谈，本书的最终完成，父亲居功至伟。

此外还要感谢我的发小赵振伟律师，我们的友情也已经维系了三十多年，都对乡土历史有着浓厚的眷恋之情，常在一起进行交流。在本书写作过程中，他也为我提供了不少有益的信息。

最后特别感谢中国社会科学出版社吴丽平女士，对本人这样尚未出过书的新手，她给予了许多帮助，没有她的细心编辑，本书不可能顺利出版。

虽然我多年以来一直发宏愿要写一部关于家乡历史文化的专著，搜集了大量的资料。但真正动手写作时，才发现自己的人生阅历有多么的单薄，对文化的体认有多么的浅薄，文笔又是多么的幼稚拙劣。本来的写作规划要比物质生产宏大得多。本人原来的计划是撰写一部名为《武安民俗研究》的专著，可正式动笔以后，却发现武安民俗内容极为丰富，用二三十万字的篇幅来阐释清楚是不可能的。于是，不得不压缩研究范围，先是锁定为物质民俗，最后又缩减为只关注物质民俗的生产部分。这样原来规划中只是一章的物质生产习俗，最终独立成为了一部书。

本人写书时用力较多，材料较为丰富，但分析仍显不足，最终效果差强人意。只是对乡土的情感，却随着了解的深入而越发真挚。

我近年来对历史研究——特别是环境史研究——的构思有两大基点，一为常态化，一为微观化。本书尝试在微观环境史方面进行尝试，但写完这二十多万字的文稿后，自己却发现，看似微观的县域历史文化研究，其实仍旧非常宏观。仅是武安一地之历史文化，穷一生之力也不可能完全研究透彻。而今刚完成武安物质生产民俗的相关研究，接着可能还会观照县域历史文化的其他方面。我也越来越清醒地认识到，要观照微观环境史问题，除了县域环境史外，可能还会进一步缩小视野，关注村落、片区环境史问题。

2016 年 1 月 3 日于六乐斋